HUGONIS GROTII

DE

JURE PRAEDAE

COMMENTARIUS.

Ex Auctoris Codice descripsit et vulgavit

H. C. HAMAKER, LITT. Dr.

HAGAE COMITUM

APUD MARTINUM NIJHOFF.

CIϽDCCCLXVIII.

AN UNPUBLISHED WORK OF HUGO GROTIUS'S

TRANSLATED FROM AN ESSAY
IN DUTCH (1868) WRITTEN BY THE LATE

ROBERT FRUIN
Professor of National History in the University of Leyden

THE LAWBOOK EXCHANGE, LTD.
Clark, New Jersey

ISBN 978-1-61619-110-8

Lawbook Exchange edition 2003, 2015

The quality of this reprint is equivalent to the quality of the original work.

The Lawbook Exchange, Ltd.
33 Terminal Avenue
Clark, New Jersey 07066-1321

Please see our website for a selection of our other publications and fine facsimile reprints of classic works of legal history:
www.lawbookexchange.com

Library of Congress Cataloging-in-Publication Data

Grotius, Hugo, 1583-1645.
[De jure praedae commentarius]
Hugonis Grotii De jure praedae commentarius / ex auctoris codice descripsit et vulgavit H.G. Hamaker.
p. cm.
Originally published: The Hague: M. Nijhoff, 1868.
Includes bibliographical references.
ISBN 1-58477-346-4 (cloth: alk. paper)
1. Prize law. 2. Booty (International law) 3. War, Maritime (International law) I. Hamaker, H. G. (Hendrik Gerard), 1819-1892. II. Title.
KZ2093.A3D4 2003
341.7'566—dc21 2003047460

Printed in the United States of America on acid-free paper

HUGONIS GROTII

DE

JURE PRAEDAE

COMMENTARIUS.

Ex Auctoris Codice descripsit et vulgavit

H. G. HAMAKER, LITT. Dr.

HAGAE COMITUM

APUD MARTINUM NIJHOFF.

CIↃDCCCLXVIII.

Ex officina typographica Joh. Enſchedé & Fil.

PRAEFATIO.

Hugonis Grotii codicem, qui nunc primum editur, quatuor annis abhinc viderat nemo, nec quisquam summum virum viginti annis prius quam opus de jure belli ac pacis ederet, de jure praedae scripsisse sciebat. Ipse in libris suis et epistolis de hoc opere tacet. Res primum innotuit, cum anno 1864 catalogus prodiit librorum manuscriptorum, qui quondam Grotii fuerant, quos bibliopola M. Nijhoff publice Hagae Comitum venditurus erat: in his praeter alias chartas minoris pretii autographum Commentarii de jure praedae numerabatur. Viri docti in Academia Lugduno-Batava non facile quidquam negligunt, quod ad tanti viri famam pertineat: itaque et nunc operam dederunt, ut codex ille Bibliothecae Academicae emeretur. Liber magni momenti erat, et quod, ut catalogi auctor jam animadverterat, notum ejus Mare liberum hujus Commentarii duodecimum caput esse apparebat, et insuper quia ob ipsum operis titulum in promtu erat suspicari, multas quaestiones ibi tractari, quae et in libro ejus de jure belli ac pacis explicarentur.

V. Cl. S. Visseringius primus id ita se habere affirmavit in iis quae de Grotii opere exposuit Academiae Regiae Scientiarum Neerlandicae. (Vide Verslagen en Mededeelingen. Afdeeling Letterkunde. Deel IX. p. 145. vlgg.). Is tamen non constare sibi declarat, an liber etiam nunc mereatur edi: opus enim sibi, ut recte hac de re judicare posset, accuratius investigandum fuisse. Post Visseringium V. Cl. R. Fruinius Grotii librum perlegit. Huic nulla dubitatio supererat et Commentarius omnino edendus esse videbatur. Itaque mihi persuasit ut editionis curam susciperem. Ego a re alienus non eram, sed illorum temporum historiae non multum operae dederam, cum tamen omnia, quae editori de operis origine et scriptoris consilio observanda essent, eo pertinerent. At Fruinius id mihi nullam molestiam creaturum dixit, cum ipse libri historiam compositurus esset in opusculo, quod in diario Belgico edere intenderet, indeque ego omnia, quibus mihi ad praefationem opus esset, haurire possem. Itaque editionis curam libens suscepi.

Codex ipsius auctoris manu scriptus et prelo paratus erat: mihi ulterius nihil faciendum fuit, quam ut edi curarem, quae scriptor ipse editioni destinasset. Hac in re quam accuratissimus esse studui et nihil mutavi; multum operae dedi ut loca a Grotio citata in scriptorum libris perquirerem et conferrem: sed non omnes libros ad manum habui. Ipse aliquid annotare consulto omisi, praeterquam sicubi in textu aliquid dëesset, vel locum aliquem minus accurate citari appareret. Quae non in ipso codice leguntur, sed a me addita sunt, uncis inclusi. Auctor documenta quaedam post volumen adjicere intendebat, sed ea in codice et chartis ejus desiderabantur: Fruinius omnia conquisivit, Belgice vel Germanice scripta: ego in Latinum sermonem converti et veniam a lectoribus peto, si orationis elegantia multum a Latinitate Grotii distare viderint. Textui praemittam partem eorum, quae Fruinius in diario Belgico (de Gids. 1868. Oct. en Nov.) de operis origine et historia composuit: si qui his non contenti plura ea de re cognoscere cupiunt, eos ad ipsum Fruinii opus remitto.

Ad hunc diem nemini innotuerat, qua re inductus Grotius praeclarum opus suum de jure belli ac pacis conscripsisset. Brevi post fugam e carcere, Parisiis, unius anni et paucorum mensium tempore totum absolvisse eum constabat. Nusquam se huic argumento jam prius intentum fuisse commemoraverat. In epistolis ad amicos eo consilio scripsisse se dixerat, ut feritatem ad bella pro lubitu suscipienda, pro lubitu gerenda, sedaret. Nunc demum apparuit Grotium cum Jus belli ac pacis conscriberet, opus ad manum habuisse et frequenter inspexisse, quod viginti annis ante absolvisset et aliis rebus motus scribere aggressus esset. Nam Commentarium de jure praedae confecit, ut Lusitanos injuria Batavos ab Indicis commerciis prohibere, Batavos contra et Societatem Indicam Lusitanis merito bellum inferre et praedas ab iis agere demonstraret. Multum enim apud nostrates de jure praedae disputabatur, praesertim ex quo tempore praefectus Jac. Hemskerckius opulentam Lusitanorum navem in freto Malaccensi ceperat et domum abduxerat. Grotius ipse in Annalibus et Historiis eam rem nobis his verbis proponit (l. I. p. 429.)

Jorae quoque rex (est id regnum in Malaccensi regione) veteres in Lusitanos offensas promere ausus, Jac. Hemskerckium, duas tum naves ducentem Hollandicas, incitavit ad caraccam immensae magnitudinis in freto, quod Malaccam inter, Lusitanorum coloniam, et Sumatram intercedit, opprimendam; auctor idem testisque victoriae. Batavi praeda, quanta non alias parta, contenti, vitae hostium (septingenti ferme erant omnis sexus atque aetatis) pepercere, quamquam recentia multa exstabant Lusitanicae crudelitatis exempla. — Partae ex hostibus publicis opes magnum Lusitanis et regi damnum, Batavis et privatim et in commune cum laude commoda afferebant. Reperti tamen in gente non minus simplice quam quaestus studiosa, qui partem abnuerint, veluti minus deceret mercatores militare lucrum et, ut ferme accidit, multis immerentibus raptum. Movebat et vetus cum Lusitanis amicitia, coepisse credita quarto ante seculo, cum Ulyssiponem Belgae expugnavere, etc.

Fruinius quo magis rem, quae hodie in oblivionem abiit, nobis exponeret, Acta Societatis Indicae et Ordinum Foederatorum inspexit, indeque multa extraxit, quae ad patriae historiam faciunt. Ad librum de jure praedae bene intelligendum magni momenti est, quod nobis persuadet Fruinius, Societatem Indicam initio nihil praeter navigationem et commercia cogitasse, eamdem vero Lusitanorum injuriis et damnis illatis coactam, Ordinum Foederatorum consensu, mox vim vi arcere, bella inferre et praedas agere coepisse. Fruinius nova haec instituta non omnibus Indicae Societatis consortibus placuisse demonstrat, imo multos ea vehementer improbasse, in quibus primum locum tenuerint Mennonistae, homines ab omni bello alieni. Itaque hi suam praedae partem abnuerunt vel portiones vendiderunt. Fuere etiam, qui id fecisse non contenti, novam Societatem condere vellent, quae unice negotiationi operam daret et a bellis abstineret. At respublica, quae Indicae navigationis privilegium priori Societati concesserat, novam aliam juxta illam exsistere non patiebatur. Hanc ob causam illi eam in Galliam transferre, et Henrici IV opibus subnixi Indicam negotiationem experiri intendebant. Sed res eventu caruit. Ordines enim regi ejusque ministris omnibus modis persuasere, ut rem differrent, et Societatem non crearent.

Magna pars hominum de jure praedae ita sentiebat, idque Grotio ad Commentarium conscribendum ansam dedisse apparet. Fruinius arbitratur eum hunc laborem suscepisse ipsa Societate auctore, cui in hac causa orator adfuerit. Utcunque se ea res habeat, ex ipso Commentario Indicae Societatis causa scripsisse eum manifestum est, ut ostenderet praedam ab Hemskerckio captam Societatis esse, quam jure et in posterum Lusitanis bellum illaturam et praedas ab iis acturam. Verum Grotio ut id nobis persuaderet, universum jus belli explicandum fuit: hac causa enim quaestiones plurimae continebantur, quae unice ex jure gentium illustrari possent. Itaque in prima libri parte de causa nihil, sed ipsum jus praedae exponit: haec appellat Dogmatica de jure praedae. (c. I. in fine.)

Sequitur altera pars, qua nobis rerum status illius temporis describitur, inprimis Lusitanorum infestus Belgis animus, ex quo illi in Indiam navigare ibique commercia exercere coeperunt. Haec Grotius Historica vocat. Fruinius fontes exploravit, e quibus scriptor narrationes suas hausit, et comperit magnum eum documentorum numerum ante oculos habuisse, quae post eum inspexerit nemo, et quorum pars tantum supersit. Itaque his multa continentur, quae alibi nusquam leguntur et ad historiam Indicae Hollandorum navigationis pertinent.

Post Historica sequitur caput duodecimum, cujus major pars Maris liberi titulo separatim edita est. Opusculi hujus finem et propositum accuratius cognoscimus, cum ad locum attendimus, ubi primum legebatur. Demonstrandum erat Grotio, Lusitanos nullo jure Batavis bellum facere, quod sua Indicae negotiationis privilegia violari contendant; Batavos contra jure bellum inferre Lusitanis, quod illi liberam suam navigationem impedire studeant.

Ultima tria quae sequuntur capita ostendunt bellum in Lusitanos et praedationem non tantum justam esse, sed honestam et utilem. Vix opus est monere, ipsam causam hic agi et rerum statum illius temporis describi. Haec pars non magni momenti est; sed tamen propter vividum temporum imaginem, quam nobis in ea proposuit auctor, hodie quoque legi meretur.

Auctor Commentarium scripsit hieme anni 1604 et primis anni sequentis mensibus. Ipsa ejus verba id declarant. Mauritius Clusam ceperat die 21 mensis Augusti, anno 1604. Id a Grotio dicitur „capta nuper Clusa". Nihil in textu mutavit vel addidit post mensem Novembrem anni 1608, quo tempore caput ejus duodecimum seorsum vulgari jussit.

Unde factum sit, ut opus, quod scriptor totum absolvisset, non ederetur, hodie pro certo dicere non possumus. Fruinius suspicatur Societatis rectores intellexisse, praedam melius vindicari silentio et possessionis inhaesione, quam scripto. Codex etiam in scrinio jacebat, cum tempora scriptorem moverunt, ut separatim unum ejus caput vulgaret. Quo consilio id ediderit manifestum e loco, quem Visseringius citavit ex Grotii Maris liberi defensione adversus Welwodum, quod opusculum ejus simul cum Commentarii autographo Bibliothecae Lugduno Batavae emtum est. Ibi leguntur haec:

Ante annos aliquot, cum viderem ingentis esse momenti ad patriae securitatem Indiae, quae Orientalis dicitur, commercium, id vero commercium satis appareret obsistentibus per vim atque insidias Lusitanis sine armis retineri non posse, operam dedi ut ad tuenda fortiter, quae tam feliciter coepissent, nostrorum animos inflammarem, proposita ob oculos causae ipsius justitia et aequitate, unde nasci τὸ εὔελπι recte a veteribus traditum existimabam. Igitur et universa belli praedaeque jura et historiam eorum, quae Lusitani saeve atque crudeliter in nostros perpetrassent, multaque alia ad hoc argumentum pertinentia eram persecutus amplo satis commentario, quem edere hactenus supersedi. At cum post aliquanto ab Hispanis spes aliqua patriae ostentaretur pacis aut induciarum, sed ab iisdem postularetur res iniquissima, ut Indiae commercio abstineremus, partem ejus commentarii, in qua ostensum erat nec jure, nec probabili ullo juris colore niti hanc postulationem, seorsum edere statui Maris liberi nomine, hoc animo ac spe, ut et nostris animum adderem, ne quid de manifestissimo jure decederent, et experirer an ab Hispanis obtineri posset, ut causam non tantum validissimis argumentis, sed et popularium suorum auctoritate jugulatam agerent paulo remissius: quorum utrumque successu non caruit.

Nobis persuadere non possumus, Mare liberum, ut Grotius affirmat, in conditiones induciarum vim aliquam exercuisse. Fruinius clare demonstrat opusculum sine scriptoris nomine vulgatum initio homines parum movisse, nec quidquam continuisse, quod novitate sua animos perculeret: aliquot annis post demum, cum inter Belgas et Anglos de Anglici maris dominio disputabatur, magnum nomen adeptum est.

Sponte intelligimus scriptorem, edita libri parte, de reliquis edendis non ulterius cogitasse. Fruinius jure, ut opinor, suspicatur Grotium jam ex illo tempore opus de jure gentium meditatum esse, quod partim e Dogmaticis de jure praedae confecturus esset, et sedecim annis post confecit. Tot annos fuisse inter primum ejus rei consilium et exsecutionem, nihil est quod miremur: initio multiplicia magistratus munera, post vitae casus, quos nemo ignorat, huic labori vacare eum non siverunt.

Constat Indicae Societatis rectores, eodem fere tempore, anno 1610, inter se deliberasse an Grotio mandarent, ut Indicae negotiationis historiam conscriberet. Suspicari licet ipsum Grotium auctorem iis fuisse, ut Historicis e Commentario de jure praedae ad hanc rem uteretur. Res eventu caruit.

In universo opere maximi pretii sunt Dogmatica. Haec enim principium sunt et fons celeberrimi de jure belli ac pacis libri. Si utrumque librum inter se conferas, in oculos incurrit Jus pacis postea Dogmaticis de jure belli superadditum esse, indeque fieri ut alterius operis partes minus bene inter se aptatae sint et cohaereant.

Ipsa juris gentium disciplina in utroque opere eadem est. Libri si quid discrepant, in forma discrimen cernitur, non in re. Auctor senior factus plus prudentiae adhibet, minus absolute loquitur, plura excipit. Multa viderat, multos vitae casus expertus erat: itaque opus, quod juvenis scripserat, mutavit prout mutatus ejus in multis animus postulabat. At de juris principiis et origine eadem sentiebat.

E Commentario de jure praedae clarius quam ex altero opere cernimus, quae scriptoris laus sit circa jus gentium et jus naturae. Vulgo Grotius has disciplinas condidisse dicitur. At si qui nova eum juris dogmata excogitasse putant, vel docuisse, quae nemo ante eum docuerat, hi longe a vero absunt. Nulla fere dogmata promit, quae non alius cujusdam scriptoris auctoritate confirmet. In illis unus Albericus Gentilis laudatur, tamquam dux Grotii et is, qui viam ei praemunivit. Sed hac laude nequaquam dignus est. Multa collegit, in iis multa, quibus Grotius usus est, sed judicio caret, nec plus habet quam alii, quorum merita numquam laudantur. Non huic multum debet Grotius, sed summis apud Hispanos theologis et jurisconsultis, Caroli V et Philippi II aequalibus, Francisco Victoriae, Dominico Soto, Covarruviae et praesertim Vasquio, quorum merita ipse gratus agnoscit. Omnem fere Dogmaticorum materiem ex illorum scriptis collegit, et paucis aliis. Sed haec materies apud illos nullo ordine disposita latebat inter ingentes rerum minus utilium cumulos. Summa laus Grotii est, quod, quae ad manum erant, collegit et ita disposuit, ut inde nova juris disciplina nasceretur. Ante eum nemo viderat juris gentium originem in jure naturae quaerendam esse, nemo jus ipse inde deducere conatus erat. Dogmatica de jure praedae primum ejus rei specimen sunt. Methodus, quam ibi sequitur auctor, et argumentandi ratio summa laude digna est. E regulis nonnullis et legibus, quas tamquam axiomata praemittit, multo acumine et judicio universum jus belli et praedae colligit et explicat: leges, sententias, consuetudines secundo loco adhibet, ut earum ope confirmet, quae ex ipsa natura defluant.

Merito Fruinius animadvertit, opus illud conscriptum esse ab adolescente annorum viginti et duo. Summam recenset eorum, quibus opus fuit ut ejusmodi librum conficere posset, scriptores, quos legisse eum necesse erat, Latini sermonis elegantiam, argumentandi artificium, inprimis vero judicii maturitatem, cujus vix alterum exemplum in ejus aetatis adolescente conspicitur. Profecto Grotius, si vir perrexisset, ut juvenis inceperat, omnibus doctis praestaret. Sed mature ad ingenii fastigium pervenit. Praeclara opera, quibus fama ejus nititur, juvenis scribere aggressus est, postea elaboravit tantum et polivit. Quae vir factus confecit, pleraque theologica sunt atque illis juvenilis ingenii fructibus multum cedunt, nec diu ipsi superfuerunt. Itaque illis, qui ingenii excellentiam ejus cognoscere cupiunt, omnino ad primam illorum operum formam attendendum est. Sed ejusmodi initia et primitiae raro supersunt. Est quod nobis gratulemur felicem casum libri ejus omnium celeberrimi pristinam formam servasse.

Nihil habeo, quod praeterea addam, ipsumque librum benevoli lectoris judicio commendo.

ERRATA.

p. 35. vs. 15.	*pro*	ultraque	*l.* ultroque
p. 64. vs. 4.	,,	habere	,, haberi.
p. 67. vs. 15.	,,	invertuntur	,, invertantur.
p. 70. vs. 16.	,,	consilii est:	,, consilii est,
p. 79. vs. 21.	,,	obscero	,, obsecro.
p. 138. vs. 10.	,,	juris satisf.	,, juris sui satisf.
p. 170. vs. 34.	,,	Dolium	,, Dolcum
p. 177. vs. 10.	,,	Cidorum	,, Cidaeum.
p. 181. vs. 24.	,,	Rasalata	,, Rasalala, et passim.
p. 202. vs. 31.	,,	Tiamaor	,, Tiamaon
p. 242. vs. 32.		*in marg.*	,, Probl. IV.
p. 267. vs. 19.	,,	CAPUT XII.	,, CAPUT XIII.
ibid. vs. 26.	,,	INFERUNTUR	,, INSERUNTUR

CONSPECTUS OPERIS.

CAPUT PRIMUM.

Exordium. Argumentum. Distributio. Methodus. Ordo operis.

CAPUT SECUNDUM.

Prolegomena, in quibus Regulae IX et Leges XIII.

CAPUT TERTIUM.

QUAESTIO I.

Art. I. An bellum aliquod justum sit
Art. II. Christianis,
Art. III. in Christianos,
Art. IV. omni jure.

CAPUT QUARTUM.

QUAESTIO II.

Art. I. An praedam capere aliquando justum sit
Art. II. Christianis,
Art. III. ex Christianis,
Art. IV. omni jure.

CAPUT QUINTUM.

QUAESTIO III.

Quae praeda justa sit.

QUESTIO IV.

Quod bellum justum sit.

CAPUT SEXTUM.

De causa belli efficiente.

QUAESTIO V.

Art. I. Quae justa sit causa efficiens belli privati.
Art. II. Quae justa sit causa efficiens belli publici.

Coroll. Quatenus praeda his acquiratur, qui suis impensis, damnis, periculo, suorum ministrorum opera, nulla pacta mercede, bellum publicum gerunt.

CAPUT UNDECIMUM.

PARS I.

Art. I. Causae belli Batavorum in Albanum, Hispanos, Philippum etc.

Art. II. Officia Batavorum eo in bello.

Art. III. Causae belli Batavorum in Lusitanos.

Art. IV. Officia Batavorum in Lusitanos.

Art. V. Injuriae Lusitanorum in Batavos per Lusitaniam.

Art. VI. Injuriae Lusitanorum in Batavos alibi passim.

Art. VII. Injuriae Lusitanorum in Batavos eo colore, quod attributas ipsis regiones commerciis adirent.

Art. VIII. Idem color per Indiam.

PARS II.

Art. I. Calumniae Lusitanorum in Batavos.

Art. II. Submissi in Batavos hostes a Lusitanis.

Art. III. Fraudes et perfidia Lusitanorum in Batavos.

Art. IV. Coeptum a Lusitanis bellum in Batavos.

Art. V. Bellum Lusitanorum in amicos Batavorum.

CAPUT DUODECIMUM.

In quo ostenditur, etiamsi bellum privatum fuisset, justum fore, justeque partam praedam Indicae Hollandorum Societati. In quo ista inseruntur Problemata:

I. Ad gentes omnes omnibus patet aditus, jure gentium non permittente, sed imperante.

II. Infideles ob hoc ipsum, quod infideles sunt, dominio publico privatove exui non possunt, nec titulo inventionis, nec Pontificiae donationis, nec belli.

III. Mare aut jus navigandi in eo proprium fieri non potest occupatione, aut donatione Pontificia, aut praescriptione sive consuetudine.

IV. Jus mercandi cum gente altera proprium fieri non potest occupatione, aut donatione Pontificia, aut praescriptione sive consuetudine.

CAPUT DECIMUM TERTIUM.

In quo ostenditur justum esse bellum justeque partam praedam Societati ex causa publica patriae,

Parte I. respectu Ordinum voluntaria agentium,

Parte II. respectu Societatis Indicae subditae Ordinibus,

Parte III. aut etiam ex causa publica sociorum.

In quo ista inseruntur Problemata.

I. Respublica ejusve Ordines etiam cum habent Principem, belli tamen publice suscipiendi habent auctoritatem.

II. Justa belli causa in Principem est tuitio legum patriarum, quibus Principatus adstringitur.

III. Bellum in Principem indictionem non desiderat.

IV. Praesentis temporis magistratui parere boni civis est.

V. Bona fide civis pugnat contra Principem pro republica et legibus.

VI. Bellum reipublicae in Principem, qui suus Princeps fuit, externum est.

VII. Societas belli recte interdum a Christianis initur cum infidelibus contra Christianos pugnantibus.

CAPUT DECIMUM QUARTUM.

Pars I. Honestam esse praedae hujus capturam: in qua ista inseruntur Problemata.

I. Justum omne honestum.

II. Honesta praecipue actio pro sociis, pro patria, adversus homines inemendabiles.

III. Honesta praecipue praedatio ex fine.

Pars IV. Honestam esse praedae hujus possessionem.

CAPUT DECIMUM QUINTUM.

Pars I. Utilem esse praedae hujus capturam: in qua ista inseruntur Problemata.

I. Omne justum utile.

II. Omne honestum utile.

III. Utile praecipue, quod statui reipublicae convenit

IV. Utile praecipue prodesse sociis.

V. Utile praecipue nocere hostibus.

VI. Utile quod facile.

Pars II. Utilem esse hujus praedae possessionem. Epilogus.

HUGONIS GROTII

LIBER

DE JURE PRAEDAE.

CAPUT PRIMUM.

EXORDIUM. ARGUMENTUM. DISTRIBUTIO. METHODUS. ORDO OPERIS.

Res sane nova et externis vix credenda accidit, ut eos inter *Exord.* homines, quibus tam diu in Hispanos bellum est, privatim praeterea gravissime offensos, illud disceptetur, an justo in bello hostem crudelissimum, quique gentium commercia prior violarit, auctoritate publica recte spolient. Ita fit, ut Batavi, qua gente non alia est honesti quaestus avidior, verecundari videantur nonnulli praedam agnoscere, misericordia scilicet in illos, qui ipsi ne hostium quidem jura servaverunt. Quod cum accidat partim quorumdam parum reipublicae amantium calumniis, partim aliorum religione et superstitiosa quadam abstinentia, ut illorum malitiae occurrere, ita horum simplicitatem instruere operae pretium fuit. Neque enim perspicaciori cuiquam ignotum esse potest, quo ista tendant et quibus hostium artibus misceantur. Nam si Hispanos maris obsessores offendere cessant Batavi, quod sane fiet, si res ista sine commodo periculum tantum afferet, crescet immensum illa ferocium animorum insolentia, clausa brevi tenebuntur littora totius orbis, corruet Asiatica omnis negotiatio, qua vel sola vel potissima publicas opes sustineri sciunt ipsi nec hostis ignorat. Contra si fortuna uti placet, dedit Deus telum in ipsa imperii Hispanici viscera et non aliunde certius speranda libertas. Est tamen et in hoc errore, quod patriae liceat gratulari. Non mediocre Batavorum innocentiae argumentum est, ad ea etiam cunctari, quae fas gentium et jura publica permittunt. Non potest in illis justitia umquam requiri, non desiderari fides, qui jus illud cunctis populis certissimum et de quo nemo praeter ipsos dubitaret, tam solliciti tractant et velut suspenso gradu. Sed verissimum illud nimirum est utroque latere virtutes vitiis ambiri [1], etsi alia conspectiora sunt, alia contrarii mali magnitudine facilius delitescunt. Sic odio iracundiae oppositum stuporem, quem ἀοργησίαν Graeci dixerunt [2], adeo ignoramus, ut ne Latinum quidem nomen invenerit. Est sane infamis animi morbus sine ullo juris aut honesti respectu flagrans lucri cupido, quae αἰσχροκέρδεια Graece dicitur. Sed potest et altrinsecus peccari, cum anxia quadam et scrupulosa rerum non turpium fuga occasiones negliguntur rei familiaris. Virum enim sapientem et bonum Socratici probant esse φιλοκερδῆ, hoc est *utilitatum suarum minime negligentem:* negantque philosophi justitiam esse οἰκοφθόρον ac πτωχοποιόν, *pernitiem rei familiaris et auctorem mendicitatis* [3]. Est quidem, ut recte dixit Lucilius [4],

Virtus quaerendae finem rei scire modumque.

Sed est etiam, ut sequitur,

Virtus divitiis pretium persolvere posse.

Cavendum et hic ne quid nimis, hoc est ne fingamus id vitiosum esse, quod vitio caret, neu dum in alios esse nolumus in nos iniqui simus. Non minus a scopo aberrat telum quod longe transvolat, quam quod citra relinquitur. Utrinque culpa, utrinque error est: tetrior forte atque intestabilior illorum,

---

[1] Arist. de mor. ad Nicom. l. 2. c. 7. [p. 1108. 1. vs. 6.] [2] Gell. l. 1. c. 26. Arist. de mor. ad Nicom. l. 4. c. 11. [p. 1126. 1. vs. 3.] [3] Plut. Cat. [p. 354. c.] [4] [ap. Lact. Instit. div. l. 6. c. 5.]

quibus ad omne facinus animus occalluit: ita tamen ut esse possit et quiddam, si ita loquendum est, tenerum nimis ac delicatum, quod rebus etiam quibus minime oportet offenditur. Sed nefanda justi et aequi irreverentia cum naturae humanae repugnet, satis sua turpitudine monstratur: alterum illud vitium, quod in exsuperantia positum est, hoc magis caveri debet, quia nullis proprie notis insignitum facile virtutis speciem induit atque ea imagine animis irrepit. Hoc illud est, quod veteri verbo dicitur *nodum in scirpo quaerere.*

Medium quiddam est justitia [1]. Malum est injuriam facere, sed et pati malum est: illud quidem gravius, sed et hoc tale ut merito fugiendum sit. Verum quia frequentius in alteram partem impingitur, ideo cura alterius nobis diligentius praecipi solet, quasi ad nostri curam satis natura feramur. Caeterum sapiens neque se parvi facit, neque commoditates suas negligit, ut quibus nemo rectius utatur [2]. Quare et injuriam omnem, quatenus jus fasque est, a se propulsabit [3]. Aberit igitur a viro bono μειονεξία, *minusque quam par est sibi tribuendi affectio.* Haec ipsa tamen, quamdiu damnum ejus penes quem error est non egreditur, rideri magis quam culpari solet, nec tam injustitia quam stultitia dicitur. At si quando privata jactura commune periculum secum trahit, tum vero vi omni contra nitendum est, ne falsa civium persuasione bonum publicum corrumpatur. Talis illorum ignavia fuit, qui religione aliqua impediti quominus pugnarent, res suas hostibus prodiderunt. Judaeorum sabbata [4] et Graecorum lunas [5] novimus et si qui alii non satis heroicum illud [6] tenuerunt:

εἷς οἰωνὸς ἄριστος ἀμύνασθαι περὶ πάτρης.
Nil augustius est, patriam quam Marte tueri.

---

[1] Arist. de mor. ad Nicom. l. 5. c. 9. [p. 1133. 2. vs. 30.] et ibid. c. 15. [p. 1138. 1. vs. 28.] [2] Arist. ibid. l. 9. c. 4. et 8. [p. 1166. 1. vs. 20. et p. 1169. 1. vs. 17.] et de rep. l. 2. c. 5. [p. 1263. 1. vs. 31.] [3] Arist. de mor. ad Nicom. l. 5. c. 12. [p. 1136. 2. vs. 19.] [4] Joseph. l. 14. c. 8. [5] Herod. l. 6. [c. 106.] Lucian. Astrol. [ed. Bekk. vol. 2. p. 290. § 25.] [6] Hom. Il. [l. 12. vs. 243.]

Multa possim exempla referre eorum, qui istam in partem peccaverunt. Sed quid necesse est? Quis enim dubitat, quin pios se et humanos Hebraei arbitrarentur, quod non in Madianitas et Cananaeos ad internecionem saevirent [1]? Cui ignota est Saulis in regem devictum perversa misericordia [2]? quam tamen ob rem et hic et illi reprehensi acriter et puniti sunt. Et ne hoc quidem nunc agitur, sed ne relinquantur penes hostem vires, quibus innocentium in exitium utatur. Vere sane, vere summus ille doctor pietatis et morum [3] culpare bellum ob incommoda, quae inde sequuntur, cujus generis et caedes et praedae sunt, *timidorum* esse dixit non *religiosorum.*

Hunc igitur terrorem animi tenebrasque necesse est
Non radii solis neque lucida tela diei
Discutiant, sed naturae species ratioque. [4]

Proprie enim ista, ni fallor, poetae verba usurpabo, cum omnino ex ipsa naturae specie, non aliunde quaerendum sit, quantum aliis, quantum nobis debeamus. Ita fiet ut explorato belli ac potissimum praedae jure, omnis res ista patere cuivis possit, qui modo sensu communi non careat.

Argum. Id autem, de quo quaeritur, tale est. Cum ab anno usque 1595 missae ab Hollandis Zelandisque mercatoribus naves in diversas Indici Oceani insulas, ab imperio Lusitanorum liberas, commerciorum gratia itassent, nautae multis suorum caedibus suisque damnis, quae per Lusitanorum calumnias aut emissarios eorumdemque perfidiam et vim denique apertam atque armatam, cum ipsi tum sociae gentes pertulerant, ad ultionem tandem se composuere. Post aliquot edita utrinque hostilitatis exempla anno 1602 accidit, ut Jacobus Hemskerckius classi Amstelodamensi octo navium praefec-

---

[1] Num. 19. 31. Deut. 7. 2. [2] Sam. 1. 15. Ambros. de off. l. 1. citatur in c. est injusta. [Haec non leguntur in libro Ambrosii de officiis, verum in serm. 8. ad ps. 118. vs. 2. Vide annot. ad Decr. Grat. p. 2. 23. 4. 33.] [3] August. c. Faust. Manich. l. 22. c. 74. citatur in c. quid culpatur. [Decr. Grat. p. 2. 23. 1. 4.] [4] Lucret. l. 2. [vs. 58. sqq.]

tus in freto Cincapurano, quod alterum est eorum quibus discreta Taprobane Malaccam contra aspicit, navem Lusitanicam ejus generis, quas *caraccas* vocant, Catharinam nomine, onustam mercibus inque deditionem coactam, hominibus dimissis domum abduceret. Fecerant quidem et alii ac postea fecerunt haud multum discrepantia, sed quia istud factum multis nominibus nobilissimum est, vice omnium quaestioni subjicere placuit, ut quo examinato facile caetera judicentur.

Sed hunc mihi laborem aggredienti multiplex disputatio occurrit, non quo argumentum per se haud satis expeditum sit, sed dissimilitudine dubitantium, qui partim religione quadam adducti approbare praedam verentur, quasi minus jure partam atque legitimam: alii de jure non ambigunt, sed hoc metuere videntur, ne tali facto labem aliquam famae aspergant: deinde si qui sunt, qui nec aequitati causae diffidunt, nec ea ratione existimationem suam laedi posse existimant, aliquid tamen imaginantur, quo evenire possit ut hoc ipsum, quod in praesens utile et quaestuosum videtur, jacturam latentem et damnum secum trahat. Ita fit ut quotquot sunt disceptandi genera, quae apud oratores [1] tractari solent, hic omnia concurrant. Nec enim hoc duntaxat, rectene an perverse factum sit, velut apud judicem agitandum est, sed in laudando aut vituperando, munere censoris, sumendae partes, et quia manet occasio, anne idem quod hactenus factum est, in posterum fieri expediat, consilium oportet dari. Prima igitur juris erit quaestio, quae caeterarum quodammodo praejudicialis est. Ad hanc autem illa naturae, quam dixi, ratio vel maxime pertinet. Nam illi quidem operam mihi ludere videntur, qui res non inter cives sed populos diversos gestas, idque non pace sed bello, ex scriptis duntaxat legibus dijudicant. Dionis ejus, qui eloquentiae merito Chrysostomus dicitur, nitidus est in hanc rem locus [2]: *τῶν μὲν ἐγγράφων οὐδὲν ἐν τοῖς πολεμίοις ἰσχύει, τὰ δὲ ἔθη φυλάττεται παρὰ πᾶσι, κἂν εἰς ἐσχάτην*

Distrib.

Method.

---

[1] Quintil. Instit. orat. l. 3. c. 4. [2] in orat. de mor. [p. 649. vs. 21.]

ἔχθραν προέλθωσι. *Eorum sane quae scripta sunt nihil inter hostes valet; mores autem servantur ab omnibus, etiam cum ad extremum odii processerint.* Ubi mores idem sunt, quod apud Tullium [1] *non scripta sed nata lex*, et apud Sophoclem [2] ἄγραπτα κἀσφαλῆ θεῶν νόμιμα, *non scripta quidem illa sed certa Deûm jura.* Lactantius [3] vero etiam philosophos reprehendit, quod cum de officiis ad rem militarem pertinentibus disputant, eam non ad veram justitiam accommodant, sed ad vitam moremque civilem. Quos auctores si illi non legunt, at Baldum [4] suum audire debuerant, qui sapienter docuit inter eos, qui supremam imperii potestatem sibi vindicant, si quid inciderit contentionis, non alium dari judicem, quam naturalem rationem, bonorum atque malorum arbitram: quod et alii eruditiores [5] consciscunt. Nec longe abit vulgatum illud, intellectus penuria eum laborare, qui legem quaerat ubi naturalis suppetat ratio. Aliunde igitur quam ex legum Romanarum corpore petenda est praestabilis illa scientia, quam Cicero [6] dicit consistere in foederibus, pactionibus, conditionibus populorum regum exterarumque nationum, in omni denique belli jure ac pacis. Melius aliquanto illi et certius, qui ex sacris litteris ista malunt disceptari, nisi quod nudas plerumque historias aut jus civile Hebraeorum pro jure divino obtendunt. Nam quae passim ex omnium gentium annalibus alii collegerunt, ut ad rem illustrandam plurimum, ita ad dijudicandum aut nihil aut parum valent, cum fere idem saepius fiat, quod male fit. Veram igitur nobis viam munierunt veteres illi jurisconsulti, quorum nomina reveremur, qui saepissime artem civilem ad ipsos naturae fontes revocant [7]. Quod et apud Tullium [8]

---

[1] pro Mil. [c. 4, § 10.] [2] Antig. [vs. 454.] [3] Instit. div. l. 6. c. 6. [4] in praef. ad Cod. [5] Vasq. Controv. illustr. c. 51. n. 29. [6] pro Balbo. [c. 6. § 15.] [7] in titt. de just. et jure. [D. 1. 1.] de acq. rer. dom. [D. 41. 1.] de acq. poss. [D. 41. 2.] et alibi passim, ut in l. proponebatur. ff. de judiciis. [D. 5. 1. 76.] et in l. rerum mixtura. ff. de usuc. [D. 41. 3. 30.] [8] de leg. l. 1. [c. 5. § 17.]

est: dicit enim non a praetoris edicto, ut tunc plerique faciebant, neque a XII tabulis, ut superiores, sed penitus ex intima philosophia hauriendam juris disciplinam. In hoc igitur prima esse debet cura: nec parum tamen ad confirmandam fidem valet, si quod jam nobis naturali ratione persuasum est, sacra auctoritate comprobetur, aut idem videamus sapientibus quondam viris et laudatissimis nationibus placuisse. Ordo autem instituto hic convenit, ut initio quid *Ordo.* universim atque in genere verum sit videamus, idque ipsum contrahamus paulatim ad propositam facti speciem. Sed quemadmodum mathematici, priusquam ipsas demonstrationes aggrediantur, communes quasdam solent notiones, de quibus inter omnes facile constat praescribere, ut fixum aliquid sit, in quo retro desinat sequentium probatio, ita nos quo fundamentum positum habeamus, cui tuto superstruantur caetera, regulas quasdam et leges maxime generales indicabimus, velut anticipationes, quas non tam discere aliquis, quam reminisci debeat. Eam ad rem novitatis mihi, forte etiam prolixitatis venia oranda est. Lectorum itaque patientiam rogo, ut quod re ipsa comprobabitur, id nunc mihi in antecessum credant, si quod taedium creaverint principia, ut plerique existimabunt satis cognita, ut omnes altius repetita, hoc ipsum defluentium inde argumentorum certitudine compensatum iri. Etiam illud haud falso utique affirmaverim, quaestiones juris bellici, quae perturbatissimae hactenus fuerunt, etiamsi hic omnes expressae non erunt, ex iisdem tamen principiis et eadem docendi ratione expediri posse atque definiri. *Sequuntur dogmatica de jure praedae.*

CAPUT II.

Prolegomena, in quibus Regulae IX et Leges XIII.

Unde nobis principium, nisi ab ipso principio? Prima igitur esto regula, supra quam nihil: *Quod Deus se velle signi-* **Regula I.**

ficarit, id jus est. Haec sententia ipsam juris causam indicat ac merito primi principii loco ponitur[1] videturque jus a Jove dictum, unde et jurare et jusjurandum, Jovisjurandum: aut quia veteres quae nos jura dicimus, *jusa*[2], hoc est jussa dixerunt. Jubere autem potestatis est. Prima potestas in omnia Dei, ut artificis in opus et ut dignioris in minus dignum. Ausonius[3]: *Jus certa Dei mens.* Hoc est quod Orpheus et post Orphea veteres poetae omnes[4] senserunt, cum dicerent Jovis adsessores esse Themin et Dicen, unde recte Anaxarchus colligebat non tam ob id Deum aliquid velle, quia justum est, quam justum esse, quia Deus vult: etsi ille eo dicto abutebatur. Plutarchus[5] autem paulo subtilius non tam Deas illas vult Jovi adsidere, quam *Jovem ipsum et Themin esse et Justitiam et legum omnium antiquissimam atque perfectissimam;* quae et Chrysippi fuit sententia[6] dicentis *legis perpetuae et aeternae vim, quae quasi dux vitae et magistra officiorum sit, Jovem dici.* Dei voluntas non oraculis tantum et extraordinariis significationibus, sed vel maxime ex creantis intentione apparet. Inde enim *jus naturae* est[7]. Optime igitur Cicero[8] cognitionem rerum caelestium etiam ad justitiam prodesse vult, *cum cognitum habeas, quod sit summi rectoris et domini numen, quod consilium, quae voluntas; cujus ad naturam apta ratio vera illa et summa lex a philosophis dicitur.* Huc et illud[9] pertinet:

Jus naturae.

dixitque semel nascentibus auctor
Quidquid scire licet.

Et quem modo dicebam Chrysippus[10]: οὐ γὰρ ἔστιν εὑρεῖν τῆς δικαιοσύνης ἄλλην ἀρχὴν οὐδ' ἄλλην γένεσιν, ἢ τὴν ἐκ τοῦ Διὸς καὶ

[1] Thom. 1. 2. q. 93. art. 1. [2] Fest. [ap. Paul. Diac. de verb. sign. l. 9.] [3] Monosyll. [in pr. vs. 13.] [4] Hes. Theog. [vs. 901. sqq.] Plato de leg. l. 4. [p. 716. a.] Demosth. c. Aristog. [p. 772.] Them. orat. 6 [p. 79. c.] Amm. Marc. Hist. l. 21. [c. 1. med.] Pind. Olymp. 8. [vs. 28.] Plut. Alex. [p. 695 a.] [5] Plut. de doctr. princ. [p. 781. a. et b.] [6] Cic. de nat. Deor. l. 1. [c. 15. § 40.] [7] Inst. de jure nat. § pen. [I. 1. 2. § 11.] [8] de fin. l. 4. [c. 5. § 11.] [9] Lucan. Phars. l. 9. [vs. 575.] [10] [ap. Plut. Moral. p. 1035. c].

τὴν ἐκ τῆς κοινῆς φύσεως. *Non potest aliud reperiri justitiae principium origove alia, quam a Deo et a communi natura.*

Cum igitur res conditas Deus esse fecerit et esse voluerit, proprietates quasdam naturales singulis indidit, quibus ipsum illud esse conservaretur et quibus ad bonum suum unumquodque, velut ex prima originis lege, duceretur [1]. Unde principium totius naturalis ordinis recte poetae et philosophi veteres [2] *amorem* statuerunt, cujus prima vis primaque actio reciproca est in se ipsum. Qua ratione culpandum non est quod secutus Academicos Horatius [3] *utilitatem justi et aequi prope matrem* dixit. Omnis enim natura, ut plurimis locis Cicero inculcat, diligens est sui seque salvam ac beatam vult, idque non in hominibus solis videre est sed in bestiis etiam, imo et in rebus inanimis. Hic enim est ille verus et divinus sui amor [4], omni ex parte laudabilis. Quae enim in vitiis ponitur φιλαυτία, hoc est *nimium sui studium*, istius amoris excessus est. Recte autem Socrates cum apud Xenophontem [5] tum apud Platonem [6] atque etiam Diogenes [7] justitiam virtutem statuunt, quae nos utiles facit cum aliis tum nobis ipsis. Quippe hominem justum nullo modo sibi ipsi suarumve partium ulli facturum injuriam, causamve sibi futurum doloris aut incommodi. Quod egregie Plutarchus [8] adjuncta comparatione explicat, cum negat oleo similem esse justitiam, quod a medicis dicitur exterioribus corporis prodesse, nocere interioribus: justo enim summam sui esse curam. Alii [9] qui nomina subtilius distinguunt, non tam justitiae hoc opus esse volunt, quam caritatis, ad quam nos natura

---

1 Cic. de fin. l. 4. [c. 10. § 25.] et Acad. l. 1. 2 Plato in conv. ex Hes. et Parm. [p. 178. b.] 3 Sat. l. 1. 3. [vs. 98.] 4 Arist. de mor. ad Nicom. l. 9. c. 4. et 8. [p. 1166. 1. vs. 17. et p. 1169. 1. vs. 17.] de rep. l. 2. c. 5. [p. 1263. 1. vs. 41. sqq.] Castr. ad § jus gentium. l. 1. ff. de just. et jure. [D. 1. 1. 1. § 4.] 5 Comment. l. 4. [c. 4.] 6 de rep. l. 1. [p. 353. e.] 7 ap. Stob. in floril. l. 9. [n. 49.] 8 Plut. Cat. [p. 354. d.] 9 Thom. 1. 2. q. 77. art. 4. in resp. Sen. de benef. l. 5. c. 9.

astringat, illud interim fatentes, in rebus humanis primam esse hominis adversus se ipsum officii rationem. Officium autem omne est, ut philosophi loquuntur, περὶ τὰ πως ἔχοντα πρὸς ἡμᾶς, hoc est, *quae certo modo ad nos referuntur.* Sunt autem haec duplicia, alia enim boni, alia mali ad nos rationem habent: quod et affectiones indicant duae, quas non homini soli sed animantibus cunctis natura indidit, fuga et appetitus. Id autem officium, de quo hic nobis agendum est, non ad cuncta bona malaque pertinet, sed ad ea duntaxat, quae homines hominibus aut conferre aut adimere possunt, tam actiones externas quam res ipsas. Nam praeter haec nihil venire potest in eam comparationem, qua illud quaeritur, quantum homo sibi, quantumque alteri debeat. Haec autem bona malaque in summa duorum sunt generum. Prioris digniorisque ordinis sunt ea quae corpus ipsum attingunt, ut in malorum censu mors et huic affinis membrorum mutilatio et morbi; in bonorum vita cum integritate corporis et bona valetudine. Secundae classis quae sunt, ea ad res pertinent extra nos positas, nobis tamen utiles aut inutiles, tristes aut jucundas: quales sunt hinc honor, divitiae, voluptas; inde infamia, paupertas, dolor. Quare Plato [1] cum dicit versari justitiam περὶ σώματος θεραπείαν ἢ περὶ χρημάτων κτῆσιν, *circa corporis curam* videlicet *et rerum possessionem*, rerum nomine etiam facta comprehendit. Ex hac igitur conjugatione emergunt leges juris naturalis duae.
Lex I. Prior: *Vitam tueri et declinare nocitura liceat* [2]. Altera:
Lex II. *Adjungere sibi quae ad vivendum sunt utilia eaque retinere liceat;* quod quidem cum Tullio [3] ita interpretabimur: *concessum, sibi quisque ut malit, quod ad vitae usum pertineat, quam alteri acquiri, id fieri non repugnante natura.* Nemo denique fuit in ulla secta philosophorum, qui de finibus disputaturus non has leges ut certissimas ante caetera poneret [4].

---

[1] de rep. l. 3. [2] Cic. de off. l. 1. [c. 4. § 11.] de fin. l. 4. [c. 7. § 16.] et l. 5. [c. 9. § 24.] pro Mil. [c. 4. § 10.] [3] de off. l. 3. [c. 5. § 22.] [4] Cic. de fin. l. 3. [c. 6. § 20.] et passim.

Hac enim de re et Stoicis et Epicureis et Peripateticis convenit; ne Academici quidem videntur dubitasse. Quatenus autem corpore constamus, alia nobis corpora naturaliter aut prodesse possunt, aut nocere. Et sic lex illa prior exercetur repulsione corporis a corpore, posterior applicatione corporis ad corpus. Cui usui data animantibus membra et nobis pedes ac manus, quae tum propulsationis, tum applicationis ministerio fungerentur. Applicatio ea Dei donatione est: nam qui animantibus ut essent dedit, idem dedit ad hanc rem necessaria. Necessaria autem sunt alia ut quid sit, alia ut cui bene sit: incolumitatis et commoditatis dicere possumus. Omnino autem viliora praestantiorum usibus concessa, ut plantae herbaeque bestiis, bestiae et res in universum omnes homini [1], ut qui dignitate rebus omnibus conditis praecellat. Cum autem Deus ista humano generi, non hominibus singulis donaverit [2], nec tamen ad usus converti possint nisi privatim occupando, necesse fuit eo deveniri ut suum cuique fieret, quod esset apprehensum, *τὸ ἐσφετερισμένον*. Apprehensio haec possessio dicitur, unde usus et mox dominium secutum est [3]. At vero non satis conservationi operum suorum provisum Deus credidit, si suam duntaxat incolumitatem cuique commendaret [4], nisi et rem alteram alterius commodis vellet consulere, ut cuncta inter se velut aeterno foedere consentirent. Seneca: *alteri vivas oportet, si vis tibi vivere*. Duplex itaque est amor, sui et alterius, quorum ille cupidinis, hic amicitiae dicitur [5]. Hujus autem aliqua etiam in rebus inanimis species observatur, in brutis animantibus clarior, in homine vero luculentissima, ut cui praeter communes cum caeteris affectiones peculiariter concessa sit ratio illa imperatrix: cui scilicet ab ipso Deo prin-

Possessio. Dominium

---

[1] Gen. 1. in fine. Cic. de off. l. 1. [c. 4. § 11.] l. in pecudum. ff. de usuris. [D. 22. 1. 28.] Arist. de rep. l. 1. c. 8. [p. 1256. 2. vs. 16.] [2] Cic. de leg. l. 1. [c. 8. § 25.] [3] l. 1. § 1. ff. de acq. poss. [D. 41. 2.] Vide infra c. 12. ad. probl. 13. [4] Plato Lys. [p. 207. c.] [5] Thom. 1. 2. q. 26. art. 4.

cipium, qui mentis suae imaginem homini impressit, quod Epicharmi versu [1] notatur:

ὁ δέ γε τἀνθρώπου λόγος πέφυκ' ἀπὸ τοῦ θείου λόγου.

Nam Dei a ratione ratio nascitur mortalium.

Est quidem ista ratio nostro vitio obnubilata plurimum, non ita tamen, quin conspicua restent semina divinae lucis, quae in consensu gentium maxime apparent. Cum enim malum falsumque sit natura sui quodammodo infinitum [2] atque insuper sibi repugnans, concordia universalis nisi ad bonum et verum esse non potest. Placuit autem plerisque hunc ipsum consensum jus naturae secundarium, seu jus gentium primarium appellare: cujus legem Cicero [3] nihil aliud esse ait, nisi *rectam et a numine Deorum tractam rationem*, qui et alibi: *omni in re consensio omnium gentium lex naturae putanda est.* Vidit hoc Heraclitus [4], qui cum duos poneret λόγους, τὸν ξυνὸν καὶ τὸν ἴδιον, *communem* scilicet *propriamque rationem*, sive *sensum*, illum esse vult veritatis κριτήριον et quasi *judicem*, τὰ γὰρ κοινῇ φαινόμενα πιστά, *fida enim esse quae communiter ita viderentur.* Deinde adjicit, τρέφονται πάντες οἱ ἀνθρώπινοι νόμοι ὑπὸ ἑνὸς τοῦ θείου. *Leges mortalium omnes ab una divina foventur* [5]. Et sic regula secunda a priori derivatur: *Quod consensus hominum velle cunctos significaverit, id jus est.* Maxime autem in eo consentitur, aliena nobis commoda curanda esse, quia id fere homini proprium est: unde Senecae [6] sapientia *bonum* dicitur *et suum et alienum.* Hinc illa justitia proprie dicta incipit, quam Aristoteles [7] aliique *circa bonum alienum versari* tradi-

Jus gent. prim.

Regula II.

---

[1] [ap. Clem. Alex. Strom. l. 6. p. 719.] [2] Arist. de mor. ad Nicom. l 2. c. 5. [p. 1106. 2. vs. 29.] et l. 9. c. 4. [p. 1166. 1. vs. 13.] et c. 6. [p. 1167. 2. vs. 4.] Cic. de nat. Deor. l. 1. Thom. 1. 2. q. 93. art. 3. [3] Phil. 11. [c. 12. § 28.] Tusc. l. 1. [c. 13. § 30.] [4] ap. Sext. Philos. [Bekk. p. 219. § 131—135.] [5] de leg. l. 1. [c. 7. § 22. sq.] [6] Epist. 86. [7] de mor. ad Nicom. l. 5. c. 3. [p. 1129. 2. vs. 13.]

derunt, Cicero [1] et Apuleius [2] *foras spectare* dicunt: de qua praeclare Hesiodus [3]:

τόνδε γὰρ ἀνθρώποισι νόμον διέταξε Κρονίων,
ἰχθύσι μὲν καὶ θηρσὶ καὶ οἰωνοῖς πετεηνοῖς
ἐσθέμεν ἀλλήλους, ἐπεὶ οὐ δίκη ἐστὶ μετ' αὐτῶν,
ἀνθρώποισι δ' ἔδωκε δίκην, ἡ πολλὸν ἀρίστη.
Humano generi nam lex datur ab Jove summo.
Quippe ferae, pisces, avium genus altivolantum
Mutua se vertunt in pabula, juris egentes:
Justitia at nobis, quae res est optima, cessit.

Seneca [4]: *ut omnia inter se membra consentiunt, quia singula servari totius interest, ita homines singulis parcent, quia ad coetum geniti sumus. Salva autem esse societas, nisi amore et custodia partium non potest.* Idem [5] alibi: *Securitas securitate mutua paciscenda est.* Haec est illa hominum inter se cognatio, illa mundi civitas, quam tot tantisque praeconiis veteres philosophi nobis commendant, praesertim Stoici, quorum sententiam etiam Cicero [6] exsequitur: ex qua et illud est Florentini [7]: *cum cognationem quandam inter nos natura constituerit, consequens esse ut hominem homini insidiari nefas sit;* quod ille [8] optime ad jus gentium refert. Unde apparet quam non recte magistri ignorantiae Academici contra justitiam disputaverint, eam quae natura est ad utilitatem duntaxat suam ducere, civilem vero non ex natura esse, sed ex opinione. Hanc enim mediam justitiam, quae humano generi propria est, omittebant [9].

Ex regula igitur prima et secunda leges duae procedunt de bono alieno, quae prioribus de bono suo respondent, easque justo limite circumscribunt [10]. Una: *Ne quis alterum laedat;* *Lex III.*

---

[1] de rep. l. 2. [ap. Nonium in v. Projectnm.] [2] de philos. Plat. [vol. 2. Oudendorpii. p. 229.] [3] Op. et D. [vs. 276. sqq.] [4] de ira l. 2. c. 31. [5] de clem. l. 1. c. 19. [6] Cic. de leg. l. 1. [c. 7. § 23.] [7] l. ut vim. ff. de just. et jure. [D. 1. 1. 3.] [8] Cic. de rep. l. 3. [c. 19. et 20.] Lact. Instit. div. l. 5. c. 15. 17. 18. [9] Lact. d. c. 18. [10] Cic. de off. l. 1. [c. 7. § 20. sq.] Inst. de just. et jure. § juris praecepta. [I. 1. 1. 3.]

Lex IV. altera: *Ne quis occupet alteri occupata.* Haec lex abstinentiae, illa innocentiae est: inde vitae securitas oritur, hinc dominiorum distinctio, celeberrimumque illud *Meum* et *Tuum*[1]. Et hoc est illud, quo veteres[2] respexerunt, cum Cererem legiferam ejusque sacra Thesmophoria dixere, jura ex agrorum divisione inventa significantes. Ratio posterioris legis apud Quintilianum[3] est: *Si haec conditio est, ut quidquid in usum hominis cessit proprium sit habentis, profecto quidquid jure possidetur injuria aufertur.* Hac velut fiducia inita est hominum societas, ad quam homo ex instituto Creatoris magis quam caetera animantia ferebatur[4]. Hinc τὰ ξυμβόλαια, hoc est *mutuae actiones passionesque* natae sunt, et boni malique, sui et alieni mistura: hinc illud ut homo homini Deus, homo homini lupus diceretur. Quare justitia illa desideratur quae proprie ἀρετὴ κοινωνική[5], *virtus socialis*, dicitur. Bonum autem, quod justitia haec socialis respicit, aequalitatem, ἰσονομίαν, malum inaequalitatem, πλεονεξίαν, appellamus. Nam sicut in rerum natura id bonum est, quod quam maxime potest *unum* est, ita in omni societate. Unum autem est primum quidem *idem*, secundo autem loco *tantumdem*. Quare ubi illud haberi non potest hoc succedit. Tantumdem autem duplex est, numeri et proportionis; sicut viginti quindecim et decem quinque pari numero superant, quinario scilicet, at viginti decem et decem quinque pari proportione, dimidio nimirum sui. Numerus tantum partes inter se componit, proportio partes ad totum refert. Itaque hi quibus alicujus totius procuratio convenit, justitia utuntur proportionali, quae et assignatrix dici potest. Hac paterfamilias domesticis suis, pro diversa aetatum ac conditionum ratione, dimensum pensumque assignat. Hac Deus ipse universum ordinat, quem non alio sensu Plato

---

[1] l. ex hoc jure. ff. de just. et jure. [D. 1. 1. 5.] [2] Macrob. Sat. 3. c. 12. [3] Declam. 13. [in ed. L. B. a. 1665. p. 188.] [4] Arist. de rep. l. 1. c. 2. [p. 1253. 1. vs. 7.] [5] Arist. de rep. l. 3. c. 13. [p. 1283. 1. vs. 38.]

Geometram dixit, quam quia jus et aequum proportione quadam administrat [1], ut ipse in Gorgia interpretatur: geometrae enim finis est omnia ad aequalitatem reducere. Altera autem justitia, quam nunc compensatricem placet dicere, non in communibus sed in propriis cujusque versatur, ideoque partes ad totum non refert, hoc est res et actiones seposito personarum respectu examinat. Opus ejus duplex, circa bonum quidem, servare; circa malum autem, sanare. Et leges igitur duae: una, *Malefacta corrigenda:* *Lex V.* altera, *Benefacta repensanda:* Graece *ἀντευποιητέον*. Nam- *Lex VI.* que haec partium inter se relatio velut mixta est ex relatione reciproca, quae primi ordinis leges constituit, et foras prominente, quae secundi: ipsa vero mutua et alterna est: unde nascitur talio, *τὸ ἀντιπεπονθός*, *restitutio* scholasticis, opus justitiae compensatricis. Per hanc et qui plus habet alterius benefacto, id ipsum benefactori minus habenti reddit, et qui minus habet alterius malefacto, id ipsum a malefactore plus habente recipit. Unde sequitur obligationum genera esse duo, philosophis [2] *ἑκούσιον καὶ ἀκούσιον*, *voluntariam* et *nec voluntariam*, jurisprudentibus [3] *ex contractu* et *delicto*. Utrovis modo, qui plus habet, debitor, qui minus, creditor dicitur, tantumdemque alteri superest, quantum alteri deest [4]: quod si illi demtum huic additur, ea vera justitia est. Haec postulat rem reddi tam in furto quam in commodato, utque ex emto pretium, ex locato mercedem pendi, ita damnum datum exsolvi, pro injuria satisfieri. Fit autem nonnumquam, ut ea quae sunt partium propria ad totum, non tamen ut totum, dirigantur: neque tum personarum merita, sed rerum aut actionum valor expendi debet. Hinc praemia poenaeque descendunt. Nam et

---

[1] v. Plut. conv. l. 8. c. 2. [p. 719. b. et c.] [2] Arist. de mor. ad Nicom. l. 5. c. 5. [p. 1131. 1. vs. 2.] [3] l. 1. ff de oblig. [D. 44. 7. 1.] [4] Arist. d. l. 5. 6. et seq. [p. 1130. 1. vs. 9. seqq.]

adversus eum, qui beneficium sibi praestitit, grata esse universitas debet, sicut rerum utilium repertores ab humano genere laudem gloriamque retulerunt; et contra satisfacere pro injuria debent, non minus qui omnibus eam, quam qui uni intulerunt. Pertinet autem ad omnes quodammodo injuria etiam uni illata, ob exemplum maxime, sicut corporis interest membra habere sana, praecipue ob contagium. Sed cum poena noxia sit ei, cui infertur, mirum videri potest, justitiam, quae pro cunctis sollicita est, ad malum cujusquam ferri. Quod ut intelligatur, notandum est numquam ullam artem malum sibi ut finem proponere, interdum tamen ut re interjecta uti, sine qua ad bonum veniri non potest, idque duntaxat ex necessitate. Numquam aegrum dolore afficiet medicus, nisi cum ratio valetudinis hoc exigit, neque partes ullas abscindet, nisi cum interest corporis. Ita dolor et mutilatio, quae per se mala erant, incipiunt bona esse, quia ducunt ad bonum majus, quam cui opposita ipsa fuerant mala. Ut similitudo sit clarior, qua philosophi in hoc argumento saepissime utuntur, distinguenda sunt poenarum genera. Ea notavit Gellius [1] apud Taurum tria esse, apud Platonem duo. Sed Taurus adjunxit τιμωρίαν, *satisfactionem*, quae proprie est inter singulos. Duo igitur relinquuntur ad universitatem pertinentia, prius est *castigatio*, Tauro νουθεσία, κόλασις, παραίνεσις, Platoni [2] etiam εὐθύνη, quae ipsum quem punit emendare conatur et humanitati utiliorem reddere estque velut θεραπευτικὸς τρόπος, *sanandi ratio*, quae fit per contraria, ut Aristoteles [3] explicat. Alterum est παράδειγμα, hoc est *exemplum*, quod poenae similis metu alios a peccando deterret, quasi προφυλακτικὸς τρόπος, *praecavendi ratio*. Illi propositum est unum emendare, huic extra unum alios omnes. Ex his duobus sequitur et tertium, securitas omni-

---

[1] l. 6. c. 14. Plato Gorg. [p. 525. a. b.] [2] Protag. [p. 326. e.] [3] Arist. de mor. ad Nicom. l. 2. c. 2. [p. 1104. 2. vs. 16. sqq.]

um: quia necesse est, si omnes bene faciant, neminem male pati. Hi sunt tres fines, quos Seneca [1] dicit legem secutam in vindicandis injuriis: qui plerumque concurrunt, ita quidem ut Platonici [2] etiam ultima supplicia nocentibus prodesse quodammodo velint, quando deploratis ingeniis non aliud remedium sit. Verissimum igitur esse apparet Platonis [3] illud, *οὐ γὰρ ἐπὶ κακῷ δίκη γίγνεται οὐδεμία*, *propter malum nulla fit juris animadversio.* Quod Scholastici [4] dixerant, *non debere in malo cujusquam conquiescere ulciscentis animum.* Qui recte ulciscitur, doctore Seneca [5], poenam exigit, *non ipsius poenae avidus, sed quia oportet: non quasi dulce sit vindicari, sed quasi utile: non irascitur, sed cavet: non praeterita intuetur, quae revocari non possunt, sed futura, quae possunt prohiberi*, et ut Plato [6] dixerat non ideo punit, quia peccatum est, sed ne peccetur. Et haec quidem de poenis, parte adeo necessaria, ut fuerint [7] qui justitiam describerent *τιμωρίας ἀπαίτησιν παρὰ τῶν προηδικηκότων*, *poenae exactionem ab his, qui priores injuriam fecerunt.* Huc pertinent illae juris sententiae: *Non debere male facta esse impunita: non indulgendum malitiae hominum*, et alia ejus generis. Lex autem altera de benefactis compensandis non minus manifestam habet aequitatem. Xenophon [8]: *τί δέ; τοὺς εὖ ποιοῦντας ἀντευεργετεῖν οὐ πανταχοῦ νόμιμόν ἐστι; νόμιμον, ἔφη.* *Quid? his qui bene meriti de nobis sunt bene vicissim facere, nonne jus ubique terrarum est? Est sane, inquit.* Et jurisconsulti [9] *πρὸς ἀντίδωρα*, *ad remunerandum*, naturalem esse volunt obligationem et natura iniquum esse, ut locupletetur quisquam aliena jactura et suum alicui beneficium damnosum sit: Seneca [10]:

---

[1] de clem. l. 1. c. 22. [2] Plato de rep. l. 3. [p. 410. a.] Apul. de phil. Plat. [vol. 2. p. 245.] Sen. de ira l. 1. c. 5. [3] de leg. l. 9. [p. 854. d.] [4] Thom. 2. 2. q. 108. Silv. in v. Vindicta. [5] de ira. l. 1. c. 9. l. 2. c. 32. d. l. c. 31. l. 1. c. 16. [6] Prot. [p. 324. b.] [7] Hierax ap. Stob. [in floril. l. 9. n. 58. in fine.] [8] Comm. l. 4. [c. 4. § 24.] [9] l. sed etsi lege. §. consuluit. ff. de pet. haer. [D. 5. 3. 25. § 11.] [10] de benef. *l.* 3. c. 14.

Aequissima vox est et jus gentium prae se ferens, Redde quod debes. Sed cum bonorum commutatio, ut diximus, sit voluntaria, mensura hujus crediti est creditoris voluntas. Bonum enim aliud simpliciter dicitur, aliud quod alicui bonum est et ut rectissime Aristoteles [1] exponit: ὅσα περὶ ἕκαστον νοῦς ἀποδίδωσιν ἑκάστῳ, τοῦτ᾽ ἔστιν ἑκάστῳ ἀγαθόν. *Quod de re unaquaque mens dictaverit, id unicuique bonum est.* Fecit enim Deus hominem αὐτεξούσιον, *liberum suique juris*, ita ut actiones uniuscujusque et rerum suarum usus ipsius, non alieno arbitrio subjacerent, idemque gentium omnium consensu approbatur. Quid enim est aliud naturalis illa libertas, quam id quod cuique libitum est faciendi facultas [2]? Et quod *Libertas* in actionibus idem est *Dominium* in rebus [3]. Unde illud: *Suae quisque rei moderator et arbiter* [4]. Potest autem mutari voluntas, sed non in fraudem alterius [5], ne scilicet credulitatem cujusquam lucremur [6], quae nobis utilis aut jucunda, ipsi fere damnosa sit. Nam etiamsi aliud non adsit incommodum, tamen opinione falli malum est: quod Plato [7] dixit: τὸ ἐψεῦσθαι τῆς ἀληθείας κακόν. Hujus autem mali justus nemo alteri causam dabit. Hinc illa fidei regula, *Quod se quisque velle significaverit, id in eum jus est* [8], cum qua consentit dictum vetus, volenti non fieri injuriam [9] et quod traditum est, aequitati naturali et fidei humanae nihil tam congruum esse, quam ea quae inter quosque placuerunt servari [10], et Ciceronis [11], *fidem esse justitiae fundamentum.* Voluntatis autem significatio alia

Libertas et Dominium.

Regula III.

---

[1] Rhet. l. 1. c. 6. [p. 1362. 1. vs. 24.] et de mor. ad Nicom. l. 3. c. 6. [p. 1113. 1. vs. 17]. Adde Apul. de phil. Plat. [vol. 2. p. 229.] [2] Inst. de jure pers. §. 1. [I. 1. 3.] Arist. de rep. l. 6. c. 2. [p. 1317. 2. vs. 10.] [3] Vide Vasquium. Controv. ill. l. 1 c. 17. Arist. Rhet. [p. 1361. 1. vs. 19. sqq.] [4] l. in mandatis. C. mandati. [C. 4. 35. 21.] [5] v. l. si pignore. ff. de furtis. [D. 47. 2. 54.[[6] Plato de rep. l. 2. [p. 382. b.] [7] de rep. l. 3. [p. 413. a.] [8] Plato de leg. l. 11. [p. 920. d.] Ps. 12. [9] Arist. de mor. ad Nicom. l. 5. c. 11. in fine. [p. 1136. 2. vs. 13.] l. in diem. ff. de aqua et aqua publ. [D. 39. 3. 9.] [10] l. 1. in pr. ff. de pactis. [D. 2. 12.] §. per traditionem. vs. nihil. Inst. de rer. div. [I. 2. 1. §. 40.] l. 1. ff. de const. pec. [D. 13. 5. 1.] [11] Cic. de off. l. 1. [c. 7. §. 23.]

tacita, alia expressa est. Tacita ex signo qualicunque. Expressa ex eo signo, quod singulariter homini Deus eum in usum dedit, sermone scilicet [1]: quod sanctum adeo et inviolabile habetur ad communicanda bona et hominum inter se voluntates instrumentum, ut omnium consensu nullum gravius habeatur opprobrium mendacio [2]. Et ista pactorum origo est, quae conjungenda est, ut dixi, cum lege sexta, quam respiciens Simonides justitiam definivit, *verum dicere et acceptum reddere* [3]. Et Platonici saepe justitiam ἀλήθειαν vocant, *Fidelitatem* transtulit Apulejus [4]. His ita constitutis cum accideret ut multi, quae hominum quorumdam ex corrupto ingenio malitia est, aut obligationibus non satisfacerent aut etiam fortunas alienas ipsamque vitam impeterent, idque plurimum impune ferrent, quia parati improvidos aut multi singulos adoriebantur, novo remedio opus fuit, ne humanae societatis leges invalidae destituerentur [5], excrescente praesertim in eam multitudinem hominum numero, ut longissimis discreti spatiis benefaciendi inter se occasiones amitterent. Minores igitur societates unum in locum homines colligere coeperunt, non quo illam, quae cunctis hominibus intercedit, tollerent, sed ut eam certiori praesidio immunirent: simul etiam, ut multa, quae humanae vitae usus postulat, distincta multorum opera commodius conferrentur. Quippe, ut significanter inquit Plinius [6], *discretis quidem bonis omnium, sua cujusque ad singulos mala, sociatis autem atque permistis, singulorum mala ad neminem, ad omnes omnium bona pertinent.* Et in hac re, ut in aliis omnibus, humana industria naturam imitata est, quae universi conservationem foedere quodam rerum omnium firmavit. Haec igitur minor societas consensu quodam contracta

Pacta.

---

[1] Arist. de rep. l. 1. c. 2. [p. 1253. 1. vs. 14.] l. Labeo. §. 2. ff. de sup. leg. [D. 33. 10. 7.] l. non figura. ff. de obl. et act. [D. 44. 7. 38.] Thom. 2. 2. q. 109. art. 3. [2] Rom. 1. 31. [3] Plato de rep. l. 1. [p. 331. d. e.] [4] de Plat. [vol. 2. p. 229.] [5] v. Plat. Polit. [passim.] et de rep. l. 2. [p. 369. b. c.] [6] Panegyrico. [c. 32. §. 3.]

boni communis gratia [1], i. e. ad se tuendam mutua ope et acquirenda pariter ea, quae ad vivendum necessaria sunt sufficiens multitudo, *respublica* dicitur et singuli in ea *cives*.

Respublica et cives.

Initium huic ordini *a Deo principe, qui omnem hunc mundum regit, cui nihil quod quidem in terris fiat esse acceptius* philosophi [2] prodiderunt, *quam concilia coetusque hominum, quae civitates appellantur. Hanc legem, hoc jus*, ut inquit Tullius [3], *Juppiter ipse sanxit, ut omnia quae reipublicae salutaria essent legitima et justa haberentur.* In hoc omnes fere gentes consentiunt, quae totum per orbem in tales conventus distributae conspiciuntur, ita ut vix hominum nomine digni videantur, qui ab isto instituto abhorrent, quare omnium probrorum quasi extremum est illud [4]:

ἀφρήτωρ, ἀθέμιστος, ἀνέστιος.

Ille exlex, cui nulla tribus nullique penates.

Accessit communi naturae humanae judicio singulorum voluntas, quae aut pactis conventis ut initio, aut tacita significatione ut postea demonstrata est, nimirum cum se quisque ad corpus jam constitutae reipublicae aggregaret [5]: Quia cum unum et permanens corpus sit ex instituto rationis respublica, etsi partibus discreta, uno jure censeri tota debet [6]. In hac autem universitate, quae magnae illius velut quoddam compendium est, opera illa utriusque justitiae multo clarius apparent. Nam *assignatrix* possessiones publicas pro dignitate cujusque dominis adscribit et officia oneraque in cives pro viribus dispertit, *compensatrix* vero non tantum inter singulos aequalitatem tuetur, sed et bene de patria meritos honore et praemiis remuneratur et in commune nocentibus ad poenas utitur. Quomodo autem quae in singulos fiunt ad cunctos pertineant eadem docet, cum praeter triumphos

---

[1] Vide Apul. de phil. Plat. [vol. 2. p. 255.] Cic. de rep. l. 3. [in fragm. § 50.]
[2] Cic. Somn. Scip. [de rep. l. 6. c. 13. § 13.] [3] Phil. 11. [c. 12. § 28.]
[4] Hom. [Il. 9. vs. 63.] [5] Thom. 2. 2. q. 98. art. 4. Vasq. c. 28. n. 18. [6] l. proponebatur. ff. de jud. [D. 5. 1. 76.] l. rerum mixtura. ff. de usucap. [D. 41. 3. 30.]

etiam coronas civicas donat nec intra majestatis reos publica judicia coercet, sed homicidas quoque et falsarios et id genus sontes ad supplicia deposcit. Et ista quidem cum ejus societatis, quae a natura instituta est, jure satis conveniunt. Peculiares autem civilis foederis leges, ex tribus regulis dimanantes, ultra eas quas dictavimus leges in hunc modum videntur procedere. Una: *Ut singuli cives caeteros tum universos, tum singulos non modo non laederent, verum etiam tuerentur*[1]. Lex VII. Altera: *Ut cives non modo alter alteri privatim aut in* Lex VIII. *commune possessa non eriperent, verum etiam singuli tum quae singulis, tum quae universis necessaria conferrent.* Ex priore βοηθούς, ex posteriore κοινωνούς Plato[2] cives appellat, h. e. *auxiliares inter se atque participes.* Spectant itaque hae leges bonum quidem commune, non tamen ut diversorum, sicut leges tertii ordinis, sed ut unius atque adeo ut suum. Quamquam igitur ordo legum primo loco et deinceps positarum ostenderit bonum suum prius esse alieno[3], h. e. ita natura comparatum, sibi ut quisque melius esse velit quam alteri, quo et illa spectant, *Proximus egomet mihi*, γόνυ κνήμης ἔγγιον, *tunica pallio propior*, tamen ubi quaeritur de bono singulorum et de bono omnium, quorum utrumque recte *bonum suum*[4] dicitur, si quidem et omnes unum sunt aliquid, bonum illud omnium potius esse debet, quatenus ei scilicet et bonum inest singulorum[5], non aliter atque merces nisi nave servata salvae esse nequeunt: Hierocles[6]: χρὴ τὸ κοινὸν τοῦ κατ᾽ ἰδίαν μὴ χωρίζειν ἀλλ᾽ ἓν ἡγεῖσθαι καὶ ταὐτόν. τό τε γὰρ τῇ πατρίδι συμφέρον κοινόν ἐστι καὶ τῶν κατὰ μέρος ἑκάστῳ. *Non oportet publicum a privato separare: quod enim patriae utile est, idem singulis etiam partibus commune est.* Hoc ipsum cur et quatenus bonum privatum publico subjaceat ex Periclis

---

[1] Arist. de rep. l. 3. c. 9. [p. 1280. 2. vs. 29.] [2] de rep. l. 2. [p. 369. c.] [3] Arist. de mor. ad Nicom. l. 9. c. 8. [p. 1168. 2. vs. 6.] [4] l. pupillus. § ult. ff. de verb. sign. [D. 50. 16. 239.] [5] Thom. 2. 2. q. 26. art. 4. ad 3. Authent. res quae. C. comm. de leg. [C. 6. 43. ad l. 3.] [6] [ap. Stob. in floril. l. 39. n 35.]

apud Thucydidem [1] concione intelligi potest. Sunt enim haec verba: *ἐγὼ γὰρ ἡγοῦμαι πόλιν πλείω ξύμπασαν ὀρθουμένην ὠφελεῖν τοὺς ἰδιώτας, ἢ καθ' ἕκαστον τῶν πολιτῶν εὐπραγοῦσαν, ἀθρόαν δὲ σφαλλομένην. καλῶς μὲν γὰρ φερόμενος ἀνὴρ τὸ καθ' ἑαυτὸν διαφθειρομένης τῆς πατρίδος οὐδὲν ἧσσον ξυναπόλλυται, κακοτυχῶν δὲ ἐν εὐτυχούσῃ πολλῷ μᾶλλον διασώζεται. ὁπότε οὖν πόλις μὲν τὰς ἰδίας ξυμφορὰς οἵα τε φέρειν, εἷς δὲ ἕκαστος τὰς ἐκείνης ἀδύνατος, πῶς οὐ χρὴ πάντας ἀμύνειν αὐτῇ; καὶ μὴ ὃ νῦν ὑμεῖς δρᾶτε, ταῖς κατ' οἶκον κακοπραγίαις ἐκπεπληγμένοι τοῦ κοινοῦ τῆς σωτηρίας ἀφίεσθε.* I. e. *Ita enim existimo, etiam singulis hominibus plus eam prodesse civitatem, quae tota recte se habeat, quam si qua privatis floreat utilitatibus, ipsa autem universim laboret. Qui enim domesticas fortunas bene collocatas habet, patria tamen eversa pereat et ipse necesse est: contra vero etiam si quis in beata republica parum felix est, multo tamen facilius per illam incolumis servatur. Quare cum civitas quidem singulorum possit sustentare calamitates, singuli autem publicas non item, quid est cur non universos ipsi consulere ipsamque tueri oporteat, nec id facere, quod vos facitis, dum quasi attoniti jactura rei familiaris salutem proditis reipublicae?* Livius [2] breviter ita concepit: *Respublica incolumis et privatas res facile salvas praestat: publica prodendo tua nequaquam serves.* Cum autem voluntas boni mensura sit, ut diximus, sequitur universorum voluntatem valere quod ad bonum commune pertinet, atque etiam in bono singulorum, quatenus ad bonum commune ordinatur. Nam in hoc etiam singuli consenserunt estque illud inter caetera liberae voluntatis munus, posse suam voluntatem in alterius voluntatem conferre [3]. Voluntas universorum ad universos directa *lex* dicitur; quae a Deo procedit, unde *εὕρημα καὶ δῶρον θεοῦ*, *inventum ac munus Dei* [4], nuncupatur: communi mortalitatis totius con-

Lex proprie dicta.

---

[1] [Thucyd. l. 2. c. 60.] [2] Liv. l. 26. [c. 36.] [3] l. item eorum. § 1. ff. quod cui. univ. nom. [D. 3. 4. 6.] Thom. 1. 2. q. 95. art. 1. [4] l. 2. ff. de legib. [D. 1. 3.]

sensu approbatur, νόμος γὰρ τῶν φύσει πολιτικῶν ζῴων προστατικός, *lex enim praeses animantium est, quae sui natura civilia sunt* [1], juxta Chrysippum: constat denique singulorum conventione atque placito, quo respectu κοινὴ πόλεως συνθήκη i. e. *communis pactio civitatis* Demostheni et Platoni interdum appellatur [2]. Ex prioribus igitur regulis et ista descendit: *Quidquid respublica se velle significavit, id in cives universos jus est.* *Regula IV.* Hinc oritur jus illud quod θετικόν sive νομικόν aut etiam ἴδιον philosophi, juris auctores *civile* vocant: quod non est jus per se, sed ex alio [3]. *Jus civile.* Quemadmodum si bos cum ove permutetur, non sunt quidem haec per se aequalia, sed quia contrahentibus ita placuit. Nihil ergo mirum est, quod alioquin illicitum non foret hac ratione illicitum fieri [4], aut cum jura naturalia, ut quae causam habeant perpetuam, ipsa etiam perpetuo durent, ista jura mutari cum sua causa [5], hoc est cum hominum voluntate, aut alia alibi esse, quia scilicet bona rerumpublicarum sunt diversa. Voluntas universorum ad singulos directa boni publici intuitu *judicium* est. *Judicium.* Nam cum homines abrepti saepe non vero sed falso atque inordinato sui amore, qui mali omnis causa est, id quod revera erat plus habere crederent aequalitatem esse et hinc dissidia ac tumultus orirentur, quae mala vitari concordiae et tranquillitatis publicae intererat, media inter contendentes respublica quasi compromissaria partes diremit aequa divisione. Hoc est quod indicat Democritus [6]: οὐκ ἂν ἐκώλυον οἱ νόμοι τὴν ἑκάστου κατ' ἰδίην ἐξουσίαν, εἰ μὴ ἕτερος ἕτερον ἐλυμαίνετο. Φθόνος γὰρ στάσιος ἀρχὴν ἀπεργάζεται. *Non prohibuissent utique leges suo quemque arbitrio vivere,*

---

[1] eadem l. 2. [2] eadem l. 2. et l. 1. Arist. Rhet. l. 1. c. 15. [p. 1376. 2. vs. 9.] et de rep. l. 1. c. 6. [p. 1255. 1. vs. 6.] V. Vasq. Contr. ill. c. 44. n. 5. et c. 28. n. 12. [3] Arist. de mor. ad Nicom. l. 5. c. 10. [p. 1134. 2. vs. 18.] Rhet. l. 1. c. 13. [p. 1373. 2. vs. 4.] Thom. 2. 2. q. 57. art. 2. in resp. [4] l. praetor ait. § 1. ff. de op. nov. nunt. [D. 39. 1. 20.] l. 1. § idem Pomponius. ff. quod falso tutore. [D. 27. 6. 1. § 5.] [5] Inst. de jur. nat. § pen. [I. 1. 2. § 11.] et ibi Theophilus. Arist. de rep. l. 3. c. 9. [p. 1280. 1. vs. 11. sqq.] [6] [ap. Stob. in floril. l. 38. n. 57.]

nisi alter alterum offensum iisset. Invidia enim seditioni molitur exordium. Sic judiciorum non alia quam legum origo. Dicuntur enim [1]:

δικάσπολοι οἵ κε θέμιστας
ἐκ Διὸς εἰρύαται.

proceres sanctissima quotquot
Jura Jovis reddunt populis.

item [2]:

εἷς βασιλεὺς ᾧ ἔδωκε Κρόνου παῖς ἀγκυλομήτεω
σκῆπτρον τ'ἠδὲ θέμιστας.

Rex unus cui dat Saturnius aurea regni
Sceptraque judiciumque.

Et apud alterum [3]:

μεσταὶ δὲ Διὸς πᾶσαι μὲν ἀγυῖαι,
πᾶσαι δ'ἀνθρώπων ἀγοραί.

nam vicos numine complet
Juppiter, idem hominum complet fora.

Ac plane cum naturaliter cuique liceret jus sibi manu dicere, necessarium cunctis populis visum est aliquem instituere judiciorum ordinem, cui accessit et singulorum consensus, qui cum viderent aliter suum se consequi ob infirmitatem non posse, staturos se civitatis sententiae promiserunt. Et est omnino ea jurisdictionis natura, ut nisi ex consensu oriri non possit, quod satis vulgatum est [4]. Id hac regula indicabitur: *Regula V.* *Quidquid respublica se velle significavit, id inter cives singulos jus est.* Differt haec regula a priori, quod judicium *Judicium.* a lege civili; est enim judicium lex ad factum singulare aptata. Atque adeo inter leges civiles prima est ista ad continendam societatem, quae judiciorum necessitatem facit: hoc *Lex IX.* est: *Ne civis adversus civem jus suum nisi judicio exsequatur* [5].

---

[1] [Hom. Il. l. 1. vs. 238. sq.] [2] [Hom. Il. l. 2. vs. 205. sq.] [3] [Aratus Phaenom. l. 2. vs. 2. sq.] [4] Arg. in l. diem. §. stari. ff. de arbitris. [D. 4. 8. 27. § 2.] [5] l. exstat. ff. quod metu [D. 4. 2. 13.] l. nullus. C. de Judaeis. [C. 1. 9. 14.]

Habet autem haec lex in ipsa etiam republica locum, quae si quid cum singulis contendit hoc ipsum judicii more facere debet [1]. Sed quia supra rempublicam nihil est, ipsa judex necessario est etiam in sua causa. Vere itaque Tacitus [2] *ita* dixit *divina voluntate provisum, ne populi alios judices quam se ipsos paterentur.* Ex his quae supra diximus apparet potestatem civilem, quae in legibus judiciisque [3] conspicitur, primo ac per se penes ipsam esse rempublicam: ut enim naturaliter singulis in se ac sua potestas est, ita in omnes resque omnium nisi omnium potestas esse non potest. Sed rursus sicut in re privata non ex nostris tantum actionibus obligamur aut commodum capimus, sed per illorum etiam operam, quos rebus nostris praefecimus, quia perinde est quod cuique facere licet id per se faciat an per alium [4], ita quia non cuivis de populo vacabat administrationi rerum civilium tempus impendere, quaedam etiam occurrebant quae melius per paucos agerentur, evenit, quod et nunc in collegiis majoribus solet, ut societas pro jure potestatis, quam in singulos habet, nonnullis e suo numero istum laborem partemve ejus aliquam mandaret. Qui tale mandatum accipiunt Graeco vocabulo ἄρχοντες, Latino *magistratus* vocantur. Notari hic potest contractuum alios parem utrinque utilitatem respicere, alios partis unius gratia comparatos, ut scilicet quod alteri deest voluntatis supplemento sarciatur, quia in locum impensae rei aut operae sola gratia contenta est. Ita distant locatio et commodatio, permutatio et donatio, societas et mandatum: quae postrema hic diverso respectu concurrunt. Nam magistratus, quatenus et ipsi cives sunt, fructum suae administrationis, hoc est bonum publicum pro sua parte percipiunt [5]:

Magistratus.

---

[1] V. Panorm. in c. si quis contra. de foro comp. [Decretal. 2. 2. 4.] n. 21. Innoc. in c. ex parte. de verb. sign. [Decret. in sexto. 5. 12.] [2] Ann. l. 13. [c. 56.] [3] Franc. Vict., de pot. civ. n. 7. Covarr. pract. quaest. c. 1. [n. 2.] [4] l. cum pater. §. dulcissimis. ff. de leg. 2. [Dig. 31. 1. 77. § 20.] [5] Plato de rep. l. 3. [p. 412. d.] Arist. de rep. l. 2. c. 5. [p. 1262. 2.]

at quatenus reipublicae sunt procuratores non ad suam, sed ad reipublicae utilitatem instituti sunt [1], eodem scilicet modo quo navium gubernatores. Quare leges duae, quae contractui mandati naturaliter insunt, hic etiam reperiuntur, una: *Ut magistratus omnia gerat e bono reipublicae*; altera: *Ut quidquid magistratus gessit respublica ratum habeat.* Recte Seneca [2] de principe et republica locutus diduci alterum negat posse sine utriusque pernicie: *Nam ut illi viribus opus est, ita et huic capite.* Si nunc cessim eamus, ut quae proxime dicta sunt ad sua principia retro ferantur, facile apparebit per consensum civitatis sanctumque apud omnes gentes magistratuum nomen, ei rei non alium quam Deum esse auctorem: quo spectat ἐκ δὲ Διὸς βασιλῆες: *Ab Jove sunt reges* [3]. Vis autem illa mandati regulas constituit duas, postremis duabus comparatas, quarum una legislatorum, altera judicum confirmat auctoritatem. *Quod se magistratus velle significavit id in cives universos jus est.* Et, *Quod se magistratus velle significavit id in cives singulos jus est* [4]. Annectendum nunc illud est, esse quoddam jus mixtum ex jure gentium et civili, sive jus gentium quod recte ac proprie *secundarium* [5] dicitur. Ut enim commune bonum privatorum ea induxit, quae jam recitavimus, ita cum sit aliquod commune rerumpublicarum inter se bonum, eas inter gentes quae respublicas sibi constituerant de hoc etiam convenit. Hinc est regula imitatrix ejus quae fuit quarta, cujus ratio ex tertia et secunda et consequenter ex prima deducitur. *Quidquid omnes respublicae significarunt se velle, id in omnes jus est.* Exempla dari possunt de legatis non violandis [6],

Lex X. *Lex XI.* *Regula VI.* *Regula VII.* *Jus gentium secundarium.* *Regula VIII.*

---

[1] Arist. de mor. ad Nicom. l. 5. c. 10. [p. 1134. 2. vs. 1.] Plato de rep. l. 1. [p. 341. c. d.] [2] de clem. l. 1. c. 4. [3] Hesiod. Theog. [vs. 96.] [4] Inst. de jure nat. § sed et quod principi, et sqq. [I. 1. 2. § 6.] [5] Pet. Fab. Sem. l. 2. c. 1. circa medium. Vasq. Contr. post. c. 89. art. 25. [In Contr. post. Vasquii nullum est caput 89. Ultimum caput est 71. Disputatio de jure secundario legitur in Contr. illustr. d. c.] [6] l. ult. ff. de legat. [D. 50. 7. 17.]

quos omnes gentes quae republica utuntur aeque sanctos habent, de mortuis sepeliendis [1] et alia ejusmodi. Sunt autem haec duorum generum. Alia enim pacti vim habent inter respublicas, ut quae modo diximus: alia non habent, quae receptae potius consuetudinis nomine, quam juris appellaverim. Sed tamen et haec juris gentium frequenter dicuntur, ut quae de servitute, de certis contractuum generibus et successionum ordine populi omnes aut plerique, cum seorsim singulis ita expediret, in eamdem formam imitatione aut fortuito statuerunt. Quare ab his institutis licet singulis recedere, quia nec communiter sed sigillatim introducta sunt. Nam et simili ratione non quidquid in republica plerisque usitatum est statim jus faciet, sed id demum quod civium inter se communicationem respicit. Sunt enim multa non publici sed privati moris, qualia infinita de vestitu, de conviviis, de funeribus antiquarii congerunt, a quibus etsi vulgo receptis licitum tamen est singulis patribusfamiliarum suo arbitrio recedere. Sed inter leges caeteras ejus gentium juris, quod velut ex contractu populos ligat, praecipua est quae primae legi civili assimilatur: *Ne respublica neu civis in alteram rempublicam alteriusve civem jus suum nisi judicio exsequatur.* Cuius quidem legis necessitas per se perspicua est et ex his, quae supra diximus, repeti potest: sed alia hic quaedam suboritur difficultas, quae in lege civili non erat. Nam cives reipublicae suae ὑποτάσσονται, ideoque sive inter se sive cum republica sua contendunt, merito ejus judicium accipiunt: respublica autem alteri reipublicae non ὑποτάσσεται sed ἀντιτάσσεται, *non subter sed contra posita est*, atque itidem civis unius civi alterius. At rempublicam quidem debere judicare facile constabat, ad utram vero duarum id pertineret controversum esse poterat, quippe cum singulae illud possent occinere:

Nova declaratio.

Lex XII.

Nova declaratio.

[1] Soph. Aiace [vs. 1332.] et Antigone passim. Dio Chrysost. de consuet. [vol. 2. Reisk. p. 411.] Isocr. Hel. enc. [p. 214.] et in Paneg. [p. 51. Steph.]

δίκαιοι δ'ἐσμὲν οἰκοῦντες πόλιν
αὐτοὶ καθ'αὑτοὺς κυρίας κραίνειν δίκας [1].
Nos quotquot hujus colimus urbis moenia
Valemus ipsi nostra judicia exsequi.

Nam sane supra rempublicam, quae est per se sufficiens multitudo, majus nullum imperium est. Neque vero respublicae aliae omnes convenire potuerunt, ut certantium inter se causas discerent. Distinctione igitur aliqua res fuit concilianda in hanc regulam: *In judicando priores sint partes ejus reipublicae, unde cujusve a cive petitur. Quod si hujus officium cesset, tum respublica, quae ipsa cujusve civis petit, eam rem judicet.*

Regula IX.

Neque vero aliter certamen illud expediri potuit. Nam cum in omni lite duae sint partes, actor et reus, et necesse omnino esset partis alterius rempublicam judicem fieri, commodissimum fuit ad eam iri primo loco, quae facillime judicatum exsequi posset. Ea autem est, penes quam plus esse dicitur: quod si auferatur, omnia fiunt aequalia. Et in hunc fere modum amicarum gentium foedera concipiuntur; ut in Gallorum et Annibalis foedere, si Galli Poenum accusarent, Poenorum ea de re judicium esset, sin Poeni Gallum, tum Gallorum feminae (erat enim ejus sexus magna etiam in publicis auctoritas) litem dijudicarent. Eadem de causa Demophon Eurystheo, Tatius rex Laurentibus, populus Atheniensis Alexandro, alii aliis saepissime responderunt, cum suorum civium aliquos in poenam dedere juberentur, si quis accusaret se jure et legibus animadversuros. Quod si tamen respublica a civibus suis aut, quod frequentius [3], a se illatam injuriam pertinaciter tueatur, neque eam fateatur et emendet, tum certe judicandi ordo ad alteram rempublicam, quae aut in se aut in cive suo se laesam conquesta est, naturali illo jure

[1] Eurip. Heracl. [vs. 142. sq.] [2] Plut. de virtut. mul. [p. 246. Moral.]
[3] Silv. in v. Repressaliae. 2. 3. et 4.

devolvitur. Non igitur sicut in republica una judex jus facit, ita hic etiam quomodocunque judicasse sufficiet. Nulla enim est reipublicae in rempublicam potestas ex conventione, sed ex natura, quae jus suum persequi unicuique permittit. Jus igitur praecedat necesse est. Huc illud pertinet, quod ab omnibus [1] traditum est, alteram rempublicam alterius subditam fieri delinquendo. Nam quisquis justum bellum gerit, necesse est eatenus judex fiat adversarii, sive, ut Plato [2] dixit, σωφρονιστής, *censor* atque *castigator*. Reditur enim necessario ad jus naturae, quo unusquisque in sua causa judicare permittebatur. Hactenus leges instituto convenientes praescripsimus: quae sunt omnes generales et necessariae, nisi quod una illis exceptio naturaliter inest [3], ut si quando aliquod factum eveniat in quo leges inter se confligere videantur, quam vocant rhetores τὴν κατὰ περίστασιν μάχην, *pugnam ex circumstantia*, tum superioris ratio habeatur inferiore postposita. Legum igitur cunctarum quasi lex erit ista: *Ut ubi simul observari possunt observentur: ubi id fieri non potest, tum potior sit [4] quae est dignior.* Hoc ipsum vero, quae dignior sit, tum ex origine, tum ex fine intelligi potest. Ex origine enim jus divinum juri humano, jus humanum juri civili praestat [5]. Ex fine id, quod ad bonum cuique suum pertinet, ei quod ad alienum praefertur, et bonum majus minori et mali majoris remotio minori bono. Exempli gratia si in solitudine insultu alicujus de vita pericliteris, hic cum adiri judicem neque locus neque tempus ferat, neglecta lege nona de judiciis, merito temet ipse defendes [6]. Imo ne tertia quidem lex obstare

Lex XIII.

---

[1] Innoc. in c. postulasti. de foro comp. [Decretal. 2. 2. 14.] Cajet. ad Summ. Thom. 2. 2. q. 40. art. 1. et ipse Thom. 2. 2. q. 67. art. 1. ad tertium. Bald. quib. mod. feud. amittatur. n. 4. [F. 1. 5. 17.] Franc. Vict. de jure belli. n. 17. 19. 46. et 56. [2] de rep. l. 5. [p. 471. a.] [3] Silv. in v. Lex. § 8. Ibi, hoc tamen. [4] Scotus 21. dist. 41. Cic. de invent. l. 2. [c. 49.] [5] V. c. qui resistit. [Decr. Grat. p. 2. 11. 3. 97.] [6] l. 4. et 5. ff. ad l. Aquil. [D. 9. 2.] et l. scientiam. § 4. eo tit. [D. 9. 2. 45.] Cic. pro Milone. [c. 4. § 10. sq.]

poterit, quae alterum laedi vetat, cum jus tuum ex lege prima, quae vitam tibi tuam commendat [1], aliter consequi non possis. Item si quis rem habeat meam nec pretium restituat idemque fugam adornet, ita ut nulla spes sit ad judicium revocandi, hic cum cesset illa quam dixi lex de judiciis ad sextam veniendum est, quae vult bene facientibus bene fieri, sive damnum lucro compensari [2]: neque lex quarta, quae alienum vetat occupare, impedimento erit, quominus tantumdem recipiam, quod ipsum mihi ad vitam conducat juxta legem secundam: nemo enim cogendus est suum jactare. At simul ac cessat praesens illud mortis aut jacturae periculum, leges jam non pugnantes simul servari necesse est. Quid jus sit vidimus: unde injuria etiam noscitur, generali scilicet notione, ut id significet quidquid non jure fiat [3]. Qua igitur actione jus ad eum, cui secundum regulas ac leges competit, perducitur, haec justa est: quae secus, injusta. Sed actiones ut ab animis incipiunt, ita desinunt in corporibus. Haec dicatur exsecutio. Corpus autem homini tributum est debile et infirmum, unde instrumenta extra corpus adjecta sunt, quae corpori inservirent. Arma haec vocamus: quibus justus ad tuendum et acquirendum, injustus ad offendendum et eripiendum utitur. Armata in armatum exsecutio bellum dicitur, justum quidem juris, injustum autem injuriae: publicum, quod ex voluntate reipublicae fit, quibus verbis etiam magistratus, puta, principis voluntas comprehenditur. Hoc autem est aut civile in partem ejusdem reipublicae, aut externum in alios, cujus species est quod sociale dicitur. Privatum, quod aliter. Id autem alii [4] non tam bellum, quam rixam dicere maluerunt: potest autem et hoc esse tam civile, quam externum. *Praeda* hic appellatur rei hostilis per bellum acquisitio.

Bellum justum, injustum, publicum, civile, externum; privatum.

Praeda.

---

[1] Silv. in v. Furtum. § 10. quart. et in v. Homicidium. § 9. [2] l. quid est. §. eum igitur. ff. de vi et vi armata [D. 43. 16. 3. § 9.] l. ait praetor. §. si debitorem. ff. quae in fr. cred. [D. 42. 8. 10. § 16.] Silv. in v. Bellum. 2. in pr. [3] l. 1. ff. de injuriis. [D. 47. 10.] [4] Thom. 2. 2. q. 40. art. 1. Sen. de ira l. 3. c. 5.

CAPUT III.

QUAESTIO I.

ART. I. AN BELLUM ALIQUOD JUSTUM SIT,
ART. II. CHRISTIANIS,
ART. III. IN CHRISTIANOS,
ART. IV. OMNI JURE.

De praeda igitur dicturis primum belli quaestio expedienda est, possitne scilicet bellum aliquod justum esse. Hoc sane ut controversum esset, nemo fecit, qui non idem divinarum literarum magnam partem et summum aeterni numinis beneficium, civilem ordinem ac magistratuum jura everteret. Quo in numero Manichaei quondam fuerunt et sunt hodieque alii, qui Manichaeorum plerosque errores novo sub nomine revocant. Sed illorum cum in caeteris, tum et in hac parte inscitiam refutavit olim Augustinus [1]: neque nostro saeculo defuerunt, qui resurgentem istam fanaticorum hominum superstitionem certissimis argumentis retunderent.

Nobis non tam illi refellendi videntur, quam confirmandi alii, qui cum idem non profiteantur, cur tamen diversum sentire debeant rationem non satis intelligunt. Sic igitur demonstrabimus. Qui finem vult idem vult ad finem necessaria [2]. Vult autem Deus ut nos tueamur, teneamus ad vitam utilia, quod nobis debitum est consequamur, delinquentes puniamus, rempublicam pariter defendamus ejusque jussa sive etiam magistratuum imperia exsequamur, ut leges supra [3] positae ostendunt. Haec autem interdum sunt, quorum causa bella suscipiuntur atque geruntur, et talia quidem ut saepenumero ea ipsa sine bello consequi non possimus: quod belli definitio supra [4] posita demonstrat. Ut sicci et humidi, calidi et frigidi,

Demonstratio artificialis artic. I.

---

[1] Libris praecipue contra Faustum. [2] Scotus. 41. dist. 1. q. unica. [3] cap. 2.
[4] in fine capitis secundi.

ita justi atque injusti pugna quaedam quasi naturalis est et ipsa rei evidentia patet multos esse homines sanguinarios, rapaces, iniquos, maleficos, patriae proditores imperiique detrectatores, et hos quidem validos atque armatos, qui *ut rei agi possint aere vincendi sunt*, ut Tacitus loquitur. Quaedam igitur bella vult Deus, sive ut loquuntur theologi [1], bella quaedam cum bono placito Dei exercentur. Quidquid autem Deus ita vult, id justum esse nemo negabit. Et bella igitur quaedam justa sunt [2], sive bellare licitnm est. Nec est quod contra haec vel in speciem dici possit. Nam qui bella detestantur aut causas detestantur aut effectus. In causas ut ambitionem, avaritiam, discordiam multa a theologis et philosophis severe dicta sunt, qui sane dum injusta bella accusant, aliqua justa esse non negant. At qui bellum damnant ex effectibus eo errore labuntur, qui nimium frequens est, ubi non distinguitur *τὸ καθ' αὑτὸ καὶ τὸ κατὰ συμβεβηκός, id quod nimirum per se est et quod aliunde accidit.* Nam strages sane et damna accidunt interdum bello etiam ab ea parte, qua justum est. Nihil tamen hoc obstat, cum bellantes recta ratione propositam sibi habeant vitae suae rerumque suarum conservationem. Actiones autem omnes ab eo quod per se inest, non ab eo quod foris accedit dijudicandae sunt. *Numquam successu crescit honestum* [3]. Itaque nec successu corrumpitur. Hoc est, ea quae a virtute proficiscuntur susceptione prima, non perfectione recta judicanda sunt, ut Stoici satis recte docebant [4]. Quamquam si id quod plerumque accidit respicimus, asserere licebit solere Deum fortunae bellicae ita judicium suum interponere, ut non raro unde jus stetit, inde eventus cadat. Quod autem nonnulli somniant olim quidem licuisse bellum gerere, at post Christi institutionem idem non licere, aut certe inter Christianos non licere, hoc si ita intelligerent, in bello alterius semper partis aliquam esse culpam indignam Christiano nomine, fuerat tolerandum: nunc

Demonstratio artificialis I. artic. II. et III.

---

[1] Pantheol. Rain. Pis. in v. Bellum. c. 2. [2] ex reg. 1. [3] Lucan. [Phars. l. 9. vs. 571.] [4] Cic. de fin. [l. 3. . 9. § 32.]

cum partem utramque necessario peccare statuunt, nihil est absurdius. Jus enim naturae, hoc est illud quod initio rebus creatis ad earumdem conservationem Deus inseruit, cum divina voluntas immutabilis et aeterna sit, semper et ubique jus est[1], ut Socrates in Minoe concludit[2]: semper, ut apud Sophoclem[3]:

οὐ γάρ τι νῦν τε κἀχθὲς, ἀλλ' ἀεί ποτε
ζῇ ταῦτα.
Non illa nunc sunt, aut ab hesterno die:
Perpetua durant.

Ubique, ut apud Empedoclem:

ἀλλὰ τὸ μὲν πάντων νόμιμον διά τ' εὐρυμέδοντος
αἰθέρος ἠνεκέως τέταται, διά τ' ἀπλέτου αὖγης.
Jus illud commune viget lateque patenti
Aethere et immensa positum tellure tenetur.

Est autem jus belli jus quoddam naturae secundum ea quae modo diximus, quod et Josephus[4] recte exprimit: *φύσεως γὰρ νόμος ἰσχυρὸς ἐν ἅπασι τὸ ζῆν ἐθέλειν. διὰ τοῦτο καὶ τοὺς φανερῶς ἀφαιρουμένους ἡμᾶς τούτου πολεμίους ἡγούμεθα. Est enim naturae lex illa, quae in omnibus valet, ut velint vivere, idque ipsum est quapropter eos, qui manifeste vita nos volunt spoliare, hostes censemus.* Et sic videmus caetera etiam animantia non pro vita duntaxat, sed pro conjugibus, ut ita loquar, pro sobole, pro sedibus proque alimentis naturae quodam instinctu dimicare. Si ergo jus est semper, etiam post Christum: si ubique, etiam inter Christianos[5]. Idem aliter etiam demonstrabitur. Quod omnium gentium consensu universali approbatur, id omnibus inque omnes jus est. Est autem bellum ejus generis, quia quod jus est naturae idem est jus gentium necessario, accedente scilicet ratione: quamobrem bella Her- *Dem. artif. II. artic. II. et III.*

---

[1] v. Arist. Rhet. l. 1. c. 13. et 15. [p. 1373. 2. vs. 7. et p. 1375. 1. vs. 31] de mor. ad Nicom. l. 5. c. 10. [p. 1134. 2. vs. 18.] Cic. de invent. l. 2. [c. 53. §. 161.] Inst. de jure nat. §. pen. in v. divina quadam. [I. 1. 2. §. 11.] Thom. 1. 2. q. 94. art. 5. [2] Plato Min. [p. 316. b.] [3] Antig. [vs. 456.] [4] l. 3. c. 8. [Ed. Havercamp. vol. 2. p. 247.] [5] Thom. 1. 2. q. 93. art. 6. et q. 94. art. 3.

mogenianus [1] ad jus gentium refert, et Florentinus [2] tutelam corporis et omnis injuriae propulsationem. Vidit hoc Baldus [3], qui inter jurisconsultos optime philosophatur, cum dixit armari rationem, quoties justitia sine armis tuta esse non potest. Quin et orbe jam fere omni percognito gens nulla est reperta, quae non fas putet jus suum vel armis persequi: atque adeo alta etiam pace urbium propugnacula, finium praesidia, portarum custodes quid aliud quam bellum minantur adversantibus? Quod si omnibus et in omnes jus est, profecto etiam Christianis in Christianos erit, quandoquidem Christianos hominum numero comprehendi non negamus et ratio insuper eadem est. Nam Christiani et injuria afficiuntur, et injuria afficiunt, interdum etiam armata. Cum enim Christianos hic dicimus, professio nominis intelligitur, non vitae imitatio, qua vere Christiani ostendimur [4]. Fratres sumus: esto: at etiam fratrem ardentem in meam necem et jam tela vibrantem recte, ni fallor, armis repellam. Bella igitur gerere nullo jure repugnante concessum est. Juri enim divino, hoc est naturae et gentium, congruere jam satis apparuit: quae autem naturae vel gentium jure praecipiuntur, lege civili tolli ne possunt quidem: et, ut Tullius scribit, *quod civile non idem continuo jus gentium, quod autem gentium idem civile esse debet* [5]. Nam et civis, cum homo sit, idem velle debet quod homines omnes, et homo, utpote Dei opificium, id quod Deus per naturam dictat, sequi compellitur. Praeterea non ad singulorum duntaxat incolumitatem, sed ad reipublicae etiam et magistratuum tuitionem bella pertinent. Unde est quod nulla invenitur civitas, quae non aliquid de belli jure habeat constitutum: clarissimi vero legislatores praecipuam ope-

Dem. artif. artic. IV.

---

[1] l. ex hoc jure. ff. de just. et jure [D. 1. 1. 5.] [2] l. ut vim. eod. tit. [D. 1. 1. 3.] [3] ad l. 2. C. de servit. et aqua. [C. 3. 34.] n. 69. [4] v. Thom. 2. 2. q. 108. art. 1. ad 3. [5] l. omnes populi. ff. de just. et jure. [D. 1. 1. 9.] Thom. 1. 2. q. 95. art. 2. Plato Min. [p. 316. a. b. c.] Cic. de off. l. 3. [c. 17. §. 69.]

ris sui partem in eo consumserunt, ut praemia fortibus, poenas ignavis decernerent. Et quandoquidem jus Romanum imperii magnitudine et diuturnitate perfectissimum merito habetur, in eo si jurisprudentium auctoritates Caesarumve constitutiones requirimus, integri exstant tituli de captivis et postliminio, de re militari, de veteranis, et alii qui militum privilegia comprehendunt [1]: si Pontificum etiam decreta respicimus [2], multa sunt vel ab ipsis edita, vel e veterum scriptorum dictis concinnata, quae satis diserte bellorum justitiam declarant. Nunc ad divinas auctoritates veniamus: quod quidem genus probandi est ἄτεχνον, *non ex arte proveniens*, sed tamen longe certissimum. Ut enim per naturam, ita per scripturam Dei voluntas nobis significatur, quae est, uti diximus, justitiae norma. Bella autem ut voluntati suae congruentia Deus imperavit [3], ultraque se auctorem et adjutorem [4] professus est: cognomentum etiam *Bellipotentis*, ut majestati suae conveniens agnovit [5]: quo spectat et illud ad Abrahamum primi sacerdotis oraculum, *Deo tradente hostes venisse in ejus potestatem* [6]: et prudentis feminae [7] vox ad regem: *praelia Domini praeliaris*. Imo vel hoc unum, quod reipublicae a se institutae istud quasi praesidium deus apposuit [8], satis evincit justum esse et quoties ratio eadem est, caeteris gentibus imitandum. Rursus et illud inter homines non insanos constare arbitror, eum qui actioni cuipiam leges praescribit, actionem ipsam non improbare, Deum praesertim, qui nihil frustra, nihil perperam faciat. Modum autem militiae per Mosem Deus edixit [9], iterumque per Christi ante-ambulonem in Novo Foedere [10]. Ex quo loco Augustinus [11], *si Chris-*

Demonstr. inartificiaalis I. art. I.

---

[1] de milit. testam. et de castr. pec. [I. 2. 11. et D. 49. 17.] et in poster. Cod. multi. [2] causa 23. per totam et c. jus naturale. [Decr. Grat. p. 1. dist. 1. c. 7.] [3] Jud. 20. 18. et Sam. 1. 23. 2. et 2. 5. 19. v. Joh. de Lign. in tract. de bello. c. 11. [in Oceano Juris. vol. 16. p. 371.] [4] Ps. 18. vs. 35. et Ps. 144. in pr. [5] Exod. 15. 3. [6] Gen. 14. 20. [7] Sam. 1. 25. 28. [8] Passim in historia sacra. [9] Deut. 20. 10. [10] Luc. 3. 14. [11] in ep. 5. ad Marcell. Citatur in c. 23. q. 1. c. 2. [Decr. Grat. p. 2.]

tiana, inquit, *disciplina omnia bella culparet, hoc potius consilium salutis petentibus in Evangelio diceretur, ut abjicerent arma seque militiae omnino subtraherent. Dictum est autem eis: neminem concusseritis: estote contenti stipendiis vestris. Quibus proprium stipendium sufficere debere praecepit, militare utique non prohibuit.* Et quod modo dicebamus, non posse ei cui finis placet, quod ad finem necessarium est displicere, non minus cum auctoritate quam cum ratione conjungi potest. Omnes enim leges, quae hactenus positae sunt, sacris etiam literis inscriptae reperiuntur. Nam qui diligere nos proximum sicut nosmet ipsos jubet [1], verum nostri amorem primo loco ponit ut πρωτότυπον, cujus ἔκτυπος sit amor alterius, hic scilicet *primitivus*, ille *effiguratus* [2]. Huic sententiae si praeceptum de dominio [3], quod a Creatore hominibus datum est adjungatur, idem habebimus, quod in lege non tantum prima et tertia, verum etiam secunda et quarta expressum est. Cum vero a Deo admoneamur eripere eos, qui ad exitium trahuntur [4], multo magis nos ipsos eripere debemus: et subvenire egentibus jubemur [5]: ergo et egestatem a nobis propulsare. Leges vero quinta et sexta istis verbis continentur: *Mensuram et mensuram, pondus et pondus odit Dominus* [6]. *Qua vos mensura mensi aliis fueritis, eadem vobis remetietur* [7]. *Quae tibi velis fieri, alteri feceris* [8]*: quae nolis, ne feceris* [9]. Et jus esse gentium ut bene facientibus bene fiat Christus ostendit, qui et gladio ferientes gladio feriendos ait [10]: quod ipsum in lege veteri eousque expressum est, ut destricte prohibeamur nocentium miserescere [11]. Atqui saepe accidit ut nos ipsos resque nostras vindicare, debitum extorquere, poenas reposcere ob adversarii potentiam nisi manu armata non possimus. Bellare igitur licet. Etiam leges caeterae in sacris tabulis fixae repe-

Dem. inart. II. art. I.

[1] Levit. 19. 18. Matth. 19. 19. [2] Scot. 29. dist. 31. q. unica. et Thom. 2. 2. q. 26. art. 4. [3] Gen. 1. 28. et 29. [4] Prov. 24. 11. [5] Cor. 2. 8. toto capite. Eph. 4. 28. [6] Prov. 20. 10. [7] Matth. 7. 2. [8] Luc. 6. 31. [9] Matth. 7. 12. [10] Matth. 26. 52. [11] Deut. 12. in fine. V. Ambr. de off. l. 1. [c. 29.]

riuntur, ut cum societatis commoda nobis ostentantur [1], primordia intelligimus reipublicae et magistratuum sanctimoniam, cum eos a Deo esse verbis minime ambiguis Paulus [2] affirmat. Hinc legum civilium vis, hinc judicandi potestas, quae vel ipso Jesu auctore [3] caelitus datur. Hinc Divina Sapientia, cujus ἀπόρρωξ et velut propago est illa nostra qualiscunque, sic loquens inducitur: *Mihi consilium debetur, mihi officium: mea prudentia est et mea fortitudo. Per me et ipsi reges regnant et dictatores jura describunt. Per me imperant imperatores et principes terram dijudicant* [4]. Isto autem Pauli dicto [5] quid est illustrius? *Omnis anima potestatibus excellentibus subdita esto: neque enim potestas ulla nisi a Deo est et quotquot sunt potestates, a Deo sunt ordinatae. Quisquis igitur potestati resistit, Dei ordinationi resistit: qui autem resistunt, ipsi sibi damnationem acquirunt. Nam magistratus non sunt terrori bonis operibus sed malis. Vis autem non metuere potestatem? Bonum facito et laudem ab ipsa consequeris. Est enim Dei minister tuo bono. Sin malum feceris, metue. Neque enim frustra gladium gerit. Dei enim minister est et vindictae exsecutor illis, qui faciunt mala. Quare necesse est subjici nec propter vindictam tantum, sed vel maxime propter conscientiam.* Apud omnes, quotquot ubique sunt philosophi, locus non exstat de jure magistratuum praeclarior. Auctorem quaeris? Habes Deum. Finem? Bonum est tuum. Cum autem vult Deus sacrosanctam esse magistratuum auctoritatem, nonne etiam arma probat, quibus illa interdum defendenda est? An adversus inermes reos porriget illis Deus ultorem gladium, adversus armatos negabit, ut locum habeat illud omnis sceleris invitamentum, *quidquid multis peccatur inultum est* [6]? Nequaquam. Non debent enim deterioris conditionis esse qui soli peccant, quam qui

---

[1] Eccl. 4. 9. [2] Rom. 13. 1. [3] Joh. 19. 11. [4] Prov. 8. 14. et sq. [5] Rom. 13. 1. et sq. [6] Lucan. [Phars. l. 5. vs. 260.]

delictis suis hoc insuper adjungunt, quod in contactum criminis plures trahunt apertaque vi adversum leges et pacem publicam insurgunt, quibus non ideo plus juris est, sed timoris et verecundiae minus. Sequitur hinc bellum aliquod publicum justum esse. Idque ipsum aliter etiam probatur, quia nemo *Dem. inart. III. art. I.* est qui probet instituta ob finem, cui finis ipse non multo etiam magis placere debeat. Tributa nemo nescit bellorum praecipue causa institui. Verum enim est Taciti [1] illud: *neque gentium quietem sine armis, neque arma sine stipendiis, neque stipendia sine tributis haberi posse.* Tributa autem solvi Deus et per Christum et per Apostolum imperat [2]. Quare sequitur *Dem. inart. I. artic. II.* etiam bella aliqua ut justa Deo probari. Addo etiam Christianorum. Licet enim Christianis quidquid ante Christi legem licuit, nec Christus prohibuit [3]. Bella ante Christum justa fuisse probavimus et fatentur omnes. Christus autem nihil prohibuit eorum, quae justa erant jure naturae, qualia esse *Dem. inart. II. art. II.* bella diximus. Imo nihil Christus antiqui foederis mutavit [4], quod quidem ad vitae humanae justitiam moresque pertineret: sub quo et rem bellicam comprehendimus, quam insuper *Dem. inart. III. art. II.* diserte probatam et Baptistae et Pauli sententiae supra [5] citatae satis convincunt. Justum igitur bellum aliquod Christianis. *Dem. iuart. I. art. III.* Et quidem in Christianos, hoc est, qui Christi nomen profitentur. Nam ex definitione et ratione oppositorum [6] justum est bellum in eos, qui faciunt injuriam. Christiani autem quidam sunt malefici et injuriosi, Christo teste [7]: quos conse- *Dem. inart. II. artic. III.* quenter armis persequi jus est. Etiam Christiani poenis subjacent: hos enim Paulus [8] alloquitur his, quae modo adduximus verbis: et forte supplicia haud leviora quam caeteri merentur, quos sanctissimi nominis reverentia ab injuriis coercere non potuit. Poenae autem quaedam sine bello expeti

---

[1] Hist. l. 4. [c. 74.] [2] Matth. 22. 21. Rom. 13. 7. [3] Jac. 1. 21. et 25. v. Thom. 1. 2. q. 107. art. ult. [4] Matth. 17. V. dist. 6. c. ult. [5] in dem. inart. 1. et 2. art. 1. [6] in fine cap. 2. [7] Matth. 7. 22. 19. [8] Rom. 13. 4. V. Thom. 2. 2. q. 104. art. 6.

non possunt. Quare sicut inter Hebraeos, junctos non modo religionis sed et reipublicae et sanguinis vinculo, justa tamen bella fuisse certissimum est [1], ita quin idem inter Christianos evenire possit, dubitare non convenit. Illud interim fatendum minime ex officio Christianorum hominum eos facere, qui injuriis suis armorum praestant occasionem, cum praeter communem totius humanitatis necessitudinem peculiari amoris et concordiae sacramento obligentur.

Nequaquam vero his rationibus repugnat quod et Christus ipse et philosophi, Platonici maxime, vetant τὸ ἀνταδικεῖν, *injuriam reponere.* Nam quid sit quod ab illis improbetur, ex his quae supra de poenis fuse satis tractavimus [2], intelligi potest. Et primum satis constat praecepta illa privatis data et ecclesiae administris, quos hac in parte Christus privatos esse voluit, meritoque id prohiberi quod concessum, ut ad legem nonam diximus, totum ordinem reipublicae perturbaret ejusque tranquillitatem convelleret: quemadmodum antiqui juris regula [3] testatur non esse singulis permittendum, quod per magistratum publice possit fieri, ne sit occasio majoris tumultus. Hoc ipsum tamen quousque extendi debeat alibi videbimus. Interim apparet eas sententias ad publica arma non pertinere. Celsi alioquin et Juliani, nostrae pietatis hostium, accusationi subscriberemus, qui Christianos calumniati sunt cum ultione jura omnia tollere et magistratus poenasque nocentium. Quod tantum abest, ut contra theologi nostri [4] vindicationem in virtutum censu habeant, ut justitiae pedissequam. Alterum vitium, quod hac in parte culpari potest, manifestius est quam ut dici necesse sit, nimirum ubi causa ulciscendi injusta est. Tertium ubi modus exceditur, qui peccato respondet: illud justitiae, hoc clementiae esse contrarium Seneca [5] scripsit. Quartum est, ubi non justo animo ultio

---

[1] Jud. 20. 23. [2] cap. 2. [3] l. non est singulis. ff. de reg. jur. [D. 50. 17. 176.] [4] Thom. 2. 2. q. 72. art. 3. et q. 108. et 158. Silv. in v. Ira. § 2 et 3. et in v. Vindicta. [5] de clem. l. 1. c. 20 et l. 2. c. 4.

exercetur: hoc est, ubi non respicitur bonum ipsius qui punitur, aut commune. Duo posteriora vitia uno loco idem ille Seneca [1] indicat: *Plus faciam quam oportet: libentius faciam.* Nam cum poena, ut ante nomina distinximus, proprie sit retributio ejus, quod a parte toti ex maleficio debetur, oportet eam dirigi ad publicam utilitatem: cui accedit, ut ibidem ostendimus, ut ipsorum saepe qui peccant intersit malitiam non ferre impunitam. Augustinus [2] hoc voluit, cum nihil infelicius dixit felicitate peccantium. Quod si poenas remittere non semper tenemur, multo sane minus id, quod nobis ex justitia commutative debetur. Nam quae praecepta etiam hoc videntur suadere, non id quod nostrum est remittere nos indistincte et quodammodo projicere jubent [3], (nunquam enim viris sanctis religio fuit suum judicio, aut si aliter non possent, vi justa consequi,) sed cedere potius quam peccatum subire aut publico esse offendiculo. Atqui saepe accidit ut non nostra duntaxat, sed publici etiam exempli intersit, habere nos id quod nostrum est. Jus igitur divinum his quas diximus sententiis bello omni non intercedit. Cum autem jus omne recte distribuatur in divinum et humanum, et bella quaedam ex jure divino procedere jam demonstratum sit, eadem omni jure justa esse illa colliget auctoritas [4], quae jus humanum jus esse negat, si juri divino repugnet. Et hactenus divinis testimoniis utimur [5], unde multo etiam plura peti possunt argumenta, si cum supra positis et ab ipsa natura petitis rationibus permisceantur. Sequuntur auctoritates humanae minus certae quidem illae, admodum tamen probabiles: sunt autem duplices, a factis dictisque. Nam si justae merito existimantur justorum virorum actiones, si, inquam, ad res omnes discernendas plurimum valent exempla, tempus

Dem. inart. artic. IV.

Probationes inart. totius quaestionis ab exemplis.

---

[1] de ira. l. 3. c. 12. [2] de serm. Dom. in monte. [vol. 3. p. 2. p. 117—170.] [3] Aug. ep. 4. ad Marcell. citatur in c. paratus. [Decr. Grat. p. 2. 23. 1. 2.] Adde ep. 50. ad Bonif. Com. V. c. ecclesia. c. ea vindicta. c. quisquis. [Decr. Grat. p. 2. 23. 4. c. 42. et 51. et 52.] [4] Act. 5. 29. [5] ad probat. art. 2. 3. et 4.

mihi illud, quo naturae ductu vivebatur [1], bellatorem Abrahamum suppeditat, lex ipsa [2] Mosem et Davidem [3], evangelica historia [3] centurionem non unum Paulumque ipsum contra inimicorum insidias militare praesidium postulantem: sequentia deinde saecula [4] tot religiosissimos imperatores, tot Christianissimos reges, qui etiam in eos, qui Christiani dicebantur, bella gesserunt. Quid autem, quod veteres etiam illos, Gedeonem, Baracum, Samsonem, Jephten, Samuelem et prophetas alios eadem, qua nos vegetamur, vera in Christum fide bella gessisse perscriptum est [5]? Unde sequitur aliqua esse justa fidelibus bella. Rursus cum justum piumque id recte dicatur, quod viri justi ac pii justum piumque esse censuerunt, ut philosophos omnes omittam et jurisconsultos, quorum nemo hac de re dubitavit, paucas duntaxat illorum sententias referam, quorum et religio spectatissima et eruditio fuit. Augustini [6] est: *Officia vindictae possunt implere boni bono animo, quomodo judex et quomodo lex.* Ejusdem [7]: *Non frustra sunt instituta potestas regis et cognitoris jus, ungulae carnificis, arma militis, disciplina dominantis, severitas etiam boni patris. Habent omnia ista modos, causas, rationes, utilitates. Haec cum timentur et mali coercentur et boni quieti inter malos vivunt.* Et illud [8]: *Nocendi cupiditas, ulciscendi crudelitas, impacatus atque implacabilis animus, feritas rebellandi, libido dominandi et si qua similia, haec sunt quae in bellis jure culpantur: quae plerumque ut etiam jure puniantur, adversus violentias resistentium (sive Deo sive aliquo legi-*

Prob. in art. tot. quaest. a dictis.

---

[1] Gen. 14. 15. [2] Exod. 17. 9. Num. 31. 7. Sam. 1. 17. 48. [3] Matth. 8. 8. et 27. 54. Marc. 15. 39. Luc. 7. 6. Act. 10. 1. Act. 29. 17. et 23. [4] Passim in Historiis Francicis, Germanicis et aliarum gentium. [5] Hebr. 11. 32. adde Chron. 1. 5. 20. [6] Quaest. Evang. l. 1. q. 10. [vol. 3. p. 2. p. 175.] in c. 15. [Decr. Grat. p. 2. 23. 5.] [7] Ep. 54. ad Maced. in d. q. c. 17. [Decr. Grat. p. 2. 23. 5.] [8] c. Faust. Manich. l. 22. c. 74. [vol. 8. p. 287.] in c. 4. [Decr. Grat. p. 2. 23. 1.]

timo imperio jubente) gerenda ipsa bella suscipiuntur a bonis, cum in eo rerum humanarum ordine inveniuntur, ubi eos vel jubere aliquid tale vel in talibus obedire juste ipse ordo constringit. Unde neque Joannes ab armis jubet discedere milites, et Christus tributa Caesari monet reddi: quia propter bella necessario militi stipendium praebetur. Illud [1] autem brevissimae veritatis: *Apud veros Dei cultores etiam ipsa bella pacata sunt, quae non cupiditate aut crudelitate, sed pacis studio geruntur, ut mali coerceantur et boni subleventur.* Nec divinum tantum jus sed et humanum attingit [2]: *Miles cum obediens potestati, sub qua legitime constitutus est, hominem occidit, nulla civitatis suae lege reus est homicidii.* Hieronymi [3] e multis unum: *Qui malos percutit in eo, quod mali sunt et habet vasa interfectionis, ut occidat pessimos, minister est Dei.* Cujus [4] et istud: *Non est crudelis qui crudeles jugulat.* Ambrosii [5] autem: *Fortitudo quae bello tuetur a barbaris patriam, vel domi defendit infirmos, vel a latronibus socios plena justitia est.* Sive igitur naturae ductum sequimur, quem non sequi ne volentes quidem possumus, sive sacros libros inspicimus, a quibus nefas est dissentire, sive etiam virorum illustrium nonnihil movemur aut exemplis, aut sententiis, quamcunque demum rationem, quamcunque amplectimur auctoritatem, *bellum aliquod justum est Christianis in Christianos omni jure* [6].

Conclusio I.

---

[1] de div. eccl. obs. in c. 6. [Decr. Grat. p. 2. 23. 1.] [2] de civ. Dei l. 1. c. 26. in c. 13. [Decr. Grat. p. 2. 23. 5.] [3] sup. Ezech. l. 3. c. 9. in c. 29. [Decr. Grat. p. 2. 23. 5.] [4] sup. Esaiam. c. 13. in d. q. c. 28. [Decr. Grat. p. 2. 23. 5.] [5] de offi. l. 1. c. 27. in c. 5. [Decr. Grat. p. 2. 23. 3.] [6] convenit cum Thom. 2. 2. q. 40. art. 1. Mart. Laud. de bello q. 9 et 32 et 45. [Ocean. Jur. tom. 16. p. 324. et seq.]

CAPUT IV.

QUAESTIO II.

ART. I. AN PRAEDAM CAPERE ALIQUANDO JUSTUM SIT,
ART. II. CHRISTIANIS,
ART. III. EX CHRISTIANIS,
ART. IV. OMNI JURE.

Confecta quaestione de bello, altera de praeda succedit: haec quaestio similis priori, et ex priore expediri potest. Ubi enim justum est aliquid, quatenus ad finem tendit, multo magis finis ipse justus est. Bellum autem justum idcirco est, quia ad juris adeptionem tendit [1]. Et in praeda jus nostrum per bellum adipiscimur, ut mihi quidem recte dixisse videantur, qui justa bella in hoc maxime putant consistere, quod capta capientium fiant [2], quod et Germanica belli voce indicatur [3] et Graeca Martis; est autem Ἄρης, ut videtur, ἀπὸ τοῦ αἴρειν. Praedam igitur aliquam justam esse necesse est [4], et quidem inter easdem personas et omni eodem jure, quo bellum justum esse demonstravimus. Sed quia hanc partem disputationis intelligi maxime interest, neque vero caeteri eam pertractarunt, qui de bello commentati sunt, eadem capita quibus priorem absolvimus quaestionem, in hac etiam redordiri placet. Ut igitur videamus quomodo praeda divinae voluntati secundum leges respondeat, sciendum est duas ab ea partes contineri [5], privationem scilicet prioris possessionis et acquisitionem dominii novi. Ut enim ejus, quod quid est, duae simul formae esse non possunt, ita nec ejusdem rei duo

Demonstratio universalis.

Dem. art artic. I.

---

[1] ex concl. 1. et demonstrationibus praecedentibus. Vide etiam infra in tractatu de fine. [2] Pan. in c. sicut. ult. de jurejur. [Decretal. 2. 24. 29.] n. 2. [3] krijgh. [4] Ex demonstr. seq. [5] Confer cum demonstr. artif. 1. artic. 1. concl. 1.

aut possessores aut domini in solidum [1]. Quare ut formae inductionem, ita possessionis et dominii, privatio debet praecedere. Ea vero duplex est: universalis, ut apud physicos materiae primae, quae a natura inest, ita apud nos ἀδεσποτεία, *dominii vacuitas*, in rebus omnibus non occupatis: quo sensu illud intelligitur, libertatem natura etiam mutis animantibus datam, quia nondum captae in nullius dominio sunt [2]: singularis, ut apud physicos materiae secundae, apud nos dominii detractio, quae ex facto oritur: cujus modi sunt complures, sed ille simplicissimus, quo amissa possessione dominium amittitur, non minus quam acquisita acquiritur [3]. Id enim naturale est et locum semper haberet, nisi lex quarta obsisteret, unde omissa possessione vindicationes oriuntur [4], deducta scilicet in irritum ea, quae contra jus facta est, apprehensione. Lex autem quarta locum habere non potest contra leges primi ordinis [5]: quae cum nobis concedant omnia facere, quae ad vitae nostrae rerumque nostrarum tutelam sunt necessaria, sine dubio permittunt tolli instrumenta, quibus offendimur. Divitiae autem recte definiuntur multitudo instrumentorum tum in re familiari, tum in republica [6]. Omnes igitur res hostium totidem sunt instrumenta in nostrum exitium comparata: quibus scilicet arma parantur, aluntur exercitus, opprimuntur innoxii. Haec amoliri, haec illis extorquere non minus necesse est quam gladium furenti, si res nostras tutari, si denique salvi esse volumus. Onesander in hanc sententiam: ζημία γὰρ χρημάτων καὶ καρπῶν ἔνδεια μειοῖ πόλεμον, ὥςπερ ἡ οὐσία τρέφει. *Nam damnum in rebus datum fructuumque egestas minuit bellum, quod facultatibus alitur.* Neque vero praeceptum illud obstat, quod nos jubet alienis abstinere: cum ne illud quidem locum hic habeat, quo

---

[1] l. si ut certo. §. si duobus. ff. commodati. [D. 13. 6. 5. §. 15.] [2] Tac. hist. l. 4. c. 17. l. naturalem. ff. de acq. dom. [D. 41. 1. 5.] V. c. jus naturale. [Decr. Grat. p. 1. 1. 7.] [3] l. 3. §. ult. ff. de acq. dom. [D. 41. 1.] [4] l. in rem. ff. de rei vind. [D. 6. 1. 23.] [5] ex lege 13. [6] Arist. de rep. l. 1. c. 8. [p. 1256. 2. vs. 36.

alterum laedere vetamur. Servandae enim sunt leges singulae in suo ordine. Regula autem ista [1], *non debere ei, cui quod plus est licet, id quod minus est non licere*, una et eadem certitudine nititur atque illa mathematicorum, *in eo quod plus est, id quod minus est perpetuo inesse:* quam et ipsam recte jurisconsulti [2] usurpant, quippe cum non minorem in jure locum habeat proportionis observatio, quam in numerorum et magnitudinum dimensionibus. Quanto autem est prior in ratione bonorum vita quam possessiones, tanto est gravius occidere quam praedari [3]. Cum igitur homicidii reus non sit, qui hominem justo in bello interfecit, multo minus furti tenetur, qui rem aufert hostilem. Cicero [4]: *Neque est contra naturam spoliare eum, si possis, quem honestum est necare.* Quod et passim jurisconsulti [5] tradiderunt. Et causa quidem cur hostis re sua privari debeat satis jam apparet. An autem iisdem legibus simpliciter inspectis sequatur occupantem dominium irrevocabile, disputari potest. Videbitur enim nonnullis [6], cum prior dominus jure privatus sit, esse rem nullius atque adeo, sicut caetera, fieri primi possessoris: quod Nerva filius et post eum Paulus [7] sensisse videntur, cum bello capta iis rebus annumerant, quae cum nullius ante fuerint, ei acquiruntur naturaliter, qui primus earum possessionem nanctus sit. Ratio autem illa statim succurret, quam modo diximus, quia leges superiores, quae sunt de bono nostro, oppositae inferioribus, bono alieno locum non faciunt. Nec aliud spectasse Cicero [8] videtur, si quis diligenter consideret, cum dicit *Cassium profectum in alienam provinciam, si homines le-*

Nova declaratio.

---

[1] l. non debet. ff. de reg. jur. [D. 50. 17. 21.] [2] l. in eo. ff. de reg. jur. [D. 50. 17. 110.] et reg. jur. 53. [Decretal. in 6. 5. 12.] [3] l. sancimus. C. de sac. eccl. [C. 1. 2. 21.] [4] de off. l. 3. [c. 6. §. 32.] [5] Gl. ult. in c. de milit. vas. qui cont. [F. 2. 22.] Bald. in l. 1. C. unde vi. [C. 8. 4.] n. 58. Jas. in l. ut vim. ff. de just. et jure. [D. 1. 1. 3.] n. 17. Et passim in argumentis a personis ad res. [6] vide supra c. 2. ad l. 2. [7] l. 1. §. 1. ff. de acq. poss. [D. 41. 2.] et Bart. ib in sum. [8] Phil. 11. [c. 12. §. 23.]

gibus scriptis uterentur, his vero oppressis, suam, lege naturae. Ea scilicet lege quam nos secundam posuimus [1]. Sed qui accuratius considerabit leges omnes simulatque possunt pariter observandas, justam hic distinctionem facile inveniet. Nam manente quidem bello non posse res captas ab eo, qui amiserit, vindicari ex perpetuitate periculi satis intelliget [2]. Sed rebus pacatis ea, quae duntaxat ob securitatem tuam ceperis, alia causa non accedente, quominus restituere debeas rationem non videbit [3]. Hic enim lex quarta, cum alteri nulli repugnet, debet reviviscere. Magna igitur differentia est in acquisitione rerum, quae nullius et rerum, quae alterius fuerunt; ad res eas quae dominum non habuerunt acquirendas sola possessio sufficit: ad res alterius nobis adjungendas praeter possessionem causa requiritur: ob quam ille scilicet, cujus res fuit, aut volens aut nolens ea privari debeat. Non sufficit igitur titulus universalis ille, quo vacantia occupamus, ad quaerendum in re hostili jus plenissimum, sed titulus alius desideratur, qui tamen in bello numquam deest [4]: quod sic colligitur. Primum si ad rem nostram recuperandam arma moveantur, quin a detentore armato possessionem injustam recte avocem manu militari, dubium non est [5]. Quis enim non intelligit, cum res utiles acquirere nobis permittimur [6], etiam partorum tuitionem et, si eripiantur, receptionem simul indicari? Quodsi rem ipsam consequi non possim, tanti tamen ille mihi, quanti res fuit obligatus est [7]. Permittendum igitur mihi est ut quantum ille mihi debet, tantum ego ex bonis ejus consequar. Idemque erit si ab initio non rem meam vindicaverim, sed debitum persecutus sim [8]. Nam cum tantumdem illi supersit, quantum mihi deest, id illi auferendum et mihi applicandum est. Et sic in forensi exsecutione [9] cre-

---

[1] ut dictum est ad l. 13. supra c. 2. [2] Vict. de jure belli. n. 18. et 44. et 55. [3] Silv. in v. Bellum. §. 11. concl. 3. [4] vide infra c. 7. [5] l. qui restituere. ff. de rei vind. [D. 6. 1. 68.] l. 3. ff. ne vis fiat [D. 43. 4.] [6] ex l. 2. [7] d. l. qui restituere. et seq. [8] ex l. 6. [9] Dig. de reb. auct. jud. poss. tot. tit. [D. 42. 5.]

ditores in bonorum debitoris possessionem mitti videmus, ut illis ex iisdem bonis satisfiat. Nam ut eadem bona publice distrahi sub hasta debeant, nec nisi in subsidium creditoribus addicantur, non a jure gentium sed civili [1] venit, cujus imitatio etiam in repressaliis [2] recepta est. Ipsa autem natura ab eo, per quem re mea careo, tandumdem me quovis modo recipere permittit, resque eo modo recepta fit mea, quod et theologis [3] placet: neque vero naturaliter fieri potest ut dominii causam praestet, qui ipse dominus non sit [4], quod tamen legibus introductum est. Quod si etiam delicta bello ulciscamur [5], certum est poenam non in corpora duntaxat, sed in facultates etiam dirigi, quae in forensibus etiam judiciis injuriam passo addici solent [6]. Ratio est apud Tryphonium [7]: *Nam male meritus publice, ut exemplo aliis ad deterrenda maleficia sit, etiam egestate laborare debet.* Et huc illud pertinet Tullii [8], *ut omnes animi cruciatus et corporis etiam egestas ac mendicitas consequatur.* Et proprie istud de Lepido: *Atque ille si armis positis de vi damnatus esset, quo in judicio certe defensionem non haberet, eamdem calamitatem subirent liberi bonis publicatis.* Deque eodem: *Et si judicio damnatos eadem poena sequitur cives, qui potuimus leniores esse in hostes?*

Jus autem rem acquirendi hostilem sive ob rem, sive ob debitum simplex aut etiam poenarium, non necessario bellum

---

[1] C. de jure dom. impetr. tot. tit. [C. 8. 33.] [2] Bart. de repress. q. 9. ad 3. [3] Silv. in v. Furtum. q. 19. ex [caetera desunt.] [4] [Quam legem Grotius hoc loco citaverit, pro certo affirmare non audeo. Charta in margine lacera et versiculi prior pars deleta est: supersunt tantum duo verba, acq. dom., ut nobis de titulo constet. Allegaverat, puto, l. traditio. [D. 41. 1. 20.], quae ad sententiam ejus comprobandam unice pertinet.] [5] ex l. 5. Vict. de jure belli. n. 19 et 56. [6] Silv. in v. Poena. § 2. ibi Tertium genus. Inst. de action. § in duplum. [I. 4. 6. § 23.] et de publ. jud. § item lex Julia de vi. [I. 4. 18. § 8.] l. 1. ff. de bon. damn. [D. 48. 20.] [7] l. bona fides. ff. depositi. [D. 16. 3. 31.] [8] Catil. 4. [c. 5. § 10.] [9] Epist. 11. ad Brut. [Pseudocic. ad Brut. 1. 12.] [10] Epist. 14. [Pseudocic. ad Brut. 1. 15.]

praecedit, interdum etiam comitatur [1]. Primum enim quis est hostium qui vitam duntaxat nostram appetat, non etiam facultates, aut non vitam potius ob istas? Merito igitur per bellum id quod nobis quotidie eripitur, aut tantumdem recuperabimus [2]. Unde plerisque visum est in bellis quasi tacitam pactionem permutationis accedere [3], ut alea certaminis uterque contentus aliena caperet, sua amitteret: ut sit quod apud Menandrum [4] est:

οἱ γὰρ θέλοντες προςλαβεῖν τὰ τῶν πέλας
ἀποτυγχάνουσι πολλάκις νικώμενοι,
τὰ δ'ἴδια προςτιθέασι τοῖς ἀλλοτρίοις.
Qui concupiscunt capere vicinas opes
Persaepe de spe clade cum victi cadunt,
Alterius etiam rebus adjiciunt suas.

Neque longe hinc abit Aristotelicum illud [5]: *ὁ γὰρ νόμος ὁμολογία τίς ἐστιν, ἐν ᾧ τὰ κατὰ πόλεμον κρατούμενα τῶν κρατούντων εἶναί φασιν. Est enim lex ista quasi consensus aliquis, quo bello capta esse dicuntur capientium.* Alterum, quod nunc dicam, perpetuum est, nec a bello potest abesse. Quod enim bellum geritur sine sumtu et sine damno? Ut enim caetera omnia ex voto succedant, quod numquam accidit, interim tamen qui bellum gerere cogitur, a rei domesticae procuratione avocatur. Atqui is qui justa arma induit, jus habet et damna omnia et impensas, ut sibi debita recuperandi [6]: quemadmodum in judiciis forensibus [7] et dispendia et sumtus non litis modo, sed et exsecutionis ab eo sarciri aequum est, qui sponte juri non paruit. Hinc illud est: *impensas belli lege victi suscepturus* [8]. Postremo certum est eum, qui justo bello sciens

---

[1] v. infra c. 7. [2] Dig. quod quisque juris. tot. tit. [D. 2. 2.] Cic. de inv. l. 2. Silv. in v. Bellum. 1. § 1. concl. 1. [3] Vasq. c. 9. n. 17. [4] [ap. Stob. in floril. l. 10. n. 3.] [5] de rep. l. 1. c. 6. [p. 1255. 1. vs. 6.] [6] Vict. de jure belli n. 17 et 50 et 54. Bart. de repress. q. 9 ad 3. Mart. Laud. de bello q. 1. [7] Inst. de poen. tem. lit. § 1. [I. 4. 16.] et C. de fruct. et lit. imp. tot. tit. [C. 7. 51.] [8] Just. l. 33. [c. 1.]

resistat graviter delinquere [1]. Atque adeo si quid ille feliciter gerat, fur est et raptor violentus et sicarius. Sunt autem haec peccata ejusmodi, ut reum facultatibus omnibus, aut parte magna mulctari faciant [2]: quae ei apponi debent, in quem peccatum est, aut homini aut reipublicae. Et hoc est quod tradunt theologi [3], in principio belli, si hostis offerat plenam satisfactionem non tantum injuriae et rerum, sed damnorum etiam ac impensarum, audiendum eum esse. At secus flagrante jam bello, quia hostis delinquens jam non eo sit statu, ut satisfacere debeat, sed † .... est pati, altero videlicet judice jam constituto, qui .... possit. Ex his quae dicta sunt satis apparet etiam concordiam reipublicae et magistratuum auctoritatem saepe sine praeda conservari non posse [4], praecipue quia ad eam rem maximi sumtus desiderantur nec impune ferre debent, qui temere repugnant. Cum igitur patuerit [5] justum esse, quia et Deo gratum est, nos salutem nostram tueri, res nostras defensare aut recuperare, debitum consequi, etiam illud quod poenam continet, quae nos alteri cuiquam remittere Deus non cogit [6], praesertim cum in commune intersit maleficia non manere impunita, propugnare rempublicam et magistratus: horum autem nihil fieri possit, nisi hostes opibus exuantur, pleraque vero non aliter possimus obtinere, nisi per bellum, acquirendo id quod hostis fuit, hoc autem sit illud quod praeda dicitur [7], omnino consequitur praedari aliquando justum esse. Jam ex *Dem. art. I artic. II et III.*

---

[1] Mart. Laud. q. 14. et 16. [2] ex alleg. supra pos. [3] Cajet. in summ. pecc. Belli revocatio. [4] juxta l. 7. et sqq. V. Vict. n. 15. Silv. in v. Repressaliae, in princ. ibi: Qui autem. [5] toto c. 2. [6] Wilh. Math. de bello justo et licito. in 3. req. [7] ex defin. praedae in fine cap. 2.

† [Folii margo inferior ad dextram manum a muribus corrosa est, unde factum ut duo versus pro parte deleti sint. Sed quamvis de ipsis Grotii verbis hodie constare nequeat, haud multum aberrabimus, si in hanc fere sententiam scripsisse eum ponamus: in priore versu haec: sed *illatis graviora haud injustum* est pati; in altero ita: qui *de poena pro libitu statuere* possit.]

jure naturae praedam [1] oriri probatum est, quod et in aliis animantibus conspicitur, illis etiam quae gregatim pascuntur aut volant: nam cum alias possessa relinquant possidentibus, idem tamen non faciunt praelio irritata: quo illud Plutarchi [2] referri potest: οὐδὲν αὐτοὺς δεινὸν οὐδ' ἄδικον ποιοῦντας, ἀλλὰ τῷ πρεσβυτάτῳ τῶν νόμων ἀκολουθοῦντας, ὃς τῷ κρείττονι τὰ τῶν ἡττόνων δίδωσιν, ἀρχόμενος ἀπὸ τοῦ θεοῦ καὶ τελευτῶν εἰς τὰ θήρια. *Nihil se aut grave aut iniquum facere, sed jus antiquissimum sequi, quod res inferiorum superioribus largiatur, a Deo incipiens et in bestias desinens:* quaeque sunt in Gorgia Platonis et passim apud auctores in hanc sententiam. Et hoc ipsum jus esse naturae, quod etiam inter feras valeat, Josephus prodidit et non uno loco Aristides [3]. Philosophus [4] etiam: ἡ πολεμικὴ φύσει κτητική πως. *Res militaris naturaliter quodammodo acquisitiva est.* Theophilus [5] hanc acquisitionem φυσικὴν κτῆσιν vocat, *possessionem* videlicet *naturalem.* Unde sequitur etiam inter Christianos juri praedae locum esse. Recte etiam praeda juri gentium, ἐθνικῷ νόμῳ, ut apud Theophilum est, attribuitur [6]: ut apud Demosthenem [7]: εἶτ' οὐ δεινόν, ὦ γῆ καὶ θεοί, καὶ φανερῶς παράνομον, οὐ μόνον παρὰ τὸν γεγραμμένον νόμον, ἀλλὰ καὶ παρὰ τὸν κοινὸν ἁπάντων ἀνθρώπων νόμον, τὸν ἄγοντα καὶ φέροντα βίᾳ τἀμὰ ἐν πολεμίου μοίρᾳ μὴ ἐξεῖναί μοι ἀμύνασθαι. *Deinde vero nonne illud grave est, o Tellus et Dii, nonne manifestissimae iniquitatis, nec scripto duntaxat juri contrarium, sed illi etiam legi, quae generi humano communis est, ut cum quis res meas vi auferat rapiatque hostiliter, mihi non liceat par pari rependere?* Judice etiam Cyro [8] νόμος ἐν πᾶσιν ἀνθρώποις ἀΐδιός ἐστιν, ὅταν πολεμούντων πόλις ἁλῷ τῶν ἑλόντων εἶναι τὰ χρήματα. *Lex est inter homines sempiterna, capta hostium*

Dem. art. II. artic. II. et III.

---

[1] Confer cum demonstr. art. 1. artic. 2. et 3. concl. 1. [2] Cam. [p. 136. d. e.] [3] Citantur ap. Fabr. Sem. l. 2. c. 2. [p. 26.] [4] Arist. de rep. l. 1. c. 8. [p. 1256. 2. vs. 23.] [5] Inst. de rer. div. [I. 2. 1.] [6] Conf. cum dem. art. 2. artic. 2. et 3. concl. 1. [7] c. Aristocr. [p. 639. §. 20.] [8] Xenophon de inst. Cyri l. 7. [c. 5. §. 73.]

urbe eorumdem res atque pecunias victori cedere. Et hic est ille Cyrus, cui regna Orientis armis quaesita Deus ipse [1] addicit. Juris gentium jus belli pars est: quare Aeschines [2]: *εἰ μὲν πρὸς ἡμᾶς πολεμήσας δορυάλωτον τὴν πόλιν εἶλες, κυρίως ἔχεις τῷ τοῦ πολέμου νόμῳ κτησάμενος. Quod si bello contra nos suscepto urbem armis captam occupasti, recte illam belli jure possides.* Idemque alii [3] jus victoriae dixerunt philosophique omnes [4] proprium quoddam genus acquisitionis ex hoste statuunt, quod aut *πολεμικήν* aut *ληστικήν* aut *ἀγωνιστικήν* aut *χειρωτικήν* vocant. Socrates autem apud Xenophontem [5], qui mos illi fuit obstetricia quadam arte, ex semine quod humanis animis insitum est elicere veritatem, Euthydemum interrogando eo perducit, ut cum spoliare in parte injustitiae poneret, hoc ipsum tamen in hoste justitiae consentaneum esse fateretur. Et Plato †: *πάντα τῶν νικωμένων ἀγαθὰ τῶν νικώντων γίγνεσθαι. bona omnia quae victus habuit victoris fieri.* Unde apparet quam illi [6] sint inepti, qui bella inter Christianos praeda volunt carere, nisi forte illa omnia putant injusta. Sed hominum alioquin eruditorum hac in parte inscitiam alii aperuerunt [7]. Nos ex principiis ante positis rem tam perspicuam putamus, ut longiore disputatione non egeat: quin et hoc animadverti posse, diversae sententiae auctores ne hoc quidem ipsum, quid esset praeda, satis intellexisse. Quod autem a civili bello sumunt argumentum dupliciter absurdum est: primo enim quis illis concedat, bella Christianorum esse civilia, quasi vero totus orbis Christianus una sit respublica [8]?

---

[1] Esaias tot. cap. 45. [2] de fals. leg. [p. 32. § 33.] Fabr. Sem. 2. c. 3. [3] Tac. Hist. l. 4. [c. 74.] [4] Plato Soph. [p. 219. d. e.] Arist. de rep. l. 1. c. 6. et 8. [p. 1255. 1. vs. 6 et p. 1256. 2. vs. 23.] et Cic. de off. l. 1. [5] Comm. l. 4. [c. 2. §. 15.] [6] Alc. in l. hostes. de verb. sign. [D. 50. 16. 118.] [7] Ayala de jure belli l. 1. c. 5. n. 2. Bellinus p. 2. tit. 18. n. 1. [in Ocean. jur. vol. 16. p. 346.] [8] V. Vasq. contr. ill. c. 22 et seq.

† [Grotius nobis in margine indicaverat Platonis opus, unde haec sumta sunt. Hodie nihil superest praeter litteras *ibus*: *de legibus*, ut videtur.]

Deinde quod in civili bello praedae locum non faciunt, in hoc etiam falluntur. Nam ut historias omittam, ex quibus discimus adeo praeda scatere bella civilia, ut ista saepissime cupido homines ad res novas pellexerit [1], quae est ratio cur magistratus, si aliter non possit [2], id quod reipublicae debetur, vel ob solam poenam rebellionis, armata manu consequi non debeat? Plato [3] sane cum in civili dissensione bellum velit esse quam pacatissimum permittit tamen τὸν ἐπέτειον καρπὸν ἀφαιρεῖσθαι τοῖς κρατοῦσι τῶν κρατουμένων, *fructus annuos eripi victis a victoribus.* Tum vero quid tam contrarium est, quam praedam prohibere, ubi caedes permittas [4]?

Dem. art. artic. IV. Quia vero jus est gentium hostem spoliare, etiam jus civile sit necesse est. Quod et singularum nationum leges et consuetudines, quae de praedae distributione ubique plurimae sunt, manifestum faciunt. In Romano autem juris corpore [5] saepissime expressum est capta bello capientium fieri idemque probant Canones. Haec autem omnia dubitare nos non patiuntur, quin praeda omni jure concessa sit. Idque ipsum sacrae literae loquuntur.

Dem. in art. I. artic. I. Estne aliquid quod magis volumus, quam quod lege expressa jubemus? Atqui inter leges militares sunt ista Dei verba [6] de capta civitate: *Omnia spolia ejus diripies tibi fruereque praeda hostium tuorum, quam dederat dominus Deus tuus tibi.* Sicut igitur victoria sic etiam praeda a Deo est: unde et partem Deo sacratam legimus ipso agnoscente [7], quod ne profanae quidem gentes omnino ignoraverunt [8], cum Jovem Praedatorem et Minervam Leitida, Martem denique

---

[1] Tac. Hist. l. 3. [c. 33.] [2] Adde limitationem Silv. ad concl. 8. § 11. verbo Bellum. [3] de rep. l. 5. [p. 470. b. d. e.] [4] ut supra hoc capite. [5] l. naturalem. in fine. cum l. seq. ff. de acq. dom. [D. 41. 1. 5. et 6.] l. si quid bello. ff. de capt. [D. 49. 15. 28.] Inst. de rer. div. § item quae ab hostibus. [I. 2. 1. 17.] Dist. 1. c. jus militare. in fine. [Decr. Grat. p. 1. dist. 1. c. 10.] c. dicat aliquis. [Decr. Grat. p. 2. c. 23. q. 5. c. 25.] V. Gl. in d. c. jus militare. et in c. juris gentium [c. 2.] d. dist. [6] Deut. 20. 14. [7] Num. 31. et alibi. [8] Diod. Si saepe. Virg. Liv. ap. Fabr. Sem. l. 2. c. 3. in fine.

aut Herculem aut Vulcanum spoliis hostium mactarunt. Unde et tropaea sancta fuere. Illud autem ipsius Josuae[1] θεόπνευστον et a Divino numine dictatum negare quis potest? *Cum multis opibus ad sedes redite vestras, cum vi pecoris multa, cum auro argento aere ferro, cum vestimento omnifario, et participes estote praedae hostium vestrorum cum fratribus vestris.* Inter praecepta etiam quae Josuae dantur adversus Hajum proficiscenti illud[2] est: *Spolia ejus et jumenta ejus diripietis vobis.* Aut illud quod per Davidem enuntiatum est: *Accipite benedictionem de praeda hostium Domini*[3]. Sed vel hoc solum sufficere poterat, quod Deus Israelitas, formatum a se populum, ea ratione jus suum tutari voluit[4]: aut etiam quod modum praedae circumscripsit[5] et quomodo dividi deberet ostendit. Illae etiam auctoritates, quae bellum esse justum aut simpliciter aut ex principiis probant, huc referri non incommode poterunt. Et eaedem, quae bellum Christianis et in Christianos permittunt, ad praedam etiam pertinent: quia scilicet mutari non potuit, quod erat sui natura immutabile, nec Evangelica doctrina quidquam in moribus innovavit. Neque vero putandum est cum tam manifestis Dei oraculis pugnare Baptistae praeceptum[6]. In quo animadvertendum est consuli Johannem non a militibus in procinctu quique in hostem ituri erant, sed ab illis qui in Judaeae praesidiis versabantur. Quantis autem Romani milites injuriis miseros provinciales infestaverint quantamque solitudinem circum se fecerint illorum hiberna, testantur ejus saeculi scriptores. Has itaque vexationes, quas concussiones ipse vocat, ut hodieque dicuntur, et calumnias omnes Johannes prohibet iubetque milites *salariis*[7] suis (nam id ferme vox sonat) con-

Dem. inart. II. artic. I. Dem. inart. III. artic. I. Dem. inart. I. II. III. artic. II. et I. II. artic. III.

[1] Jos. 22. 11. [2] Jos. 8. 2. [3] Sam. 1. 30. v. 26. [4] in dem. inart. 1. artic. 1. concl. 1. sub finem. [5] Num. 31. 26. Deut. 20. 19. Sam. 30. 22. [6] Luc. 3. 14. [7] ὀψωνίοις.

tentos esse. Nec aliis ea sententia quam rusticis et hospitibus parcit, in quos nimium crebrae sunt militum injuriae, ut omnes ad eum locum interpretes [1] consentiunt. Est enim hoc periniquum spoliari paganos immerentes, qui ad sui defensionem et sustentationem militum onera publicitus indicta sustineant. Sed nihil hoc ad res hostium pertinet, neque aliam sententiam habet, quam quod ante publicanis dictum erat, ne quid amplius exigerent quam jure constitutum esset. Juste igitur, si imperantes ita decreverint, praeda ex hoste ad militem perveniet diceturque et haec pars esse salarii, hoc est praemiorum, quae milites juste consequi Paulus [2] testatur. Non aliud ergo Johannes his qui in Judaea militabant quam exercitibus suis Aurelianus [3] edixit: *Annona sua quisque ut contentus esset: de praeda hostis, non de lacrymis provincialium viveret.* Omni autem jure praedam esse justam eadem auctoritas evincit, quae de bello idem probavit. Restant sanctorum virorum exempla: quorum princeps facile Abrahamus [4] multa nobis argumenta suppeditat. Primum enim cum res hostibus possessas vi aufert [5], satis ostendit non debere ut alienum relinqui id, quod hostes detinent, ideoque hoc factum recte imitabimur. Agnoscit deinde praedam cum ejus partem decimam dat sacerdoti, ut in Epistola ad Hebraeos [6] diserte explicatur. Illud autem ipsum de praedae decima apud alias etiam gentes invenitur [7]. Ad ultimum jus praedae apertius probare non potuit, quam cum quaedam ejus consumenda ministris suis dedit, auxiliatoribus vero partes e manubiis assignari voluit [8]. Neque enim erat is Abrahamus qui daret quidquam quod honeste accipi non posset. Caeterum quod e spoliis reliquum erat non quasi minus jure partum recusavit, hoc ipsum enim aperte fuisset professus: ne-

Dem. in art. artic. IV. Prob. tota quae ab exemplis.

---

[1] V. Cajet. in summ. pecc. Belli damna. Ferd. Diac. ad Duc. Reg. reg. 2. innocentiae. [2] Cor. 1. 9. 7. [3] Vopisc. Aurel. [c. 7.] [4] Historia est Gen. 14. [5] Ibid. 15. et 16. [6] Ibid. 20. et Hebr. 7. 4. [7] Liv. l. 5. [c. 25.] [8] Gen. 14. 24.

que vero interpretum quisquam [1] ita intellexit: sed longe alia de causa. Et nonnulli quidem ita verba exponunt, ut dicant Abrahamum ante expeditionem voto se obligasse, nihil se ex praeda sibi excepturum. Certum autem est vovere nos alia quam quae facere necessario debemus. Quae autem ratio illum moverit aut ad votum aut citra votum ad repudiationem partis ex praeda, illis verbis indicatur: *Ne dicas ego ditavi Abrahamum* [2]. Liberaliter igitur et quadam animi magnitudine cessit jure suo. Verebatur enim haud immerito vir innocens ne homines profani et verae religionis inimici temere ipsum calumniarentur, quasi sola praedae aviditate bello non ad se proprie pertinenti se immiscuisset. Habet igitur hoc rationem specialem, et a Periclis et Fabii facto haud longe discrepat, qui rei privatae jacturam fecerunt, ne iniquam suspicionem in se irritarent. Neque multum diversam rationem Fabricius apud Dionysium [3] reddit, quod cum posset ex praeda nihil suum fecerit, καὶ τὸν ἐκ δικαίου πλοῦτον ὑπεριδὼν ἕνεκα δόξης, *etiam juste partas divitias prae gloria contemnens*, idque se fecisse dicit Valerii Publicolae aliorumque exemplo. Marci etiam Catonis factum haud dissimile post Hispanicam victoriam [4], qui paene iisdem verbis, quibus et Abrahamus, negabat quidquam ad se perventurum e bello captis praeter ea quae in cibo ac potu consumsisset. Addebatque non ideo a se culpari alios imperatores, qui concessas ex praeda utilitates sumerent, sed malle se de virtute cum optimis, quam de opibus cum ditissimis contendere. Potuit et hoc Abrahami animum movisse, quod pleraeque res quae penes reges devictos inventae erant, non illorum fuerant antiquitus, sed Sodomae civibus, sociis tum Abrahami, recens ereptae [5], quas idcirco ad priores dominos aut eorum Principem velut postliminio redire nonnihil habebat rationis: ut et juris Ro-

---

[1] V. Ambr. de patriarchis l. 3. c. 2. et Nic. Liranum ad locum Gen. Wilh. Math. de bello justo. req. 2. p. 5. [2] Gen. 14. 23. [3] in fragm. [p. 747. vs. 43.] [4] Plut. Cat. [p. 342. a.] [5] Gen. ibid. 11. et 16.

mani aequitas in rebus quibusdam constituit [1]. Imo etiam ubi jus deest benignitate interdum id factum legimus. Atque ita Abrahamus idem tum fecerit, quod Romani alias, qui captis Volscorum castris Latinis atque Hernicis sociis edicto ad res cognoscendas vocatis easdem reddiderunt [2]. Idem Volumnius et postea Attilius devictis Samnitibus, idem Gracchus et Aemilius factitarunt. Nec aliter Scipio constituit superatis Lusitanis atque etiam capta Carthagine in signis et donariis, quae Siculorum fuerant. Caeterum videant si qui sunt, quibus haec non placent, quos viros et quales condemnent: cum praedas egisse legamus et Mosem [3], exemplar justitiae multo certius quam fuit aut Lycurgus aut Aristides, et sanctissimum ducem Josuam [4] et Davidem Deo amicissimum regem [5]; tum vero Rubenitas cum Gaditis et parte Manassitarum [6], qui hostium spoliis ditati ideo scribuntur, quia fiduciam in Deo collocaverant, itemque Asam Principem religionis nomine summopere commendatum [7]. Quod si ad Christianos Principes venimus, invenietur nemo qui non exempla illa secutus sit. Tametsi enim Christianorum moribus et quidem sero servitus exoleverit [8], (cujus rei diversa ratio demonstrari facile posset, nisi ab instituto hoc discederet), manere tamen illud ut res captae bello capientibus quaerantur apud cunctos juris magistros exploratum est [9]. Verum testimonia in numerum congerere nihil hic opus. Theologos poscimus? En unum pro omnibus Augustinum [10]. *Si qua jam praecisi possidere coepistis, quia vobis ablata nobis dominus Deus dedit, non ideo*

Prob. tota quae a dictis.

---

[1] C. de postl. rev. l. ab hostibus. in fine. [C. 8. 51. 12.] V. Ang. ibi et Jas. ad leg. 2. ff. de acq. poss. [D. 41. 2]. n. 11 et 12. [2] Liv. [l. 4. c. 29. l. 10. c. 20. et l. 24. c. 16.] et Polyb. [l. 2. c. 31.] [3] Num. 31. 9. [4] Jos. 8. 27. et 22. 8. [5] Sam. 1. 30. 20 et 2. 8. Chron. 1. 18. [6]. Chron. 1. 5. 18 et seq. [7] Chron. 2. 14. [8] l. in pecud. ff. de usur. [D. 22. 1. 28.] [9] Inn. in c. olim. de rest. spol. [Decretal. 2. 13. 12.] Pan. in c. sicut. ult. de jurejurando. [Decretal. 2. 24. 29.] n. 8. Bart. ad l. hostes. in fine ff. de capt. [D. 49. 15. 24.] Bal. in l. 4. C. de ing. man. [C. 7. 14.] Mart. Laud. de bello q. 19. [10] c. litt. Petil. citatur in c. 2. [Decr. Grat. p. 2. 23. 7.]

concupiscimus aliena: quia illius imperio, cujus sunt omnia, facta sunt nostra, et juste nostra sunt. Placent juris Pontificii doctores? Pontifex ipse Innocentius [1] *acquisita bello licito licite retineri* affirmat: idemque multis exsequitur Hostiensis [2] et Panormitanus [3] et Archidiaconus [4]. Quid juris Romani interpretes? Bartolus [5]: *Ubi bellum licitum fuit depraedantes ex jure civili ad restitutionem non tenentur.* Baldus [6] hoc amplius: *In foro etiam interno conscientiae licite retinentur quae justo bello capta sunt:* cujus et verba Jason [7] refert et omnes probant non modo jurisconsulti verum etiam sacrosanctae sapientiae interpretes, quicunque hanc disputationem proprie exsecuti sunt, ut Silvester, Adrianus, Angelus, Lupus et inter Hispanos Victoria et Covarruvias [8]: quod si omnes auctores inspiciamus, nemo damnat praedam, multi avaritiam in praeda, *τὸ πλεονέκτημα, id quod plus aequo est:* sicut nec bellum, sed in bello crudelitatem culpari diximus. *praedam* igitur *capere aliquando justum est Christianis ex Christianis omni jure* [9]. *Concl. II.*

CAPUT V.

QUAESTIO III.

QUAE PRAEDA JUSTA SIT.

QUAESTIO IV.

QUOD BELLUM JUSTUM SIT.

Si igitur est aliqua ejusmodi, quaenam illa sit praeda, quae

---

[1] in c. quia plerique. de imm. Eccl. [Decretal. 3. 49. 8.] [2] in summa tit. de poenit. [Decretal. 5. 38.] [3] in d. c. sicut et d. c. olim [Decretal. 2. 24. 29. et 2. 13. 12.] [4] in c. Dominus noster. [Decr. Grat. p. 2. 23. 2. 2.] [5] ad l. naturalem. §. item quae ab host. ff. de acq. dom. [D. 41. 1. 5. § 7.] [6] in c. 1. in 4. col. de mil. vas. qui contumax est. [F. 2. 22.] [7] ad l. 1. ff. de acq. poss. [D. 41. 2.] n. 8. [8] Silv. in verbo Bellum §. 1. et §. 9. Adrianus in quaest. de rest. in part. et quaest. de bello. Angelus in disput. Renovata guerra. Lupus de bello §. ult. [Ocean. jur. vol. 16. p. 323.] Victoria de jure belli c. 51. et seq. Covarruvias ad l. peccatum, de reg. jur. can. parte 2. §. 11. [Covarr. Oper. Omn. vol. 1. p. 512.] [9] Mart. Laud. q. 11.

justa dici debeat, restat videndum. Neque longa est disquisitio. Ut enim ex his, quae ante diximus [1], manifestum fit, Concl. III. *omnis praeda justa est, quae justo ex bello oritur* [2]. Et sic omnes definiunt. In eo nunc omnis disputatio vertitur, bellum quodnam justum sit [3]. Sed ante omnis verbi tollenda est ambiguitas. Justum enim cum dico, non ita intelligo, sicut interdum usurpatur, quod ad suae naturae magnitudinem pervenit, ut justa aetas, justum navigium, justum opus dicitur, nec cui addita est species exterior solemnis quodammodo, unde justa materfamilias, etsi pars haec est propositae considerationis (utroque enim significatu justum bellum apud auctores legitur), sed hoc demum, cui nihil eorum deest quae jure aliquo divino aut humano requiruntur. Varie autem haec nec satis ordine a magistris tractata sunt. Septem quidam [4] bellorum nomina verius quam genera posuerunt: neque vera omnia, nec ipsa satis inter se distincta. Nonnulli hoc voluerunt ut a judice esset et ex jure. Alii hic desiderant auctoritatem, causam (sic vocant illud unde bellum nascitur) et intentionem, seu potius id, quod cuique propositum est, nonnulli causam, modum, necessitatem [5]. Auxerunt alii numerum, qui necessarium esse bellum cupiunt, ut sine reipublicae periculo omitti non possit, et jussum a magistratu summo, et justa causa, indictumque hosti et denuntiatum [6]. *Nova declaratio.* Considerant alii ex re, ex causa, ex animo, ex auctoritate, ex persona. Sed in quaque partitione quid deficiat aut abundet, ita apparebit, si bellum ad summa quatuor causarum genera [7] revocemus. Solent enim actiones non minus quam

---

[1] Ex. demonstr. univ. q. 2. [2] Convenit cum Thom. 2. 2. q. 66. art. 8. ad 1. [3] V. Bud. l. 3. ff. pro socio. [D. 17. 2.] et Ayalam de jure belli l. 1. c. 34. [4] Gemin. in c. 1. de homic. [Decretal. in 6. 5. 4.] et ex illo alii qui de bello scripserunt. [5]. Thom. 2. 2. q. 40. Bart. de repress. Castr. ad l. ex hoc. ff. de just. et jure. [D. 1. 1. 5.] Pantheol. Rain. Pisani. c. 1. Wilh. Math. de bello justo et licito, in princ. [6] Joh. Lupus de bello, ex Hostiensi de treuga. [p. 323.] [7] Arist. Metaph. l. 4. c. 2. [p. 1013. 2. vs. 16.] v. Silv. in verbo Lex. §. 5.

res caeterae ad eas referri. Et quidem ut vitiosa sit actio aliquam causarum vitiosam esse sufficiet [1]: recta vero ut sit (siquidem rectum nisi uno modo esse non potest) illas omnes, quomodo oportet, concurrere necesse est. Id Graecus indicat versus [2]:

ἐσθλοὶ μὲν γὰρ ἁπλῶς, παντοδαπῶς δὲ κακοί.
Simpliciter bonus est: at malus omnimodis.

Omne ergo *bellum justum est, quod omnes causas justas habet.* Causae itaque examinandae sunt. Et in prima parte videndum qui juste bellum gerant, in secunda quibus de causis et in quos, in tertia quomodo seu quatenus, in quarta quorsum quoque animo. Operam autem hanc non eo insumsimus, quod aliorum nobis labores de jure belli displiceant, quippe quorum etiam auctoritas nobis usui futura sit: sed quia ex adminiculis, quae nobis jam comparavimus, aliquantum nos ad earumdem rerum, quas illi tradiderunt certitudinem, aut saltem ad ordinis perspicuitatem collaturos existimavimus. *Concl. IV.*

CAPVT. VI.

DE CAUSA BELLI EFFICIENTE.

QUAESTIO. V.

ART. I. QUAE JUSTA SIT CAUSA EFFICIENS BELLI PRIVATI.
ART. II. QUAE JUSTA SIT CAUSA EFFICIENS BELLI PUBLICI.

Causarum, quae aliquid efficiunt, alias esse principales traditum est, alias adjuvantes, alias instrumentorum nomine censeri: quae quidem omnes, ut in aliis plerumque rebus spectantur, ita et in voluntariis hominum actionibus, in quo genere bellum est. Naturaliter, sicuti diximus, juris quisque sui exsecutor est: ideo enim ex animo effecti sumus et cor-

---

[1] Dion. de divi. nomin. Thom. 2. 2. 110. art. 3. [2] Arist. de mor. ad Nicom. l. 2. c. 5. [p. 1106. 2. vs. 35.]

pore, ut corpus sit quod animo inserviat [1]. Hoc ipsum et membrorum usus indicat, praecipue manuum [2], quas exserendo nos ipsos tuemur, injiciendo rem ut nostram vindicamus: naturale est praeterea ut alter alteri benefaciamus atque opem feramus [3]. Nam quod nobis laborantibus fieri velimus, idem recte alteri praestabimus [4]. Nec male qui de officiis scripserunt [5] illud demonstrant Deo placuisse, ne quid post ipsum homini esset utilius homine. Sunt autem diversa inter homines societatis vocabula, secundum quae et cognati ad opem ferendam coeunt et vicini inclamantur [6] et in universum omnes ejusdem civitatis cives [7]: unde illud in scenis *Porro Quirites* [8]. Et Solonem ita docuisse accepimus beatam fore rempublicam, in qua alienas quisque injurias suas existimaret. Democritus [9]: *ἀδικουμένοισι τιμωρεῖν κατὰ δύναμιν χρὴ καὶ μὴ παριέναι. τὸ μὲν γὰρ τοιοῦτο δίκαιον καὶ ἀγαθόν, τὸ δὲ μὴ τοιοῦτο ἄδικον καὶ κακόν. Injuria oppressos defendere pro viribus oportet et non negligere: illud enim justum bonumque est, hoc vero injustum et malum.* Et Aristotelis [10] est egregium dictum: *δεῖ τοὺς ἀδικουμένους ὑπὲρ ἑαυτῶν πολεμεῖν ἢ ὑπὲρ συγγενῶν ἢ ὑπὲρ εὐεργετῶν ἢ συμμάχοις ἀδικουμένοις βοηθεῖν. Oportet aut pro se arma sumere si quis injuriam acceperit, aut pro cognatis aut pro benefactoribus aut pro injuria affectis auxiliariis.*

Quodsi etiam caetera desint vincula, tamen totius humani generis societas naturaeque communio hoc efficit, ut mala aliis illata nos etiam tangant. Hominibus enim humani nihil alienum esse debet: adeo quidem ut praeclarae gentes theologique et jurisconsulti non minimae auctoritatis multis casibus existiment puniendam esse eorum negligentiam qui, cum pos-

---

[1] V. reg. 5 et in fine c. 2. [2] V. supra ad l. 2. [3] V. ante l. 5. et 6 et ad reg. 3. [4] V. demonstr. inart. 2. artic. 1. concl. 1. l. servus ea. ff. de servis export. [D. 18. 7. 7.] [5] Cic. ex Panaet. de off. l. 2. [c. 3. §. 11.] Cic. de off. l. 3. [c. 6. §. 26 et 27.] [6] Dd. ad l. si quis in servit. in fine. ff. de fur. [D. 47. 2. 7.] [7] V. l. 7. c. 2. [8] [Laber. ap. Macrob. Sat. l. 2. vs. 7.] [9] [ap. Stob. in floril. l. 46. n. 43.] [10] Rhet. ad Alex. c. 3. [p. 1425. 1. vs. 12.]

sent prohibere, laedi aliquem permiserint [1]. Sed et auctores et auxiliares agunt vi sua, illi quidem sui ipsius, hi vero alterius gratia. Instrumenta autem non agunt sua vi, sed ejus qui movet [2]. Habet enim instrumentum rationem quodammodo partis: pars autem toti naturaliter famulatur. Hinc manus ὄργανον ὀργάνων, quasi instrumentorum omnium instrumentum, unde poeta [3]:

Arma antiqua manus, dentes unguesque fuerunt.

Arma vicissim manus militis. Nos autem cum de instrumentis belli loquimur, non tormenta aut gladios aut hastas volumus intelligi: ista enim ad justitiae quaestionem parum pertinent: sed ipsos homines, quorum opera sub aliorum imperio est. Exemplum sit in filio [4], qui naturaliter pars quaedam est patris, cum a patre hoc ipsum quod est acceperit. Et in servo [5], nam et hic pars quodammodo domini est, ut quaevis possessio. Nam sicut pars non tantum pars est totius eadem relatione qua totum est totum partis, sed hoc ipsum quod est totius est, ita possessio est aliquid ipsius possidentis. Democritus [6]: οἰκέτῃσιν ὡς μέρεσι τοῦ σκήνεος χρῶ ἄλλῳ πρὸς ἄλλο. h. e. *famulis tamquam partibus corporis aliis ad aliud utere.* Nec male dictum Aristoteli [7] quosdam esse natura servos, non quia non hominem Deus liberum creaverit, sed quia

---

[1] V. ad reg. 2. Bart. in l. ut vim. ff. de just. et jure. [D. 1. 3.] n. 7 et 8. Jas. ib. n. 29. Castr. ad §. jus gentium [§. 4] l. 1. eo tot. n. 10. 11. 12. Bart. ad l. hostes. ff. de capt. [D. 49. 15. 24.] n. 9. Inn. ad c. sicut. de jurejur. [Decretal. 2. 24. 29.] et in c. olim. de rest. spoliis [Decretal. 2. 13. 12.] et ibidem Pan. n. 15. Silv. in v. Bellum 2. §. 8. Thom. 1. 2. q. 47. art. 1. Gen. 14. toto cap. Prov. 24. 11. Ps. 82. 4. Dynus in c. non est sine. [Decretal. in 6, 5. 12. reg. 19.] Silv. in v. Homic. n. 10. Sen. ep. 95. [2] Arist. de rep. l. 1. c. 4. [p. 1253. 2. vs. 27. sqq.] [3] [Lucr. l. 5. vs. 1282.] [4] l. cum scimus §. 1. C. de agric. et cens. [C. 11. 47. 22] Arist. de mor. ad Nicom. l. 5. c. 10. [p. 1134. 2. vs. 10.] Applica ex l. Gracchus. C. de adult. [C. 9. 9. 4.] Sen. contr. l. 1. 4. [5] Applica ex l. cum dom. ff. de S. C. Sil. [D. 29. 5. 19.] [6] [ap. Stob. in floril. l. 62. n. 45.] [7] de rep. l. 1. c. 5. [p. 1254. 2. vs. 16. sqq.]

sunt quidam eo ingenio, ut ipsis expediat alieno potius imperio regi quam suo [1]. Quare familia quasi multitudo corporum est, quae ab uno animo moventur. Et omnis omnino minister instrumentum est: unde et eos, quorum nos opera utimur, manum nostram dicimus. Hos igitur omnes subditos vocemus. Secundum haec ergo quae diximus, *bellum privatum* (nam de eo prius agendum est) *juste gerit unusquisque et cum sociis et per subditos.* Baldi [2] huc illud referri potest: *quosdam movere bellum per se non per alium, item per se cum alio: quosdam per alium non per se: quosdam per alium et per se.* Sed tria, quae diximus, in una conspici possunt Abrahami [3] historia, ubi non ipse duntaxat bellum gerit, sed Haner, Eschel et Mamres federati praetereaque familia ipsius Abrahami vernacula, qui pueri illic vocantur. Neminem autem hic excipio: quia si cui bellum gerere non licet, id non vitio contingit personae sed ordinis [4], ob legem scilicet nonam, de cujus vi alibi erit agendi locus. Et sic intelligi debet Augustini [5] illud: *ut nihil justus praecipue cogitet in his rebus, nisi ut bellum suscipiat cui bellare fas est: non enim fas est omnibus.* Plerumque enim auctores bellum cum dicunt non privatum sed publicum intelligunt, cujus frequentior consideratio est [6]. De quo et nos videamus. Sicut privatim belli gerendi penes singulos, ita publice bellandi potestas primo est penes rempublicam [7], sive id quo de agitur ab initio publicum fuit, sive per judicium ex privato factum est publicum [8]. Respublica autem intelligi debet, quae est αὐταρκής, *sufficiens sibi et totum aliquod per se:* quae est αὐτόνομος, αὐτόδικος, αὐτοτελής, ut Thucydides dice-

Subditi.

Concl. V. artic. I.

Respublica.

[1] Plato de rep. l. 9. [p. 590. d.] [2] ad l. 2. C. de serv. et aqua. [C. 3. 34.] [3] Gen. c. 14 vss. 13. 14. 24. [4] V. exempl. in explic. l. 13. [5] super Jos. l. 6. q. 10. citatur in c. Dominus. [Decr. Grat. p. 2. 23. 2. 2.] [6] V. l. 7. et 8. [7] Convenit cum Vict. de jure belli n. 5. et Caiet. ad Thom. 2. 2. q. 40. art. 1. et in summ. pecc. Bellum injustum. [8] Bal. cons. l. 4. 106. Bart. de repress. in pr. n. 6.

ret, hoc est, *quae suas leges, sua judicia, sua tributa suosque magistratus habet:* cui proprium consilium propriaque est auctoritas, ut explicuit Cajetanus et Victoria [1], ubi docet nihil obstare quominus plures principales perfectaeque respublicae sub uno sint Principe, aut alioquin arctissimo inter se foedere colligatae [2]. Nisi autem unaquaeque respublica belli gerendi haberet potestatem, non esset ad sui defensionem sufficiens [3]. Quare populo Romano bellum jubere licuit et Latinis, Etruscis, Samnitibus, Tarentinis totque aliis Italiae populis, quos cum populo Romano certasse legimus [4]; ut nunc Carthaginienses in Africa taceam, in Graecia Lacedaemonios, Athenienses multasque alias civitates. Idem de Hebraeis veteribus dici potest et de omnibus populis, qui sui fuerunt juris. Hinc post Cunaeum Bartolus [5] inter duas liberas civitates bellum justum esse affirmat et capta capientium fieri. Est et belli publici suscipiendi penes magistratus auctoritas [6]. Nam cum respublica suam voluntatem semel in illorum voluntatem contulerit, quod reipublicae pro se licet, idem magistratui pro republica [7]. Magistratus autem hic intelligi debet, qui mandatum belli gerendi habet. Habent autem quodammodo omnes, nisi specialiter exceptum appareat, quia ejusdem est jus dicere et jurisdictionem suam tueri, decernere et decreta exsequi [8]. Id autem sine bello interdum fieri non potest. Praeterea in hostes internos vindicandi et in externos naturaliter ejusdem est potestatis [9]. Sed ordo observandus est. Nam cum nihil sit in quo reipublicae salus magis quam in bello periclitetur, non est dubium quin ei cui pluri-

---

[1] Cajet. dictis locis. Vict. de jure belli n. 5. et n. 7. Henr. Gorich. de bello justo in praef. [2] Arist. de rep. l. 2. c. 2 [p. 1261. vs. 24. sqq.] et l. 3. c. 9. [p. 1280. 1. vs. 31. sqq.] [3] V. defin. post reg. 3. c. 2. Arist. de rep. l. 7. c. 4. [p. 1326. 1. vs. 16 sqq.] [4] V. l. hostes. ff. de capt. [D. 49. 15. 24.] [5] ad l. ex hoc jure ff. de just. et jure. [D. 1. 1. 5.] et ad l. hostes. ff. de capt. [D. 49. 15. 24.] [6] V. ad l. 10. et 11. c. 2. [7] ex defin. c. 2. [8] V. l. qui restit. ff. de rei vind. [D. 6. 1. 68.] et Bart ad d. l. hostes. n. 11. [9] Cajet. in summ. pecc. in v. Bellum. Fulg. in d. l. ex hoc jure. [D. 1. 1. 5.] Oldr. cons. 70.

mum credidit respublica commissam voluerit ejus movendi facultatem. Cumque diversos instituerit magistratuum gradus, non ambigua voluntatis significatio est, ut in re tam gravi ad supremum magistratum primo loco eatur, hic si habere non possit aut officium non faciat, ad secundum: et ita deinceps. Semper enim respublica et defendi ipsa vult, et justitiam exerceri, bonique publici procuratio ad magistratus omnes pertinet [1]. Ubi igitur populus ipse convenire in unum non solet neque hoc ex usu suo arbitratus est, belli movendi auctoritas primo penes illos illumve est, cui aut quibus tota civilis potestas aut pars ejus maxima mandata est. Sunt enim alibi plures ut pars populi aliqua aut optimates: alibi unus qui Princeps dicitur. Unde Augustinus [2]: *Ordo*, inquit, *naturalis mortalium paci accommodatus hoc poscit*, *ut suscipiendi belli auctoritas atque consilium penes Principes* [3] *sit.* Ubi vero Princeps aut abest aut negligit neque lex est quae diserte vetat, quin possit proximus magistratus non solum rempublicam defendere, sed etiam bellum inferre et in hostes animadvertere et malefactores etiam occidere, non ambigo [4]. Sed an si tale quid accidat, bellum publicum dicendum sit, disputatur. Ego quominus sit nihil video: habet enim reipublicae voluntatem: quam quidem in bello gerendo pro auctoritate habendam, hoc est, tacitam ejus significationem non minus quam expressam recipi debere, non Cicero [5] tantum, sed inter theologos etiam Cajetanus [6] explicat, ex veteri nimirum formula: *Salus populi suprema lex esto.* Agitatum tamen est hoc cum alibi tum Romae aliquoties. Jure enim Quiritium bellum, communiter certe, nisi ex Populi Senatusve sententia moveri non poterat. Cn. tamen Manlius cum Gallograecis bel-

[1] V. c. 2. ad. l. 10. [2] c. Faust. Manich. l. 22. c. 74. citatur in c. quid culpatur. [Decr. Grat. p. 2. 23. 1. 4.] [3] Sam. 1. 8. 20. [4] Vict. n. 9 in fine. Bart. post Pet. in l. ex hoc jure. ff. de just. et jure. [D. 1. 1. 5.] Bart. de repress. 3. princ. ad secundum. n. 6. Mart. Laud. de bello q. 2. [p. 324.] [5] Epist. ad Brutum 7. [I. 2.] [6] ad summ. Thom. 2. 2. q. 64. art. 3 in fine.

lum ob causam intulisset, quamquam illos hostes non acceperat, non absolutus modo est cum accusaretur, sed triumphum etiam impetravit. Repudiata et Catonis sententia, qui bellum istud, quod Julius Caesar cum imperio in Galliam missus Ariovisto et Germanis quodque idem Britannis intulit, privatum dicebat. Quamquam non diffiteor et Manlium et Caesarem eo defendi potuisse, quod cum genti alicui indictum est bellum, quicunque ei auxilio futuri sunt tacite comprehendi videntur. Ego vero etiam Decimi Bruti bellum publicum puto, quod ille gessit adversus Antonium, Galliam Citeriorem provinciam obtinens. Et his rationibus atque exemplis moveor ad repudiandam Innocentii et eum sequentis Bartoli auctoritatem [1]: quae sane in causis juris publici aut gentium non multum habere debet momenti, praesertim cum nec altera pars careat adstipulatoribus et quidem Hispanis [2], quod genus in jurisprudentia minime contemnendum est: praesertim cum in repressaliis [3], quae belli species quaedam est, nemo non hoc ipsum concedat. Sicut autem privati a privatis ad bellum recte assumuntur, ita uni reipublicae aut magistratui non privati modo, sed et altera respublica aut magistratus in bello potest accedere [4]. Hinc auxilia, quae Graeci [5] eleganter distinguunt ξυμμαχίαν καὶ ἐπιμαχίαν vocantes, quarum haec ad defensionem duntaxat, ex lege scilicet prima, altera vero ad qualemcunque belli causam pertinet. Eodemque modo velut instrumenta publici belli sunt subditi, hoc est illi qui legibus reipublicae obstricti sunt: quo spectat in partem lex septima

---

[1] in c. olim. de rest. spol. [Decretal. 2. 13. 12.] n. 8. et in c. sicut. de jurejur. [Decretal. 2. 24. 29.] n. 5. et Pan. ibi et Bart. ad d. l. hostes. n. 11 et 12. [2] Vict. d. l. Ayala de jure belli l. 1. c. 2. n. 9. Adde Silv. in v. Bellum. n. 2. ibi: sufficit etiam. [3] V. Silv. in v. Repress. §. 2. [4] Cic. de off. l. 1. Ambr. de off. l. 1. c. 36. citatur in c. non in ferenda. [Decr. Grat. p. 2. 23. 3. 7.] Bald. ad l. 1 C. unde vi. [C. 8. 4.] n. 46 et 47. Cajet ad summ. Thom. 2. 2. q. 40. art. 1. ad secundam. Mart. Laud. q. 15. [p. 324.] Vasq. contr. ill. c. 22. n. 6. [5] Thuc. lib. 1. [c. 44.] et ibi schol.

et octava cum quarta regula. Nemo igitur excipiendus est, nisi forte lege speciali aut moribus cujusque reipublicae, ut servi Romano jure, Pontificio clerici, diversa ratione. Quatenus autem subditi bellum gerant publicum alius [1] erit videndi locus. Nunc personarum duntaxat jura exquirimus, quorum *Concl. V. artic. II.* haec est summa: *bellum publicum juste geritur a rep. sive magistratu in suo ordine cum socia rep. sociove magistratu perque subditos.*

CAPUT VII.

DE MATERIA BELLI

CIRCA QUAM ET IN QUA.

QUÆSTIO VI.

ART. I. QUÆ SIT JUSTA MATERIA BELLI CIRCA QUAM EFFICIENTIBUS VOLUNTARIIS.

ART. II. QUÆ SIT JUSTA MATERIA BELLI IN QUA EFFICIENTIBUS VOLUNTARIIS.

ART. III. QUÆ SIT JUSTA MATERIA BELLI CIRCA QUAM SUBDITIS.

ART. IV. QUÆ SIT JUSTA MATERIA BELLI IN QUA SUBDITIS.

COROLLARIUM QUÆSTIONIS VI.

AN DETUR BELLUM UTRIMQUE JUSTUM.

ART. I. RESPECTU VOLUNTARIORUM.

ART. II. RESPECTU SUBDITORUM.

Nunc illud videamus qua de causa et in quos bella gerantur. Et prius de ea quae proprie dicitur belli causa, quam ipsam et belli principium Aristoteles [2] vocat, qui distinctius loquuntur πρόφασιν [3]. Cum igitur bellum justum juris sit executio [4], id de quo justo bello certatur, jus sit necesse [5] est. Sed hic notandum, cum supra duo sint posita belligerantium

---

[1] in materia et forma. [2] de rep. l. 1. c. 6. [p. 1255. 1. vs. 24.] [3] Polyb. histor. l. 3. [c. 6. med.] [4] c. 2. in fine. [5] in princ. c. 6.

genera, voluntarium alterum alterumque velut instrumentum, quos subditos dicimus, non eodem modo jus in utroque considerari. Nam subditi quatenus subditi sunt jure non utuntur simpliciter, sed per quamdam comparationem, ut scholastici prodiderunt. Proprie autem jus eorum est qui voluntarie agunt [1]. Ut autem jus sit, necesse est voluntatem ab apprehensione animi, apprehensionem animi ab ipsa oriri veritate. Neque enim frustra legem rectam esse rationem veteres definiverunt. Merito autem admonentur [2] hi, qui bellum jubent, ne ultimum illud necessitatis telum usurpent, nisi justae subsint causae. Cicero [3]: *illa bella injusta sunt, quae sunt sine causa suscepta.* Jus autem omne, quod nobis competit, ad quatuor leges referri potest, primam, secundam, quintam et sextam. Nam tertia et quarta, si ad bonum proprium invertuntur, a prima et secunda nihil discrepant, terminis duntaxat commutatis. Septima autem et caeterae omnes ad legem sextam referuntur, adminiculo scilicet regulae tertiae. Bellum igitur omne quatuor causarum ex aliqua oriri necesse est. Prima est sui defensio, ex lege prima. Nam ut Cicero [4] inquit, *illud est non modo justum, sed etiam necessarium, cum vi vis illata defenditur.* Et multa sunt apud auctores in eam sententiam. Altera est ob rem suam, ex lege secunda [5]: unde non resistere duntaxat licet, verum etiam dejicere. Res autem intelligenda est non tantum corporalis, sed jus etiam omne atque adeo bona fama, quae bonis jure propria est, quaque spoliari minime debent. Tertia, quae a plerisque omissa est, ob debitum ex contractu aut simili ratione. Sed idcirco praeteritum hoc puto a nonnullis, quia et quod nobis

[1] Arist. de mor. ad Nicom. l. 5. c. 10. [p. 1135. 1. vs. 15.] Inst. de just. et jure. in pr. [I. 1. 1.] [2] Pan. in c. sicut. de jurejur. [Decretal. 2. 24. 29.] n. 12. Vict. de jure belli. n. 21. [3] de rep. l. 3. [c. 23. §. 18.] ap. Isidorum [Orig. l. 18. c. 1.] [4] [pro Milone c. 4. §. 9.] [5] l. 3. §. cum igitur. ff. de vi et vi armata. [D. 43. 16. 3. §. 9.] c. justum. [Decr. Grat. p. 2. 23. 2. 1.]

debetur nostrum dicitur [1]. Sed tamen exprimi satius fuit, cum et juris illa fecialis formula [2] non alio spectet: *Quas res nec dederunt, nec solverunt, nec fecerunt, quas dari, fieri, solvi oportuit.* Plato etiam in Alcibiade bella geri dixit non modo si quis vi opprimatur aut expiletur, verum etiam si deceptus fuerit. Et Seneca [3]: *Urbes quoque urbibus quae praestitere exprobrant.* Quin et Baldus [4] de pecuniario debito exprimit. Quarta est ob maleficium injuriamque omnem, quae iniquo animo tam facto quam verbis infertur. Augustinus [5]: *Justa autem bella definiri solent, quae ulciscuntur injurias. Sic gens et civitas petenda est, quae vel vindicare neglexerit, quod a suis improbe factum est, vel reddere quod per injurias ablatum est.* Illud autem intelligendum est, causas quas dixi quatuor quasi materiae loco, easdem esse in bello et privato et publico. Sed publici ut exempla ita jura certiora sunt. Et tamen privatum efficiente et forma differt, materia non differt. Ad defensionem tutelamque corporis sui privata vis justa est omnium animantium exemplo [6]. Quin ad rerum etiam suarum defensionem aut recuperationem [7]. Neque minus ad consequendum id quod nobis debetur [8]. Etiam expetitio poenae ex delicto privatim permittitur, ut in adulterum certis casi-

---

[1] l. meorum de V. S. [D. 50. 16. 91.] [2] Liv. l. 1. [c. 32.] Adde §. omnium. Inst. de act. [I. 4. 6. §. 1.] [3] de benef. l. 3. c. 6. [4] ad l. 1. ff. de just. [D. 1. 1. 1.] [5] sup. Jos. l. 6. q. 10. citatur in c. Dominus. [Decr. Grat. p. 2. 23. 2. 2.] [6] l. ut vim. ff. de just. et jure. [D. 1. 1. 3.] l. is qui aggr. C. de sicariis. [C. 9. 16. 2.] l. pen. ff. ad l. Jul. de vi publ. [D. 48. 6. 11.] c. significasti. [Decretal. 5. 12. 16.] Clem. tit. de homic. volunt. [l. 5. t. 4.] [7] Silv. in v. Duellum. §. 3. et in v. Bellum. 2. §. 10. 11. 12. l. 1. §. vim vi. ff. de vi armata. [D. 43. 16. 1. §. 27.] c. olim. de restituend. spoliis. [Decretal. 2. 13. 12.] l. 1. C. unde vi. [C. 8. 12.] l. si alius §. bellissime. ff. quod vi aut clam. et l. ult. §. si ad januam. eo tit. [D. 43. 24. 7. §. 3. et 22. §. 2.] [8] Exod. 22. 2. c. si perfodiens. de homic. [Decretal. 5. 12. 3.] l. ait praetor. §. si debitorem. ff. quae in fraud. cred. [D. 42. 8. 10. §. 16.] Innoc. in d. c. olim. de rest. spol. n. 8.

bus, in raptores, in desertores et transfugas [1]. Qua ratione Tertullianus [2] dixit: *In reos majestatis et publicos hostes omnis homo miles est.* Leges [3] etiam haud temere nomen ultionis exprimunt, ejus quae concessa est. Sicut autem bellum aliquod privatum ex causa justum est, ita publicum injustum si causa desit [4]. Hinc Senecae [5] querela: *Homicidia compescimus et singulas caedes: quid bella et occisarum gentium gloriosum scelus? Non avaritia, non crudelitas modum novit. Ex Senatusconsultis plebisque scitis saeva exercentur, et publice jubentur vetita privatim.* Quem imitatur Cyprianus [6]: *Homicidium cum admittunt singuli crimen est: virtus vocatur cum publice geritur.* Hinc illud: *Jusque datum sceleri* [7]. Unde rex Alexander, si justas belli causas in Asiam non habuit, recte a pirata tractus est in criminis societatem, ita ut Lucanus terrarum praedonem, Seneca [8] latronem illum dixerit. Idem de Crassi bello in Parthos dici potest. Spectandae igitur in utroque causae, quas esse quatuor diximus. Nam qui [9] tres statuunt justas bellorum causas, defensionem, recuperationem et punitionem, ut loquuntur, illam non infrequenter omittunt, quae locum habet, quoties quae convenerint non praestantur. Totidem enim esse debent executionum, quot sunt actionum genera, quod ad materiam attinet, quae in bello et judiciis eadem est [10]. Et ex primo quidem genere raro judicia redduntur, quia moram istam se tuendi necessitas non permittit. Attamen interdicta de non offendendo huc pertinent. Secundo ex genere sunt in rem actiones, quas vindicationes dicimus: interdicta etiam posses-

Nova declaratio.

---

[1] l. Gracchus. C. de adult. [C. 9. 9. 4.] V. omnino Vasq. Controv. poster. l. 4. c. 8. l. raptores. C. de episcopis. [C. 1. 3. 54.] C. quando liceat unicuique. tot. tit. [C. 3. 27.] [2] in apologetico. [3] C. d. t. l. 1. et l. devotum. C. de metatis. [C. 12. 40. 5.] [4] Silv. in v. Bellum. 1. n. 4. [5] Epist. 96. [6] Epist. l. 2. 2. [7] Lucan. [Phars. l. 10. vs. 21.] [8] V. Sen. de benef. l. 1. c. 13. [9] Bal. ad l. 2. C. de serv. et aqua. [C. 3. 34.] n. 71. et theologi. Wilh. Math. de bello justo et licito. [10] V. infra in forma.

sionis gratia comparata. Ex tertio et quarto actiones personales, condictiones scilicet ex contractu et ex maleficio. Sicut autem in lite sic et in bello quae causae, si verae essent, justum facerent actum petitoris, eaedem si id jus non habent, quod prae se ferunt, justitiam transferunt ad reum seu defensorem. Ut si res nostra a nobis petatur, aut ad id urgeamur, ad quod obligati non sumus, aut insontes ad poenam poscamur, hic cum justa non sit offensio, defensionem ex lege prima justam esse necesse est [1]. Jus autem et hic, sicut in re forensi, non omne ante exsecutionem nascitur. Est enim et hoc ipsum jus, id quod jus suum est exsequi: quod in praedae explicatione attigimus [2]. Ex his autem apparet, nec dominationis nec libertatis non debitae causa justa arma sumi: quae tamen eadem parta ante ut recte retineantur, ne bella quidem formidanda sunt. Quamquam illud non tam juris quam consilii est: videndum ne ob injurias leviores temere nos commoveamus, cum eas tolerare minus saepe sit incommodum, quam ista pati, sine quibus bellum esse non potest. Vitanda Charybdis, dum ne in Scyllam incidamus. Cui et hoc in foro simile est, quod litigare non quoties justum est etiam expedit. Haec autem quae de jure diximus non minus ad socios quam ad principales belli auctores pertinent [3]: nam et illi considerare debent, ne cui se bello non justo immisceant. Nec enim coguntur, cum etiam jure sint irriti contractus ad cujusvis belli societatem [4]. Unde Abrahamus [5] socios de justitia causae instruit et Achilles Graecis auxiliaturus apud poetam Latinum [6] causas prius belli requirens inducitur:

quae Danais tanti primordia belli,
Ede: libet justas hinc sumere protinus iras.

Concl. VI. artic. I. Quare *his qui gerunt voluntarie, id bellum justam habet*

---

[1] V. in dem. art. 1. conc. 2. [2] Vict. n. 11. et 12. et Arist. de rep. l. 7. c. 2. [p. 1324. 1. vs. 35. sqq.] [3] Summ. Ros. in v. Bellum n. 10. Silv. in v. Bellum n. 9. concl. 4. [4] Inn. in c. sicut. de jurejur. Wilh. Math. de bello justo et licito. in 1. req. [5] Gen. 14. vs. 14. [6] Stat. Achill. l. 2. [vs. 333. sq.]

causam, quo vitam aut res defendunt aut recuperatum eunt, idve quod debetur aut poenas maleficii expetunt. Hoc constituto facile et altera quaestio explicabitur. Solet enim materiae loco censeri etiam id quod actioni cuique subjacet, sive id quod patitur: ut in bello is in quem bellum geritur, hoc est hostis, quamquam id vocabulum non minus actionis quam passionis significatum habet. Sicut autem naturaliter cum agens agit vi caloris, sequitur id quod patitur frigidum esse [1], ita cum appareat eum qui justum gerat bellum vi juris agere, necesse est contrario modo affectum esse eum, qui bellum justum patiatur. Opposuimus autem juri injuriam [2]. Juste igitur bellum is demum patitur, qui injuriam facit [3]. Augustinus [4]: *Iniquitas partis adversae justa bella ingerit.* Cum quo consentit illud Leonis Imperatoris: ὁ γὰρ τοῖς ἀδικήσασιν ἀνταμυνόμενος, οὗτος δίκαιος ἐστίν. *Nam qui eos qui injuriam fecere ulciscitur justus est.* Theologi etiam suo loquendi modo [5]: *Patiens dispositum ad bellum est nolens satisfacere.* Sed haec pars ut subtilius explicetur injuriae explicationem requirit. Injuria igitur illa quae juri opponitur tres habet significationes, quas Graeci totidem vocabulis distinguunt: quod non ex philosophis modo sed ex Ulpiano etiam et Theophilo intelligi potest [6]. Eademque distinctio clare apud Themistium in oratione ad Valentem et apud Diodorum [7] in Gylippi verbis reperitur. Primum est τὸ ἄδικον, secundum ἀδίκημα, cujus sunt species ὕβρις καὶ ζημία, tertium ἀδικία. Hierax Philosophus in libro de justitia [8] commode haec discernit cum dicit primum esse ἀποτέλεσμα, secundum πρᾶξιν, tertium ἕξιν, hoc est, opus, actionem, affectionem, quomodo differunt pictura, pictio et ars pingendi. *Nova declaratio.*

[1] Arist. de gen. et corr. l. 1. c. 7. [p. 324. 1. vs. 5.] [2] in fine c. 2. [3] Vict. n. 13. [de jure belli.] [4] de civit. l. 4. [5] Cajet. ad summ. Thom. 2. 2. q. 40. art. 1. [6] Arist. de mor. ad Nicom. l. 5. c. 10. et 11. [p. 1135. 1. vs. 8.] et Rhet. l. 1. c. 13. [p. 1373. 2. vs. 1.] l. 1. ff. de injuriis [D. 47. 10.] Inst. ibi in pr. [I. 4. 4.] [7] Biblioth. histor. l. 13. [c. 20.] [8] [ap. Stob. in floril. l. 9. n. 58.]

Ex primo ἄδικόν τι πράττοντες, ex secundo ἀδικοῦντες, ex tertio ἄδικοι dicimur. Omnis autem ἀδικία secum habet ἀδίκημα et ἀδίκημα omne τὸ ἄδικον: sed non retro. Nam ista quamquam in eo cui fit injuria nihil differunt, distinguuntur tamen in faciente. Nam ἀδικία non est nisi deliberato, ἐκ προαιρέσεως: ἀδίκημα interdum non deliberato, sed praecedente tamen scientia et voluntate, hoc est ἑκοντί, ubi nimirum intelligit agens et in quem et quomodo et cur agat, ideoque ipse vult agere. Τὸ ἄδικον autem, quod scholastici [1] vocant injustum materiale et formali opponunt, Baldus [2] vero vitium existentiae non conscientiae appellat, esse potest in iis etiam, quae non sponte fiunt, cujus generis sunt infortunia et errores, ἀτυχήματα καὶ ἁμαρτήματα: haec quidem cum initium agendi ab animo est agentis sed ita tamen ut in aliquo fallatur, illa vero ubi initium agendi aliunde, ut si telum manu fugerit, et in coactis. Τὸ ἄδικον omne veteres juris Romani auctores [3] *noxam*, et id proprie cui abest τὸ ἀδίκημα *pauperiem* dixerunt. Animal quod sensu rationis caret injuria non facit, hoc est ἀδίκημα aut ἀδικία in istud animal non cadit, cum voluntatem non habeat et multo minus electionem. Injuriam tamen facit. Nam injuria nomen generale est ut in lege Aquilia [4], etiam in eo, qui nocere noluit. Et forte non errabimus si dicamus τὸν ἄδικόν τι πράττοντα *facere injuriam*, τὸν ἀδικοῦντα *facere injuria*, τὸν ἄδικον *facere injuriose*. Quibus respondent δίκαιόν τι πράττειν, δικαιοπραγεῖν καὶ δικαίως πράττειν, *facere jus*, *facere jure*, *facere juste*. Possunt et haec ad verba Marciani [5] de judiciis publicis aptari, ut dicamus ἄδικόν τι πράττειν eum qui *casu*, ἀδικεῖν qui *impetu*, ἀδίκως πράττειν eum qui *proposito* delinquit. Dico igitur nos cum in hoste injuriam requirimus etiam eam comprehendere, quae voluntarie non fiat: quod hoc modo manifestum erit.

---

[1] Thom. 2. 2. q. 59. art. 2. [2] ad l. 1. C. unde vi. [C. 8. 4.] [3] l. 1. ff. si quadrupes. [D. 9. 1.] [4] l. sed etsi. §. 1. ff. ad l. Aquil. [D. 9. 2. 5.] [5] l. perspiciendum. §. delinquitur. ff. de poenis. [D. 48. 19. 11. §. 2.]

Sicut jus esse diximus, quod legi primae et secundae, item quod quintae et sextae convenit, ita injuria est id, quod cum lege secunda aut quarta, item cum quinta et sexta pugnat. Nam leges primi et secundi ordinis simplices sunt, tertii autem ordinis compositae: ideo bis sumuntur. Si quis igitur somnians, quod Doctores quidam [1] narrant accidisse, aut etiam furiosus, quod accidere quotidie potest, periculum mihi intentet, dubitandum non est, quin vim vi recte repellam, et si non alia superest salutis via, etiam interficiam [2]. Attamen nihil ille injuria facit, neque enim tum compos est animi. Satis est quod adversus legem tertiam est id quod facit. Jus enim habeo prohibendi hoc quovis modo ex prima lege, quae me mihi etiam prae aliis commendat. *Necessitas* enim, ut apud Senecam [3] est, *magnum humanae imbecillitatis patrocinium, omnem legem frangit.* Est autem necessitas jus illud primum naturae, ut in principio diximus [4]. Similiter a bonae fidei possessore res vindicatur; quamquam enim ille adversus legem quartam non peccat sponte, exerceri tamen contra illum secunda debet. Potest et aliquis variis de causis aliquid mihi debere, quod ipse nesciat, puta si haeres sit. Cum igitur non solvendo faciat contra legem sextam, etsi non sponte, mihi tamen ejus legis usus negari non debet: quid enim esset iniquius quam alicui jus suum perire ob alterius errorem? Haec autem ut in legitimis actionibus ita in bello locum habent. In sola lege quinta respectus habetur voluntatis. Itaque delicta nisi sponte commissa non puniuntur. Ratio est quia malum rependitur sonti pro bono, quod non recte percepit [5], ex malo scilicet alieno. Non potest autem lucrari alterius incommodum quisquam censeri, qui ejus non sponte auctor fuit. Huc igitur non omne

---

[1] Bart. ad l. ut vim. ff. de just. [D. 1. 1. 3.] n. 1. Bald. ad. l. 1. C. unde vi. [C. 8. 4.] n. 50. [2] c. si furiosus. de homic. [Clem. l. 5. t. 4.] [3] Declam. 9. [Non est in Declam. 9., sed in Controv. l. 4. num. 27. p. 321.] [4] ad l. 1. et 2. [5] vide l. 5. in c. 2.

ἄδικον venit, sed aut ἀδίκημα aut ἀδικία: quae quomodo differentem faciant exsecutionis modum postea videbimus [1]. Illud nunc constat personas eas, quae injuriam quomodocunque faciant bello subjacere, si quidem juri subjacent. Nam et lex apud Demosthenem [2] est ἐπανόρθωμα τῶν ἑκουσίων καὶ ἀκουσίων ἁμαρτημάτων, *nec ea tantum corrigit quae sponte, sed et quae non sponte peccantur.* Sequitur ergo non eos duntaxat, qui agunt voluntate libera, hoc est principales et socios, sed instrumenta etiam, hoc est subditos, recte hostium nomine contineri. Nam subditus in eo quod jussus facit etiam si non ἀδικεῖ tamen ποιεῖ τὰ ἄδικα [3], *injusta facit, etsi non injuria.* Ad subditos pertinent ista apud Romanos solemnia in denuntiatione [4]: *Populis priscorum Latinorum, hominibus priscis Latinis bellum indico facioque.* In rogatione [5]: *Vellent, juberent Philippo regi Macedonibusque, qui sub regno ejus essent bellum indici.* In ipso decreto [6]: *Populus Romanus cum populo Hermundulo hominibusque Hermundulis bellum jussit:* quod annotat Cincius in re militari. Illa autem formula [7] etiam socios comprehendit: *Hostis sit ille quique intra praesidia ejus sunt.* Illud insuper sciendum est quod in jure diximus, idem ex contrariorum ratione in injuria obtinere, ut quaedam in ipsa exsecutione oriatur. Nam justae exsecutioni qui resistit sciens nesciensve injuriam facit. Aut enim detinet id quod alienum est, aut non facit id quod facere tenetur: quin etiam offendit eum quem offendere non debet. Non igitur tunc duntaxat respublica bello persequenda est, cum ipsa primitus facit injuriam aut ejus reipublicae magistratus publico nomine atque auctoritate [8]: (facimus enim et hoc quod per alterum facimus:) sed tunc etiam cum cives qui fecerunt injuriam ipsa tuetur: et cives vicissim cum in-

---

[1] in forma. [2] Citatur in l. 2. ff. de leg. [D. 1. 3.] [3] Arist. de mor. ad Nicom. l. 5. c. 12. [p. 1136. 2. vs. 31.] [4] Liv. l. 1. [c. 32.] [5] Liv. l. 31. [c. 6.] [6] Gellius l. 16. c. 4. [7] Liv. l. 38. [c. 11.] et passim. [8] V. infra in forma.

juriae auctorem rempublicam aut magistratum propugnant [1]. Quia scilicet leges inferiores ut septima et undecima, cum ex regula tertia et quarta oriantur, praelatae sex primarum alicui, quae sunt Naturae et Gentium leges, ex regula scilicet prima et secunda, non jus faciunt sed injuriam [2]. His constitutis *justum est bellum his, qui voluntarie gerunt, in singulos et in remp., qui quaeve cujusve magistratus injuriam fecerunt* [3] *et in remp., quae civem injuriae auctorem tuetur inque eorum omnium, qui injuriam faciunt, qua tales sunt, socios et subditos.* Proprie ut diximus jus non spectatur in subditorum actionibus, quatenus isti scilicet agendi principium a se non habent. Subjectum enim juris, ut ante attigimus, est voluntas, quae a rationis apprehensione dirigitur, theologis etiam auctoribus. Instrumenta autem ex aliena agunt voluntate. Sed notandum subditos, quamquam instrumenta sunt, esse tamen homines, homines autem nisi ex sua voluntate non agunt, extra actiones scilicet naturales. Quomodo igitur ista conciliabimus? Hoc modo ut dicamus subditorum voluntatem regi ab imperantium voluntate, (quod instrumentis convenit) ita tamen ut ratio non repugnet: idque ipsum quodammodo justum esse. Exemplum sit in servis, de quibus multa Aristoteles [4]. Nam cum alii omnem virtutem atque adeo justitiam servo eriperent, alii eamdem tribuerent, quae in libero homine est, egregrie distinguit philosophus, cum dicit non perfectam in servo desiderari, sicut in eo qui imperat, sed eam quae ad usus serviles necessaria est: hanc autem parvam esse. Cum enim servus rationis sit particeps, non posse eum omni virtute spoliari, neque vero homini libero adaequari, cum non habeat τὸ βουλευτικόν, *vim libere deliberandi.* Partim igitur, ut dicere occoepi, ratione utitur,

Concl. VI. artic. II.

Nova declaratio.

---

[1] Vid. Thom. 2. 2. q. 104. art. 5. Vasq. c. 2. et c. 26. n. 29. [2] ex lege 13.
[3] V. Platon. Alcib. 1. [4] de rep. l. 1. c. ult. per totum. et de mor. ad Nicom. l. 8. c. 12. [p. 1160. 2. vs. 29.]

partim non utitur, quo illud Homeri † mirifice pertinet:

ἥμισυ γάρ τε νόου ἀπαμείρεται εὐρύοπα Ζεὺς
ἀνδρῶν, οὓς ἂν δὴ κατὰ δούλιον ἦμαρ ἕλῃσιν.
Tollitur huic hominum generi pars altera mentis
Ab Jove, servilem voluit quos ducere vitam.

Itemque partim virtutis capax est, partim non est:

ἥμισυ τῆς ἀρετῆς ἀποαιρεῖ δούλιον ἦμαρ.
Dimidia virtute caret servire coactus.

Quod autem in servo idem in subditis aliis obtinet, ut in filio. Nam, ut inquit ille, virtus pueri οὐκ αὐτοῦ πρὸς αὐτόν ἐστιν, ἀλλὰ πρὸς τὸν τέλειον καὶ ἡγούμενον, *non ipsius ad ipsum, sed ad eum qui ut perfectior illi praeest.* Et universalis haec differentia est τοῦ ἄρχοντος καὶ ἀρχομένου, *eius nimirum quod imperat et eius quod paret:* in quo ordine sunt et cives sigillatim considerati. Sunt enim servi legum, ut apud Ciceronem [1] est; omne autem quod imperat est ei quod paret causa virtutis, [2] ut Aristoteles explicat. Quo respicit Tacitus [3]: *Principi summum rerum judicium Dii dederunt, subditis obsequii gloria relicta est.* In his igitur verum est, quod Carneades et Academici perperam ad omnes transtulerunt, justitiam in opinione consistere: οὐ φύσει ἀλλὰ νόμῳ, *non natura sed lege.* Esse enim obtemperationem institutis populorum. Eamdem justitiam Peripatetici modo legalem vocant, modo generalem, quia ratione eadem esse potest cum omnibus virtutibus, quatenus in praeceptionem cadunt. Addunt scholastici, sicut eam

---

[1] pro Cluent. [c. 53. §. 146.] [2] V. Paul. Col. 3. 20. et 22. ad Tit. 3. 1. Eph. 3. 1. Rom. 13. 1. [3] Annal. l. 4.

† [Locus Homeri est in Od. l. 17. vs. 322. sq. sed verba discrepant; nam hodie editur:

ἥμισυ γάρ τ' ἀρετῆς ἀποαίνυται εὐρύοπα Ζεὺς
ἀνέρος, εὖτ' ἄν μιν κατὰ δούλιον ἦμαρ ἕλῃσιν.

At Grotius, qui hic non de virtute, sed de ratione loqueretur, Platonis [de leg. p. 777. a.] et Athenaei [l. 6. c. 18.] lectionem praetulit. Mox, ubi de virtute sermo est, ipse quoque alteram scripturam adhibet, sed memoriter et ita ut duo Homeri versus contrahat in unum, qui hac forma nusquam exstat.]

justitiam quae in commutatione est, inter partes, quae in distributione, a toto ad partes, ita hanc a partibus ad totum consistere. Primum igitur quod dixi, justum ne subditis quidem bellum esse, si ipsorum ratio repugnet [1], eamdem sententiam theologi [2] sic efferunt: *Quidquid non ex fide est, peccatum est:* mala est enim voluntas, ut dicunt scholastici [3], quae a ratione etiam errante dissentit. Tunc autem ratio repugnat, cum dictat jussum reipublicae aut magistratus et sic leges ordinum inferiorum non consentire cum superiorum ordinum legibus, et consequenter injustas esse per legem decimam tertiam: quod et regulae convincunt unde singulae leges oriuntur. Tritum illud, satius Deo parere quam hominibus [4], quod ad nostram disputationem ita adaptat cum exemplo Ambrosius [5]: *Julianus Imperator quamvis esset apostata habuit tamen sub se Christianos milites: quibus cum dicebat: Producite aciem pro defensione reipublicae, obediebant ei: cum autem diceret eis: Producite arma in Christianos, tunc agnoscebant imperatum coeli.* Quin et jurisconsulti [6] omnes non esse obediendum dicunt Principi, a quo manifestum sit id quod injustum est imperari. Et in maleficiis neminem mandato excusari [7], nam et domino piraticam facienti aut simile quid injustum natura, non sine poena servum dicto audientem esse [8]. Et Seneca [9]: *Non enim aut nos omnia jubere possumus, aut in omnia servi parere coguntur. Contra rempublicam imperata non facient, nulli sceleri manus commodabunt.* Supra [10] autem ostenderat, quae servi est in dominum, eam esse militis in ducem et in

---

[1] Summ. Ang. in v. Bellum. n. 8. [2] Rom. 14. 23. Vict. n. 23. [3] Thom. 1. 2. q. 19. art. 4. Arist' de mor. ad Nicom. l. 6. c. 2. [p. 1139. 1. vs. 21.] [4] Acta. 5. 29. c. si dominus. [Decr. Grat. p. 2. 11. 3. 93.] Eccles. c. 8. vs. 1. [5] c. Julianus [Decr. Grat. p. 2. 11. 3. 94.] [6] Vasq. c. 2. n. 12. [7] l. non solum §. si mandatu ff. de injuriis et §. idemque ib. [D. 47. 10. 11. §. 3. et 5.] [8] l. serv. non in omn' ff. de act. et obl. [D. 44. 7. 20.] l. ad ea quae. ff. de reg. jur. [D. 50. 17. 157.] et ibi Pet. Faber. [9] Sen. de benef. l. 3. c. 20. [10] d. l. c. 8.

regem subditi rationem. Consentit Hieronymus [1] qui de servis et filiis locutus, *in illis*, inquit, *tantum debeant dominis parentibusque esse subjecti, quae contra Dei mandata non sunt*. Neque illi igitur extra culpam, qui aut mortis metum aut bonorum amissionis praetendunt, dum ministros se faciunt cognitae aut creditae injustitiae. Comes enim justitiae fortitudo potius quaelibet mala tolerare decernit, quam malo consentire, ut in re simili dixit Augustinus [2]. Cum autem ratio non it in contrarium, etiamsi contineat in se injuriam, bellum tamen respectu subditorum non est injustum [3]. Quod locum habere debet etiam in subdito de justitia dubitante, ut docet contra Adrianum Victoria [4]. Posita enim regula est, obediendum potestatibus [5], a qua recedere nemo debet [6], nisi per apprehensionem legis decimae tertiae. Qui vero ambigit apprehendit nihil. Nec obstat, quod dubitas ne feceris. Non enim qui dubitat bellum quod imperatur justum sit necne, statim et illud dubitat, an in dubio obediendum sit. Et hoc quidem, cum cessat ratio, seu nihil definit. Multo autem magis hoc ipsum dicetur, cum ratio subditorum a bello stat: quod merito plerumque accidit. Jus enim ex facto oritur. *Nova declaratio.* Facta autem, utpote singularia, nec per artem nec per scientiam cognoscuntur, quae sunt duntaxat universalium. Paucissima autem sunt, quae sensibus percipiuntur, quia eodem tempore uno tantum in loco esse possumus. Sensus autem nisi proxima non percipit: nec ullus est alius vere noscendi modus. Hac necessitate humana ratio compulsa ad factorum judicia regulas sibi quasdam verisimilium sive τῶν εἰκότων fabricavit. Hae sunt προλήψεις quaedam, Latine *praesumtiones*, non ut in disciplinis certae atque perpetuae, sed quales maxime

---

[1] in epist. ad Eph. citatur in c. si dominus. [Decr. Grat. p. 2. 11. 3. 93. Hodie hic allegatur Hieronymus in epist. ad Titum. Vide notationes correctorum ad hunc canonem.] [2] de civit. l. 1. [c. 18.] citatur in c. itane. [Decr. Grat. p. 2. 32. 5. 3.] [3] Ayala de jure belli l. 1. c. 2. n. 39. [4] n. 31. [5] V. reg. 4. et 6. c. 2. adde ex demonstr. inart. 2. artic. 1. concl 1. c. 3. [6] Thom. 2. 2. q. 64. art. 3. ad 3.

secundum naturam haberi poterant, ut nimirum ex his, quae plerumque accidunt similia concluderentur [1]; unde facti quaestio conjecturalis dicitur. Nam probationum, quas in judiciis recipimus, nullae necessario demonstrant: sed omnes ex istis praesumtionibus ὡς ἐπὶ τὸ πολύ, *ex eo quod plerumque evenit*, originem sumunt [2]. Principium autem praesumtionum facti hoc videtur esse, quod affectiones illas, quae maxime sunt naturales, ut verum et bonum, tum caeteras quae hinc derivantur, rebus cunctis inesse quodammodo sumimus. Hoc ex fonte sunt sobolis certitudo, possessionis commodum, testium et instrumentorum fides, jurisjurandi auctoritas. Cum autem de singulis bene opinari caritatis regula praecipiat [3], tum maxime nos ratio et divinae literae [4] vetant magistratuum esse detractores. Muniti enim sunt maximis praesumtionibus, cum ob juramentum, quod fere solent praestare, tum ob consensum reipublicae et civium testimonia, ita ut si quis de illis secus existimaret, is non ipsos modo perfidiae, sed magnam etiam multitudinem stultitiae damnaret, quae cuncta sunt naturalibus istis quas dicebam affectionibus contraria. Quodsi in caeteris artibus, qui unamquamque profitentur periti in ea et diligentes censeri debent [5], quid obscero est, cur magistratus, qui justitiae sunt sacerdotes non existimandi sint de belli causa sapienter judicasse? Est enim id officium boni magistratus. Et cum civibus judicant talia accidisse, ob quae bellum moveri debeat, cur non illis fides adhibenda sit, ut verum dicentibus [6]? Cumque nihil sit quod obstet, quomodo non inferiores leges cum superioribus convenire et idem esse, quod magistratus et quod Deus praecipit [7], par sit credere?

---

[1] V. Thom. 1. 2. q. 105. art. 2. resp. ad 8. Et 2. 2. q. 70. art. 2. Vasq. c. 14. n. 2. Dd. in c. afferte. [Decretal. 2. 23. 2.] [2] Arist. de mor. ad Nicom. l. 1. c. 1. [p. 1094. 2. vs. 19.] l. 3. ff. de leg. ex Theophrasto. [D. 1. 3.] [3] l. merito. ff. pro socio. [D. 17. 2. 51.] [4] Eccl. 10. 17. Exod. 22. 28. Ep. Petri 1. 2. 17. [5] Bart. in tract. test. n. 86. [6] Bald. et Dd. ad l. non omnium. ff. de leg. [D. 1. 3. 20.] [7] l. ult. C. de leg. [C. 1. 14.] Pan. in c. si quando. de rescriptis. [Decretal. 1. 3. 5.] Felin. in c. ad aures. de rescriptis. [Decretal. 1. 3. 8.]

Quod autem in subditis sub republica aut magistratu constitutis, idem in filiis et servis obtinet, qui in sacris paternis aut dominica sunt potestate. Cum autem rationem non repugnantem requirimus, probabilis intelligi debet [1]. Neque enim crassa ignorantia juris puta naturalis aut facti inscitia, quod aliquis scire tenebatur, a peccato excusat. Sunt enim quaedam, quae sine culpa non nesciuntur: ea ipsa autem culpa cum jurisconsultis tum philosophis [2] poenam mereri traditur. Demonstrata est veritas sententiae ejus, quae ad multorum conscientias placandas non parum pertinet. Eam Augustinus [3] his verbis concepit: *Ergo vir justus si forte sub rege etiam sacrilego militet, recte potest illo jubente bellare: si vice pacis ordinem servans, quod sibi jubetur vel non esse contra Dei praeceptum certum est, vel utrum sit certum non est: ita ut fortasse reum faciat regem iniquitas imperandi, innocentem autem militem ostendat ordo serviendi.* Nos hoc
Concl. VI. artic. III. modo: *Subditis id bellum justam habet causam, quod jubetur a superiore, dum ratio probabilis subditorum non repugnet* [4]. Eadem vero opera soluta est quaestio altera, quinam a subditis juste bello petantur. Hostes Romanorum in jure [5] dicuntur, quibus populus Romanus bellum decrevit. Et ubique subditi juste in illos bellum gerunt, in quos geri respublica magistratusve praecipit cum eadem quae modo exposita est exceptione [6]. Sed hic gravi quaestione implicamur. Supra enim diximus in bello per se injusto subditos nescientes tamen injuriam facere et sic recte bello peti. Hic autem dicimus eosdem nescientes juste facere, cum bellum gerunt. Qui autem juste facit, jure etiam et jus facit. Idem autem jus esse et injuria non potest, cum sint haec contraria. Sed ve-

---

[1] Thom. 2. 2. q. 76. art. 1. 2. 3. 4. [2] Arist. de mor. ad Nicom. l. 2. c. 7. [per totum.] l. nec supina. ff. de jur. et fact. ign. [D. 22. 6. 6.] [3] c. Faust. Manich. l. 22. c. 74. citatur in c. quid culpatur. [Decr. Grat. p. 2. 23. 1. 4.] Convenit cum Inn. in c. sicut. de jurejur. n. 1. [Decretal. 2. 24. 29.] [4] Silv. in v. Bellum. § 9. concl. 3. [5] l. hostes. de capt. [D. 49. 15. 24.] [6] ad artic. 1. hujus concl.

rum est juste eumdem et injuste agere non posse, cum utrumque istud agentis animum respiciat, in quo contrariae affectiones circa rem eamdem simul esse non possunt. Jus autem facere et injuriam pariter idem potest, sed non respectu ejusdem. Actiones enim ab eodem procedentes possunt esse contrariae in diversis patientibus, sicut eadem ignis calefactione mollefiet cera, lutum duratur. Ita cum subditus legitima auctoritate bellum per se injustum gerit, injuria haec est ratione habita ejus in quem sumuntur arma, jus autem si imperantem consideres. Neque vero jus tantum, sed etiam justitia, cum, ut supra ostendimus, virtus subditi respicere debeat imperantem. Clarior res fiet ista argumentatione. Quod quis omittens injuste faceret, hoc ipsum non omittens juste facit. Injuste autem faceret subditus, si jubente magistratu bellum, quod ipse nesciat injustum esse, nollet gerere, peccaretque non tantum civiliter, verum etiam adversus conscientiam [1]. *Miles enim*, ut apud Augustinum [2] est, *cum obediens potestati sub qua legitime constitutus est, hominem occidit, nulla civitatis suae lege reus est homicidii: imo nisi fecerit reus est imperii deserti atque contempti. Quod si sua sponte atque auctoritate fecisset, in crimen effusi humani sanguinis incidisset. Itaque unde punitur si fecerit injussus, inde punietur si non fecerit jussus.* Sequitur ergo juste facere subditum, cum bellum gerit, quod non existimat injustum esse, etiamsi eo ipso alteri fit injuria [3]. Neque vero hoc mirum videri debet. Nam et judex, qui reum insontem legitimis tamen convictum probationibus condemnat, juste facit: id enim facit, quod nisi faceret peccaret: nec eo tamen minus fit innocenti injuria. Simile dici potest de exsecutore capitalis sententiae: tenetur enim exsequi nisi persuasum habeat in-

[1] Thom. 1. 2. q. 96. art. 4. Soto de just. et jure l. 1. q. 6. art. 4. [2] de civit. l. 1. c. 26. citatur in c. miles. [Decr. Grat. p. 2. 23. 5. 13.] [3] Silv. in v. Bellum. 1. n. 9. concl. 4.

justum esse quod imperetur. Et quamquam his casibus error aliquis in ratione accedat, is tamen actionis justitiam non vitiat, cum ut scholastici [1] tradiderunt, voluntas conveniens erranti rationi in his demum mala sit, quae scire tenetur. Multae autem sunt bellorum justae causae, quas vulgo indicari non expedit [2]: neque oportet privatum hominem in ea re esse curiosum. Nam si cunctatio permitteretur, dum causam singuli examinarent, tempora resistendi hostibus proderentur. Potest huc referri: *Is damnum dat, qui jubet dare. Ejus vero nulla culpa est, cui parere necesse est* [3]. Et alterum [4]: *Liber homo si jussu alterius manu injuriam dedit, actio cum eo est qui jussit, si modo jus imperandi fuit. Quod si non habuit, cum eo agendum est qui fecit.* Quod applicari potest Augustini [5] verbis: *ut nihil justus praecipue cogitet, nisi ut bellum suscipiat, cui bellare fas est.* Scite igitur Panormitanus [6] sententiam Hostiensis contra bellum ita restringit, ut praesumi dicat justum esse bellum, quod a superiore potestate indictum est: nec ille solus sed omnes et theologi et juris utriusque professores [7] in eo consentiunt, subditos, quotiescunque sic accidit, juste pugnare nec caedis

Concl. VI. artic. IV. esse ullius reos. Hoc autem idem est ac si dicas: *Justum est bellum subditis in eos, quos superiores bello peti jubent, ratione probabili subditorum non repugnante.* Difficilis illa et agitata multum quaestio, possitne bellum utrimque justum esse [8], ex his quae dicta sunt explicari potest. Nam caetera quae ad justitiam requiruntur, puta auctoritas et bellandi mo-

---

[1] Thom. 1. 2. q. 19. art. 6. [2] Vict. n. 31. Cajet. in Summ. pecc. Bellum dubium. [3] l. is damnum. ff. de reg. jur. [D. 50. 17. 169.] [4] l. liber homo. ff. ad l. Aquil. [D. 9. 2. 37.] Adde Gl. in l. non videtur. §. qui jussu. de reg. jur. [D. 50. 17. 167. §. 1.] [5] sup. Josue. l. 6. q. 10. citatur in c. dominus. [Decr. Grat. p. 2. 23. 2. 2.] [6] in c. sicut. de jurejur. n. 13. [Decretal. 2. 24. 29.] Host. de juris can. c. 1. Adde Silv. in v. Bellum. 1. n. 4. et 5. [7] Vict. n. 25. et 31. Inn. in c. quod super. de voto. [Decretal. 3. 34. 8.] Castr. ad l. ex hoc jure. de just. et jure. [D. 1. 1. 5.] n. 9. Ayala. l. 1. c. 2. n. 31. [8] V. Piccol. bell. civil. Phil. 21.

dus et animi intentio, quin utrique parti adesse possint nullam habet dubitationem. Omnis autem difficultas in ea parte residet, de qua nunc egimus. Nec enim fieri posse videtur ut ei, qui jus suum exsequitur, tamquam injuriam facienti jus sit resistere. Discrimen igitur habendum est subditorum et imperantium. Nam in ipsa republica seu magistratu belli auctore facilius accidet ut injuria utrimque, quam ut jus inveniatur; ut si cum quinque debeantur alter decem petat, alter offerat nihil. Nam idem hic est quod in contrariis effatis, quae simul falsa esse possunt, simul vera non possunt. Illud quidem contingit ut in jure aut facto principes labantur [1] et sit quidem error excusabilis: sed hoc ipsum in foro si contingat, non eo magis dicetur jure litigatum. Nam in his qui voluntarie agunt, ut juste agant, necesse est actionem in se legibus esse convenientem. Quapropter *eorum qui voluntarie agunt respectu, bellum ex utraque parte justum non datur.* *Coroll. artic. I.* Caeterum administros tantum si consideres, quominus bellum utrimque justum esse possit nihil impedit. Omnis enim justitiae causa consistit non in re una, sed in jussu diversorum imperantium contrario et ipsorum opinione. Facta autem diversorum contraria se mutuo non impediunt, sicut et opiniones contrariae et utraeque probabiles eadem de re hominibus diversis incidunt:

Quis justius induat arma
Scire nefas: magno se judice quisque tuetur [2].

Est et super eodem argumento illud Tullianum [3]: *Erat autem obscuritas quaedam, erat certamen inter clarissimos duces: multi dubitabant quid optimum esset, multi quid sibi expediret, multi quid deceret, nonnulli etiam quid liceret.* Hi sunt igitur qui *justi hostes* passim vocantur, isti nimirum, *Justi hostes.* qui quod faciunt superioris imperii faciunt decreto. Unde

---

[1] Vict. de jure belli. n. 59. [2] Lucan. [Phars. l. 1. vs. 126. sq.] [3] pro Marc. [c. 10. §. 30.]

justi hostes non sunt in republica tyranni aut rebelles, extra rempulicam latrones et piratae. Cujus rei causa antehac non satis animadversa est. Sed omnium theologorum jurisque pru-
Coroll. artic. II. dentium [1] consensu: *Subditorum respectu bellum ex utraque parte justum datur, praecedente scilicet jussu, cui ratio probabilis non repugnet.*

CAPUT VIII.

DE FORMA BELLI SUSCIPIENDI GERENDIQUE.

QUAESTIO VII.

ART. I. QUAE SIT JUSTA FORMA BELLI PRIVATI SUSCIPIENDI.

ART. II. QUAE SIT JUSTA FORMA BELLI PUBLICI SUSCIPIENDI.

ART. III. QUAE SIT JUSTA FORMA BELLI GERENDI VOLUNTARIIS.

ART. IV. QUAE SIT JUSTA FORMA BELLI GERENDI SUBDITIS.

COR. I. QUATENUS LICEAT SUBDITOS HOSTIUM OFFENDERE.

COR. II. AN DETUR DEPRAEDATIO UTRIMQUE JUSTA RESPECTU SUBDITORUM ET QUATENUS.

COR. III. AN PRAEDAE ACQUISITIO JUSTA UTRIMQUE DETUR ET QUATENUS.

Forma etiam modusque belli aliter in his qui voluntarie agunt, aliter in subditis venit consideranda. Et sicut in rebus plerisque alia est forma inchoans, alia permanens, ita belli quidam sponte suscipiendi, quidam et sponte gerendi modus est. Forma autem, ut veteres philosophi [2] docuerunt, quasi numerus est quidam: et justa igitur forma numerus conveniens juri,

---

[1] Vict. n. 32. Covarr. ad reg. peccatum. p. 2. §. 9. et 10. [Decretal. in 6. 5. 12. reg. 4.] Soto de justitia l. 5. q. 1. art. 7. Vasq. l. 1. c. 9. n. 16. [2] Arist. Metaph. l. 7. c. 3. [p. 1043. 2. vs. 32.]

seu legum quaedam inter se harmonia. Ejus autem harmoniae, ut ita dicam, concentum regit lex decima tertia. Bellum executionem esse diximus. Ad eam rite constituendam lex nona et lex duodecima duntaxat pertinent. Prius autem est videre de eo bello quod a privatis suscipitur, in quo difficultas statim se non levis ostendit. In privato enim bello judicium praecedere non potest: cum enim judicia sint penes rempublicam, accedente ejus auctoritate bellum desineret esse privatum [1]. Quomodo igitur justam habere speciem potest bellum quod privatum est, cum lex nona et duodecima praecedens judicium requirant? Quod in singulis etiam casibus auctoritate sapientum jurisque civilis comprobatur. Nemini enim Principe inconsulto datur armorum movendorum copia [2]: esset enim hoc non justum bellum, sed privatum latrocinium [3]: unde si quis injussu populi aut Principis bellum gesserit delectumve habuerit aut exercitum comparaverit, lege Julia tenetur majestatis [4]. Quorsum igitur praesidia in publico disposita, quorsum interdicta et cautiones de non offendendo in jure proditae, nisi ut privatae defensioni non esset locus [5]? Ad suae rei vindicationem quod attinet statutum scimus, si dominus possessionem ante adventum judicialis arbitrii violenter invaserit, et possessionem debere restitui et dominium amitti [6]. Similiter in debito vis esse dicitur, quoties quis id quod deberi sibi putat non per judicem reposcit, et jus crediti illi perire qui jus sibi dixerit [7]. Delicti causa etiam apertior: *μὴ ἑαυτοὺς ἐκδικοῦντες*, *non vosmet ipsos ulciscentes*, inquit Apostolus [8]: et Seneca [9]: *inhumanum verbum est et quidem pro justo recep-*

---

[1] in art. 2. concl. 5. Silv. in v. Bellum n. 3. ibi primo. [2] c. quid culpatur [Decr. Grat. p. 2. 23. 1. 4.] C. ut armorum usus. tot. tit. [C. 11. 47.] [3] Liv. l. 38. [c. 45.] [4] l. 3. ff. ad l. Juliam majest. [D. 48. 4.] [5] V. Bart. in l. qui bona fide. §. si quis quid n. 1. ff. de damn. inf. [D. 39. 2. 13. §. 11.] [6] l. si quis in tantam. C. unde vi. [C. 8. 4. 7.] [7] l. 2. §. hac actione ff. vi bon. rapt. [D. 47. 8. 2. §. 18.] l. ex tot. ft. quod metu. [D. 4. 2. 13.] l. creditores. et l. ult ff. ad l. Jul. de vi priv. [D. 48. 7. 7. et 8.] [8] Rom. 12. 19. [9] de ira l. 2. c. 32.

tum ultio, et a contumelia non multum differt nisi ordine. Qui dolorem regerit tantum excusatius peccat. Quaeque alia et philosophi [1] et Christiani [2] contra ultionem dixere huc pertinent. Unde dicitur Quintiliano [3] *injuriae compensatio non solum juri inimica sed paci. Est enim lex, forum, judex: nisi quem jure vindicari pudet.* Idem scilicet hic traditur, quod et Romani Imperatoris rescripto [4] continetur, *etiam si aliquis sceleribus sit implicitus, idcirco judiciorum vigorem jurisque publici tutelam in medio esse constitutam, ne quisquam sibi ipsi permittere valeret ultionem.* Et Theodericus [5] in eamdem sententiam: *Hinc est quod legum reperta est sacra reverentia, ut nihil manu, nihil proprio ageretur impulsu.* Et tamen quatuor iisdem ex causis, quas nunc attigimus, bellum oriri justum, quod tamen privatum sit, jam ante [6] a nobis demonstratum est. Oportet igitur legem nonam et duodecimam cessare interdum aut potius sopiri. Facit autem hoc juxta legis decimae tertiae normam necessitas, secundum leges digniores: quae tum esse intelligitur cum ad consequendum jus nostrum judicia deficiunt. Quatenus enim ista deficiunt eate-
Vis. nus vis, hoc est privata secundum naturam exsecutio, justa est [7]. Simulatque vero haberi possunt, ut ad leges diximus,
Nova declaratio. omnia jura pariter observanda sunt. Notandum vero est defectum judicii interdum momentaneum, interdum quasi continuum esse [8]. Momentaneus est cum salvo jure nostro res eam dilationem non patitur, quae ad judicium necessaria est [9]. Primum igitur eo casu ad defensionem nostram, ut Baldus dixit [10], tantum licet, quantum expedit. Vitae enim discri-

---

1 Plato Crit. [p. 49. b.] Arrian. Epict. l. 2. c. 10. 2 Lactant. Instit. l. 6. c. 18. 3 Declam. 13. [Lugd. Bat. 1665. p. 190. med.] 4 l. nullus C. de Judaeis. [C. 1. 9. 14.] Adde l. 5. ff. ad l. Aquil. [D. 9. 2.] et l. ult. C. de malefic. [C. 9. 18. 9.] 5 Cassiod. Var. l. 4. ep. 10. 6 art. 1. q. 6. 7 Bart. de repress. ad sec. n. 6. Cajet. ad Summ. Thom. 2. 2. q. 66. art. 8. ibi, ex dictis autem patet. l. quemadm. §. 1. ff. ad l. Aquil. [D. 9. 2. 38.] 8 Bald. ad l. 1. C. unde vi [C. 8. 4.] maxime n. 38. et 40. 9 Silv. in v. Bellum. n. 3. ibi, unde dico. 10 in d. leg. 1.

men dilationem nullam permittit. Et jurisconsulti [1] id omne probant quod adversus periculum, quod metu mortis, quod ad sui corporis tutelam, quod ad vim repellendam, quod eatenus fit, quatenus aliter nos honeste aut utiliter tueri non possumus. Et hoc illud est decantatum adeo moderamen tutelae inculpatae [2]. Eodemque modo res nostras etiam coactis hominibus defensare possumus et recuperare, sed confestim duntaxat. Nam post intervallum, cum tempus fuerit judicem adeundi, vim cessare oportet. Ad debitum consequendum nihil ultra puto quam pignorationem seu manuum injectionem, ut in jure dicitur, concedi, si per fugam debitoris de amittendo jure nostro periclitemur [3]. Igitur cum primum judex adiri poterit, ille potius quam ipse sibi creditor rem debitoris in solutum addicet. Et sic apud Athenienses videmus *ἀνδροληψίας* [4], hoc est hominum pignorationes, privatis concessas fuisse: sed jure an injuria factae essent, id publice judicatum. Cui simile in delictis, si is qui deliquit evasurus poenam videatur. Nam communi jure [5], lex enim specialis plus interdum indulget, apprehendere licebit sontem et detinere: non ita tamen, quin confestim judici tradendus sit. Hoc

---

[1] l. 4. ff. ad l. Aquil. [D. 9. 2.] l. 5. eo tit. l. ut vim. ff. de just. et jure. [D. 1. 1. 3.] l. sed et partus §. 1. ff. quod metu. [D. 4. 2. 12.] l. scientiam. ff. ad l. Aquil. [D. 9. 2. 45.] [2] Silv. in v. Bellum. 2. in pr. Thom. 2. 2. q. 64. art. 7. Gl. et Bald. ad l. 1. C. unde vi. [C. 8. 4.] Pan. ad c. sicut. de jurejur. [Decretal. 2. 24. 29.] n. 15. Bart. in d. l. ut vim. [D. 1. 1. 3.] n. 9. et 10. Jas. ibi n. 7. Summ. Ang. in v. Bellum. §. 6. Silv. d. loco. §. 13. l. si quis in servit. ff. de furt. [D. 47. 2. 7.] Bart. ad d. l. ut vim. [D. 1. 1. 3.] n. 7. et in l. hostes. de capt. [D. 49. 15. 24.] n. 9. l. 1. C. unde vi [C. 8. 4.] et ibi Bald. c. olim causam. de rest. spol. [Decretal. 2. 13. 12.]. l. 3. §. eum igitur. ff. de vi et vi arm. [D. 43. 16. 3. §. 9.] l. qui poss. eod. tit. [l 17.] Gabriel sup. 4. sent. dist. 15. q. 4. [in comment. ad Scoti dist.] [3] Festus in v. Struit. [p. 248.] l. generali. C. de decur. [C. 10. 31. 54.] l. si quis cur. C. de ep. et cler. [C. 1. 3. 12.] Dd. in l. Q. Mucius. alias l. quamvis alienum. ff. ad. l. Aquil. [D. 9. 2. 39.] Bart. in tract. de repress. q. 9. [4] Julius Pollux [8. 50. 51.] [5] l. capite quinto ff. de adult. [D. 48. 5. 25.] Jas. in d. l. ut vim. [D. 1. 1. 3.] n. 25. Bald. in d. l. 1. [C. 8. 4.] n. 33.

enim est quod vetant jura, privatos habere carceres [1]. Ut vero continua sit judicii penuria dupliciter contingere volunt doctores [2], jure et facto. Jure, si nemo in illo loco jurisdictionem habeat, quod in terris desertis et insulis et oceano et sicubi terrarum sine republica vivitur, poterit contingere. Facto, ubi is ad quem jurisdictio pertinet aut a subditis non auditur, aut cognitioni non vacat [3]. His casibus eo fere devenitur, quo in loco res erant, antequam respublica et judicia instituerentur [4], ut recte dicit Castrensis [5]. Tunc autem secundum sex duntaxat leges, quas initio posuimus, inter homines agebatur: hinc omne jus et juris quisque sui exsecutor: quod naturaliter contingere diximus et animantia caetera nos docent [6]. Ista igitur specie non se duntaxat resque suas *Paradoxon.* tueri, sed et res recuperare quamvis longissimo intervallo et ex re debitoris sibi solvere licebit.

Tribus igitur ex causis earum, quas supra quatuor numeravimus, privatum bellum justum oriri posse inter omnes constare video. Restat quarta, ex maleficio. Et haec quatenus ad restitutionem parti laesae faciendam tantum obligat, quin causa esse possit justa belli privati neminem puto dubitaturum. Nec enim minus juris mihi est ob damnum datum, quantum interest exigere, quam aut rem meam aut alio modo debitam reposcere. De eo difficilius est statuere, an ullo casu

---

[1] C. de priv. carc. inhib. [C. 9. 5.] tot. tit. Bart. d. loco. [2] Bart. de repress. ad quint. in 2. princ. Silv. in v. Repress. §. 3. [3] Bald. in d. l. 1. C. unde vi. [C. 8. 4. 1.] n. 45. [4] arg. l. 2. §. post orig. ff. de orig. jur. [D. 1. 2. 2. §. 13.] [5] ad l. ex hoc jure ff. de just. et jure. [D. 1. 1. 5.] et cons. 399. priusquam jura fierent. [6] l. 1. §. cum arietes. ff. si quadrupes [D. 9. 1. 1. §. 11.] Mart. Laud. de bello. q. 5. in fine. Bart. ad d. l. ex hoc jure [D. 1. 1. 5.] et ibi Jas. n. 38. Gl. in l. si alius. §. bellissime. ff. quod vi aut clam. [D. 43. 24. 7. §. 3.] Bart. in l. hostes. ff. de capt. [D. 49. 15. 24.] Inn. in c. postulasti de foro comp. [Decretal. 2. 2. 14.] et in d. c. olim. n. 9. Cajet. ad Thom. 2. 2. q. 66. art. 5. ad tert. Pan. in c. olim. n. 23. Silv. in v. Furtum q. 17. et in v. Bellum 2. §. 13. V. Menoch. Arbitr. jud. quaest. casu 516. ubi plurimos allegat theologos et juris consultos.

privatus poenam delicti expetere possit. Cum enim doceant plerique puniendi potestatem soli reipublicae concessam, unde et publica judicia dicuntur, videri potest privata manus omnino excludi. Sed hoc commodius expediri non potest quam si videamus, quid licuerit unicuique ante respublicas ordinatas. Imperator sane Theodosius in ea lege, cujus verbis paulo antea utebamur [1], cum judiciorum ordinem idcirco institutum dicit, ne sibi quisque ultionem permitteret, hoc sentire videtur, priusquam ille ordo institutus fuit, permissam singulis vindictam fuisse. Sed hoc immutatum, quia aut sui amore aut alterius odio modus facile excedebatur: nec multo diversum hic obtinere, quam in rei vindicatione et exactione debiti, quae cum olim per se quisque expediret, vitandis quae inde nascuntur periculis, judicia haberi coepere. Lucretius [2] quidem clare satis hoc ipsum expressit:

Acrius ex ira quod enim se quisque parabat
Ulcisci, quam nunc concessum est legibus aequis,
Hanc ob rem est homines pertaesum vi colere aevum.

Et ipse Cicero [3], quem ut video theologorum praestantissimi hac in parte non culpant, cum jus naturae esse dixisset id quod nobis non opinio, sed innata vis afferat, inter ejus exempla statuit vindicationem, quam gratiae opponit: ac ne quis ambigeret, quantum eo nomine deberet intelligi, definit vindicationem, *per quam vim aut contumeliam defendendo aut ulciscendo propulsamus a nobis et a nostris, qui nobis cari esse debent, et per quam peccata punimus.* Civilis apud Tacitum [4]: *Jure gentium*, inquit, *poenas reposco.* Quin et in sacra historia [5] Samson *insontem se* pronuntiat, *si Palaestinos, qui se malo affecerant conjugio intercepto, rursus malo afficeret:* et mox peractam ultionem hac ratione tuetur,

---

[1] d. l. nullus. C. de Judaeis. [C. 1. 9. 14.] [2] l. 5. [vs. 1147. sqq.] [3] de invent. l. 2. [c. 53. §. 161.] Thom. 2. 2. q. 108. art. 2. et 2. 2. q. 158. art. 1. ad tert. [4] Histor. l. 4. [c. 32.] [5] Jud. 15. 3. et 11.

ut dicat, *ita se eis fecisse, quemadmodum sibi priores ipsi fecissent.* Vocatus quidem Dei hoc illi praestitit, ut publica potestate opus non haberet: sed interim recte se adversus gentes gentium jure defendit. Lex igitur illa quae maleficos punire jubet, cum ex jure naturae sive gentium descendat, civili societate et lege est antiquior. Quod a divina scriptura non videtur alienum, in qua post orbem submersum, cum in una domo reliquiae essent generis humani, civitatem non video, legem video, quae maleficia puniri jubet [1]: *Qui sanguinem hominis effudit, per hominem sanguis ejus effunditor.* Nec forte illud praetermittendum est, quod lex ista alteri legi subjicitur, quae bestias humano usui addicit, quia cum poenarum originem exquirunt theologi [2], hac comparatione utuntur, ut dicant indigniora omnia digniorum usibus destinari: ita bestias quamquam a Deo creatas, ut essent, homo tamen recte interficit, vel ut ad usum vertat tamquam sua, vel ut tollat tamquam noxia, quorum utrumque eo quo dixi Scripturae loco exprimitur. Similiter volunt deploratae malitiae homines hoc ipso quod tales sunt, quasi divina humanaque imagine exuta, ad inferiorem ordinem detrudi inque bonorum usum ordinari et quodammodo ex personis res fieri, quae et secundum naturam servitutis origo est: tolli ergo posse tum ne noceant, tum ut ad exemplum usui sint: quod Seneca [3] dixit, *ut documentum omnium sint, et qui vivi noluerunt prodesse, morte certe eorum respublica utatur.* Quod enim de republica dicit, idem de universitate generis humani intelligendum jam demonstrabimus. Bestiarum exemplo ad nocentium poenas etiam Democritus [4] utitur, de jure naturali disputans. Ita enim ait: *κατὰ δὲ ζῴων φόνου καὶ μὴ φόνου ὧδε ἔχει. τὰ ἀδικέοντα καὶ θέλοντα ἀδικεῖν ἀθῷος ὁ κτείνων καὶ πρὸς εὐεστοῦν τοῦτο ἔρδειν μᾶλλον ἢ μή.* *De occidendis*

[1] Gen. 9. 6. [2] Thom. 2. 2. q. 64. art. 1. et ibi Cajet. [3] de ira l. 1. c. 6.
[4] ap. Stob. [in floril. l. 44. n. 16.]

aut non occidendis animantibus ita se res habet: quae injuriam faciunt aut facere volunt quisquis occiderit purus est, adeo quidem ut hoc fecisse quam non fecisse sit rectius. Et mox [1] κτείνειν χρὴ τὰ πημαίνοντα παρὰ δίκην πάντα περὶ παντός. *Ea quae nocent extra jus omnino occidere atque omnibus convenit.* Rursus [2]: ὅκως περὶ κιναδέων τε καὶ ἑρπετέων γεγράφαται τῶν πολεμίων, οὕτω καὶ κατὰ ἀνθρώπων δοκεῖ μοι χρεὼν εἶναι ποιεῖν. *Quae vero de vulpibus et inimicis serpentibus scripsimus, eadem in hominibus facienda videntur.* Et subiungit [3]: κιξάλλην καὶ λῃστὴν πάντα κτείνων τις ἀθῷος ἂν εἴη, καὶ αὐτοχειρίῃ καὶ κελεύων καὶ ψήφῳ. *Furem et latronem quicunque quomodocunque occiderit innocens est, sive manu, sive jussu, sive suffragio.* Putes eum a Seneca [4] lectum, qui, inquit, *cum cervicem noxio praecidi imperabo, eo vultu animoque ero, quo serpentes et animalia venenata percutio.* Et alibi [5] *ne viperas quidem et natrices et si qua morsu aut ictu nocent affligeremus, si ut reliqua mansuefacere possemus aut efficere, ne nobis aliisve periculo essent. Ergo ne homini quidem nocebimus quia peccavit, sed ne peccet.* Ex his apparet puniendi causas esse naturales et ex ea lege procedere, quam nos primam descripsimus. Quid ergo, nonne puniendi potestas reipublicae propria est? Imo vero ut a republica ad magistratum, ita ad rempublicam jus omne a singulis devenit, collatoque consensu, ut ad regulam tertiam ostendimus [6], potestas publica constituta est. Quare cum transferre nemo possit, quod non habuit, jus illud antiquius penes privatos fuisse quam penes rempublicam necesse videtur. Est et hoc argumentum in eam rem efficacissimum. Respublica non tantum subditos sibi ob maleficium punit, sed etiam extraneos. In hos autem potestatem non habet jure civili, ut quod cives tantum ex consensu obliget. Habet igitur ex jure naturae seu gentium. Atqui

---

[1] [ibid. n. 17.] [2] [ibid. n. 18.] [3] [ibid. n. 19.] [4] de ira l. 1. c. 16. [5] l. 2. c. 31. [6] v. c. 2. supra.

poenae ad bonum duntaxat reipublicae ordinantur. Id vero negari potest. Nam poenarum causa naturalis est, respublica vero non natura, sed ex condicto. Societas enim humani generis a natura, civilis autem, qua talis, ab instituto. Ipse Aristoteles [1], quo maxime auctore contraria sententia nititur, ita scribit: *ἄνθρωπος γὰρ τῇ Φύσει συνδυαστικὸν μᾶλλον ἢ πολιτικόν, ὅσῳ πρότερον καὶ ἀναγκαιότερον οἰκία πόλεως καὶ τεκνοποιία κοινότερον τοῖς ζῴοις. Homo enim conjugale magis quiddam est natura quam civile, quanto quidem et prior et magis necessaria est familia quam civitas et sobolis procreatio cunctis animantibus communior.* Quod et cum divina historia consentit. Deus enim qui cuncta creavit in sua perfectione, non rempublicam creavit sed homines duos. Itaque tantum societas humana erat, civitas non erat. Quare et aucto statim humano genere naturalis potestas penes patres familiarum fuit, juxta Homerum [2]:

θεμιστεύει δὲ ἕκαστος
παίδων ἠδ᾽ ἀλόχων.
Soliti jus dicere quisque
Conjugibus puerisque.

Hos igitur pro sui familiaeque suae conservatione jurisdictionem ut internam, ita externam habuisse consentaneum est, unde domesticos magistratus dixit Seneca [3]. Quod autem juris initio orbis ante constitutas civitates fuit, idem postea necesse est mansisse penes eos homines, qui judicia sibi non constituerunt, quibus, ut Seneca [4] loquitur, jura distinguit modus virium. Idem Quintilianus [5] indicat. Ita apud Ombricos observatum Damascenus [6] auctor est, ut manu se quisque ulcisceretur, manetque ex parte hodie apud Sarmatas. Imo et singulares illae dimicationes, quae hodie etiam multis in locis

---

[1] de mor. ad Nicom. l. 8. c. 14. [p. 1162. 1. vs. 17.] [2] [Od. l. 9. vs. 63.] [3] de benef. l. 3. c. 11. [4] de ira l. 3. c. 2. [5] in declam. 13. [ed. Lugd. Bat. a. 1665. p. 190. med.] [6] Stob. [in floril. l. 10. n. 70.]

usurpantur, reliquiae videri possunt illius moris et velut legis nonae exceptiones. Romani etiam veteres dominis, patribus, maritis, cognationi jura vitaeque necisque permiserunt. Alia quidem causa est exsecutionis quae privatis lege speciali permittitur. Nam hic si ad arma veniatur, nescio an non publicum potius quam privatum bellum dicendum sit. Respublica enim quasi suscipit et gerendum singulis mandat. Etsi verum est pleraque illa ex eadem ratione, unde et privatum bellum fluere. Quia enim exempli gratia militibus et exactoribus non facile per judiciorum ordinem occurritur, idcirco ipsis privatis per leges se vindicandi potestas datur [1]. Et haec igitur sunt, quae velut vestigia habemus juris naturalis in puniendo. Sed adhuc dubitari potest, semota republica, quem sibi justum finem privatus ultor possit proponere. Facile respondebit, qui ex philosophis [2] didicerit duas esse respublicas, alteram orbis, alteram urbis. Nimirum totius humani generis bonum ab eo spectari, non aliter quam cum serpentem occidit. Et hoc proprie est illud bonum commune, quod poenas omnes naturaliter respicere diximus. Hoc ipsum Plutarchus [3] egregie explicat: τῷ δὲ (θεῷ) ἕπεται δίκη τῶν ἀπολειπομένων τοῦ θείου νόμου τιμωρός, ᾗ χρώμεθα πάντες ἄνθρωποι φύσει πρὸς πάντας ἀνθρώπους ὥσπερ πολίτας. *Justitia Deum comitatur ultrix eorum qui contra legem divinam delinquunt: qua omnes homines natura utimur adversus omnes homines, ut cives.* Unde non longe abit, quod scholastici [4] dicunt, debere nos injurias etiam nostras ulcisci, si tales sint ut ad Ecclesiam, hoc est ad bonos omnes redundent. Hujus autem boni communis cura aequaliter ad quemvis pertinere videtur, sive ipsi sive alteri illata sit injuria, nisi quod suas injurias exsequi periculosius

---

[1] C. quando lic. unic. tot. tit. [C. 3. 27.] l. prohibitum. C. de jure fisci. [C. 10. 1. 5.] l. contra nostra. C. de exactoribus. [C. 12. 61. 5.] l. devotum. C. de metatis. [C. 12. 41. 5.] Jas. in l. ut vim. ff. de just. et jure. [D. 1. 1. 3.] n. 15. [2] Sen. de vita beata. c. 31. [3] de exsilio [p. 601. b.] [4] Thom. 2. 2. q. 108. Silv. in v. Vindicta.

sit: quia vix est ut justus modus servetur. Nam fere, ut apud Senecam [1] est, non it sed agitur, qui non mandat ultionem, sed ipse ejus exactor animo simul ac manu saevit. Ideoque Principes, qui constituto judiciorum ordine, soli nisi per se vindicari non possunt, admoneri solent, ut ultionem impendant non dolore sed exemplo [2]. Quod autem nunc est in Principibus ideo quia jus civile in aliquo debuit desinere, id in singulis olim fuisse ratio naturalis persuadet. Et quod ante judicia fuit, idem erit judiciis quovis modo sublatis, ratione loci aut temporis. Nec aliud mihi spectasse videntur, qui crediderunt tyrannum, hoc est juris judiciorumque oppressorem, a privatis recte interfici. In quam sententiam Stoicorum placitum accipi potest, qui affirmant sapientem numquam esse privatum, quod Nasicae exemplo Tullius [3] probat: quo et Horatius [4] respicit in Carmine ad Lollium: *Consulque non unius anni*, et quae sequuntur. Ipse etiam Plutarchus [5], quamquam alterius familiae, in hac parte non dissentit: sed virum civilem ab ipsa natura ait magistratum designari et quidem perpetuum, semperque legem ei principatum deferre, qui agat justa, norit utilia: neque eum tamen hac potestate usurum, nisi cum perfidia aut socordia eorum, qui publica munia ex suffragio obtinent, rem in periculum adduxit. Caesar [6], is qui postea dictator fuit, cum privatus etiamnum esset, piratas, a quibus captus ante fuerat, classe tumultuaria persecutus est, ipsorumque naves partim fugavit, partim mersit: cumque proconsul negligeret animadversionem in captivos sontes, ipse eos in mare iterum vectus suffixit cruci: quia scilicet et judex requisitus officium non faciebat, et in mari id nullo piaculo fieri posse videbatur, ubi non scriptis legibus, sed gentium jure vivitur.

---

[1] de ira l. 3. c. 3. [2] Sen. de clem. l. 1. c. 20. [3] Tusc. l. 4. [c. 23. §. 51.] [4] Od. l. 4. 9. [vs. 39.] [5] in praec. polit. [p. 813. c. et p. 817. d. e.] [6] Vell. Paterc. l. 2. [c. 42. §. 2. sq.] Plut. in Caes. [p. 708. a. b. c.]

Hae rationes persuadebant fieri posse, quamquam raro forte ob imbecillitatem naturae humanae, ut privatus sine peccato aliquem puniat ex naturae lege, fiatque quodammodo alter alterius magistratus, dum tamen in ea quoque punitione judicis adhibeat religionem: quod multis argumentis firmare Castrensem [1] video. *Inventa enim jura ut provideant, non ut noceant hominibus. Neque id quod extraordinarium est ordinaria habere subsidia: nec quemquam in periculo vetari sibi aliisque consulere, ut si a nautis in naufragio, in morbo a medicis destituatur. Ex necessitate et ne jus nostrum pereat multa permitti, quae alias non permitterentur, unaque re deficiente ad alteram recurri.* Nec aliter sensisse videntur viri undequaque doctissimi, Connanus, Vasquius, Petrus Faber, quibus adjici potest Ayala, Socinum Nepotem in hanc rem allegans [2]. Collecta sit igitur haec sententia: *Eatenus juste bellum privatum suscipitur, quatenus judicium deficit.* *Concl. VII. artic. I.* Bellum vero publicum interdum ex defectu judicii, interdum ex judicio fit [3]. Ex defectu judiciorum eodem quo privatum modo. Accidit autem hoc quoties, ut Cicero [4] ait, *ei qui expectare velit ante injusta poena luenda sit, quam justa repetenda*, et omnino cum res moram non patitur. Unde liquet injustum bellum inferenti justum bellum referri sine judicio ullo [5], neque ejus belli denuntiationem requiri, ut feciales Romani in Aetolos decreverunt [6]. Nam, sicut ex Platone Aelianus refert, quod ad propulsandam necessario injuriam bellum suscipitur, id non a praecone aut caduceatore, sed ab ipsa natura indicitur idemque censendum est si legati violati, aliudve quid factum quo gentium commercia dirimerentur. Neque enim judicium haberi potest ab illis ad quos tuto nemini datur commeare. Illud interim notandum,

---

[1] cons. 399. [2] Conn. comm. l. 1. 6. Vasq. Controv. post. l. 4. c. 8. Fabr. Sem. l. 2. c. 2. in fine. Ayala l. 1. c. 2. n. 9. et c. 5. n. 1. Soc. tom. 3. cons. 68. [3] v. Alb. Gent. de jure belli. l. 2. c. 1. et 2. [4] pro Mil. [c. 4. §. 10.] [5] Bald. cons. l. 3. 58. Gabriel sup. sent. 4. dist. 15. q. 4. casu. 2. [6] Liv. l. 36. [c. 3.]

quod et supra diximus, defervente periculo leges resuscitandas. Exempli causa, si quis alterius ditionis civis alicujus bona veniat raptum, poterunt non haec tantum recipi, sed et alia bona ante judicium capi quasi in pignus, ita ut reddantur si judicium secutum sit [1]. Quoties autem ratio temporis patitur, toties quicunque bellum suscipiunt et in quoscunque judicium accipere debent. Unde bella civilia juste suscipiuntur secundum regulam quintam sive septimam et legem nonam: externa secundum legem duodecimam et regulam nonam [2]. Quare in bello civili pro cive aut republica contra civem sententia magistratus aut reipublicae desideratur, nec quidquam ultra [3]: quod in externo aliter est: idque a Tullio [4] recte distinguitur, qui cum mittendos ad Antonium legatos negat sed vi eum cogendum ut ab obsidione Mutinae discederet, *non enim*, inquit, *cum Annibale res est hoste reipublicae, sed cum cive*: quod discrimen subtiliter Seneca [5] indicat, cum dicit, *indicta finitimis bella aut gesta cum civibus.* Quia indici bellum civibus nec solet, nec necesse est. Idem erit in tyrannis, latronibus, piratis et quicunque pars alterius reipublicae non sunt. In bellis externis [6] lex illa quam dixi et regula constituunt denuntiationem adeo celebratam in jure belli, de qua non idem veteres censuerunt, nobis ex his quae praestruximus omnia erunt expedita. Recte illud sui juris tenebat miles apud ἠθικώτατον et ut ita dicam sententiosissimum auctorem [7]:

Omnia prius experiri verbis quam armis sapientem decet:
Qui scis an quae jubeam sine vi faciat?

Nam et Euripides [8] dixerat:

λόγοισι πείσας, εἰ δὲ μὴ βίᾳ δορός.
Verbis id impetrabo, sin minus manu.

---

[1] l. qui posses. ff. de vi et vi arm. [D. 43. 16. 17.] Arias de bello. n. 24. in partic. bello. [Ocean. Jur. tom. 16. p. 326.] [2] v. c. 2. [3] Bald. in l. si manum. C. de obs. patr. [C. 6. 6. 4.] [4] Phil. 5. [c. 10. §. 26. sqq.] [5] de ira l. 3. c. 2. [6] Mart. Laud. de bello. q. 9. et 37. et 38. [7] Terent. Eun. [vs. 789. sq.] [8] [Suppl. vs. 347.]

Quod Cicero [1] planius: *cum sint duo genera decernendi, unum per disceptationem, alterum per vim, confugiendum ad posterius, si uti non licet superiore.* Thucydides [2] etiam: ἐπὶ τὸν δίκας δίδοντα οὐ νόμιμον ὡς ἐπ'ἀδικοῦντα ἰέναι. *In eum qui judicium accipere paratus sit, nefas ut in injurium iri.* Theodorici [3] etiam illud non discrepat: *veniendum tunc ad arma, cum locum apud adversarium justitia non potest reperire.* Quo et illud ex parte spectat, quod ex scholasticis diximus [4], eum jure bellum pati, qui satisfacere nolit. Videmus hunc ordinem ab Israelitis observatum [5], qui de viris Gabaae supplicium a tribu Benjaminica sumi voluerunt, cumque id non impetrarent tum demum tribui bellum indixere. Et sic justum Minois bellum in Athenienses Diodorus [6] vocat, quia postulanti adversus filii interfectores jus redditum non fuerat. Ad arbitrum ut eatur honestum sane est, sed voluntarium, non necessarium. Nam arbitrum consensus facit, nec quisquam cogitur huic aut illi jus suum permittere. Nos autem ea quae sunt necessaria spectamus. Apparet ergo ex regula nona bellum suscepturo duplicem imponi necessitatem. Primo enim judicium offerendum est reipublicae a qua cujusve cive quidquam petatur. Deinde ea si desit officio, debet respublica ipsa quae laesa est cujusve civis ferre sententiam. Prius illud jure feciali Romanorum, neque sane gens ulla hac in parte religiosior fuit, *clarigatio* aut *rerum repetitio* dicitur [7]. Nam rerum repetendarum nomine egregie Servius [8] omnem injuriam dicit contineri. Est enim et rei et repetitionis nomen generale. Quod autem postulatur triplex est: *reddi, satisfieri, dedi:* dedi autem non simpliciter, sed aut dedi aut animadverti: ex lege scilicet secunda opposita quartae, ex

Nova declaratio.

Clarigatio aut rerum repetitio.

---

[1] de off. [l. 1. c. 11. §. 34.] Adde Sam. 2. 20. 19. [2] l. 1. [c. 85.] [3] Cassiod. Var. l. 1. 17. [4] in pr. c. 7. [5] Jud. 20. [6] [Histor. l. 4. c. 61.] [7] Plin. l. 12. c. 1. [8] ad l. 9. [vs. 53] et l. 10. [vs. 14]. Aeneidos. V. Briss. de form. l. 4. l. 1. ff. de reb. cred. [D. 12. 1. 1.] V. Festum in v. Recipere [p. 228.] l. restituere. de verb sign. [D. 50. 16. 35.]

lege sexta, ex lege quinta. Nam prima opposita tertiae, non recipit, ut diximus judicii necessitatem. Posterius autem est belli jussio, sive decretum reipublicae aut magistratus ejus, cui cujusve civi facta injuria est [1], quo condemnatur pars adversa. Hinc formula [2]: *Testor populum illum injustum esse neque jus reddere.* Et altera: *Quarum rerum, litium, causarum condixit pater patratus populi Romani Quiritium patri patrato populi priscorum Latinorum, hominibusque priscis Latinis, quas res nec solverunt, nec dederunt, nec fecerunt, quas res dari, fieri, solvi oportuit, puro pioque duello quaerendas censeo, consentio consciscoque.* Et tertium carmen: *Quod populi prisci Latini adversus populum Romanum Quiritium fecerunt, deliquerunt, quod populus Romanus Quiritium bellum cum priscis Latinis jussit esse, senatusque Romanus Quiritium censuit, consensit, conscivit ut bellum cum priscis Latinis fieret, ob eam rem ego populusque Romanus populo priscorum Latinorum bellum indico facioque.* Duo autem ista, rerum repetitio et decretum et sejungi possunt et jungi: sejungi, si quomodo diximus separatim fiant et interposito tempore, jungi, si simul laesa respublica alteri judicium offerat et, ni juste judicet suum ei judicium denuntiet. Hoc ferme modo [3]: *eam se injuriam, nisi ab ipsis qui fecerint dematur, ipsos omni vi depulsuros esse.* Aut ita [4]: *ni supplicium in malos praesumant, usurum promiscua caede.* Neque vero aliter apud Euripidem [5] Theseus haec caduceatori ad Creontem mandata dat:

Θησεὺς σ' ἀπαιτεῖ πρὸς χάριν θάψαι νεκρούς,
συγγείτον' οἰκῶν γαῖαν, ἀξιῶν τυχεῖν
Φίλον τε θέσθαι πάντ' Ἐρεχθειδῶν λεών.
κἂν μὲν θέλωσιν αἰνέσαι, παλίσσυτος
στεῖχ', ἢν δ' ἀπιστῶσ' οἵδε δεύτεροι λόγοι·
κῶμον δέχεσθαι τὸν ἐμὸν ἀσπιδηΦόρον.

[1] Silv. in v. Repress. §. 3. in req. 4. [2] Liv. l. 1. [c. 32.] [3] Liv. l. 8. [c. 23.] [4] Tac. Annal. l. 1. [c. 48.] [5] Suppl. [vs. 386. sqq.]

Vicina Theseus qui tenet regni sola
Humare poscit mortuos: quod si datur,
Sit amica faciet gens Erechthidum tibi.
Quae si probantur, tum refer retro pedem.
Sin nemo paret, verba sint haec altera:
Jam mox ut arma pubis exspectent meae.

Et similia a Creonte Theseo nuntiantur, ut videamus morem Graeciae in tragoedia expressum: qui et in historia Romana passim occurrit. Quae autem duo ista sic complectitur vocatur denuntiatio sive indictio. *Denuntiatio aut indictio.* Is vero qui prius misit res repetitum, non tenetur iterum denuntiare: sed sicut quae post sententiam usurpantur edicta, non a gentium jure sed ab instituto sunt cujusque civitatis, non aliter et belli suscipiendi solemnia, si qua sunt praeter ea quae diximus [1], ut de iterandis denuntiationibus, non aliunde quam ex moribus cujusque populi descendunt, quod et Maecenas apud Dionem velle videtur. Multa ejus generis Romani usurparunt ab Aequicolis accepta, ut de hasta sanguinea et alia ejusmodi, sicut et triginta justi dies post sententiam ut in foro, ita in bello pari ratione damnato tribuebantur: neque mirum, cum aliae gentes etiam locum et tempus praelii saepe denuntiarint, quae ut interdum magnifica sunt, ita numquam necessaria. Unde et Romanos videmus sanctissimis temporibus res quidem numquam nisi ab ipsis, qui injuriam fecerant, aut magistratibus repetisse, bellum autem postquam decretum erat, non ad eosdem utique, sed vel ad proximos fines quasi dicis causa indixisse, vel hoc etiam omisisse, cum res legitime repetitae nec juri paritum esset. Varro etiam et Arnobius [2] morem illum solemniter bellum denuntiandi, sicut alia quae sunt juris civilis, apud Romanos abolitum testantur. Videmus

---

[1] Bod. de rep. l. 1. c. 7. et Fabr. sem. l. 2. c. 2. sub fin. [2] de ling. Lat. l. 5. [§. 86.] Arnob. c. gent. l. 2.

igitur quomodo sit intelligendum quod dicunt doctores [1], nullum esse bellum justum nisi quod legitime indictum sit: quam sententiam nemo melius Cicerone [2] interpretabitur, cum dicit *nullum bellum esse justum, nisi quod aut rebus repetitis geratur, aut denuntiatum ante sit et indictum.* Alterum, non utrumque requirit. Et hoc ipsum sic restringendum est, ut denuntiatione opus non sit adversus eum, qui jam bellum suscepit: quod antea demonstravimus. Quo spectat illud apud Isidorum [3] fragmentum vetus: *Justum bellum est, quod ex edicto geritur rebus repetitis aut propulsandorum hominum causa.* Hostes enim sunt non modo quibus nos, sed et qui nobis bellum publice decernunt, ut in legibus [4] comprehensum est. Itaque adversus eos, qui se jam pro hostibus gerunt, nulla denuntiatio necessaria est, de quo constat inter doctores [5], qui tradunt eos, qui palam nobis noxii molestique sunt, ipso jure diffidatos videri. Nam diffidare apud illos est bellum indicere. Nobile est exemplum in Israelitis [6], qui cum praeceptum haberent a Deo ne quam gentem armis aggrederentur, nisi quam denuntiando prius ad pacem invitassent, hoc ipsum tamen adversus gentes Chananaeorum plerasque observandum non putarunt, cum essent ab illis priores bello lacessiti. Cui consequens est illud, postquam semel res repetitae et decretum interpositum fuit, pro eo jure quod in exsecutione ipsa nascitur, nullam condictionem aut sententiam requiri. Neque enim bellum tunc novum suscipitur, sed geritur susceptum: satis igitur est

---

[1] Joh. Andr. in c. pro human. de homic. [Decretal. in 6. 5. 4. 1.] Bald. in l. 2. C. de servit. et aqua. [C. 3. 34.] n. 71. et in l. si manum. C. de obs. patr. praest. [C. 6. 6. 4.] et in l. exsecut. C. de exsec. rei jud. [C. 7. 53. 8.] [2] de off. l. 1. [c. 11. §. 34.] et de rep. l. 2. [c. 17. §. 31.] [3] l. 18. c. 1. citatur in c. justum. [Decr. Grat. p. 2. 23. 2. 1.] [4] l. hostes. de capt. [D. 49. 16. 24.] et de verb. sign. [D. 50. 16. 118.] [5] Bell. 5. cons. 3. c. 15. Adde l. 1. in fine ff. de act. emt. et vend. [D. 29. 1. 1.] Vasq. l. 1. c. 24. n. 5. [6] Deut. 20. 10.

petitam semel justitiam nec impetratam, ut ad jus scilicet naturale redeatur, quo vi suum consequi illicitum non est. Neque tamen inconveniens erit, etiam cum denuntiatio necessaria non est, sententiam tamen proferre universalem, ad debita scilicet consequenda, praesertim poenaria, ut res hostium quasi in judicatum capiantur. Caeterum cum a principali belli auctore facta est denuntiatio, ab ejus socio denuntiari nihil oportet, qui juri alieno tantum adsistit nec quidquam ipse seorsum postulat. Similiter cum reipublicae alicui aut magistratui justa forma illatum est bellum, sociis ejus et subditis indici nihil necesse est: quod nostri interpretes [1] suo more sic efferunt: *diffidato Principe diffidatos esse omnes ejus subditos, complices et auxiliatores.* Et hoc est quo se inter alia Cn. Manlius a legatis suis accusatus ob bellum Gallograecicum defendit. Verba autem illa Isidori plane idem significant ac si dicas: *Bellum publicum juste suscipitur quatenus judicium deficit, aut rebus repetitis et ex decreto reipublicae suscipientis.* Videndum jam quid in his qui voluntarie agunt in bello gerendo desideretur et quantum illis permittatur: haec sane quaestio late patet, sed ad summa quaedam genera a nobis redigetur. Forma, ut diximus [2], justa est in convenientia legum. Sicut autem suscipiendo bello pugnare videbantur leges de judiciis, quas partim per leges digniores sustulimus, partim conciliavimus, ita gerendo obstare videntur primum lex tertia et quarta. Nam si verum est illud [3]:

Concl. VII. artic. II.

Tum certare odiis, tum res rapuisse licebit:

si, inquam, ex bello et caedes sequuntur et rapinae, quid illis legibus faciemus, quae vetant nos homines alteros laedere et alienum attingere? Praeterea repugnare videtur plerumque regula tertia, cum exorto bello velut sublata videantur juris humani commercia.

---

[1] Bald. ad d. l. 2. C. de serv. [C. 3. 34.] n. 70. [2] in princ. capitis. [3] Virg. Aen. l. 10. [vs. 14.]

Dolus an virtus quis in hoste requirat [1]?

Huic enim nocere quaerimus:

ἢ δόλῳ ἠὲ βίῃ ἢ ἀμφαδὸν ἠὲ κρυφηδόν [2].

Sive dolo, seu vi manifesta, clamve palamve.

Prius autem de legibus secundi ordinis, hoc est tertia et quarta videamus: quae vi legis decimae tertiae eliduntur, ut alibi diximus, non modo si primae aut secundae opponantur, verum etiam si locus sit quintae et sextae, quatenus istis et prima et secunda insunt et ipsae illae tertia ac quarta. Quodsi quid igitur ultra fiat quam leges primi et tertii ordinis postulant, aut in alterum quam in quem leges istae diriguntur, id extra justum belli modum est. Dupliciter nos offendunt hostes, dupliciter etiam offenduntur, in corpore et in rebus: unde συζυγίαι sive conjugationes fiunt quatuor [3]. Aut enim ejus qui corpus nostrum impetit corpus vicissim impetimus, aut spoliamus spoliantem, aut periculum vitae nobis inferentem bonis mulctamus, aut pro rebus nostris arma stringimus; quae omnia per se injusta non esse prius ostensum est, nunc quatenus permittantur videamus. Si quem igitur aut pro vita tuenda aut pro rebus nostris vulnerare possumus aut etiam spoliare (quod ita dico ut legis primae et secundae, non etiam delicti habeam rationem), ab eo manus abstinere debemus, simulatque periculum cessat, ut post victoriam. Si rem nostram aut id quod nobis debetur reposcimus, ubi id erimus consecuti, nihil amplius arrogare nobis licet. Si ultionem delicti persequimur, ea quoque debet esse temperata pro modo delicti, ut illa teneatur

Regula, peccatis quae poenas irrogat aequas [4].

Differt autem hoc ab eo, quod superiore capite tractatum est: ibi causam subesse volebamus, hic vero causae modum adjungimus. Seneca [5] crudeles eos proprie vult dici, *qui pu-*

---

[1] Virg. Aen. l. 2. [vs. 390.] [2] [Apoll. Rhod. l. 2. vs. 983.] [3] Dd. ad l. ut vim. ff. de just. et jure [D. 1. 1. 3.] et ad l. 1. C. unde vi. [C. 8. 4.] [4] Horat. Sat. 1. 3. [vs. 118.] [5] de clem. l. 2. c. 4.

niendi causam habent, modum non habent. Ad hoc autem ne alius pro alio belli malis afficiatur, notandum est interdum aliquem ex facto suo proprio aut communi obligari, interdum ex alieno, praecedente tamen aut sequente facto suo: quod ad leges primi ordinis quantum pertinet locum habere non potest: istae enim factum unum respiciunt, neque animi habent rationem: sed in contractibus saepe accidit, in delictis etiam accidere potest, quatenus poena delicti pecuniaria est sive ad facultates pertinet: unde vadimonia [1]. Sed poenae corporalis vicarium jura [2] non recipiunt. Ratio est quia nemo potest id obligare, in quod dominium non habet [3]. In res dominium nobis Deus dedit, in nos ipsos retinuit sibi: quare cum libet bona alienare possumus, vitam deponere non possumus [4], sicut servo peculium datur, in se potestas non datur. Primum igitur socius ex facto socii quod obligatur, id facto ipsius accidit, hoc est re ipsa, non quasi ex conventione. Nam si debitum rei respicimus optime et ex aequitate naturali a theologis [5] traditum est, causam aequalitati praestare omnes debere, qui causam aliquo modo inaequalitati praestiterunt. Praestitisse autem dicuntur non hi tantum, qui ipsi auferunt aut detinent, sed et alii qui ablationi jussum, consilium, consensum, operam praestant, aut qui postea impediunt quominus fiat restitutio. Omnes autem socii aut hoc, aut illud faciunt: quare necesse est in solidum singulos obligari [6], quorum auxilio pars iniqua audacior, altera timidior redditur: quod in bello universim considerato per- *Nova declaratio.*

---

[1] l. si quis. ff. de cust. reor. [D. 48. 3. 4.] Silv. in v. Fidejussor. §. 7. et 8. [2] Bart. in l. si quis. ff. de poenis [D. 48. 19. 6.] et Dd. in l. si a reo. §. fin. eo tit. [non est in eo tit. sed D. 46. 1. 70.] [3] l. liber. ff. ad l. Aquil. [D. 9. 2. 13.] c. si non licet. [Decr. Grat. p. 2. 23. 5. 9.] [4] Facit hoc pro opinione Rosellae in Summa, in q. de judice. V. Silv. in v. Judex. p. 2. §. 5. ibi: ex his duabus. [5] Covarr. in c. peccatum. §. 12. n. 2. Silv. in v. Restitutio. 3. §. 6. ibi: quartum. et in v. Bellum. 1. §. 11. concl. 1. et 7. [6] l. 1. §. si plures dolo. ff. de eo per quem factum erit. [D. 11. 10. 1. §. 4.] Scot. sent. 4. dist. 15. q. 2. art. 4. et ibi Gabriel et Richard. Ibidem art. 5. q. 4. et Thom. art. 5. quaest. 3. ap. Wilh. Math. de bello justo et licito. in 1. req.

petuum est. Sin ad poenam convertimur [1], etiam hac obstringi eos certum est, qui delinquentes ope, consilio firmant, et quidem eadem qua principales; nam et ipsi delinquunt. Ex facto magistratus respublica obligatur [2], tamquam ex conventione, ut qui magistrum aut institorem praeponunt [3]: interdum etiam ad poenam: tenentur enim, qui tales sibi praefecerunt, unde alii acciperent injuriam. Nam quasi in dolo versari videtur, qui homini minus idoneo credidit [4]. Non igitur immerito plane [5]:

Quidquid delirant reges, plectuntur Achivi.

Neque ratione caret, quod Hesiodus [6] conqueritur:

ὄφρ' ἀποτίσῃ
δῆμος ἀτασθαλίας βασιλήων,

impia regum
Ut peccata luat populus.

Fitque hoc ipsum Deo auctore, qui non raro ob Principum delicta populum punivit, cujus rei insignia sunt exempla [7]. Beati Justini est: πικροτάτη τιμωρία τῶν ἡμαρτηκότων βασιλέων τιμωρία τοῦ λαοῦ. *Acerbissima peccantium Principum poena est poena populi.* Ambrosius [8] etiam: *Regum lapsus poena populorum est: sicut enim eorum virtute servamur, ita etiam eorum errore periclitamur.* Deinde vero obligatur respublica

---

[1] c. qui consentit. [Decr. Grat. p. 2. 11. 3. 100.] Inst. de obl. quae ex del. §. interdum quoque. [I. 4. 1. §. 11.] l. 2. §. si quis non hom. ff. vi bon. rapt. [D. 47. 8. 2. §. 12.] Silv. in v. Homicidium. 1. §. 13. 15. 16. 17. Adde Bald. ad l. non ideo minus. C. de acc. [C. 9. 2. 5.] et in l. 2. C. de servit. et aqua. [C. 3. 34.] n. 70. et in leg. 1. C. unde vi [C. 8. 4.] n. 24. [2] Vict. de pot. civ. n. 12. Dig. de exercit. act. [D. 14. 1.] tot. tit. [3] Silv. in v. Restitutio. 3. §. 5. ibi: quintum. et §. 11. ibi: decimum. et in v. Obligatio. §. 6. Dig. de instit. act. tot. tit. [D. 14. 3.] et tit. nautae, caupones. [D. 4. 9.] [4] l. vel per litteras. ff. si mensor. [D. 11. 6. 2.] l. de illo. §. 1. ff. pro socio. [D. 17. 2. 23.] l. ult. §. 4. ff. nautae, caupones. [D. 4. 9. 7.] l. si quid contendit. §. 1. ff. fam. ercisc. [D. 10. 2. 45.] [5] Hor. [Ep. 1. 2. vs. 14.] [6] [Op. et D. vs. 260. sq.] [7] Gen. 20. 4. et. 9. V. Fab. Sem. l. 3. c. 19. [8] in apol. de Dav. [vol. 1. p. 727. f.]

ex facto civis [1], non quidem simpliciter, sed si ipsa jus non reddat; ita enim litem facit suam: nam et ratum habendo non minus quam mandando obligamur [2]. Qua de causa Scyrios olim ab Amphictyonibus damnatos legimus [3], quorum nonnulli impune piraticam exercuerant. Hac etiam specie civitas non alieno ex facto simpliciter obligatur, cum suum accedat, non modo quia jus suum consequi alterum impedit, verum etiam quia peccat adversus officium suum ex nona regula, quae externis non minus quam civibus judicia justa reddenda indicat. Certum autem est eum qui non prohibet id, quod prohibere et potest et debet, ad id quod interest teneri. Et hoc cum in debitis caeteris tum et in poenariis locum habet. Quo et Hesiodus [4] respicit:

πολλάκι καὶ ξύμπασα πόλις κακοῦ ἀνδρὸς ἐπαυρεῖ.

Saepe luit populus poenas unius iniqui.

Quod egregie Proclus explicat: ὡς ἐξὸν κωλύειν μὴ κωλύουσα τὴν τοῦ ἑνὸς πονηρίαν, *quia civitas cum prohibere possit unius malitiam non prohibet*, additque exempla duo, alterum illud quod et Horatius annotavit ex initio Iliados de Agamemnone, alterum vero de Graecorum classe exusta [5]:

Unius ob noxam et furias Ajacis Oilei.

Quia scilicet populus non demonstrarat, indigne se ferre illorum flagitia. Hinc expiationes. Sed nos sacris in litteris [6] argumenta habemus admodum illustria Deo hoc placere, ut impunita singulorum peccata a populo luantur. Rationem reddit Agapetus [7] in Paraenetico ad Justinianum: ἴσον τῷ πλημμελεῖν τὸ μὴ κωλύειν τοὺς πλημμελοῦντας λογίζου. κἂν γάρ τις πολιτεύηται μὲν ἐνθέσμως, ἀνέχηται δὲ βιούντων ἀθέσμως, σύνεργος τῶν

---

[1] V. Bart. de repress. q. 4. n. 13. [2] c. dominus. [Decr. Grat. p. 2. 23. 2. 2.] Covarr. in reg. pecc. n. 10. Thom. 2. 2. q. 62. art. 7. in resp. Silv. in v. Restitutio. 3. §. 6. secundum. et ibi: et octavo. Mart. Laud. q. 18. [3] Plut. Cim. [p. 483. b. c.] [4] [Op. et D. vs. 240.] [5] Virg. Aen. l. 1. [vs. 41.] [6] Num. 35. 33. et 34. [7] [ed. Paris. a. 1624. p. 367. c.]

κακῶν παρὰ θεῷ κρίνεται. *Idem delicto habe non prohibere delinquentes. Nam et si quis caetera juste rempublicam administret, toleret tamen viventes injuste, adjutor malorum apud Deum judicatur.* Praeterea vero ex facto reipublicae cives singuli obligantur. Est enim illud naturali aequitati consentaneum, ut cum ex ea societate commoda captemus, etiam incommoda patiamur [1]. Varia hac de re juris civilis interpretes [2]: sed ex jure civili. Nam cum universi et singuli natura non differant, humano commento et ex civium consensu distingui coepere [3]. Jus autem gentium tales differentias non recipit parique loco habet universitates publicas et privatas societates. Privatarum autem societatum constat eam esse rationem, ut quod ipsae debent, id a sociorum singulis exigi possit. Praeterea apparet illud [4], non minus a singulis rempublicam constitui, quam a republica magistratum [5]: itaque eodem modo teneri, etiam cum de malefacto agitur, ad damnum resarciendum [6]. Nam capita civium innocentium absit ut ἀντίψυχα, sive reipublicae delictis obnoxia, dicamus, praesertim cum ipsa per se puniri possit [7]. Nam et capite minui potest cum fit tributaria, quod divino jure [8] constitutum est, et perimi quodammodo [9], πόλεως γάρ ἐστι θάνατος ἀνάστατον γενέσθαι. *Mors est urbis vastari funditus:* quod Carthagini aliisque accidit, quibus hostile aratrum impressum est dissolutumque corpus civitatis. Poenae autem pecuniariae, quas debet respublica, videntur a subditis expeti posse, ut quibus

---

[1] Joh. Ceph. cons. 58. [2] ad l. si municeps. et l. sicut. ff. quod cujusque univ. nom. [D. 3. 4. 2. et 7.] ad l. civitas. ff. de reb. cred. [D. 12. 1. 27.] ad l. 4. ff. de re jud. [D. 42. 1.] Bald. in l. 1. C. ne filius pro patre. [C. 4. 13.] et in l. exsec. C. de exec. rei jud. [C. 7. 53. 8.] C. ut nullus ex vicariis. [C. 11. 57.] Nov. 12. Sen. de benef. l. 6. c. 19. [3] l. 1. ff. quod cujusque univ. nom. [D. 3. 4. 1.] [4] in c. 2. [5] Silv. in v. Repressaliae. in pr. ibi: et adde allegat. Thom. 2. 2. q. 40. [6] l. metum autem. §. animadvertendum. ff. quod met. cav. [D. 4. 2. 9. §. 1.] [7] Deut. 20. 11. [8] Lyc. in Leocr. [p. 155. §. 61.] [9] l. si usufructus. ff. quib. mod. ususfr. amit. [D. 7. 4. 21.] V. Fabr. Sem. l. 1. c. 1.

sublatis tollatur etiam respublica. Affirmat Thomas poena damni pro altero affici eos, qui id quod sunt alterius sunt et veluti partes, quod non minus in subditis quam in filiis et servis obtinere debet. Atqui, sicut diximus, plerumque sunt extra culpam: verum quidem, sed docent iidem scholastici [1] imponi poenam numquam sine culpa, saepe tamen sine culpa ejus qui punitur, non tamen sine causa, quae hic est evidens. Et haec est sola ratio [2] quae repressalias sustinet, non proximis duntaxat saeculis, sed priscis etiam gentibus usurpatas, pignorationum et ἀνδροληψιῶν vocabulo: quod enim civis mihi debet, hoc debet respublica jus non reddens, et quod respublica, hoc cives singuli: quod Bartolum [3] non fefellit. Accedit commoditatis ratio, quia creditores aliunde jus suum consequi facile non possunt, ipsis autem civibus inter se minus incommodum est actionibus experiri [4] et quod quisque damni passus est, ab eo reposcere, qui in culpa fuit. Breviter, ut materiam forma restringat, *eatenus bellum ab agentibus voluntarie juste geritur, quatenus intra id jus manet, quo de agitur, intraque personas ei juri obligatas.* *Concl. VII. artic. III. pars. I.* Hoc ipsum subjectis speciebus clarius explicari potest, praesertim in subditis hostium publicorum, de quibus maxime disputari solet inter juris bellici auctores [5]. Quatenus ergo verum sit Euripideum illud videamus:

καθαρὸς ἅπας τοι πολεμίους ὃς ἂν κτάνῃ.

Purus piusque est quisquis hostem occiderit.

Et num recte Tacito dictum: *in pace causas et merita spectari, ubi bellum ingruat innocentes ac noxios juxta cadere.* Ex hac enim similitudine jus praedae apertius fiet. Ad corpus quod attinet, offendi ex legibus primi ordinis, quae ani- *Nova declaratio.*

---

[1] c. sine culpa. de reg. jur. et ibi Dynus. [Decretal. in 6. 5. 12. 5. reg. 23.] Silv. in v. Poena. in princ. [2] Thom. 2. 2. q. 108. art. 4. Adde Silv. in v. Bellum. §. 11. concl. 6. et 7. [3] in tract. de repress. in pr. Adde l. 1. in fine ff. de exerc. act. [D. 14. 1.] Mart. Laud. de bello. q, 38. [4] l. 1. C. sumt. injuncti. [C. 11. 37.] [5] V. Vict. n. 37 et 45.

mum adversarii non respiciunt [1], subditi hostium omnes possunt, qui juris nostri exsecutioni resistunt, scientes sive ignorantes: faciunt enim injuriam quamquam non injuria. Hoc divina lege [2] expresse confirmatur, quae in expugnatione urbis puberes omnes interfici jubet, quorum multi non possunt non esse innocentes. Idem contra in urbis defensione [3] erit: *nec reus est mortis alienae, qui cum suae possessioni murorum ambitum circumduxit, aliquis ex ipsorum usu percussus interiit:* Augustino auctore. Quodsi erunt nonnulli, qui ab hostium universitate separari possint neque exsecutionem nostram impediant [4], his sane quod ad corpus attinet omnino parcendum est. Cicero [5]: *tum ii qui armis positis ad imperatorum fidem confugiunt, quamvis murum aries percusserit, recipiendi sunt.* Nec alium sensum habet, virorum quidem eruditorum sententia, id quod Celsus [6] scripserat, recipi nobis transfugam jure belli, eum scilicet qui hostium partes deseruit. Sicut autem in dedita urbe omnibus, ita in ea quae expugnatur quantum fieri potest illis parci, quorum corpora exsecutioni nostrae non obstant, aequitas praecipit et lex divina [7] certissima aequitatis magistra. Negat igitur Seneca in tragoedia [8] feminam hostis nomen capere. Negat se Camillus [9] arma habere adversus eam aetatem, cui etiam captis urbibus parcitur. Et Alexander [10]: *cum captivis et feminis bellum gerere non soleo: armatus sit oportet quem oderim.* Et merito de captivo adjicit. Falso enim et Aeacidarum more praeferociter ille [11]:

Lex nulla capto parcit aut poenam impedit.

---

[1] V. ad. art. 2. concl. 6. [2] Deut. 20. 17. Adde Jos. 6. et Sam. 1. 15. [3] August. ad Public. ep. 154. citatur in c. de occidendis. [Decr. Grat. p. 2. 23. 5. 8.] Adde l. item si obstetrix. §. ult. ff. ad l. Aquil. [D. 9. 2. 9.] [4] Vict. n. 49. Alb. Gent. de jure belli l. 2. c. 16. ad 21. Wilh. Math. in req. 2. p. 3. [5] de off. l. 1. [c. 11. §. 35.] [6] l. transfugam. ff. de acq. dom. [D. 41. 1. 51.] Cujac. Obs. l. 4. c. 9. [7] Deut. 20. 14. Plato de rep. l. 5. [p. 471. a.] [8] Oct. [vs. 864.] [9] Liv. l. 5. [c. 27.] [10] Curt. l. 4. [c. 45.] [11] Sen. Troad. [vs. 333. sq.]

Et qui respondet:

Quod non vetat lex, hoc vetat fieri pudor,

non satis dicit. Vetat enim hoc lex et quidem sanctissima naturae, quae homini homine prodige utendum negat. Seneca [1]: *aequi bonique natura parcere etiam captivis jubet. Hostem pugnantem*, inquit theologus [2], *necessitas deprimat non voluntas. Sicut bellanti et resistenti violentia redditur, ita victoriis capto misericordia debetur, maxime in quo pacis perturbatio non timetur.* Unde et apud Euripidem Eurystheus [3] negat puras fore ejus manus, qui ipsi non parceret, cui belli fortuna pepercisset. Eodem fere loco agricolas haberi convenit, inermes scilicet et qui patentes campos inhabitant paratique sunt armis cedere. Nam in istos quorsum saeviatur, cum non sint belli mora, sed, ut Pollio dicebat, praeda victoris? Aliud ergo erit, si non impedita agricultura hostes redderentur fortiores [4]. Et haec quidem de subditis bonae fidei, hoc est qui culpam nullam admisere, dicta sunto. *Sapiens*, ut apud Senecam [5] est, *hostes dimittit salvos, aliquando etiam laudatos, si honestis causis, pro fide, pro foedere, pro libertate in bellum accincti sunt.* Nam nocentes omnino puniendi sunt ex lege quinta [6]: cujus legis jus non item sicut alterum illud cum victoria cessat, quod cuivis paulo rem penitius introspicienti patet. Isti igitur etiam corpore poenam subire debent, si modo delictum tale supplicium desiderat: qua in re non aliud in bello, aliud in forensi judicio statuendum est [7]. Egregie Plato [8] hactenus in bello dissidium probat, μέχρις οὗ ἂν οἱ αἴτιοι ἀναγκασθῶσιν ὑπὸ τῶν ἀναιτίων ἀλγούντων δοῦναι δίκην. *Donec ii qui in culpa fuerint cogantur innocentibus, qui priores dolore affecti sunt, poenas luere.* Gylippus in oratione contra

---

[1] de clem. l. 1. c. 18. [2] August. ad Bonif. ep. 1. citatur in c. noli. [Decr. Grat. p. 2. 23. 1. 3.] [3] Heracl. [vs. 1009. sqq.] [4] Wilh. Math. in req. 2. p. 2. [5] de clem. l. 1. c. ult. [6] Vict. n. 46. [7] Vict. n. 47. [8] de rep. l. 7. [p. 471. b.]

captivos Athenienses apud Siculum [1] ab his, qui malitia et cupiditate sua in clades inciderunt frustra fortunam accusari dicit, frustraque affectari supplicum nomen. Servari enim ista praesidia hominibus, quorum cum purus esset animus sola fortuna peccavit. Nam qui istius essent juris auctores infelicibus misericordiam, per injustitiam delinquentibus poenam proposuisse. Deinde concludit: διόπερ ἑκουσίως ἑλόμενοι πόλεμον ἄδικον εὐψύχως ὑπομενόντων τὰ τούτου δεινά. *Quare cum bellum injustum sponte inceperint, ejusdem infortunia fortiter ferant.* Eumdemque in sensum Themistius [2] deberi dicit casui veniam, errori castigationem, iniquitati poenam. In tertio autem genere eos ponit, qui rebellionis fuerunt auctores, in secundo, qui impetu quodam belli abrepti sunt, in primo, qui parti tum forte validiori succubuerunt. Sicut de Atheniensibus dicit Vellejus, eos Mithridatis temporibus ab inimicis oppressos, oppugnatos ab amicis et animos extra moenia, corpora necessitati servientes intra muros habuisse. Quo exemplo probari potest illorum distinctio, qui alios esse hostes dicunt, alios apud hostes. Ad hunc igitur modum victor judicis nactus potestatem animadversionem temperabit. Et de corpore hactenus. Ad bona vero quod attinet, cum satis alibi [3] sit explicatum eripi ea posse ad propulsandum periculum, quod vitae aut rebus imminet, acquiri vero ex causa debiti, quorum illud ex primi ordinis, hoc ex tertii legibus descendit, quid hic in subditis statui debeat visu non est difficile. Subditos enim, quatenus jus nostrum etiam innocentes impediunt, bello subjici ante [4] dictum est. Facultatibus autem suis impediunt nos omnes, etiam qui ipsi non militant [5], cum tributa conferunt, quibus ea parantur, quae nos in vitae adducunt discrimen neque tantum vetant nostra recuperare, sed nova insuper cogunt amittere [6]. His

---

[1] Diod. Sic. l. 13. [c. 29.] [2] in oratione ad Valentem [p. 111. vs. 15.] et in altera ad Valentinianum. [p. 148. vs. 3.] [3] c. 3. in demonstr. art. 1. Vict. n. 39. 55. [4] ad art. 2. concl. 6. [5] v. c. 2. [6] Silv. in v. Restitutio. 3. in fine.

igitur privandi sunt, si modo aequum non est nos, cum juri nostro insistimus, ejus rei poenas ferre: neque distinguenda est subditorum conditio, cum hae leges, ut aliquoties repetivimus, animum adversantis non respiciant sed factum. Sed non ipsis duntaxat extorqueri, verum et nobis easdem res applicari posse ita colligitur, quia sive ab illis subditis raptae sunt, quos aut ob noxam suam aut causam quamvis aliam obstrictos nobis privatim habemus, nihil est justius quam armis repeti quod aliter non potest, sive respublica est quae in nos deliquit [1] aut alio nomine in aere est nostro, cum jam constet subditorum bona pro republica obligari [2], quominus et haec in solutum capi possint nihil vetat: dum tamen amplius nihil sumatur, quam nobis debitum est, in quo et damnorum restitutio et sumtuum continetur. Haec autem causa etiam post victoriam manet [3], cum prior illa sublata est, ad periculi propulsationem. Neque enim alio fine bella gerimus, quam ut jus nostrum victoria consequamur. Livius: *Ubi omnia ei qui armis plus potest dedita sunt, quae ex iis habere victor, quibus multare eos velit, ipsius jus et arbitrium est.* Omnes igitur subditi et semper spoliari poterunt, occidi non item. Nam si periculum nostrum adspicimus, multi sunt qui vi corporis nobis nihil obstant, quorum ideo corporibus vim aliquam inferri nihil profuerit: at bonis nemo non hostium nobis nocet, ut maxime non velit. Sin ad jus crediti convertimur, obligata sunt pro republica subditorum bona, non autem corpora [3]. Unde et in repressaliis cum ereptio rei permittatur, prohibetur offensio personae [4]. Non valet igitur ductum a rebus ad personas argumentum. Non enim cui minus aliquid licet statim et quod majus est permittitur. Hujus autem sententiae quamquam rationes minus apud alios exploratae sunt, auctores habemus et theologos omnes et le-

---

[1] Vict. n. 56. [2] V. paulo superius. [3] Vict. n. 50. et 57. [4] V. Ayalam l. 1. c. 4. n. 6. [5] Bart. de repress. 8. princ. n. 1. Silv. in v. Repressaliae. in princ. in req. 6. Covarr. in c. peccatum. §. 9. n. 4. in fine.

gum peritos [1]. Tradunt enim, id quod dicitur praedam justo bello capientis fieri, de bonis intelligendum non ejus modo qui injuste pugnat, sed omnium ipsius subditorum non feminis non infantibus exceptis, donec juste pugnanti de debito suo vel injuria vel offensione illata vel damno sibi suisve dato atque eo quod intersit omnino satisfactum sit, hostisve paratus sit satisfacere aut juri se pariturum offerat. Neque de caetero hic spectari, num persona sit innocens, Cajetanus et inter Hispanos Covarruvia [2] testatur. Et alter Hispanus [3]: *si hostes nolunt restituere res injuria ablatas et non possit qui laesus est aliunde commode recuperare, potest undecunque satisfactionem capere sive a nocentibus sive ab innocentibus, ita ut non mercatores non agricolae excipiantur.* Ita ille: quod autem alii [4] hac etiam in parte navigantibus et mercatoribus temperandum putant, id ita ipsi explicant, ut navigantes eos comprehendant, qui vi tempestatis alienum in littus abripiuntur, et mercatores externos duntaxat publicasque ad nundinas venientes. Mercatoribus autem subditis ne repressaliae quidem abstinent. Et haec vera sunt, nisi aut personis quibusdam aut ordini hominum aut loco sit promissa securitas [5] pactis aut tacito utrimque usu, propter fidem scilicet, de qua mox agemus. Ita legimus Indos agricolis pepercisse. Et in concilio Lateranensi [6] praeceptum *ut presbyteri, monachi, conversi, peregrini, mercatores, rustici euntes vel redeuntes vel agricultura existentes, et animalia quibus*

---

[1] Thom. 2. 2. q. 66. art. 8. ad 1. Ant. de Butrio in c. olim. de rest. spol. [Decretal. 2. 13. 12.] Host. ad tit. de poena. in Summa et post illum Joh. Lupus in tract. de bello §. si bene advertisti [Ocean. Jur. vol. 16. p. 322.] Inn. in d. c. olim. Joh. Faber ad §. item bello capta. Inst. de rer. div. [I. 2. 1.] [2] Cajet. in Summ. pecc. in v. Belli damna. Covarr. ad reg. peccatum. p. 2. §. 11. [3] Vict. n. 39. et 41. [4] Bart. de repress. 7. princ. n. 15. Bell. 5. contr. 3. c. 15. Silv. in v. Repressaliae. §. 8. [5] Wilh. Math. de bello justo et licito. req. 2. p. 4. Cajet. in Summ. pecc. in v. Belli damna. [6] c. 2. de treuga et pace. [Decretal. 1. 34.]

arant et semina portant ad agrum congrua securitate laetentur. Et hic etiam mercatores tantum extraneos intelligi par est. Cajetanus [1]: *per mercatores intelligo non negotiatores qui ibi resident, sed illos qui hospitantur aut transeunt. Quoniam mercatores incolas non video melioris esse conditionis, quam artifices.* Sed totum hoc edictum juris pontificii, quod *Treugam canonicam* vocant, doctores [2] usu hodierno receptum negant: neque vero causam perpetuam habet. Illud autem perspicuae est veritatis, rem alienam, quae ad hostem non pertineat, hoc autem est, nec ad socios nec ad subditos, etsi penes hostem sit, capientibus non magis posse acquiri, quam creditori rem commodatam aut furtivam in bonis debitoris repertam. Induci hic obiter potest frequens illa et multum aliis [3] agitata quaestio, quid hosti liceat in advenas qui apud hostes sunt, inque eos qui hostem mercibus juvant. Ac primum nullam hic esse vim loci, in quo quispiam deprehenditur, satis perspicuum est. Locus enim ipse causa obligationis non est. Obligatos autem esse oportet, quos liceat spoliare [4]. Subjacent igitur bello inquilini, si modo pars sunt reipublicae adversariae, non minus quam alii subditi. Pars autem, quod hanc quaestionem attinet, intelligi debent, qui eo sunt jure ut ad tuitionem ejus reipublicae et tributa conferenda compelli possint. Nam, ut Agathias [5] recte explicat, hostis non natalium loco censendus est, sed ex studio, si ea faciat quae hosti placent aut hostem juvet. Quod ad mercium travectores attinet, exploratum est apud theologos et jurisconsultos obligari neminem ex damno post factum suum secuto, nisi qui causam dederit, neque ex damno quod ante factum suum accidit, nisi qui causa fuerit impediendae restitutionis. Neque sufficit causam dedisse quomodocunque, sed ut dolus aut saltem culpa adsit requiritur. Qui igitur arma aut alia quaevis, quae proprium in bello

Nova declaratio.

---

[1] in Summ. peccat. in v. Belli damna. [2] Pan. ibi. Wilh. Math. req. 2. p. 2.
[3] Alber. Gent. de jure belli l. 2. c. 22. [4] Silv. in v. Repressaliae. §. 5. [5] l. 3.

8

usum habent, hosti transmiserit [1], justum bellum gerenti eatenus obligatur, quatenus videri potest aut damno insequenti causam dedisse, aut ejus quod ante datum erat satisfactionem impedivisse. Cum enim factum ipsius bello sit accommodatum, non est extra culpam, qui causae injustae quamvis imprudens adstitit [2]: similis illi scilicet, qui debitorem misericordia motus carceri exemit, aut reo fugam monstravit, aut in causa † . . . . litis patrono [3], quos omnes ad restitutionem simpliciter obligari constans eruditorum sententia est. Et hoc est quod Amalasuntha * Justiniano respondet hostium loco esse, qui hosti ad bellum necessaria subministrant [4]. Sin merces ejusmodi fuerint, quae per se bello non inserviunt, sed tamen parti injustae belli in longum ducendi praestant occasionem, si quidem travector scire hoc debuit, idem dicendum est. Alioqui non est putandus in culpa esse, nisi a republica justum bellum gerente hoc ipsum illi cum justitiae demonstratione denuntiatum sit [5]. Argumentum hujus distinctionis illustre ex Seneca [6] colligi potest, qui in gratia

---

[1] V. c. ita quorumdam. et c. ad liberandam. de Judaeis. [Decretal. 5. 6. 6. et 5. 6. 17.] l. 2. C. quae res export. non deb. [C. 4. 41.] [2] Silv. in v. Restitutio. p. 3. §. 12. sextum. et septimum. [3] Silv. in v. Advocatus. §. 16. [4] Procop. Bell. Gotth. l. 1. [vol. 1. p. 315. c. d.] [5] V. c. significavit. cum c. quod olim. de Jud. [Decretal. 5. 6. 11. et 12.] et Extrav. de Jud. [Extrav. 8. 1.] C. quae res ven. non poss. et quae res export. et de commerciis., per totos titulos [C. 4. 40. 41. et 63.] Wilh. Math. de bello justo. req. 2. p. 2. [6] de benef. l. 7. c. 20.

† [Hoc loco tria vel quatuor verba in manuscripti margine deleta sunt. Quid Grotius scripserit e levibus quae supersunt vestigiis expediri non potest. Auctor ipse in opere *de jure belli et pacis*, III. 1. 5. in consimili causa exempla affert, quibus hic quoque utitur, debitoris carceri exemti et rei cui fuga monstrata est, sed cum tertium exemplum omiserit, illa nobis lucem nullam praebere possunt. Silvester, cujus Summam Grotius allegat in v. Advocatus. §. 16. haec verba habet, quae Grotius spectasse videtur: *advocatus tenetur ad restitutionem omnium, quae illi, contra quos advocabat, propter ipsius patrocinium injuste amiserunt.*]

* [Amalasuntha apud Procopium non dicit hostis loco esse, qui hosti necessaria subministret, sed contra socii et amici nomine dignum videri, qui alterum in bello suis opibus juvet. Ipsa enim Justiniano hoc modo adstiterat in bello ejus adversus Vandalos.]

referenda tyranno eum vult modum servari, *ut*, *si beneficium illi meum neque vires majores daturum est in exitium commune, nec confirmaturum quas habet, id autem erit, quod illi reddi sine pernicie publica possit, reddam.* Deinde: *pecuniam, quae satellitem stipendio teneat, non subministrabo.* Item: *militem et arma non suggeram.* Naves se lusorias missurum affirmat, triremes negat. Quanto igitur plus damni ob talem operam contigisse judicabitur, quantumve impedimenti objectum, quominus hostis juri parere cogeretur, in tantum praeda ad satisfactionem procedet, sine ullo novo judicio, cum istud ipsum belli quaedam sit consequentia. Haec autem omnia ita in genere vera sunt, ut tamen semper praevalere debeat id quod inter gentes, de quibus agitur, communi jure receptum est. Sed ut ad quaestionem de subditis redeamus, collecta fuit sententia, quam memoriae his verbis *Coroll. I.* infigamus: *Juste corpora laeduntur subditorum quatenus delicto merentur* [1], *aut quatenus inscientes exsecutionem impediunt: praeda autem juste capitur ab omnibus et semper usque ad debiti summam.* De legibus secundi ordinis, quatenus cum belli administratione concilientur, vidimus: ad regulam tertiam vocamur. Quidquid igitur promisimus, quod quidem in nostra fuit potestate, id cum damno etiam nostro praestare debemus. Neque hoc pugnat cum lege secunda [2]. Nostro enim arbitrio res nostrae subjacent, earumque dispensatrix est regula quam dixi tertia: quod ex his quae in principio dicta sunt clarius intelligitur. Si igitur jus gentium spectemus, non civile aliquod, omnino hosti fides servanda est, ut docet Tullius [3], etiam perfido, ut Ambrosius [4]: quod ita intelligendum est, nisi ab eo ipso contractu, ex quo fides postulatur, hostis prior recesserit [5]: cum enim mutua sit obligatio [6], quasi conditio polliciti defecisse videbitur. Hoc uno excepto [7]

[1] V. Thom. 2. 2. q. 40. art. 1. Bal. cons. l. 4. 329. Vict. n. 50. 52. 54. Silv. in v. Bellum. 1. §. 10. concl. 7. [2] V. c. 2. [3] de off. l. 1. [c. 13. §. 39.] et l. 3. [4] de off. l. 2. [5] Wilh. Math. de bello justo. in req. 2. p. 1. [6] ex ead. reg. 3. [7] Silius l. 14. [vs. 169. sqq.]

optimus ille
Militiae, cui postremum primumque tueri
Inter bella fidem.

Ita ut nec metus accipienda sit excusatio, cum etiam qui mali vitandi causa quidquam promisit, negare non possit hoc se quam alterum maluisse. Voluntas igitur hoc modo coacta voluntas est, et adversario significata obligat. Qua in parte theologorum [1] magis sententiae, quam jurisperitorum standum est. Illi enim rationem sequuntur naturalem, hi vero instituta civilia, quae utilitatis alicujus causa permittunt fieri saepe, quod alioqui facere non licet. *Nova declaratio.* Voluntas autem non federibus tantum et pactis, sed tacitis etiam judiciis adstringitur. Si quis igitur praesidia alicujus intrat, ita ut sub ipsius sit possessione atque potestate, is in id tempus partem se quodammodo facit ejus corporis, et nihil se contra ejus salutem statumve imperii machinaturum silentio satis profitetur. Ita proditores et immissos sicarios, multoque magis veneficos detestamur [2], hoc etiam sensu ut non minus jubendo quam exsequendo delinquatur, eademque culpa et emtorem scelerum teneat et venditorem, videmusque haec talia veteres Romanos numquam usurpasse. Caeterum belli insidiae justae sunt omnes, quas prudens hostis non immerito metuat et in quibus nulla est amicitiae simulatio. *Cum quis justum bellum susceperit, utrum aperte pugnet an ex insidiis nihil ad justitiam interest* [3]. Et hactenus Ulpiano et Socraticis [4] assentimur bonum esse dolum qui adversus hostem usum habet. Quod igitur modo diximus, juste geri bellum ab his qui sponte gerunt, quatenus intra jus manet et intra personas juri obligatas, interpretationem hanc

---

[1] Fern. Diac. ad ducem Regini. reg. 5. V. Silv. in v. Bellum. 1. n. 9. Pantheol. Rain. Pisani. in v. Bellum. c. 5. Mart. Laud. q. 24. [2] V. Alb. Gent. de jure belli. l. 2. c. 3. 4. 5. et seq. [3] August. Quaest. l. 6. q. 10. citatur in c. Dominus. [Decr. Grat. p. 2. 23. 2. 2.] [4] l. 1. §. non fuit. ff. de dolo. [D. 4. 3. 1. §. 3.] Plato de rep. l. 2. [p. 382. c.] et l. 3. [p. 389. b.] Xenoph. Comm. l. 4. [c. 2. §. 15. sq.] Mart. Laud. q. 44.

recipit sive additamentum *et quatenus fides permittit.* Nunc quomodo subditi juste bellum gerant, explicandum est: neque enim ab illis suscipi satis patet [1]. Materia belli voluntarie agentibus ipsum jus fuit, subditis praeceptum superioris: ut igitur illis jus, ita his praeceptum egredi tuto non licet [2]. Legum enim convenientia, ut alibi ostendimus [3], ratione subditorum in ea opinione consistit, qua superiorum jussa congrua justitiae arbitrantur: hoc autem illos tueri non potest, cum mandati fines non observant. Eatenus igitur juste bellabunt, quatenus mandatum accipiunt: non enim idem omnibus injungitur. Et bona quidem in bellorum usus conferre commune est omnium, corporis autem ministerium bello adhibere, quod militare dicitur, non omnes jubentur: neque sane expedit [4]. Ordine enim et dilectu opus, sicut et rerum judicatarum exsecutio non penes unumquemque est, sed penes eos duntaxat, qui jussum acceperunt [5]. Fit autem hoc aut nominatim, aut inter caeteros, ut ita dicam, hoc est per evocationem ut in tumultu, quo celebris illa vox consulum [6] spectat: *qui rempublicam salvam volunt me sequantur*, et in justis proscriptionibus [7]. Neque tantum ἀμέσως sive directe, sed ἐμμέσως perque interpositam personam. Ecce enim respublica aut Princeps belli ducem legit, qui accepta potestate constituit tribunos et centuriones, et hi militem legunt [8]. Sine mandato autem juste non militari Cato satis intellexit [9], qui filium missum factum monebat ut caveret, ne praelium iniret, nisi novo militiae sacramento obligatus: neque enim jus esse, qui miles non sit, pugnare cum hoste. Vis autem haec mandati in singulis etiam actionibus spectatur. Peccant igitur milites, qui nulla ducum auctoritate populationibus et incen-

Concl. VII. artic. III. pars II.

---

[1] in pr. capitis. [2] in concl. *6.* [3] ad concl. *6.* art. 3. [4] c. de occidendis. [Decr. Grat. p. 2. 23. 5. 8.] [5] l. ult. C. de judic. [C. 3. 2. 4.] l. mil. §. qui judic. ff. de re jud. [D. 42. 1. *6.* §. 2.] [6] Serv. ad Aeneid. l. 8. [vs. 1.] [7] Silv. in v. Assasinus. q. 3. [8] l. 1. §. magistrum. ff. de exerc. act. [D. 14. 1. 1. §. 1.] [9] Cic. de off. l. 1. [c. 11. §. 37.]

diis grassantur [1]. Quin olim punitos etiam scimus, qui injussu imperatorum adversus hostem rem quamvis bene gessissent [2], ut contra merito laudatur Cyri ille miles, qui strictum jam ensem in proelio repressit, simul receptui signa cecinerant. *Conel. VII. artic. IV.* *Juste igitur bellum eatenus subditi gerunt, quatenus superior jubet.* Hoc si in actionibus singulis verum est, etiam in praeda obtineat necesse est [3], quae ut ex bello nascitur ita jus sequitur belli. Cum ergo bella respectu subditorum justa sint utrimque, uti demonstratum est [4], quae probabili superiorum imperio geruntur, sequitur et praedam utrimque non injuste capi atque etiam licite retineri [5]. Cur enim magis rapinae conscientia gravetur, qui rem hostilem donante republica aut magistratu accipit, cum illis donandi jus esse putet, quam caedis, si quem iisdem jubentibus occidat? An si rem sententia publicatam a fisco emam nihil mihi de ejus sententiae justitia necesse erit inquirere, in bello autem non idem observabitur? Recte igitur theologi [6] affirmant eum, qui bona fide pugnavit, tuto etiam, quod ad conscientiam attinet, res bello captas detinere et, quamvis postea de belli injustitia erudiatur, ad ea tamen quae consumsit restituenda non teneri, nisi in quantum factus est locupletior. Semper enim hoc privilegium bonae fidei possessoribus competit, quo nomine cum omnes comprehendamus, qui rem a non domino acceperunt quem dominum putabant [7] eo titulo, qui a domino vero dominium transtulisset [8], subditos illos non possumus excludere. Datur enim praeda subditis, ut alibi [9] dicemus, publica concessione et velut dono: qui justus est titulus. Quisquis autem rempublicam aut magistratum juste bellum

---

1 Vict. n. 53. Silv. in v. Bellum. 1. §. 11. concl. 4. 2 Silv. ib. §. 7. concl. 8. Mart. Laud. q. 22. per l. desert. §. in bello. ff. de re mil. [D. 49. 16. 3. §. 15.] et q. 47. 3 V. concl. 3. 4 coroll. c. 7. 5 Silv. in v. Restitutio. p. 3. §. 7. ibi. tertium. 6 Silv. in v. Bellum. §. 10. concl. 3. Vict. n. 33. Cajet. in Summ. pecc. in v. Belli damna. 7 Inst. de rer. div. §. si quis a non domino. [I. 2. 1. §. 35.] 8 l. bonae. ff. de verb. sign. [D. 50. 16. 109.] 9 c. 10.

putat gerere, simul etiam jus illis competere putat in bello capta [1]. Nam et hic acquirendi dominii modus est, omnino similis ei qui fit per rem judicatam [2]: si enim juste pugnaret respublica, judex in hostes etiam externos constitueretur [3]. Et hic igitur convenit quod dicere solemus, juste eum possidere, qui praetore auctore comparat aut possidet [4]. Sicut igitur bellum, ita et *depraedatio rerumque captarum detentio subditorum respectu ex utraque parte justa datur: praecedente scilicet jussu, cui ratio probabilis non repugnet.* An vero utrimque et dominium, hoc est jus illud irrevocabile, quaeratur, inquisitione indiget. Omnino ausim affirmare jure gentium primario, quod ex natura defluit, hoc ipsum non contingere. Neque enim opinio cujusquam [5] eousque sufficit, ut domino nolenti dominium auferat. Et naturaliter obligamur ad restitutionem, non tantum iniqua acceptione rei alienae, sed qualicunque possessione: unde nec praescriptiones eo jure receptas verissima sententia est [6]. Sed defendi potest jure gentium secundario, quod esse sui origine civile diximus [7], idem illud procedere. Videntur enim populi conscivisse, ut bello capta utrimque capientium fierent [8], nec ejus rei deesse rationes. Diligentius enim rempublicam defendunt cives bellique onera promtiores sustinent rei privatae vinculo [9], cum spes quodammodo praecisa est semel amissa recuperandi. Nec reipublicae quidquam abscedit, cui aut victae jus foret inane sine viribus, aut victrici inter caetera, quae in dominio hostium fuerunt, etiam bello erepta acquirerentur. Magnum autem hujus rei argumentum est, quod facta pace, de quibus non

Coroll. II.

Nova declaratio.

---

[1] ex concl. 3. [2] l. naturalem. §. ult. ff. de acq. dom. [D. 41. 1. 5. §. 7.] [3] V. ad reg. 9. [4] l. juste possidet. ff. de acq. poss. [D. 41. 2. 11.] l. qui auctore. ff. de reg. jur. [D. 50. 17. 137]. [5] l. 2. ff. de iis qui sunt sui vel al. juris. [D. 1. 6.] l. solvendo. ff. de neg. gest. [D. 3. 5. 39.] l. distractis. et l. debitorem. C. de pign. [C. 8. 14. 14. et 15.] l. 3. C. de rei vind. [C. 3. 32.] [6] Vasq. contr. ill. l. 2. c. 51. n. 23. [7] V. reg. 8. [8] V. in simili Vict. n. 49. [9] l. in bello ff. de capt. in pr. [D. 49. 15. 12.]

expresse convenit ut redderentur, haec ut belli praemia penes possessores manent[1]. Videtur igitur, cum pactione efficiendum sit ut recipiantur, jus commune in contrarium praecedere: hoc autem aliud esse non potest, quam ex tacito civitatum consensu. Potest et illud eidem rei documento esse, quod omnes res quae bello capiuntur aut in postliminio sunt, aut extra postliminium. In his quae postliminium non habent, cum recepta ad priores dominos non redeant, certum est amissum esse jus dominii hostesque dominos re vera factos. Ea vero quae in postliminio sunt non in dominio permansisse, sed in dominium restitui putanda sunt, quia postliminium dicitur jus esse rei amissae alienataeque recipiendae [2], ita ut recepta pro iis habeantur, quasi hostes numquam iis potiti essent: clareque traditum est, ubi dominium retinetur, nihil esse opus postliminii. Idem ex eo colligi potest, quia redemta ab hostibus dicuntur protinus fieri redimentis, sed offerenti pretium jus postliminii dari. Haec autem omnia tam ex una parte, quam ex altera obtinere apertissimi juris est [3]. Et sane haud scio an ulla sit natio, quae aliter existimet. Nam et in sacra historia praeda Davidis dicitur id, quod David Amelecitis, Amelecitae autem suis hostibus eripuerant [4]: unde apparet dominium bis esse translatum. Fuit ista doctissimi Fulgosii sententia, quam Jason sequitur [5]. Romani quidem observantissimi aequitatis apertius hoc ipsum constituerant, quam ut dubitatio relinqueretur [6]. Ne pontificii quidem juris interpretes [7] dissentiunt. Unde sequi videtur subditum, qui bel-

Jus postlimini.

---

[1] l. si quid bello. ff. de capt. [D. 49. 15. 28.] Cujac. ad. l. 5. ff. de pact. [D. 2. 14.] et Observ. l. 19. n. 7. [2] l. postliminium. ff. de capt. [D. 49. 15. 19.] Cic. Top. [c. 8. §. 36. sq.] l. in bello. §. caetera. ff. eo tit. [l. 12. § 6.] l. non dubito. et l. hostes. [l. 7. et l. 24.] d. l. in bello. §. si quis servum. [l. 12. eo tit. §. 7.] [3] Fest. in v. Postliminium. d. l. in bello. §. manumittendo. [§. 9.] [4] Sam. 1. 30. 20. [5] uterque ad l. ex hoc jure. ff. de just. et jure. [D. 1. 1. 5.] [6] Inst. quibus modis jus pot. §. qui ab host. [I. 1. 12. §. 5.] Dig. de capt. toto tit. [D. 49. 19.] [7] gl. in c. jus gentium. [Decr. Grat. p. 1. 1. 4. 9.] Pan. ad c. sicut. de jurejur.

lum gessit bona fide, etiamsi postea discat bellum injustum fuisse, ad restitutionem eorum, quae ex praeda obtinet, nullo modo obligari: quod enim semel recte mihi quaesitum est, id ut meum esse desinat nisi facto meo contingere non potest [1]. Cui simile est, quod bonae fidei possessor fructus suos facit [2], qui naturaliter essent veri domini, et si quis rem alienam bona fide usucepit, is justus fit dominus, non quia in tempore vis ulla est dominii adjiciendi, sed quia lex civilis jus facit [3], qua si quis utitur, injustus aut irreligiosus dici non potest: adeo quidem ut a plerisque [4] recte traditum putem eum, qui bona fide praescriptionis tempora implevit, ex mala fide sequenti ad restitutionem ne in conscientia quidem obligari: jam enim ex lege dominium habet [5]. Quod autem Ayala Hispanus [6] voluit, etiam cum liquido de injustitia belli constat, capta tamen acquiri, id mihi nullo modo probari potest: nam nec esse legem qua hoc introductum sit [7], neque si foret tolerandam puto exemplo aliarum, quae praedonibus favent, cum et ratione nulla nitatur et ad peccandum homines invitet. Inter legitimos igitur hostes jura ista obtinent, ut in constitutione Severi [8] exprimitur: illos autem legitimos sive justos esse diximus [9], qui probabilem magistratuum auctoritatem sequuntur: caeteros autem nihil a latronibus differre [10], a quibus capta dominum non mutant nec postliminio indigent [11]. Quare cum in bello civili vix possit utrimque contingere aequa auctoritas, aut etiam, quia non eo modo cives, quo respublicae in hanc alienationem consenserunt, neque vero ratio eadem est, cum pace constituta facilius inter illos judicia procedant, his de causis id quod

---

[1] l. id quod nostrum. ff. de reg. jur. [D. 50. 17. 11.] [2] l. fructus pendentes. ff. de rei vind. [D. 6. 1. 44.] [3] c. qui peccat. [Decr. Grat. p. 2. 23. 4. 40.] [4] Vasq. l. 2. c. 74. Scotus in 4. dist. 15. Silv. in v. Praescriptio. p. 1. §. 13. [5] Vasq. l. 1. c. 28. n. 21. [6] l. 1. c. 2. n. 34. [7] canonistae in c. ult. de praescript. [Decretal. 2. 26. 20.] [8] l. 1. C. de capt. [C. 1. 3.] [9] ad 2. art. coroll. c. 7. [10] c. 7. princ. [11] l. hostes. ff. de capt. [D. 49. 15. 24.]

diximus in externis duntaxat bellis, non etiam in civilibus locum habet [1]. In externis igitur capiendo acquiritur, hoc est ex consensu illo nationum universali, accedente possessione non quidem ambigua, sed tuta quodammodo et secura. Nec enim prius dominium amittere [2] videmur, quam cum rei persecutio cepit esse difficilis, ita ut non facile speretur recipi posse. Id autem in jure militari contingere tunc intelligitur, cum res intra praesidia finesque hostium perducta est. Alii [3] hoc non loco sed tempore definiendum putaverunt, ut scilicet viginti et quatuor horarum spatio dominium amitteretur, qui dies est civilis: minus quidem recte, ut ego arbitror, nisi quod in mari captis navibus hoc ipsum non sine ratione receptum videtur. Jure igitur gentium [4], non illo naturali, sed positivo et quasi de pacto saltem inter plerosque *Coroll. III.* populos inito, *justa rerum bello publico externo captarum acquisitio utraque ex parte respectu subditorum datur, jussu scilicet praecedente, cui ratio probabilis non repugnet* [5].

CAPUT IX.

DE FINE BELLI.

QUAESTIO VIII.

ART. I. QUIS SIT JUSTUS BELLI FINIS VOLUNTARIIS.

ART. II. QUIS SIT JUSTUS BELLI FINIS SUBDITIS.

Justitiae fruendae causa bella a piis geruntur: quae, ut egregie Polus Lucanus [6] philosophus explicabat, eadem in societate

---

[1] l. si quis. §. in civil. ff. de capt. [D. 49. 15. 21. §. 1.] [2] l. Pomponius. ff. fam. ercisc. [D. 10. 2. 8.] l. Pomponius. ff. de acq. rer. dom. [D. 41. 1. 44.] l. naturalem. §. examen. eo tit. [D. 41. 1. 5. §. 4.] l. postliminii. §. 1. ff. de capt. [D. 49. 15. 5. §. 1.] [3] arg. l. 3. §. eum igitur. ff. de vi et vi arm. [D. 43. 16. 3. §. 9.] Duar. ad l. 1. de acq. poss. [D. 41. 2.] [4] in Const. Gall. l. 20. tit. 13. art. 24. [5] Vasq. l. 1. c. 9. n. 17. Et Covarr. ad reg. peccatum p. 2. §. 11. Hinc mirum est. [6] ap. Stob. [floril. l. 9. n. 54.]

pax dicitur, in subditis vero adversus imperantes promtum obsequium. De priori, quod ad voluntarie agentes pertinet, prius videamus. Pax igitur fructus justitiae est: et Plato [1] leges cum verae justitiae gratia et cum pacis ergo institutas dicit, idem significat. Vult Cicero [2] ita bellum suscipi, *ut nihil aliud quam pax quaesita videatur*. Sed alibi [3] pacem non dicit esse dicendam eam quae *pactio sit servitutis*, sed *tranquillam libertatem*. Idem [4] utrumque conjungit: *suscipienda bella sunt ob eam causam, ut sine injuria in pace vivatur*. Sapientes Crispo auctore [5] *pacis causa bellum gerunt et laborem spe otii sustentant:* sed interpretatur ipse [6], cum dicit: *majores nostri religiosissimi mortales nihil victis eripiebant praeter injuriae licentiam*. Inter theologos Augustinus [7] *non pacem quaeri* ait, *ut bellum exerceatur*, *sed bellum geri*, *ut pax acquiratur*. Pax autem illi dicitur *ordinata concordia* [8]. Et veteres theologi [9] ad historiam Melchisedeci explicant pacem et justitiam non re, sed nominibus differre. Non igitur pax qualiscunque bellanti proposita esse debet, sed ea demum, quae justa atque honesta est. Nam alioqui frustra bella susciperentur, quae tum fere necessitas exprimit, cum dantur, ut ille [10] ait, *jura armis saeviora*. Cavenda igitur pax, monente Tullio [11], quae insidias contineat. *Est enim pace aut misera aut suspecta tutius bellum*, Tacito [12] suasore. Demosthenis egregium est dictum πόλεμος ἔνδοξος εἰρήνης αἰσχρᾶς αἱρετώτερος. *Bellum gloriosum pro turpi pace eligi debet*. Thucydides [13] etiam *bello* dicit *pacem confirmari:*

---

[1] de legg. l. 1. [p. 628. c.] Arist. de rep. l. 7. c. 15. [p. 1334 1. vs. 22.] [2] de off. l. 1. [c. 23. §. 80.] [3] Phil. 12. [c. 6. §. 14.] [4] de off. l. 1. [c. 11. §. 35.] [5] Orat. ad Caes. [1. c. 6.] [6] Jug. [Haec non leguntur in Jugurtha, sed in Catilina. c. 12.] [7] Ep. 1. ad Bonif. citatur in c. noli. [Decr. Grat. p. 2. 23. 1. 3.] [8] de civ. l. 15. [9] Ep. ad Hebr. 7. 2. et Clem. Strom. l. 4. [p. 231. vs. 11. sqq. Sylb.] [10] Florus. [Epit. bell. omn. 4. 12.] [11] [haec videntur spectare locum Cic. de off. l. 1. c. 11. §. 35.] [12] Ann. l. 3. et Hist. l. 4. [c. 49.] [13] l. 1. [c. 36.]

at si quis amore pacis bellum reformidet eum non extra periculum fore: quod et clarius explicat cum dicit, *esse quidem modestorum hominum quiescere, nisi injuria lacessitos: sed et fortium, ubi injuria afficiantur, pacem cum bello commutare: rursumque re bene gesta, ubi tulerit occasio, depositis armis redire in gratiam. Neque*, ait, *aut bellorum successu extolli quemquam oportet, aut pacis otio delinitum contumeliam pati. Qui enim ob pacis voluptatem a belli ratione abhorret, is si desideat, quam celerrime tranquillitatis ista delectatione spoliabitur, qua captus ad arma sumenda segnior fuit.* Haec ille. Aquinas [1] etiam *geri quidem bellum* dicit *pacis gratia, sed bonae non malae. Esse enim et quamdam pacem, quam Christus se negat in mundum attulisse.* Et alii ab eo theologi [2] finem belli esse dicunt amovere ea, quae pacem perturbant. Pacem autem perturbari, cum quis injuste impugnatur, cum suum alicui aufertur aut damnum infertur, et cum justitia sive certa punitio denegatur [3]. Quae quidem singula ad amussim conveniunt his causis ex quibus bellum oriri diximus. Pax igitur bellanti proposita nihil est aliud quam injuriae depulsio, sive quod in idem recidit juris adeptio, non utique sui, sed interdum etiam alieni: quod in sociis manifestum est [4]. Nec minus tamen accidere potest in ipsis belli auctoribus, ut puta si hi quibus fit injuria oppressi ita sint, ut resistendi non habeant facultatem. Sic Abrahamus pro Lotho et Sodomi civibus bellum suscipit, sic Constantius pro Romanis contra Maxentium, Theodosius pro Christianis contra Chosroen Persam. Fortitudo, quae defendit infirmos, Ambrosio justitia dicitur [5]. Seneca [6] vult eum *qui patriam non meam impugnat, sed suae gravis est, et sepositus a mea gente suam exagitat, pravitate animi intercidisse mecum juris humani societatem, ita ut prior potiorque officii sit ra-*

Nova declaratio.

[1] Thom. 2. 2. q. 40. art. 1. ad 3. [2] Wilh. Math. in req. 2. p. 7. [3] in concl. 6. art. 1. [4] c. 6. [5] in fine c. 3. [6] de benef. l. 7. c. 19.

tio, quod humano generi, quam quod uni hominum debeo. Quis est bonus, inquit Cicero [1], *qui facit nihil nisi sua causa?* Tamen in hoc bono alieno etiam suum appetitur: interest enim securitatis omnium arceri injurias, ne qui eas faciunt, hoc ipso validiores, aliquando in nos etiam exsurgant, aut alii invitentur, si impunitatis multa exstent exempla. Illud etiam notatu non indignum est, sicut rempublicam diximus [2] bellum saepe suscipere publicum pro privata utilitate civis, ita et civem pro utilitate publica arma sumere, quod interdum accidit, cum oppressa respublica se totam vindicare non potest. Fecit hoc Nasica adversus Gracchum, cujus quidem factum a bonis omnibus laudatur, fecit Octavius contra Antonium, fecerant omnes tyrannicidae. Sed et istos manifestum est aliqua ex parte sui agere gratia. Nam sicut reipublicae interest statum civium privatim salvum atque florentem esse, ita multo magis civium rempublicam conservari. Praeterea omnes, qui ob jus alienum bello decertant [3], necessario jus suum ad consequenda damna et impensas cum eo conjunctum habent. Damnamus igitur omnes illos, qui ἐκ πλεονεξίας et iniquo animo bella gerunt etiam justis causis. Absit igitur a republica, magistratu, privato bellum suscipiente et socio, *profunda cupido imperii et divitiarum* [4], absint quae teste Seneca [5]

> *Rupere foedus, impius lucri furor*
> *Et ira praeceps.*

Hoc est Augustino [6] exprimente, *nocendi cupiditas, ulciscendi crudelitas*, et quae alia ex illo jam ante citavimus [7]. Nam ut idem antistes [8] docet, *apud veros Dei cultores etiam ipsa bella pacata sunt, quae non cupiditate aut crudelitate, sed pacis studio geruntur, ut mali coerceantur et boni subleventur.* Hoc est: *hi qui voluntarie agunt justo animo bel-* *Concl. VIII. artic. I.*

[1] ad fam. l. 7. ep. 12. [2] c. 6. [3] c. 4. [4] Sall. in fragm. [libr. 4. Hist. ep. Mithrid.] [5] Hippol. [vs. 540. sq.] [6] c. quid culpatur. [Decr. Grat. p. 2. 23. 1. 4.] [7] in fine c. 3. [8] de div. eccl. obs. citatur in c. apud. [Decr. Grat. p. 2. 23. 1. 6.]

lum gerunt, quod juris adipiscendi gratia gerunt. Nam in subditis, ut dicere occepimus [1], obsequium spectatur, quod in jure pontificio Gregorii verbis [2] exprimitur: *summa militiae laus inter alia bona merita haec est, obedientiam reipublicae utilitatibus exhibere.* Quare et ab his abesse debent ea, quae a voluntariis removimus. Sunt autem istis vitiis affines fere mercenarii, ut Plato [3] ex Tyrtaeo probat, qui scilicet sola spe lucri pericula contemnunt [4]. Antiphanis [5] non inelegans versus est de milite:

ὃς ἕνεκα τοῦ ζῆν ἔρχετ᾽ ἀποθανούμενος.

Qui nempe vitam ut quaerat in mortem ruit.

Non est vetitum militi salaria accipere teste Paulo [6], in quibus etiam praedam comprehendi largiente republica aut magistratu diximus et dicemus [7]. Sed hunc praecipuum tibi scopum proponere, ut ex praeda lucrum facias, vitiosum est. Similiter eos, qui officio publico funguntur, accipere honoraria recte scimus et in his interdum mulctas civium. Iniquum enim esset serviri omnium utilitatibus damno unius: sed alium tamen finem magistratus proponere sibi debet, bonum scilicet publicum. Hoc ipsum voluit Augustinus [8]: *militare non est delictum, sed propter praedam militare peccatum est: nec rempublicam gerere criminosum est, sed ideo gerere rempublicam ut divitias augeas videtur esse damnabile.* Hi vero qui damnum passi sunt ipsi, hoc dum reparant, etiam propter praedam recte militant, hoc est propter juris sui consecutionem, quae in praeda consistit. Sed quod diximus de animi rectitudine in eam tantum cognitionem venit, quae cogitationes introspicit [9], hoc est ubi Deus de homine, aut homo de sese judicat. At si quando in forum res ista veniat, puta si pacatus aliquis judex de praeda decernat, omittenda

---

[1] princ. cap. [2] c. ult. 23. 1. [Decr. Grat. p. 2.] [3] de legg. l. 1. [p. 630. b.] [4] Silv. in v. Bellum. §. 10. concl. 4. Cajet. in Summ. pecc. in v. Bellum dubium. [5] [ap. Stob. floril. l. 53. n. 9.] [6] Cor. 1. 9. 7. [7] c. 4 et c. 10. [8] de verb. Dom. citatur in c. militare. [Decr. Grat. p. 2. 23. 1. 5.] [9] Scot. 15. dist. 41. q. 4.

sunt illa, quorum indicia haberi non possunt. Imo et in conscientiae judicio peccat quidem qui non pro populo bellum gerit, sed non eo minus recte praedam retinet. Prudenter itaque scholastici [1]: *bonam intentionem non requiri ad licite retinenda, quae bello obvenerunt, sicut nec exsecutio, quae fit judicis jussu, ex animo censenda est exsecutoris.* Prava enim capientis intentio per se ad restitutionem numquam obligat [2]. At in foro externo idem dici potest de bona fide sive justitiae opinione, quam in subditis requirimus: ut ne haec quidem respiciatur, nisi forte injustitia sit omnino evidens. Unde sequitur in judicium id solum venire, de quo constare potest, videlicet imperium superioris, quomodo tradunt jurisconsulti omnes [3]. Quod si conscientiam respicimus, *subditi justo animo id bellum gerunt, quod gerunt ut obediant superiori.* *Concl. VIII. artic. II.*

CAPUT X.

QUAESTIO IX.

CUI PRAEDA ACQUIRATUR,

ART. I. IN BELLO PRIVATO.

ART. II. IN BELLO PUBLICO.

COROLL. QUATENUS PRAEDA HIS ACQUIRATUR, QUI SUIS IMPENSIS, DAMNIS, PERICULO, SUORUM MINISTRORUM OPERA, NULLA PACTA MERCEDE, BELLUM PUBLICUM GERUNT.

Res hostiles recte eripi recteque acquiri posse, satis ut arbitror demonstratum est [4]. Manet una controversia propria

[1] Cajet. ad. Thom. 2. 2. q. 40. art. 1. ad 2. ibi: in eodem est. Arias de bello. n. 18. [Ocean. jur. vol. 16. p. 326.] Covarr. in c. peccatum. de reg. jur. §. 9. n. 2. Summ. Ang. in v. Bellum. n. 3. Summ. Ros. n. 3. et n. 8. Silv. n. 2. ibi: tertium. [2] Thom. 2. 2. q. 66. art. 8. Cajet. in Summ. pecc. in v. Bellum injustum. [3] Hadrianus in c. aggredior. Cajet. d. q. 40. art. 1. ad finem. Covarr. ad reg. peccatum. §. 10. et 11. [4] concl. 2. item art. 3. et 4. et coroll. 2. et 3. concl. 7.

nostrae disceptationi, quis fiat rerum bello captarum dominus. Naturalem autem ordinem et hic servabimus, ut prius de privato loquamur, posterius de publico [1], quod ad perspicuitatem non parum confert. In commune autem ex his quae jam dicta sunt [2] sciri potest, eamdem esse naturam eorum quae bello et quae in causam judicati capiuntur [3]: nam sive publica accedit auctoritas, nihil a forensi exsecutione bellum differt, nisi quod ob potentiam adversarii armis agendum est: sive privata necessitate pugnetur, palam est ad jus illud rediri, quo unusquisque suus judex erat. Nemo igitur recte dominus fiet praedae, nisi qui jus, hoc est causam crediti habet. Omnino igitur eradicanda est ex hominum animis falsa opinio, quae velut sublata omni inter hostes humana societate, quidquid illorum fuit, exemplo τῶν ἀδεσπότων, hoc est *rerum vacantium*, in medio positum vult occupanti. Quamquam enim multae sunt veterum sententiae, quae huc inclinent, cum venationi comparant genus istud acquirendi [4], nec aliud significare videntur sententiae, quas ad asserendum jus praedae ex oratoribus et philosophis initio [5] allegavimus, et inter ipsos juris auctores Paulus [6] res bello captas illis accensere videtur, quae nullius sunt, atque adeo primo possessori quaeruntur, negari tamen non potest, quod ne interpretes quidem nostros [7] latuit, esse dissimilitudinem haud exiguam inter ea, quae nullius dominio subjecta umquam fuerunt, et ea, quae ad hostes pertinuisse confitendum est. Nam si tanto plus odiis quam naturae largimur, ut legem, quae alieno abstinere vetat [8], inter hostes abrogemus, nihil obstat quominus et pactorum fidem tollamus, et omne illud, quod fas armorum

---

[1] ex c. 6. [2] d. concl. 2. et d. art. 3. concl. 7. [3] art. 1. et 2. concl. 7. [4] Xen. Cyrop. [l. 2. c. 4. §. 19.] Plato Soph. [p. 219. d. e.] et de legg. l. 7. Arist. de rep. l. 1. c. 8. [p. 1256. 2. vs. 23.] [5] c. 4. [6] l. 1. ff. de acq. poss. §. 1. et l. 5. in fine. de acq. rer. dom. et pr. l. 7. [D. 41. 2. et D. 41. 1.] [7] Jas. ad d. l. 1. n. 1. Duar. ad eamd. Don. Comm. l. 4. c. 21. [8] [Dedi quod in Grotii autographo est, *vetat*. Lege, *jubet*.]

dicitur: quorum utrumque injustum esse Socrati in primo Politico disputanti [1] credimus. Nec effugit philosophorum notam Pindarus [2], cum dixisset: χρὴ δὲ πᾶν ἕρδοντ' ἀμαυρῶσαι τὸν ἐχθρόν. *Quidvis facere oportet ut inimicum perdas.* Ego et Tullium [3] audio: *Sunt autem quaedam officia etiam adversus eos servanda, a quibus injuriam acceperis. Est enim ulciscendi et puniendi modus.* Et te, secunde Romule, qui cum ludimagistrum remitteres [4]: *Nobis*, ajebas, *et Faliscis quae pacto fit humano societas non est: quam ingeneravit natura utique est, eritque: sunt et belli sicut et pacis jura.* Nec alio magis nomine Fabricium laudat Seneca [5], *boni exempli tenacem: quod difficillimum est, in bello innocentem: qui aliquod esse crederet etiam in hostes nefas.* Tollit bellum communionem civilem, non illam humani generis. Manet igitur etiam lex quarta, nisi quatenus secunda praevalet. Secundae autem vis ut diximus, in quinta etiam et sexta includitur. Unde sequitur rem hostilem nisi ob debitum acquiri non posse, hoc est, praeter possessionem debere causam accedere, quod quamquam alibi demonstratum est [6], hoc tamen loco repetere non abs re fuit. De praeda igitur belli privati cui quaeratur videamus. Sed quisquis hoc quaerit, is primum illud ponere videtur jus aliquod praedae ex bello privato oriri: quod interpretes plerique canonum et legum, et qui belli jura tractarunt videntur negare [7]. Aliquoties jam diximus *Paradoxon.* non esse, cur nobis semper placere debeat illorum sententia, qui contenti juris civilis cognitione ea, quae juris gentium [8] sunt, ex veris principiis discere supersederunt. Et meretur hic observari ratio definiendi quae a Fabro affertur. Is enim

[1] Plato de rep. I. [p. 335. d. e.] [2] [Isthm. 4. vs. 82.] [3] de off. l. I. [c. 11. §. 33.] [4] Liv. l. 5. [c. 27.] [5] Ep. 120. [6] princ. c. 4. [7] Inn. et Pan. in c. olim. de rest. spol. [Decretal. 2. 13. 12.] et in c. sicut. de jurejur. [Decretal. 2. 24. 29.] Bart. ad l. hostes. ff. de capt. [D. 49. 15. 24.] Jas. in l. ex hoc jure. ff. de just. et jure [D. 1. 1. 5.] Franc. Arias in tract. de bello §. de bello particulari. [Ocean. jur. vol. 16. p. 325. sqq.] [8] Inst. de rer. div. §. item quae ab hoste. [I. 2. 1. §. 17.]

idcirco non putat ex bello privato praedam nasci, quia nusquam hoc in jure scriptum habeatur: quasi vero quae in corpore legum Romanarum continentur non ad jus praecipue civile pertineant, ita ut multa in illis praetermittantur, quae communis ratio melius, quam ulla auctoritas dijudicet. Sed cur non inveniatur haec nostra quaestio dictu facile est: quia Romani imperii ea majestas idque virium fuit, ut penuria judicii, continua sane, cujus in bello privato vim esse maximam diximus [1], vix unquam laboraretur. At si definiendi veras rationes inquirimus, quid est certius quam in bello id omne licere, quod ad juris exsecutionem necessarium est [2], tam in privato quam publico? Atqui necessarium est, si debitum consequi volumus, acquirere nos rem hostilem, hoc autem est illud ipsum, quod praedam vocamus [3]: nisi quis forte eum qui privatim nos oppugnat hostem dici non vult nec quod sic quaeritur praedam, de quo etsi pertinaciter nolim digladiari, dummodo de re constet, multum tamen ad rem extricandam pertinere arbitror, in jure eodem nominibus uti non diversis. Et si diligenter illorum quos diximus juris consultorum [4] sententias scrutamur, parum aberit quin sono differentia, re eadem dicere videantur. Ita enim docent, bello privato, si judex desit, posse nos pro recuperatione rerum nostrarum et his quae nobis debentur etiam ex intervallo capere res adversariorum pretio tenus aequiparabili. Si pro cunctis quae nobis debentur, utique et pro damnis et impensis ad juris consecutionem factis; imo pro periculis etiam lucroque cessanti, sive damno extrinseco et omni eo quod interest, ut tradunt theologi [5] in hoc argumento: nam haec etiam judex, si quis daretur, insonti adjudicaret, cum par sit cuncta in ejus odium vergere qui malo causam dedit [6].

---

[1] art. 1. concl. 7. [2] princ. c. 4. et concl. 7. art. 1. [3] fine c. 2. [4] Franc. Arias d. l. [5] Wilh. Math. de bello justo, in req. 1. per l. proinde. et seq. ad l. Aquil. [D. 9. 2. 25. et 26.] [6] d. c. sicut. de jurejur. l. quoniam. C. de vi publ. [C. 9. 12. 6.]

Imo etiam pro his, quae ex delicto debentur. Nam et in judiciis fur in duplum aut quadruplum, in triplum raptor bonorum ei qui spoliatus est condemnatur. Etiam injuriae penditur aestimatio similesque poenas aut laesae parti, aut accusatori leges deferunt. Et hoc est quod Boethius [1] interrogatus si cognitor resideret, cui supplicium inferendum putaret, eine qui fecisset, an qui pertulisset injuriam, respondet non ambigere se, quin perpesso satisfaceret dolore facientis. Nimirum, ut recte quidam [2] in doctrina de bello scripsit, damni nomine juxta Aristotelem [3] omne id comprehenditur, quod mali rationem habet, in quo genere est etiam accepta injuria. Contrarium igitur lucrum, quod boni habet rationem, justa scilicet vindicta, parti laesae naturaliter convenit. Qua de re alibi disseruimus [4]. Tantumdem ergo in bello publico et in privato consequimur. Quod si omnes fatentur, quo ista distinctio? Illud forte in causa est, quod nonnulli [5] velle videntur bello privato capta venire in calculum, publico autem acquisita non compensari cum debito principali et, quamvis damnum excedant, manere penes occupantem. Sed illi non satis intelligunt praedam omnem, quae capitur extra persecutionem rei et damna, retineri posse in poenam, quam offendens respublica offensae debet, nec posse eam excedere: et quod justam poenam excedit, id reddi oportere Silvester [6] rectissime definit, cujus sententiam et nos amplexi sumus. Idem vero cur in bello privato concedi non debeat juxta ea quae modo et latius antea diximus, rationem nullam video. Sed quia facilius multo contingit, ut praeda privato bello et quidem justo capta debitum et damna et poenam excedat, quam

---

[1] de cons. phil. l. 4. [p. 283. 7.] [2] Henr. Gorich. in tract. de bello justo. prop. 10. [3] de mor. ad Nicom. l. 5. c. 7. [p. 1132. 1. vs. 10. et 2. vs. 12.] [4] in c. 4. V. etiam c. 2. ad l. 5. et c. 8. ad concl. 1. [5] Archid. in c. Dominus noster. [Decr. Grat. p. 2. 23. 2. 2.] Silv. in v. Bellum. §. 10. Vict. de jure belli. n. 51. [6] d. l. Idem in v. Repressaliae in princ. in 4. req. Mart. Laud. de bello. q. 5.

publico, quia bello publico ob diuturnitatem ejus scilicet et magnitudinem raro tantum ex hoste capitur, quantum vel solas impensas adaequet, idcirco jurisconsulti [1] quibus velut solemne est τὸ ἅπαξ ἢ δὶς παραβαίνειν, *praeterire id quod semel iterumve accidit*, capta bello publico indistincte acquiri dixerunt: privato autem non ultra quam vice eorum quae privatis deberentur. Conveniunt ergo hactenus jus praedae publicum et privatum: quae tamen subtilem aliquam differentiam recipere non est dissimulandum. Nam quod subditorum ratione, qui bona fide bellum administrant, res captas ex utraque parte in acquisitionem cadere bello publico asseruimus [2], idem in privato vix putem obtinere: quia non ut respublicae ita et privati inter se hanc rem consciverunt. Nec alio modo commodius interpreteris id quod ex doctoribus attulimus, privato bello capta capientium non fieri: hoc est, ipsum bellum ad hoc non sufficere, nisi causa quae revera justa sit bellum comitetur. Alterum discrimen intelligetur, si quis consideret, quid a republica privati differant. Neque enim numero, ut arbitror, illud definiri potest. Nam privati totidem, quot ad civitatem constituendam sufficere possunt, fortuito undecunque concursu conglobati, nihilo plus juris habebunt quam unus aut duo. Tum vero multitudo ista, quae satis sit, quo numero finietur, ita ut dici non possit pauciores sufficere? Unde ergo illa diversitas? Nimirum a civili potestate, quae consensu constituitur: unde judicia orta esse diximus [3]. Haec igitur in pariunda praeda differentiam faciunt. Nam respublica in se habet judiciariam potestatem [4], privatus non habet nisi quatenus publica deficit. Defectum autem commode satis, ut videtur in momentaneum et in continuum distinximus. Nam cum defectus est momentaneus, leges ut primum possunt reconciliandae sunt. Quare quod iidem illi doctores [5] dicunt,

---

[1] l. 4. 5. 6. ff. de legg. [D. 1. 3.] l. 3. in fine. ff. si pars hereditatis. [D. 5. 4.] [2] c. 8. coroll. 3. [3] in c. 2. [4] ex l. 9. et 13. Adde art. 1. concl. 7. [5] Arias et ceteri, dictis locis.

in bello privato ultionem non permitti, captivitatem non usurpari et similia, ratio ipsa et locorum diligens collatio et quae supra dicta sunt demonstrant intelligenda de bello privato ob defectum judicis momentaneum. Huc etiam accedit, quod iidem [1] tradunt, si cui res furto aut violentia abrepta sit, posse eum tantumdem recipere, addicente mox superiore. Nam quamquam primo spoliatori jus vindicandi competat [2], dandam tamen secundo exceptionem compensationis in tantum, quantum est spolium vel injuria alterius. Videtur itaque jus quidem antea pignoris in rebus illis habuisse, postea vero jus dominii ex sententia. Et hinc ipsum nomen pignerationis descendit, nec alius ordo tenetur in repressaliis [3]. Sed hoc etiam casu, quo privatim captum publice adjudicatur in solutum [4], tentandum arbitror ut praedae vocabulum repudiandum non sit: nam et hoc ipsum quod togatis judiciis consequimur, ut nostri tradunt doctores, non a judice accipere videmur sed ab adversario. Caeterum si judiciorum continua sit penuria, ut puta si locus in nullius sit jurisdictione, hic cum plane veniatur ad jus illud naturae, quod nondum institutis judiciis ubique fuit, statim hostis ab hoste capta ad modum crediti, velut se judice acquirit. Neque postea cum judex adiri potest ad restitutionem tenebitur, ob eam rationem quam dictant scholastici [5] in simili argumento. Res enim, inquiunt, habens suam perfectionem, nec continens actum successivum non revocatur, licet postea cesset causa rei. Et si accidat ut hoc etiam casu jure civili, non gentium, sententia sequi debeat, ea tamen non est censenda jus dominii adjicere, sed quaesitum declarare [6]: quod tum ad excutiendas fraudes improborum introductum videri potest, tum ut tutiores sint, qui recte ceperunt, indicto omnibus

---

[1] Inn. in d. c. olim. n. 8. et in d. c. sicut. n. 6. et ibi Pan. Silv. in v. Bellum. §. 3. [2] Silv. ibi §. 10. Prima. [3] Bart. in tract. de repress. 9. q. 1. ad 2. et 3. [4] Silv. in v. Repressaliae. in fine. [5] Silv. in v. Furtum. §. 10. Adde c. factum legitime. de reg. jur. in 6°. [Decretal. in sexto. 5. 12. reg. 73.] [6] l. sicuti §. sed si quaeratur. ff. si serv. vind. [D. 8. 5. 8. §. 3.]

silentio. Sed et multis aliis de causis evenire idem potest. Saepe enim videmus a veris dominis citari omnes, quicunque super rebus possessis movere velint controversiam [1], quo sint ipsi in posterum securiores. Verum igitur est privato in bello praedam non excludi. Nam et bellum illud, quod Abrahamus adversus regem Chodorlomarum ejusque socios gessit [2], privatum non fuisse probatu sit difficile, ex quo tamen ille nihil veritus est praedam abducere. Nec aliud dicendum est de Cajo Julio Caesare [3] adhuc adolescente, qui piratas a quibus captus fuerat privata classe persecutus, bona eorum pro praeda divisit. Idem in bello Octavii Antoniano non minus certum est. Atque ita plane ut nos dicimus censet Socinus Nepos [4], quem sequi videtur Ayala [5] Hispanus hac potissimum ratione, quod si bellum tale justum est, etiam jura belli et effectus locum habere debent. Constat ergo acquiri: sed cui in bello privato videamus. Cum autem id, quod agit principaliter, sui maxime causa agere credendum sit, dico rerum bello privato captarum dominum fieri eum, qui belli auctor sit principalis, quoad jus suum consecutus sit: quod sic etiam interpretor, ut si hostis etiam aliis debeat, ille tamen in praeda habeat privilegium [6]. Primum enim damna omnia et impensae ad belli susceptorem spectant, qui scilicet jure gentium auxiliatoribus et subditis tenetur ad sumtus et dispendia. Certum autem est ex eo, quod e debitoris substantia redigitur, ante omnia deduci quidquid in exsecutionem imputatur [7]: ipsa nimirum suadente necessitate, cum alioqui ne alterum quidem consequi quisquam possit, nisi factis his sumtibus. Praeterea si quod jus crediti susceptor belli ante exsecutionem habuit adversus eum qui spoliatur, etiam in hoc eum praeferendum non dubitem exemplo creditoris, qui ante caeteros vigilave-

Nova declaratio.

---

[1] l. diffamari C. de ing. manum. [C. 7. 14. 5.] [2] Gen. 14. [3] Plut. Caes. [p. 708. a. b. c.] [4] tom. 3. cons. 68. [5] de jure belli. l. 1. c. 2. [6] V. infrà ad coroll. [7] Bart. de repress. 9. q. 1. ad 3.

rit [1]. Nam qui a pluribus debente id quod sibi debetur bona fide recepit, ad restitutionem ne conscientiae quidem judicio obligatus est. Tum vero, si quid superest, admittentur caeteri, quibus alter ille bellator obstrictus fuit. Et postremo loco quod restabit, id ipsi spoliato salvum esse et post bellum parta securitate restitui debet [2]. Nam et in repressaliis hoc usurpari doctores consentiunt, et possessis ex decreto bonis debitorum non aliud observatur. Quod si praeda bellum privatum suscipienti, non igitur singulis occupantibus, acquiritur, primo scilicet et per se, seu naturaliter et nisi aliud actum sit. Nec obstat quod non ipse susceptor possessionem apprehendat suo corpore. Apprehendit enim per alios, aut subditos aut auxiliatores. Et de subditis quidem res expedita est. Per filios enim perque servos, quasi nostri corporis partes omni ratione acquirimus: de quo inter jurisperitos facile convenit [3]. Sed per auxiliatores, hoc est sui juris homines, acquiri quomodo possit, plus habere videtur difficultatis. Verum tamen et hoc non incommode explicabitur, si illud teneatur, auxiliatores seu belli socios nos eos dicere, qui principali accedunt: non si et ipsi sint aeque principales: nam tunc eodem quo alter jure utentur. De his ergo loquimur qui a susceptore mandatum receperunt. Dicendum ergo per liberam quoque personam, quae mandatum a nobis habet, ut possessionem, ita per possessionem dominium acquiri [4]. Qua de re etiam videamus: nam hac sublata positione non dominium in rem, sed actionem duntaxat adversus personam consequemur: quod multum interest. Sunt quidem ista satis *Nova declaratio.*

[1] l. quod autem. §. apud Lab. ff. quod in fraud. cred. l. pupillis. eo tit. [D. 42. 8. 6. §. 6. et ibid. l. 24.] [2] V. supra c. 4. et art. 3. concl. 7. Silv. in v. Bellum. 1. §. 7. concl. 5. [3] V. c. 6. Inst. per quas pers. nob. acq. in princ. [I 2. 9.] l. 1. §. 1. in fin. ff. de his qui sui vel al. juris. [D. 1. 6.] l. acquiruntur. §. 1. de acq. rer. dom. [D. 41. 1. 10.] l. 1. §. item acquirimus. ff. de acq. poss. [D. 41. 2. 1. §. 5.] [4] l. traditio. §. fin. ff. de acq. dom. [D. 41. 1. 20. §. 2.] Inst. per quas pers. §. ex his. [I. 2. 9. §. 5.]

trita in scholis jurisprudentium [1] alium possessorem ministerio meo me facere, possidere enim eum cujus nomine possidetur: ipsum autem procuratorem alienae tantum possessioni ministerium praestare. Sed dubitari potest ex naturali ratione hoc obtineat, an jure Quiritium et constitutione Severi [2]: praesertim quia id utilitatis causa receptum dici videatur [3]. At tamen non dubito, quin ex jure gentium procedat: cujus rei magnum sane argumentum est, quod in civilibus acquisitionibus aliter se res habet, ut in stipulationibus, quae alieno nomine fieri non possunt [4]. Et discrete Modestinus [5]: *quod naturaliter acquiritur sicut possessio*, inquit, *per quemlibet volentibus nobis possidere acquiritur*. Sed alia fuerunt de quibus disputatum est inter veteres juris auctores [6], quatenus scilicet possessio talis ignorantibus etiam nobis acquiratur, et quatenus accedente scientia procedat usucapio. Severus [7] autem ad haec etiam regulam produxit, neque sola, ut inquit, utilitatis ratione sed et jurisprudentiae. Possessio, ut in principio attigimus [8], ex duobus est, ex animo et corpore. Ab animo agendi initium esse debet, unde naturaliter nec infans primae aetatis, nec furiosus, nec quisquam qui non vult, possessionem acquirit [9]. Animo autem ad apprehendendam possessionem naturaliter ministrare corpus debet: non tamen necessario nostrum. Paulus [10] Receptis: *Possessionem acquirimus animo et corpore:*

---

[1] l. liber homo. ff. de acq. rer. dom. [D. 41. 1. 54.] l. possessio §. fin. ff. de acq. poss. [D. 41. 2. 1.] l. 2. C. per quas pers. nob. acq. [C. 4. 27.] l. negotiis. C. de neg. gestis. [C. 2. 19. 23.] l. quod meo. ff. de acq. poss. [D. 41. 2. 18.] [2] l. 1. C. de acq. poss. [C. 7. 32.] [3] l. per procuratorem. C. eo tit. [C. 7. 32. 8.] l. solutum. §. 1. ff. de pign. act. [D. 13. 7. 11.] Paulus Rec. sent. l. 5. t. 2. in pr. [4] l. quaecunque. ff. de oblig. [D. 44. 7. 11.] l. stipulatio. §. alteri. ff. de verb. obl. [D. 45. 13. 8. §. 17.] l. 1. C. per quas pers. nob. acq. [C. 4. 27.] [5] l. ea quae. ff. de acq. dom. [D. 41. 1. 53.] [6] l. possessio.. ff. de acq. poss. [D. 41. 2. 1.] l. si me. §. sed si non mihi. eo tit. [D. 41. 2. 34. §. 1.] [7] d. l. 1. C. per quas pers. [C. 4. 27.] [8] ad l. 2. supra c. 2. Adde l. quemadm. ff. de acq. poss. [D. 41. 2. 8.] [9] l. 1. ff. de acq. poss. §. furiosus. et §. procuratorem. [D. 41. 2. 1. §. 3. et §. 20.] [10] Sent. rec. l. 5. t. 2.

animo utique nostro, corpore vel nostro vel alieno. Sed alienum corpus ita demum nostro animo ad ministerium aptabitur, si et ipsius animus accedat: hoc est si mandatum susceperit [1]. Et sic intelligendum est quod dicitur posse quem per alium, quod potest facere per se ipsum [2]: et qui per alium facit, perinde haberi ac si per se faciat. Natura enim, quae tam arcta societate genus humanum devinxit, concedit sane, quod interdum et necessarium est aut infirmitatis aut absentiae conditione, ut agat homo per hominem alterum quamvis liberum. Ergo ut alius nobis quaerat possessionem illud unum requiritur, ut operam duntaxat suam accommodet nobis: quae et ipsa Pauli [3] verba sunt. Ubi autem caetera in nobis sunt, quae dominium efficiunt, et sola deest possessio, quaesita per alterum possessione simul proprietas quaeritur, ut legibus proditum est [4]: quod exemplo rei venditae et donatae comprobatur [5]: cui consequens est, ubi sola possessio dominium facit multo nos facilius dominos fieri opera alterius: sicut in Olympicis illorum nomen inscribebatur et praemia erant, a quibus missi vicissent. In hunc modum aucupes, piscatores, venatores, margaritarii, seu conducti, seu inducti quavis ratione ut nobis operam duntaxat suam navent, (quod diversum est ab aleae venditione: quia soli contractus dominium non transferunt,) quod capiunt statim nostrum faciunt [6]. Hoc autem in operis bellicis eo certius colligitur, quia istae quod occupant aut ut sibi occupant, aut ut ei qui bellum suscepit. Et si quidem ut susceptori, deest illis animus sine quo non possidetur [7]: sin ut sibi, nullam habent ipsae causam

---

[1] c. 5. et ad concl. 6. art. 3. [2] c. potest. et qui facit. [Decretal. in sexto. 5. 12. reg. 68. et 72.] V. supra c. 2. ad l. 10. [3] l. 1. ff. de acq. poss. §. per procurat. [D. 41. 2. 1. §. 20.] [4] l. per procurat. C. de acq. poss. [C. 7. 32. 8.] [5] l. communis. §. procurat. ff. de acq. poss. [D. 41. 2. 42. §. 1.] l. traditio. §. fin. ff. de acq. dom. [D. 41. 1. 20. §. 2.] l. qui mihi. ff. de donat. [D. 39. 5. 13.] [6] l. ex emto. alias l. emtorem. in fine cum l. seq. ff. de act. emti. [D. 19. 1. 11. et 12.] [7] l. 1. §. per procurat. ff. de acq. poss. [D. 41. 2. 1. §. 20.]

per se contra adversarium: et sic non acquisitio foret sed rapina aut furtum. Nam praedam sine causa crediti procedere negavimus. Quin et Abrahami historia [1] ab illis transmissa temporibus, quibus jus naturae purissimum vigebat, illud notandum suggerit, quod fatetur vir sanctus, id ex praeda ad se pertinere, quod ministris dedisset et quod sociis distribuere vellet. His enim exceptis nihil ultra dicit *ad se* perventurum. Primo igitur jure non subditi, non auxiliatores, sed ipse *belli privati auctor principalis praedam acquirit usque ad juris satisfactionem.* Rei vero suae penes unumquemque arbitrium est [2]. Unde quod quis habet dominium recte transfert: imo etiam quod habiturus est. Id enim quod meum non est in eum casum, quo meum futurum est, recte transfero. Potest autem idem, in quem res ista translata est, meo nomine ut procurator possessionem apprehendere. Haec ipsa autem possessio accedente mea concessione vim traditionis accipit, ut in eo qui commodatum dono dat aut mutuo [3]. Prius igitur pro me, deinde per me sibi possidere incipiet. Quo modo creditori per debitorem nostrum solvimus: quod cum fit sunt quidem acquisitiones duae, sed altera, ut Ulpianus [4] loquitur, celeritate conjungendarum inter se actionum occultatur. Et hoc est quod in jure Romano *brevi manu* [5] dicimus. Sicut igitur praedam, postquam mihi facta est propria, aut donare alteri aut in solutum dare possum aut quovis modo alienare, sic etiam dare alteri acquirendam. Quod cum fit is rei gestae ordo est, ut opera illius ad me praeda perveniat, nullo tamen momento penes me substitura, sed in ipsum continuo transitura, ut qui jam possessionem habeat et causam dominii praecedentem. Propterea diximus belli susceptorem dominum fieri primo ac per se et nisi aliter convenisset. Nam aut ipse fit dominus

Concl. IX. artic. I. pars I.

Nova declaratio.

[1] Gen. 14. vs. ult. [2] V. c. 2. ad reg. 3. Inst. de rer. div. §. per traditionem. [I. 2. 1. §. 40.] [3] Inst. de rer. div. §. interdum. [I. 2. 1. §. 44.] [4] l. 3. §. pen. ff. de don. inter virum et ux. [D. 24. 1. 3. §. 12.] [5] l. licet. §. 1. ff. de jure dot. [D. 23. 3. 43.]

aut is cui praedam acquirendam ille assignavit. Sequitur consideratio acquirendae praedae ex bello publico: in qua sane eo majorem a nobis ipsis diligentiam exigimus, quia posteriores jurisconsulti secuti canonum interpretes ea, quae sunt consuetudinis et quidem minime universalis, quasi primarium jus gentium retulerunt: et quidem ita praepostere ut, cum saepe legissent in jure Romano capta capientium fieri, in canonibus autem distribui praedam publico arbitrio, alii post alios [1] dixerint primo fieri capta singulorum manu capientium, sed tamen assignanda duci, qui distribuat inter milites: quod quidem rationem nullam habet. Nam singuli illi capientes cum causa destituantur, ut diximus, sicut in privato, ita in publico bello non possunt acquirere. In utroque enim eadem obtinent. Primum cum pertineant ad rempublicam belli susceptricem damna et impensae, quae a subditis sociisque tolerantur, ut alibi dictum mox planius explicabitur, haec summo privilegio de praeda deducenda sunt. Praeferenda est etiam caeteris respublica in omni jure, quod habet adversus hostem, tum quia vigilavit, tum quia non temere ubique receptum est, ut fiscus habeat πρωτοπραξίαν, primumque jus crediti exigendi: maxime in laesae majestatis crimine, cui comparatur ejus reipublicae iniquitas, quae alterius innocentis pacem et statum turbat. Ex his novam colligemus sententiam, capta bello publico reipublicae fieri suscipientis donec ipsi satisfactum sit. Quamquam cur novam dico? Apud Isidorum [2] inter alias quae apud illum sunt aevi doctioris reliquias hoc etiam legimus: in jure militari versari praedae decisionem, et pro personarum qualitatibus et laboribus justam divisionem: item Principis portionem. Quae verba examinanti liquido

Concl. IX. artic. I. pars II.

Nova declaratio.

Paradoxon.

---

[1] Bart. ad l. si quid bello. ff. de capt. [D. 49. 15. 28.] Alex. et Jas. ad l. 1. ff. de acq. poss. [D. 41. 2.] Inst. de rer. div. §. item quae ex host. [I. 2. 1. §. 17.] Pan. ad c. sicut. de jurejur. [Decretal. 2. 24. 29.] n. 7. Thom. gramm. Decis. Neap. 71. n. 17. Mart. Laud. de bello. q. 4. [2] Etym. l. 5. c. 7. citatur in c. jus militare. ubi vide Gl. [Decr. Grat. p. 1. 1. 10.]

apparet jus ibi describi non τὸ τῶν συναλλαγμάτων διορθωτικόν, hoc est, *quo reguntur contractus aequalitate ea quae est secundum quantitatem*, sed τὸ διανεμητικόν [1], *quo distributiones fiunt non secundum quantitatem, sed secundum proportionem*, sive Geometrica aequalitate [2]: quorum nos [3] hoc assignatricis, illud compensatricis justitiae opus appellavimus. Hoc autem jus distributivum, ut vocant, locum non habet inter partes, nec a partibus ad totum, sed a toto ad partes, dignitate scilicet et relatione ad totum differentes [4]. Quare nec in aliis rebus versatur, quam quae communes sunt seu publicae. Unde intelligitur in bello publico praedam naturaliter esse publicam ante distributionem. Nec alia fuit Ambrosii [5] sententia dicentis ex disciplina militari esse, *ut regi serventur omnia.* Regem enim cum dicit eum intelligit, qui vices gerit reipublicae. Addit autem justum esse, ut his qui in adjumentum societatis fuerunt pars emolumenti tribuatur, ut merces laboris. Jam vero merces nondum nostra est, sed nobis debetur et undecunque solvi potest. Indicat hoc Scipio [6] in oratione ad socium Masanissam: *Syphax populi Romani auspiciis victus captusque est: itaque ipse, conjunx, regnum, ager, oppida, homines qui exsistunt, quidquid denique Syphacis fuit, praeda populi Romani est.* L. quoque Aemilius apud Livium diserte testatur, capta urbe arbitrium praedae non penes militem sed imperatorem esse, qui scilicet a republica jus tale acceperat, ut mox exemplis demonstrabitur. Nec quidquam obstat vulgatissimum illud [7], capta bello statim fieri capientis: id enim hanc sententiam recipit, ut hostium illa esse desinant, capientis

---

[1] Arist. de mor. ad Nicom. l. 5. c. 5. 6. et 7. [p. 1130. 2. et sqq.] [2] Thom. 2. 2. q. 61. art. 1. et seq. [3] c. 2. ante l. 5. [4] Gl. in c. Vulturanae. et seq. [Decr. Grat. p. 2. 12. 2. 25.] [5] de Abrahamo. l. 1. c. 3. citatur in c. dicat aliquis. [Decr. Grat. p. 2. 23. 5. 25.] ubi Gl. V. Bald. in l. pen. C. de donat. [C. 8. 54. 36.] [6] Liv. l. 30. [c. 14.] [7] l. naturalem. ff. de acq. dom. §. fin. [D. 41. 1. 5.] et l. adeo. ibi [D. 41. 1. 7.] Inst. de rer. div. §. item ea quae ex host. [I. 2. 1. §. 17.] l. 1. §. 1. ff. de acq. poss. [D. 41. 2.]

autem nomine respublica intelligatur, quae aliorum opera capit. Nam nisi hoc admittatur nihil acquiri reipublicae possidendo potest [1], cum universitas ad eam rem opus habeat ministerio singulorum. Quod ergo de filio et servo in bello privato, idem de civibus in publico dicemus. Sunt enim non minus subditi et quiddam ipsius reipublicae qua tales sunt [2]. Nec refert quod cives etiam seorsim considerari possunt et sibi acquirere, cum actio belli publici a cive quatenus civis est proficiscatur. Et sicut in filio habente castrense peculium [3], et in servo communi aut fructuario aut bona fide serviente [4] distinguitur, ita hic merito dicemus id quod ex jussu et re civitatis per cives quaeritur quaeri civitati. In sociis etiam ex mandato acquirentibus nihil hic diversum est ab iis, quae de privato bello diximus. Caeterum qui dictum illud de bello captis ita exponunt, ut primario gentium jure singulorum occupantium fieri velint, uno argumento refelluntur. Illud enim jus gentium, quod naturae dici potest, nullam habet causam in acquisitionibus distinguendi inter res mobiles et immobiles: unde quo modo margaritae eodem insula in mari nata fit occupantis [5]. Agros autem ex hostibus captos sicut et civitates publicas fieri et non occupantium singulorum, omni historia et claro Pomponii responso [6] ita evidens est, ut nemo umquam ausus sit diffiteri. Idem igitur in caeteris obtinere debet, nisi quatenus posteriori jure [7] haec distincta sunt, ut infra explicabimus. Hoc autem quod ratione demonstravimus

---

[1] l. sed hoc jure. ff. de acq. poss. [D. 41. 2. 2.] [2] c. 6. in fine. Arist. de rep. l. 1. c. 2. [p. 1252. 1.] [3] Inst. per quas pers. §. 1. [I. 2. 9.] [4] l. fin. C. per quas pers. nobis acq. [C. 4. 27.] l. qui bona fide. §. fin. ff. de acq. rer. dom. [D. 41. 1. 19.] l. acquiruntur. eo tit. [D. 41. 1. 10.] [5] Inst. §. lapilli. et §. insula. de rer. div. [I. 2. 1. §. 18. et §. 22.] [6] l. si captivus. §. 1. [D. 49. 15. 20.] [7] V. Gl. in l. divus. ff. de jure fisci. [D. 49. 14. 31.] Bart. in l. si quid bello. ff. de capt. [D. 49. 15. 28.] Alex. et Jas. ad l. 1. ff. de acq. poss. [D. 41. 2.] Covarr. ad reg. peccatum. p. 2. §. 11. [Decretal. in sexto. 5. 12. reg. 4.]

omnium etiam gentium assensu omniumque temporum memoria comprobatur: jus praedae scilicet non esse penes singulos occupantes, sed penes rempublicam ejusve Principem aut belli ducem, quatenus jus istud a republica acceperunt. Apud Hebraeos [1] videmus praedam ad duces perlatam, neque his concessam qui manu ceperant, ac ne his quidem solis qui pugnaverant, sed partem toti exercitui datam, partem populo, partem etiam sacratam jussu divino receptoque more. Apud Graecos nonne idem observatum est? Unde Homerus [2]:

ἀλλὰ τὰ μὲν πολίων ἐξεπράθομεν, τὰ δέδασται.
Omnia jam divisa quibus spoliavimus urbes.

Et Achilles apud eumdem [3] de urbibus a se captis loquens:

τάων ἐκ πασέων κειμήλια πολλὰ καὶ ἐσθλὰ
ἐξελόμην καὶ πάντα Φέρων Ἀγαμέμνονι δόσκον
Ἀτρείδῃ. ὁ δ'ὄπισθε μένων παρὰ νηυσὶ θοῇσιν
δεξάμενος διὰ παῦρα δασάσκετο, πολλα δ'ἔχεσκε.
Omnibus his ingens pretio numeroque supellex
Nostra rapta manu: regi sed victor Atridae
Cuncta tuli, celeres residens qui pone carinas
Divideret, cum pauca aliis, sibi multa tenebat.

Idemque Agamemnonem sic alloquitur [4]:

οὐ γάρ σοί ποτε ἶσον ἔχω γέρας, ὅπποτ' Ἀχαιοὶ
Τρώων ἐκπέρσωσ' εὐναιόμενον πτολίεθρον.
Nam neque me tecum praedae pars aequa sequetur,
Si Danaum virtus Troianam exciderit urbem.

quare etiam publicitus:

Custodes lecti Phoenix et dirus Ulysses
Praedam asservabant: huc undique Troïa gaza
Incensis erepta adytis, mensaeque Deorum,
Crateresque auro solidi, captivaque vestis
Congeritur [5].

---

[1] Num. 31. vss. 27. 31. et 47. Jos. 6. vs. 27. et 22. vss. 7. et 8. Sam. 1. 30. vs. 22. et seq. [2] [Il. l. 1. vs. 125.] [3] [Il. l. 9. vs. 330. sqq.] [4] [Il. l. 1. vs. 163. sq.] [5] Virg. Aen. l. 2. [vs. 762. sqq.]

Nec postea discessum ab hoc more: quod hic duntaxat nobilibus exemplis confirmabo. Praedam Marathoniam Aristides [1] asservavit. Post praelium ad Plataeas Graeci edixere, ne quis de praeda quidquam privatim tolleret [2]: sed ea pro populi cujusque merito fuit distributa. Devictis Lysander Athenis quaecunque ceperat publicavit [3]. Si placet ad Asiam venire Troiani soliti, ut ille [4] inquit, *praedae ducere sortem*. Arbitrium ejus penes ducem: alioqui nec Dolon equos Achillis petiisset ab Hectore, nec Hector promisisset, quod apud Homerum et Euripidem est [5]. Quantum autem ad Cyrum devicta Asia, quantum ad Alexandrum pervenit [6]? Africam etiam inspicimus et Poenos? Scimus [7], quid Agrigento capto aliisque urbibus, scimus, quid ex Cannensi pugna Carthaginem pervenerit. Sed dignissimi omnium qui cum in reliquo jure tum belli maxime audiantur Romani, apud quos haud equidem primus dico [8] praedam omnem, etiam rerum mobilium, non militi capienti acquisitam, ne duci quidem proprie, sed populo Romano. Cui sententiae obstare videtur quod a Celso [9] scriptum est: *Et quae res hostiles apud nos sunt non publicae, sed occupantium fiunt*. Sed praeterquam quod tota lex, cujus ista pars est, ita avulsa est a suo corpore, ut quo pertineat cognosci vix possit, illud sane verba ipsa indicant, non de rebus hostium manu captis, de quibus nos agimus, Celsum loqui, sed de rebus hostium, mobilibus ut arbitror, quae superveniente bello apud nos deprehenduntur [10]. Videntur enim, quia sumtu publico quaesitae non sunt, quasi res vacantes, occupanti cedere, non tam jure gentium, quam

---

[1] Plut. Arist. [p. 321. d.] [2] Herod. l. 9. [c. 80. et sq.] [3] Plut. Lys. [p. 442. a.] [4] Virg. [Aen. l. 9. vs. 268.] [5] Il. l. 10. [vs. 319. sqq.] Eurip. Rheso. [vs. 181. sqq.] [6] Plin. l. 33. c. 3. Plut. Alex. [p. 686. c.] et Curt [l. 5. c. 20.] Diod. l. 17. [c. 66.] Strabo l. 15. [p. 1062. c. d. et 1063. a. ed. Casaub.] [7] Diod. l. 13. [c. 57. 62. 90.] Liv. l. 23. [c. 12.] [8] Fabri Sem. l. 2. c. 3. et 4. [9] l. transfugam. §. 1. ff. de acq. rer. dom. [D. 41. 1. 51.] [10] l. in bello. in princ. ff. de capt. [D. 49. 15. 12.] V. Cujac. Obs. l. 4. c. 9. in fine.

jure Romano. Quamquam enim titulus ipse de acquirendo rerum dominio [1] jus gentium proprie spectet, multa tamen continet in quibus a communi jure per legem vel consuetudinem vel receptas sententias discessum est: quippe cum et diversas jurisprudentium opiniones et constitutiones Principum complectatur. Jam vero alterum quod interpretes decepit, capta nimirum capientis fieri [2], satis supra ostendimus de republica intelligi debere [3]. Sed, ut quidem ego judico, melior juris Romani interpres Dionysio Halicarnasseo haberi nonp otest. Is igitur scriptor historiae Romanae diligentissimus [4] de jure praedae ita loquitur: *τὰ ἐκ τῶν πολεμίων λάφυρα, ὅσον ἂν ἡμῖν ὑπάρχῃ τυχεῖν δι' ἀρετήν, δημόσια εἶναι κελεύει ὁ νόμος, καὶ τούτων οὐχ ὅπως τις ἰδιώτης γίνεται κύριος, ἀλλ' οὐδ' αὐτὸς ὁ τῆς δυνάμεως ἡγεμών. ὁ δὲ ταμίας αὐτὰ παραλαβὼν ἀπεμπολεῖ καὶ εἰς δημόσιον ἀναφέρει. Quaecunque ex hostibus spolia per virtutem obvenerunt, ea lex jubet publica esse, ita ut non modo privati eorum domini non fiant, sed ne ipse quidem imperator exercitus: verum quaestor illa accipit, et vendita in publicum refert.* Sunt haec verba eorum, qui Coriolanum accusant: quorum pars vera est, pars supra verum ad invidiam aucta. Verum est dominum praedae esse non militem, non imperatorem, sed populum Romanum: sed et illud non minus verum imperatorem jure Romano praedae esse dispensatorem atque arbitrum cum summa potestate. Lucius Aemilius apud Livium [5]: *captas, non deditas diripi urbes, et in his tamen arbitrium esse imperatoris, non militum.* Hoc igitur arbitrium interdum imperatores vitandae invidiae ad alios rejecerunt, ut Camillus [6] ad senatum: interdum penes se retinuere.

---

[1] l. quamvis quod in litt. ff. de acq. rer. dom. [D. 41. 1. 50.] et l. adeo. §. cum quis. [l. 7. §. 7. d. t.] l. liber homo. [l. 19. d. t.] l. quidquid. §. 1. [l. 27. d. t.] l. in agris. [l. 16. d. t.] Inst. eo tit. §. thesauros. [I. 2. 1. §. 39.] [2] Adde l. quod meo. ff. de acq. poss. [D. 41. 2. 18.] [3] d. l. adeo. ff. de acq. dom. [D. 41. 1. 7.] [4] Antiq. l. 7. [p. 467. vs. 46. sqq.] [5] Liv. l. 37. [c. 32.] [6] Liv. l. 5. [c. 20.]

Et hi e diversa temporum ratione, aut prout ipsi famae, religioni, ambitioni serviebant, diverse usi reperiuntur. Qui sanctissimi haberi volebant praedam non attingebant, sed sive pecunia erat in praeda, eam jubebant quaestorem populi Romani percipere, sive res aliae, eas per quaestorem sub hasta venumdari. Redactam inde pecuniam sunt qui [1] *manubiarum* nomine significari volunt. Ea deinde in aerarium per quaestorem deferebatur, prius tamen, si triumphi res esset, publice ostentata. Ita Pompejus fecit: *Pecunia Tigranis, sicuti Pompejo moris erat*, notanda sunt haec verba Velleji [2], *redacta in quaestoris potestatem ac publicis descripta literis*. Ita M. Tullius [3] in bello Parthico, qui ipse in literis ad Sallustium: *De praeda mea praeter quaestores urbanos, id est populum Romanum, teruncium nec attigit, nec tacturus est quisquam.* Id autem veteri republica usitatissimum fuit, cujus morem Plautus [4] respiciens:

Nunc hanc praedam omnem jam ad quaestorem deferam.

Et de hominibus captivis [5]:

Quos emi de praeda de quaestoribus.

Hi autem sunt, qui sub corona venditi dicuntur. Alii autem non quaestori dabant, sed ipsi vendebant et in aerarium referebant, ut ex verbis, quae apud Halicarnasseum in eadem accusatione sequuntur, facile intelligi potest. Ita Regem Tarquinium jam olim victis Sabinis praedam captivosque Romam † . . . . mus [6]: Romulium et Veturium consules praedam ex Aequis vendidisse . . . . . . inopiam aerarii, aegre id ferente exercitu [7]. Sed cum in historia Romana nihil frequentius occurrat, quantum ex Italicis primum, deinde Africanis et Asiaticis,

[1] Gell. l. 13. c. 23. [2] l. 2. [c. 40. §. 3.] [3] ad fam. l. 2. [ep. 17. §. 4.] [4] Bacch. [vs. 1075.] [5] Capt. [vs. 34.] [6] Liv. l. 1. [c. 37.] [7] Liv. l. 3. [c. 31.]

† Hic in codice vocabula tria temporis injuria perierunt. Nobis tamen adhibitis duobus Livii locis, quibus Grotius utitur, de verbis ejus facile constare potest. Scripserat enim ita: Tarquinium jam olim victis Sabinis praedam captivosque Roman *misisse leg*imus, Romulium et Veturium consules praedam ex Aequis vendidisse, *propter* inopiam aerarii.

Gallicis Hispanicisque triumphis ducum quisque per se aut quaestores in aerarium retulerit, opus quaerentis sit dicere. Neque tamen impositam ducibus necessitatem hanc fuisse, quod innuere videntur accusatores, ex eadem historia apparet. Dabatur enim praeda interdum Diis, interdum his qui militaverant, interdum aliis. Diis aut ipsa corpora, ut spolia quae Romulus Feretrio suspendit [1], aut redacta inde pecunia, ut ex Pometinis manubiis Superbus templum Jovis in monte Tarpejo statuit [2]. Militibus praedam dare priscis Romanis ambitiosum videbatur: uti Sextus Tarquinii Superbi filius non quidem Romae, sed Gabiis profugus praedam militi dilargitus dicitur [3], ut eo modo potentiam sibi conciliaret. Appius Claudius [4] in senatu largitionem hanc novam, prodigam, inaequalem, inconsultam arguit. Praeda autem militi data aut dividitur, aut diripitur. Dividi potest ratione stipendiorum aut meritorum. Stipendiorum ratione dividi Appius Claudius volebat [5], si illud obtinere non posset, ut pecunia inde redacta in aerario esset. Totum autem dividendi ordinem Polybius [6] explicat: nempe in dies aut vigilias partem exercitus alteram aut minorem ad comportandam praedam mitti solere, et quod quisque reperisset id coactum in castra perferre, ut per tribunos aequaliter distribueretur, vocatis ad partem etiam his, qui castra servarant quique per valetudinem aut delegata ministeria aberant. Interdum non ipsa praeda, sed pecunia praedae loco militibus donata, quod fere in triumpho fiebat. Proportionem hanc invenio [7]: simplex pediti, duplex centurioni, triplex equiti datum: interdum simplex pediti, equiti duplex [8]: interdum simplex pediti, duplex centuriori, tribuno et equiti quadruplex [9]: item sociis navalibus simplex, gubernatoribus duplex, magistris navium quadruplex [10]. Me-

[1] Dion. Halic. Antiq. l. 2. [p. 102. vs. 28.] [2] Liv. l. 1. [c. 53.] [3] Liv. l. 1. [c. 54.] [4] Liv. l. 5. [c. 20.] [5] Ibidem. [6] Polyb. l. 10. [c. 16.] [7] Liv. l. 45. [c. 40.] [8] d. l. [c. 34.] [9] Suet. Caes. c. 38. et App. Civil. l. 2. [c. 100. et 120.] [10] Liv. d. l. [c. 42.]

ritorum etiam saepe habita ratio, sicut Marcius, quod fortiter fecisset, ex praeda Coriolana donatus est a Postumio. Utrovis modo divisio fieret, licebat imperatori ἐξαίρετον, hoc est, *praecipuum* sibi accipere quantum vellet, ut Ocrisiam Corniculanam Rex Tullius [1]. Fabricius apud Halicarnasseum [2] in oratione ad Pyrrhum: ἐκείνων δορυκτήτων ἐξόν μοι λαβεῖν ὁπόσα βουλοίμην, *ex his quae bello capta erant licebat mihi quantum vellem accipere.* Hoc Isidorus [3] respicit agens de jure militari: *Item praedae decisio et pro personarum qualitatibus et laboribus justa divisio ac Principis portio.* Tarquinius Superbus, ut apud Livium [4] est, et ipse ditari volebat, et delinire praeda popularium animos. Servilius [5] in oratione pro L. Paulo dicit eum praeda partienda se locupletem facere potuisse. Sunt autem qui [6] hanc potius imperatoris portionem manubiarum nomine significari velint. Laudata vero imprimis ducum abstinentia, qui jus suum remittentes praedam omnino non attigerunt, ut ille, quem dico, Fabricius, et Scipio victa Carthagine [7]. Aut qui modice delibarunt, ut Pompejus ornatur Catonis elogio apud Lucanum, quod plura retentis intulisset. In divisione habita interdum ratio absentium, ut in capto Anxure Fabius Ambustus constituit [8], congruenter Hebraeorum moribus: interdum praesentium quorumdam non habita, ut Minuciani exercitus dictatore Cincinnato [9]. Quod autem jus in dividenda praeda veteri republica imperatores habuere id postea ad magistros militum translatum ex Codice Justinianeo [10] apparet, ubi a gestorum insinuatione absolvuntur donationes rerum mobilium vel se moventium, quas magistri militum militibus praestant ex spoliis hostium, sive in ipsa

---

[1] Dion. Halic. Antiq. l. 4. [p. 206. vs. 46.] [2] in fragm. [p. 747. vs. 41.] [3] orig. l. 5. c. 7. citatur in c. jus militare. [Decr. Grat. p. 1. 1. 10.] [4] Liv. l. 1. [c. 57.] [5] Liv. l. 45. [c. 37.] [6] Asc. in Verr. 3. [Ap. Orell. est pseudo-Asconius in act. 2. in Verrem ad §. 154.] [7] Plut. de fort. [p. 97. c.] [8] Liv. l. 4. [c. 59.] [9] Idem. l. 3. [c. 29.] [10] l. si quis pro redemt. §. 1. simili etiam modo. C. de donat. [C. 8. 54. 36. §. 1.]

bellorum occupatione, sive in quibuscunque locis degere noscuntur. Divisio autem haec calumnias vix umquam effugit, non quia dici poterat id ipsum in potestate imperatoris non fuisse, sed quasi publicae rei dispensatione privata gratia captaretur. Itaque accusati hoc nomine Servilius, Coriolanus, Camillus aliique [1], ut amicis et clientibus suis de publico largientes. Neque tamen non summa interdum aequitas aderat, *ἵνα οἱ συναράμενοι τοῦ ἔργου τὸν τῶν πόνων καρπὸν κομισάμενοι προθύμως ἐπὶ τὰς ἄλλας στρατείας ἀπαντῶσιν* [2], *ut qui se operi addiderant, fructu laboris percepto, ad alias expeditiones obeundas fierent promtiores.* Diripienda etiam praeda interdum militi concessa in populatione aut post praelium aut expugnationem, ut signo dato discurreretur: quod antiquis saeculis rarius, sed tamen usurpatum. Exemplum dedere L. Valerius in agro Aequorum [3], Q. Fabius fusis Volscis captaque Ecetra [4], mox alii saepe. Hunc etiam morem alii improbant, alii defendunt. Qui improbant dicunt avidas in direptiones manus praeripere fortium bellatorum praemia, *cum ita ferme eveniat, ut qui segnior sit praedetur, at fortissimus quisque laboris periculique praecipuam partem petere soleat:* quae verba sunt Appii apud Livium [5]. Contra dicitur, *gratius id fore laetiusque, quod quisque sua manu ex hoste captum domum retulerit, quam si multiplex alterius arbitrio accipiat* [6]. Accedit quod hoc ipsum nonnumquam aut non impediri, aut non sine maxima invidia et indignatione militum potest, vetere ejus rei exemplo in expugnatione Cortuosae [7], cujus praedam publicari sero tribuni cupiebant et postea cum Gallograecorum castra a C. Helvii agmine direpta sunt contra ducis voluntatem [8]. Quod dixi aliis interdum

---

[1] Dion. Halic. l. 6. [p. 365. vs. 18.] et l. 7. [p. 468. vs. 9. et 37.] Liv. l. 5. [c. 32.] [2] Dion. Halic. l. 7. [p. 469. vs. 13.] [3] Idem. l. 9. [p. 611. vs. 28.] [4] Idem l. 10. [p. 647. vs. 33. sqq.] [5] l. 5. [c. 20.] [6] Ibidem. [7] Liv. l. 6. [c. 4.] [8] Liv. l. 38. [c. 23.]

quam militi praedam aut pecuniam ex ea redactam concedi solere, id ferme ita contigit ut his, qui tributum ad bellum contulerant, tantumdem redderetur. Quin et ludos e manubiis instructos jam sub Regibus annotes [1]. Neque tantum bellis diversis aliter atque aliter placitum, sed eadem saepe praeda plures usus habuit, portione aut ipso genere distinctos. Portione, ut Camillus ex voto decimam Pythio dedit [2], Graecorum imitatione. Genera praedae haec ferme sunt, homines captivi, armenta et greges, quae Graeci cum proprie loquuntur λείαν vocant, pecunia, res mobiles aliae pretiosae aut viliores. Exempla per omnem historiam obvia sunt. Q. Fabius Volscis devictis λείαν et spolia per quaestorem vendi jubet, argentum ipse defert [3]. Idem Volscis et Aequis devictis captivos extra Tusculanos militi donat [4], et in agro Ecetrano homines ac pecora diripienda concedit. L. Cornelius Antio capto aurum, argentum, res in aerarium defert [5]: captivos et praedam per quaestorem vendit: militi ea quae ad victum et vestem pertinebant permittit. Nec dissimile huic Cincinnati institutum [6], qui Corbione Aequorum oppido accepto pretiosiora praedae Romam misit, caetera centuriatim divisit. Camillus [7] fusis Faliscis et Capenatibus partem praedae maximam ad quaestorem redegit, haud ita multum militi dedit. Idem captis Vejis praeter pecuniam ex venditione captivorum nihil in publicum redegit: Hetruscis devictis captivisque venditis ex ea pecunia aurum matronis quod contulerant persolvit, pateras tres aureas in Capitolio posuit. Fabricius [8] superatis Lucanis, Bruttiis, Samnitibus militem ditavit, tributa civibus reddidit, quadringenta talenta in aerarium retulit. Q. Fulvius et Appius Claudius [9] cum Hannonis

---

[1] Liv. l. 1. [c. 35.] [2] Liv. l. 5. [c. 23. et c. 25.] [3] Dion. Halic. l. 8. [p. 549. vs. 11.] [4] Idem l. 10. [p. 647. vs. 25.] [5] Ibi [p. 647. vs. 33. sqq.] [6] Idem l. 10. [p. 652. vs. 1.] [7] Liv. l. 5. [c. 19. et c. 22.] [8] Dion. Halic. in fragm. [p. 747. vs. 36.] [9] Liv. l. 25. [c. 14.]

capta essent castra, praedam vendiderunt diviseruntque, donatis quorum opera fuerat singularis. Acilius capta Lamia partim divisit, partim vendidit praedam. Cn. Manlius [1] victis Gallograecis, concrematis ex Romana superstitione hostium armis, caeteram praedam conferre omnes jussit et aut vendidit, quod ejus in publicum redigendum erat [2], aut cum cura, ut quam aequissima esset, per milites divisit. Paulus [3] victo Perseo spolia jacentis exercitus peditibus concessit, equitibus praedam circumjecti agri: mox confecto bello pecuniam regiam ex triumpho in aerarium tulit. Ex his quae diximus apparet praedam jure Romano publicam esse: dispensationem ejus imperatoribus permissam, ita tamen ut si commissum sibi arbitrium in rem suam fraudulenter traxisse dicerentur, legibus subjacerent: quod patet L. Scipionis exemplo, qui damnatus est peculatus judicio, ut Valerius Maximus [4] testatur, quadringenta octoginta argenti plus accepisse quam in aerarium retulisset: itemque eorum, quos supra nominavimus ambitiosae largitionis reos. M. etiam Cato in oratione quam *de praeda* scripsit, vehementibus atque illustribus verbis de impunitate peculatus, ut inquit Gellius [5], atque licentia conquestus est. Unde illud affertur: *Fures privatorum furtorum in nervo atque compedibus aetatem agunt, fures publici in auro atque purpura.* Idem [6] alibi dixerat: *mirari se audere quemquam capta bello signa pro supellectile domi statuere.* Ut et Verri invidiam peculatus auget Cicero [7], quod signum sustulisset et quidem captum de praeda hostium. Sicut autem imperatores ita et milites peculatus tenebantur, qui praedam non detulissent: quippe sacramento omnes adigebantur, teste Polybio [8], *περὶ τοῦ μηδένα νοσφίζεσθαι μηδὲν τῶν ἐκ τῆς διαρπαγῆς, ἀλλὰ τηρεῖν τὴν πίστιν κατὰ*

---

[1] Liv. l. 37. [c. 5.] [2] Idem l. 38. [c. 23.] [3] Liv. l. 44. [c. 45.] [4] l. 5. c. 3. et Liv. l. 38. [c. 55.] [5] l. 11. c. 18. [6] Priscianus citat l. 7. [c. 19. §. 95.] [7] in Verr. 6. [l. 4. c. 33. secundae actionis.] [8] l. 10. [c. 16.]

τὸν ὅρκον, *nihil quemquam ex praeda interversurum, sed fidem ex religione sacramenti servaturum.* Quo forte referri potest formula jurisjurandi apud Gellium [1] qua militi imperatur, ne quid tollat in exercitu decemque millia passuum prope, quod pluris sit nummi argentei, aut si sustulerit, ad consulem proferat, aut triduo proximo profiteatur. Hinc intelligi potest quid sit, quod Modestinus [2] dicit: *is qui praedam ab hostibus surripuit peculatus tenetur.* Cujus loci vel unico argumento induci debuerant juris nostri professores, ut crederent praedam proprietate publicam esse. Nam non est peculatus nisi in re publica aut sacra aut religiosa [3]. Et sic Romanis in hac parte cum Graecis aliisque optime convenit. Cum igitur apud omnes nationes praeda non privati sed publici juris habeatur, etiamsi hoc ipsum ex naturali ratione demonstratum non esset, tamen ut lege receptum admitti debebat. Omnium enim jurisconsultorum calculo [4] comprobatum est iis de rebus, quae nondum cuiquam quaesitae sunt, sed quaeri cuivis possunt, liberrimum esse reipublicae arbitrium, ita ut possit illas cui visum est addicere aut etiam sibi applicare. Est enim jus istud acquirendi commune quodammodo, in communia autem jus est reipublicae. Ita videmus plurimis in locis jus aucupii, piscaturae, venationis, thesaurorum, derelictorum et hujusmodi rerum translatum ad rempublicam, et a republica ad Principem. Omnino igitur *Belli publici susceptrix respublica praedam acquirit usque ad juris sui satisfactionem.* Sed et huic non minus quam privatis licet alienare et post et ante acquisitionem. Post acquisitionem, ut cum emtori praeda a quaestore addicitur aut alicui donatur, ut sacerdotibus a Davide, militibus a Caesare dictatore, imperatori a republica saepe virtutis ergo. Hoc modo capti ex hostibus agri veteranis

Concl. IX. artic. II. pars. I.

---

[1] l. 16. c. 4. [2] l. pen. ad l. Jul. pec. [D. 48. 13. 13.] [3] l. 1. eo. tit.
[4] Covarr. in d. reg. peccatum. p. 4. §. 2. circa finem.

assignati sunt [1], instituto Romuli, quod posterior aetas diutissime secuta est. Ante acquisitionem, personae certae aut incertae: certae, ut si quis tabernas Romanas ab Annibale emisset, ut Doloni equi Achillis [2]: incertae, quae tamen certa sit futura, recte donari, missilia argumento sunt, quae consul eo animo projicit, ut ei acquirantur, quicunque ceperit, etsi ignoret ipse quid sit quisque excepturus: quomodo etiam convivator cibos convivarum facit. Sic igitur aut respublica fit domina, *aut is cui praedam acquirendam illa assignavit.* Dupliciter hoc fieri potest, aut singulari concessione, aut lege perpetua: neque enim dubium est quin lex dominum faciat. Singulari concessione, ut quoties signo dato ad direptionem discurrebatur. Idem et lege fieri potest [3]: nec alio differunt ista, nisi quod legis perpetua quaedam ratio est, aequitas scilicet. Aequitas in eo consistit ut lucra cum damnis compensentur. Sunt autem damna non unius generis cum alia nolentibus, alia volentibus accidant. Nolentibus accidit rerum ab hostibus ereptarum amissio. Volentes aut operam aut opes impendimus. Certum autem est obligari mandatorem mandatario ob jacturam quae non quolibet casu, sed occasione mandati contigit [4]. De factis sumtibus, quin et hi recuperentur mandati judicio, numquam dubitatum est. Ad operae mercedem quod attinet, ea quidem jure Romano exigi non potest nisi pacta sit, sed non eo minus jure naturae

Concl. IX. artic. II. pars. II.

Nova declaratio.

---

[1] l. item si verberatum. §. 1. ff. de rei vind. [D. 6. 1. 15.] l. Lucius. ff. de evict. [D. 21. 2. 11.] l. in agris. ff. de acq. rer. dom. [D. 41. 1. 16.] Lamprid. Alex. Sev. [c. 58.] [2] Inst. de rer. div. §. hoc amplius [I. 2. 1. §. 46.] [3] Wilh. Matth. De bello justo et licito. req. 2. p. 5. [4] l. cum duobus. §. damna. ff. pro socio. [D. 17. 2. 52. §. 3.] l. si mandassem. ff. mandati. [D. 17. 1. 15.] Innoc. in c. sicut. in fine, de jurejur. [Decretal. 2. 24. 29.] Silv. in v. Bellum. 1. §. 7. concl. 10. et §. 11. concl. 2. et §. 13. et in v. Mandatum. §. 6. l. si vero. §. si mihi mandaveris. [D. 17. 1. 12. §. 9.] l. qui mutuam. §. fin. [l. 56. §. 4. D. eo tit.] l. si quis alicui. §. impendia. ff. mandati. [l. 27. §. 4. D. eo tit.] Mart. Laud. q. 6. et 42. Silv. d. §. 7 concl. 7. et §. 14.

debetur [1], quo benefacientibus benefacere vicissim tenemur [2]. Atque ei rei argumento est, quod multis casibus, cum civilis actio deficiat, ad referendam pro opera gratiam quasi ex naturali aequitate extra ordinem mandatores compelluntur. Hinc sunt quae *proxenetica*, ἑρμηνευτικά, μήνυτρα, φιλάνθρωπα, et aliis nominibus vocantur salaria [3]: unde colligimus in caeteris ad exigendum non juris gentium rationem, sed auctoritatem civilem deficere, ut in pactis, quibus deest stipulatio jure Quiritium, in venditione, quae fide de pretio habita contrahitur juxta Platonem [4], in furto nec manifesto apud Spartanos, in mutuo et deposito olim apud Indos [5]. *Multa*, inquit Seneca [6], *legem non habent nec actionem, ad quae consuetudo vitae humanae lege omni valentior dat aditum.* Neque enim credendus est nihil alteri imputare, qui suis plerumque rebus neglectis alienis vacat, cum magna hominum pars victum habeat in opera quotidiana [7]. Ideo Seneca [8] medico et praeceptori operae pretium sive mercedem occupationis ait deberi, quod deserviunt nobis, quod a rebus suis avocati nobis vacant. Idem in oratore et justum esse et necessarium ait Quintilianus [9], quia haec ipsa opera tempusque omne alienis negotiis datum facultatem aliter acquirendi recidunt. Neque novum est in jure id quod fit et id quod datur inter se comparari. Quare cum mutuis utilitatibus amicitiae contineantur, is qui res alterius procurat eumdem sibi praeter indemnitatem ad remunerandum naturaliter habet obligatum [10]. Id in causa fuit, cur Romani res ex hoste captas sociis, quorum fuerant, agnoscentibus reddiderint [11], et eosdem (ut in Latinorum erat foe-

[1] l. 1. §. ult. l. qui mutuam. §. pen. ff. eo tit. [D. 17. 1.] [2] Matth. 10. 10. V. in c. 2. leg. 6. Sen. de benef. l. 6. c. 15. [3] Dig. de proxenetis. tot. tit. [D. 50. 14.] l. solent. ff. praescr. verbis. [D. 19. 5. 15.] Dig. de extraord. cogn. tot. tit. [D. 50. 13.] [4] de legg. l. 11. [p. 915. e.] Arist. de mor. ad Nicom. l. 9. c. 1. [p. 1164. 1. vs. 22.] [5] Stob. [l. 44. n. 41.] [6] de benef. l. 5. c. 21. [7] l. naturalis. §. 2. et 3. ff. praescr. verbis. [D. 19. 5. 5.] [8] de benef. l. 6. c. 15. [9] Instit. l. 12. c. 7. [10] Arg. l. sed et si lege. §. consuluit. [D. 5. 3. 25. §. 11.] [11] Liv. l. 4. [c. 29.] V. supra c. 4. non procul fine.

dere) ad aequam secum praedae partem admiserint [1]. Nec aliud volunt Ambrosii verba [2], quorum ante meminimus: *Sane his qui secum fuissent in adjumentum fortasse sociati, partem emolumenti tribuendam asserit, tamquam mercedem laboris.* Et hoc ipsum in Dei populo perpetuo obtinuit, ab Abrahamo scilicet ad Maccabaica usque tempora [3], ut socii subditique praedae participes fierent. De quo, praecipue qua subditos tangit, accuratius agendum est. Dicimus ergo auxiliarium hoc et subditorum ratione admitti debere [4], ut non modo pro jactura et impensa, verum etiam pro opera sibi obligent susceptricem belli rempublicam. Quamquam enim singuli subditorum publicis commodis inservire debent, illud tamen proportione judicatur [5], quod aut dando aut faciendo quispiam societati amplius quam pro sua parte impendit, a reliquis repeti posse, ut in omni re communi [6] accidere videmus. Hoc tamen ab auxiliaribus subditi differunt [7], quod auxiliares juri suo, nisi propriis pactionibus, derogare non possunt, jus autem subditorum reipublicae legibus immutari solet [8], quia semel usu suadente ita convenit, ut communi utilitati privata posthaberetur: atque ita saepe accidit ut a republica subditi damna bello accepta non recuperent. Exempla sumamus ex Romano jure [9]. Primum cum placuisset bello capta utrimque capientibus cedere, rem civis Romani ab hoste occupatam constabat ejusdem hostis factam esse: a quo si reciperetur ipso jure non ad civem redibat, sed ad rempublicam, quia res scilicet in bonis illius inveniebatur qui reipublicae debebat. Videbatur igitur populus Romanus spo-

---

[1] Dion. Halic. l. 6. [p. 415. vs. 18.] [2] de Abrahamo. l. 1. c. 3. citatur in c. dicat aliquis. [Decr. Grat. p. 2. 23. 5. 25.] [3] Gen. 14. in fine. Macc. 2. 8. vs. 28. et 30. Adde alleg. supra ad part. 1. art. 2. h. c. [4] Innoc. in c. sicut. de jurejur. n. 4. et Pan. ibi n. 17. Mart. Laud. de bello q. 6. et q. 42. Ayala de jure belli l. 1. c. 2. n. 38. et 40. cum alleg. [5] Vasq. contr. ill. l. 1. c. 6. et contr. poster. c. 4. n. 8. [6] l. pro socio arbiter. §. 1. ff. pro socio. [D. 17. 2. 38.] [7] Silv. in v. Bellum 1. §. 7. concl. 6. et amplius §. 13. [8] V. ad regulam 5. c. 2. [9] c. 8. cor. 3.

liato civi ad reparationem jacturae obligari. Sed hoc sublatum est, tum ne aerarium belli praesertim tempore nimiis erogationibus exhauriretur, tum ne quis ea facilitate illectus res suas minus fortiter defendendo hostium opes augeret. Mox nonnullae species occurrerunt, in quibus aequius utiliusque visum est rempublicam jure suo eatenus cedere, ut sine damno suo civium damnis consuleret, hoc est, ut res ex hostibus receptas ad veteres dominos redire pateretur. Hinc jus nascitur *postliminii* in legibus Romanis notissimum, minus tamen primis illis interpretibus intellectum. De eo quod ad praedae considerationem satis sit videamus. Nam de postliminio inter exteras nationes deque hominibus, qui aut bello redeunt aut recipiuntur, longa et ab instituto aliena sit disceptatio. Romani agros postliminio redire voluerunt [1]. Nam cum sine annona res bellica sustineri non posset et plerique periculis deterriti curam agrorum deponerent, praecipue si nulla sua negligentia sed vi hostium majore (quod plurimum in rebus soli evenit) expulsi, spe omni in posterum recuperandi destituerentur, indemnitatis quodam pacto excitandi homines fuerunt, ut possidere fundos et colere vellent. In rebus mobilibus non idem observatur [2]: non modo quia earum difficilis est indagatio, sed quoniam dubiis temporibus illud genus possessionis oneri verius quam usui est, timidosque interdum et imbelles facit, ita ut impedimenta non absurde iidem Romani appellaverint. Excipi [3] tamen debuerunt quaecunque in bello usum habent, ut naves longae et onerariae, non autem piscatoriae et quae voluptatis causa parantur, equus et equa non omnis, sed freni patiens, mulus etiam clitellarius [4]. Nihil enim utilius est quam habere ad manum copiam earum rerum maximam, quas subita saepe indigentia belli requirit: ad eas igitur comparandas invitari cives oportuit, praesertim cum

Jus postliminii.

Nova declaratio.

---

[1] l. si captivus. §. 1. ff. de capt. [D. 49. 15. 20.] [2] c. 3. [3] l. 2. ff. de capt. [D. 49. 15.] Cic. in topicis. Festus, ex Aelio Gallo, in v. Postliminium. [4] V. l. postliminium. in fine. ff. de capt. [D. 49. 15. 19.]

etiam sine culpa amitti soleant, ut de equis scribit Marcellus [1]. Nec minus evidens est, cur ex hoc rursus ordine eximi debuerint ea, quae sine flagitio non amittuntur, ut arma militis [2]. Cum vero ea, quae in postliminio sunt, saepe mutatione commerciorum ad alios earumdem partium, non veteres dominos perveniant [3], causa ut dicimus onerosa, aequitas inter eum qui dominus fuit et eum qui pretium dedit ita fuit dispensanda, ut ille rem suam recipere posset huic pretium offerendo. Non tamen haec omnia, ut in Romano jure constituta sunt, ita ubique hodie observantur. Nam, ut exemplum demus, naves plerisque in locis postliminium non habent, sed incontinenti demum receptae aut, priusquam intra hostium praesidia abductae sunt, ad veteres dominos redeunt praestito receptoribus honorario, ita ut jus navium et mercium nihil differat: quod in constitutionibus Gallicis atque Italicis de re maritima [4] videre est. Et haec quidem remedia in rem, ut ita dicam, prodita sunt. Nam rebus in potestatem nostrarum partium non redactis, ut aliunde jacturam sarciamus, lege Romana constitutum non est: quod ipsum hodieque observamus, nisi quatenus extra ordinem interdum affectis damno certum quid ex praeda capienda assignatur, quae sunt quasi in bello repressaliae. Operae autem bellicae praemium nulla ex re utilius, quam ex praeda dissolvitur. Nam ita et respublica sumtum non facit et hostis depauperatur, flagrantiore ad cuncta milite, qui sciat etiam sibi se vincere. Non autem omnis praeda assignatur, (id enim nimium foret) sed certum aliquod genus ejusve pars, idque ea lege ut quod quisque ceperit ex hoste id suum faciat. Hoc modo incertum belli periculum incerto visissim commodo rependitur [5]. Quidquid ex tali legis assignatione ad singulos pervenit, proprie et peculiari quodam significatu vocis alioquin generalis, *praeda*

Præda proprie dicta.

---

[1] d. l. 2. [2] ibidem. [3] l. in bello. §. si quis servum. ff. de capt. [D. 49. 15. 12. §. 7.] [4] Const. Gall. lib. 20. tit. 13. art. 24. Consul. maris. c. 287. [5] l. semper. §. negotiatores. ff. de jure imm. [D. 50. 6. 5. §. 3.]

dicitur: quam Varro [1] dictam existimat quod manu pariatur, ego a prehendendo verius elisa litera duriore. Itaque opponuntur *publicari* et *in praeda esse* [2]. Diversarum autem civitatum diversa hac in re instituta sunt. De eo fere convenit agros ex hostibus captos in praeda non esse, sed publicari [3]. Contrarium in rebus mobilibus seque moventibus receptum videtur, hac etiam ratione, quia non satis expeditum est earum possessionem a singulis detentoribus revocare. Huc *Nova declaratio.* igitur melius quam ad priorem illum locum pertinet, quod juris civilis et pontificii interpretes, e theologis etiam nonnulli produnt [4] res mobiles hostibus ereptas fieri singulorum capientium. Id enim non ex primario ut diximus gentium jure procedit, sed ex jure positivo, cujus pars magna sunt consuetudines. Deinde non ex condicto venit, ut respublicas obliget, sed quasi fortuito consensu, a quo singulis populis, ubi ita videtur, recedere liberum est [5]: et ubi observatur, non directa est acquisitio, sed brevi manu. Praeterea vero regula ista sine discrimine admittenda non est. Praeda aut in excursu aut in procinctu capitur. Itali doctores illud *Corraria. Butinum.* *corrariam*, hoc *butinum* vocant [6]. Res mobiles in excursu captas, non publica totius exercitus virtute, sed populabunda manu, cum ejusmodi actionum finis prope unicus sit hostem damno afficere, et propter difficultatem inquisitionis, capientibus singulis concessas arbitror, nisi aliud actum appareat. Atque ita in singularibus dimicationibus spolia hosti detracta

---

[1] de ling. Lat. l. 5. [§. 178. ed. Mull.] [2] l. si captivus. §. 1. [D. 49. 15. 20.] et l. si quid bello. [l. 28.] eod. tit. [3] V. supra ad part. 1. art. 2. hoc cap. et ibi locum Procopii. Duar. in tit. de acq. rer. dom. [D. 41. 1.] c. 3. Cujac. Obs. l. 14. c. 7. [4] Gl. in c. sicut. de jurejur. Thom. lib. 3. de regim. Princ. c. 2. Hadr. in 4. sent. tract. de rest. §. aggredior casus. Flor. p. 3. tit. 4. c. 1. Joh. Major. in 4. dist. 15. qu. 20. Alph. a Castro lib. 2. de just. pun. haeret. 1. 14. Andr. Tiraq. de legg. comm. l. 1. n. 46. Covarr. ad d. c. peccatum p. 2. §. 11. Vict. de jure belli n. 51. [5] V. c. 2. ad reg. 8. [6] Salyc. in l. ab hostibus. C. de capt. [C. 8. 51. 12.] et alii citati a Thom. Gramm. Dec. 71. n. 18.

ei qui vicerat propria fuisse conspicimus, etiam jure Romano. De proeliis et expugnationibus urbium quid existimabimus? Quae parta jam victoria eripiuntur victis in praeda militari esse non videntur [1]: haec Graeci cum distincte loquuntur σκῦλα vocant. Caeterum quae in ipso proelii aut expugnationis impetu hosti extorquentur, λάφυρα iisdem appellata, dum scilicet

Nec temperari facile, nec reprimi potest
Stricti ensis ira,

plurimarum gentium moribus deferri singulis video. Eximenda tamen videntur quae non privata hostium, sed publica fuerunt. Macedones sane victores ad Pyramum amnem, cum Darii castra irrumperent, ingens auri argentique pondus diripuere, nec quidquam intactum omiserunt praeter regis tabernaculum, tradito more, inquit Curtius [2], ut victorem victi regis tabernaculo exciperent. Atque adeo ad Arbela fuere qui militum nonnullos accusarent, quod conspirassent de praeda omni ita sibi vindicanda, ut nihil in praetorium deferrent [3], contra morem: cui non dissimile quod Hebraeos usurpasse videmus, ut victi regis corona regi victori imponeretur [4]. Et cum Carolus Magnus Hungaros vicisset privatae opes militi, regiae aerario cesserunt. Sed veteri re Romana ne hoc quidem receptum fuisse, ut in expugnatione praeda militi cederet, apertissimis L. Aemilii apud Livium verbis ostendimus [5]. Sed non dubito quin id, quod beneficii imperatoris esse jam ceperat, per civilium bellorum licentiam, quae militi plus quam ducibus permittit, in contrariam consuetudinem verterit. Ecce tibi initium a Caesare, qui post Pharsalicam pugnam, cum castra Pompeji daret militi diripienda addit:

---

[1] Arias n. 162. Bell. p. 2. t. 18. n. 3. et 4. Wesenb. ad §. item ea quae. Inst. de rer. div. [I. 2. 1. §. 17.] Don. Comm. l. 4. c. 21. Silv. in v. Bellum. in princ. ex Rosella. [2] l. 3. [c. 28.] [3] Plut. Apophth. [p. 180. b.] [4] Sam. 2. 12. vs. 30. [5] Ad art. 2. p. 1. hoc capite.

Superest pro sanguine merces,
Quam monstrare meum est: nec enim donare vocabo
Quod sibi quisque dabit [1].

Bello civili alio Flaviani ad Cremonam ducti, quamquam nox instabat, coloniam divitem impetu volunt capere, quia major esset per tenebras rapiendi licentia: veriti alioquin ne opes Cremonensium in sinu praefectorum legatorumque essent: ubi nobilem illam sententiam Tacitus [2] addit: *expugnatae urbis praedam ad militem, deditae ad duces pertinere.* Mos paulatim in jus transiit: et sane justa aderat ratio, ne si post pugnam praeda negaretur, in ipsa pugna miles omissis hostibus praeda manus impediret, quae una aviditas multas saepe victorias corrupit. Hac de causa in Britannico praelio Suetonius [3] hortatur suos, ut caedem continuent praedae immemores, addens parta victoria cuncta ipsis cessura: quod et alibi passim reperias. Apud Procopium [4] Salomo Praetorii praefectus militibus, qui agros ereptos Vandalis sibi vindicabant ita respondet, ut distinguat inter res soli et res mobiles: has enim militibus permitti, illas autem penes rempublicam manere, quae et ipsos aluisset et in nomen honoremque militum cooptasset, non ut quae barbaris adversus Romanam majestatem insurgentibus abstulissent praedia ipsi possiderent, sed ut in publicum ea redigerentur, unde et ipsis et caeteris, ubi usus esset, annona suppeteret: his inter alia verbis: *ὡς τὰ μὲν ἀνδράποδα καὶ τὰ ἄλλα πάντα χρήματα τοῖς στρατιώταις εἰς λάφυρα ἰέναι οὐκ ἀπεικὸς εἶναι· γῆν μέντοι αὐτὴν βασιλεῖ τε καὶ τῇ Ῥωμαίων ἀρχῇ προσήκειν. Captivos sane et res alias militibus praedae loco cedere nequaquam absurdum videri: sed ipsum solum ad Principem imperiumque Romanum pertinere.* Quo loco jus quoddam universale significari vel hinc apparet, quod extra ordinem agros etiam militibus assignari minime novum

---

[1] Lucanus l. 7. [vs. 738. sqq.] [2] Hist. l. 3. [c. 19.] [3] Tac. Ann. l. 14. [c. 36.] [4] l. ult. de bello Vand. [Edit. Paris. vol. 1. p. 269. b.] citatur ap. Cujac. Obs. l. 19. c. 7.

erat, ut supra attigimus. Haec autem omnia locum habent etiam tunc, cum certa laboris merces militi dicta est: quasi praeda stipendii auctarium sit, aut ejus emolumenti ratione minus militi in aere solvatur. Sunt enim ubique fere gentium salaria adeo exigua, ut nisi proposita hac spe difficile sit reperire, quibus placeat vitae genus militare. Nunc una haec fiducia labores sustinet, quod

horae
Momento cita mors venit aut victoria laeta [1].

Nusquam autem non hodie pars praedae militi capienti cedit, pars ad rempublicam revertitur aut ejus concessione ad duces belli cujuscunque gradus in praemium operae defertur: quod omnium populorum leges tam super maritimo, quam terrestri bello declarant [2]. Quemadmodum Constitutionibus Hispanicis [3] praedae ejus, quae ad militem pervenit, interdum pars quinta, nonnumquam tertia, alias vero dimidia regi debetur: et septima, interdum decima, duci excercitus. Interdum non pars sola, sed totum genus praedae excipitur, ut naves bellicae eisdem Hispanorum legibus [4] Principi acquiruntur. Quae vero operae et periculi ad praedam, eadem aut etiam justior sumtuum ratio est, si quos privatus in bellum publicum fecit. Quod enim pro his impensis debet respublica, commodius quam ex praeda dissolvi nequit. Moribus Italicis [5] capta hostium navi triens unus ad navis victricis dominum, alter ad eos quorum merces in navi victrice fuerunt, tertius ad eos qui pugnarunt pertinet: in primo impensae, in secundo periculi, in tertio operae fit compensatio. Alibi [6] illud receptum est ut qui militi equum ad excursionem commodavit praedam cum illo dividat. Apud Hispanos [7] navali bello quidquid acquiritur regis fit, si modo ille naves cum armamentis suppeditet, annonamque militibus et nautis

---

[1] Hor. Sat. l. 1. [1. vs. 7. sq.] [2] V. Instr. marit. Foed. Belgii Prov. art. 22. [3] l. 4. tit. 26. p. 2. [4] l. 19. tit. 26. p. 12. l. 20. [5] Consul. maris. c. 285. [6] Bell. p. 2. tit. 5. [7] l. 19. tit. 26. p. 2. l. 14.

praebeat, neque in ullam partem maris praefectus venit. Quod si regiis sumtibus instructa navis non fuerit, exhibita regi sua portione, praefecto item sua, reliquum inter se victores dividunt. Si quis igitur operam per se aut per alios navet bello publico, sumtum faciat de suo, omne damnum atque periculum in se recipiat, idque nullo publicitus stipendio donatus, hunc quidquid hosti eripit sibi acquirere et quidem in solidum, constans omnium doctorum [1] et communis sententia est. Cum enim iniquum sit, ut ad Corinthios scribit Apostolus [2], *στρατεύεσθαί τινα ἰδίοις ὀψωνίοις*, hoc est, *militare quemquam suis stipendiis*, aut ut Syrus interpretatur, *suis sumtibus*, sine digna scilicet spe compendii, quod subjecta vinitoris et pecuarii exempla declarant; ac contra naturali aequitati consentaneum, ut cujusque rei eum sequantur commoda, quem sequuntur incommoda, tacita pactione (qualis in antichresi intelligitur) effectum videtur, ut respublica, contenta hostes sine suo sumtu mactasse infortunio, jus suum in res hostiles illi resignaret, qui vicissim in se id omne recepisset, quod ipsa deberet praestare. Verissimum autem est, quod nostri juris interpretes [3] docent, jus belli commune et plerisque gentibus receptum semper sequendum esse, nisi quid secus aut lege aut pactione definitum sit. Quid enim obstat cur non, uti caeteris de rebus, ita de praeda justae atque legitimae sint pactiones [4]? Potest ergo respublica ex illa etiam praeda, quae privatis impensis sine mercede militantium capitur, partem aliquam sibi excipere [5] aut alteri praemii loco assignare [6], quasi quadam justa ad praedam

---

[1] Calder. cons. 85. Joh. Lupus, de bello §. si bene advertas. [Ocean. jur. vol. 16. p. 322.] Jas. in l. quod apud hostes, de legatis. 1. [D. 30. 1. 9.] Franc. a Ripa in l. 1. de acq. poss. [D. 41. 2.] n. 5. Covarr. ad d. c. peccatum. p. 2. §. 11. Adde Hist. Bonfin. lib. 4. dec. 5. [2] Cor. 1. 9. vs. 7. Adde Matth. 10. vs. 10. [3] Bald. in l. adoptio. C. de adopt. [C. 8. 48. 4.] Adde Soc. in l. 1. ff. de acq. poss. [D. 41. 2.] Calder. in tit. de treuga et pace. Thom. Gramm. d. decis. 71. n. 11. Silv. in v°. Bellum. in pr. [4] Bal. cons. 358. l. 2. arg. l. licet C. de pactis. [C. 2. 3. 19.] [5] Covarr. d. §. 11. [6] Const. Gall. l. 20. tit. 14. art. 1.

societate, cum respublica causam praestet, subditus caetera omnia. Galliae legibus in bello navali decima excipitur, eademque maris praefecto addicitur: residuum penes eos manet qui sumtus faciunt, adjuncta ratione [1], quia ad summam rempublicam pertinet quam plurimos inveniri, qui suis opibus causam publicam tueantur navesque adversus hostem instruant. Apud Batavos pars quinta reipublicae, decima praefecto maris debetur [2]: quod hodie tantum intra aestivi solstitii circulum obtinet; ultra, tricesima est. Supra ostendimus [3] nos non tantum per nosmet ipsos, sed per ministros etiam acquirere: quod ad bellum tum privatum tum publicum aptavimus, ejusque rei certissima attulimus argumenta, quibus consequens est, si quis privatus bellum publicum suis impensis, suis damnis, suarum rerum periculo administret, sed ad eam rem aliorum adhibeat operam, quos aut certa mercede, aut de parte praedae ad se pertinentis inita pactione conduxit, hunc eorumdem opera res ab hostibus captas statim acquirere: possessionem enim per ministros habet, quos quidem ad bellum gerendum sibi sufficere potuit [4], causam a republica. Plerumque autem ministris, puta nautis in bello maritimo, res quaedam leviores in praedam concedi solent. *Pilagium.* Galli *despoliationem* aut *pilagium* vocant [5], extenduntque ad vestem itemque ad aurum et argentum, cujus pretium non excedat decem scutatos. Interdum amplius datur moribus aut *Coroll.* pacto exercitorum. Jure igitur neutiquam ambiguo *ad eum qui suis impensis, damnis, periculo, suorumque ministrorum opera, nulla pacta mercede bellum publicum gerit, praeda omnis eo modo capta pertinet, nisi quid ejus jure speciali aut pacto exceptum sit.*

---

[1] ibi, art. 30. [2] Instr. rei marit. art. 22. [3] ad p. 1. art. 1. et p. 1. art. 2. hujus capitis. [4] Arias n. 180. Inn. in c. Bertholdus. de sent. [Decretal. 2. 27. 18.] Bell. de re mil. p. 2. t. 6. [5] Const. Gall. l. 20. t. 13. art. 10. et 16.

CAPUT XI.

PARS I.

ART. I. CAUSAE BELLI BATAVORUM IN ALBANUM, HISPANOS, PHILIPPUM ETC.

ART. II. OFFICIA BATAVORUM EO IN BELLO.

ART. III. CAUSAE BELLI BATAVORUM IN LUSITANOS.

ART. IV. OFFICIA BATAVORUM IN LUSITANOS.

ART. V. INJURIAE LUSITANORUM IN BATAVOS PER LUSITANIAM.

ART. VI. INJURIAE LUSITANORUM IN BATAVOS ALIBI PASSIM.

ART. VII. INJURIAE LUSITANORUM IN BATAVOS EO COLORE, QUOD ATTRIBUTAS IPSIS REGIONES COMMERCIIS ADIRENT.

ART. VIII. IDEM COLOR PER INDIAM.

Proposito in universum jure facta assumenda sunt ut, an *Artic. I.* juri eadem congruant et omnia adsint quae requiruntur, facilis fiat inspectio. Neque tamen res omnes gestas explicandas censemus, quae praedam eam de qua disputatur aliquo modo praecedunt: quod infinitum esset et justae historiae opus. Nam quis nescit totis jam annis triginta et quod excedit, bellum esse Batavis cum gente Hispanorum? Cui rei exordium dedisse Ferdinandum, Ducem Albanum, qui a Phi- *Anno 1567.* lippo II Rege Hispaniarum, Belgii Principe, missus rector his partibus, pacatam eo tempore terram Belgicam cum Hispanorum exercitu intravit. Quibus ille viribus confidens, cum ante ejus adventum in sacris turbatum esset; in quo facto etiam qui peccatum volunt, perpaucorum tamen culpam

agnoscunt, cum certissimum sit non magistratuum modo, verum et civium maxima parte invita id ipsum contigisse; hoc uno obtentu jura, judicia, tributorum ordinem mutatum ivit, contra leges Principibus juratas, quae rara inter principatum ac libertatem temperatione imperii modum et status Belgici fundamentum continebant. Ea necessitas privatos primum adegit, quorum corpora in poenam, bona in fiscum aut tributum adversus eas, quas dixi, leges patrias trahebantur, aliis omnibus praesidiis exclusos vim moliri qua vim repellerent. Idem civitates fecere, brevique accessit Hollandiae, quae justa jam a septem saeculis respublica est, Ordinum auctoritas: quos quidem Ordines certum est, ut jura populi defenderent, Principibus atque praefectis velut custodes ad-
Anno 1572. ditos. Hi publico consessu bellum adversus Albanum et Hispanos decreverunt, quod nationibus aliis Belgarum se adjungentibus in Albani etiam successores continuatum est, ut qui et eadem illa, et poenas praeterea defensionis exposcerent. Ex eo tempore quantum sanguinis fusum fuerit, quibus et rapinis et contra impensis exhausta fuerit Belgica, (fuerunt autem impensae tales, quibus, si justa ratio ponatur, nulla umquam aetate gens ulla pares tulit,) qua denique perfidia Hispani aut bellum administraverint, aut pacem simulaverint, longum sit dicere. Sed hinc satis intelligi potest quod illi, cum omnes, qui in aliqua sacrarum literarum interpretatione aut receptis ritibus a Romana cathedra dissentiunt, haereticos vocent, rebelles autem, quicunque Principibus sine exceptione parendum non semper existimant, tum illud aperte profitentur, neque cum haereticis neque cum rebellibus fidei esse commercium [1], improbantque omnem conciliationis et clementiae rationem. Tandem cum rex Philippus non modo populos suae tutelae commendatos non defenderet, neque auctores injuriae in Hispaniam reversos pro meritis plecteret,

[1] V. Ayalam l. 1. c. 6. n. 71.

verum ultro et hos honoribus remuneraret et illos omni opum vi affligeret, ita ut dubium esset nemini ac ne ipse quidem dissimularet, bellum in Batavos suo jussu, suis auspiciis suisque sumtibus geri, unde imperium legitimo majus per arma affectare videbatur, telum illud ultimum oppressae libertatis, quod Belgicae leges diserte concedunt, ut domesticae insidiae vitarentur necessario usurpatum est. Ita decreto *Anno* 1581.
Ordinum potioris Belgii partis, et quidem earum nationum, quibus dum licuit, hoc autem est tot jam saeculis, nulla fuit obsequii erga Principes retinentior, Philippus II Belgii principatu exutus est, in Ordinum imperium adversus Philippum jurari coepit: cumque ille non modo bello multo quam ante acrius atque acerbius instaret, verum et percussores emtos inter publica arma in legum vindices immitteret, suscepta contra defensio ob justum infidae pacis metum in haec tempora ducitur adversus Philippum III Hispaniarum Regem, secundi filium et successorem, ejusque sororem Isabellam cum Alberto Austriaco ejus conjuge, quibus jus Belgii contracta ut videtur fiducia transscriptum est, omnesque eos qui in illius aut horum sunt partibus.

In eo bello Batavorum sicut eximia fortitudo, ita singula- *Artic. II.*
ris humanitas semper emicuit. Longissima enim patientia, contenti vim illatam a suis capitibus propulsare proximasque urbes in eamdem asserere libertatem, nihil gravius in hostem moliti sunt: tum vero quaecunque salva republica esse possunt belli, ut ita dicam, commercia, ea religiosissime observarunt et, si quando implacabili hostium saevitia contra ingenium severiores et ipsi esse cogerentur, paratos se ostenderunt tantumdem quantum hostes, aut etiam amplius remittere: semperque ab illis perfidiae et crudelitatis, ab his clementiae et fidei exemplum fuit. Inter alia nemo nescit eum esse orae situm, eam sedulitatem Batavorum, ut cunctis e locis in quaevis alia merces hinc commodissime transportentur, facto quodammodo ad res maritimas populi ingenio, cui

quaestus hic omnium dulcissimus videtur, ut qui humanitati adjumento sit et mutuis gentium commodis, sine cujusquam damno facile sustentetur. Morem hunc tam placidum ne bella quidem, satis animose alioquin gesta, sustulerunt. Et ad hoc usque tempus potissima visa est ratio negotiationis: arma non ultra usurpata, quam necessitas postulabat. Utque olim Timotheum Atheniensem in Samios bellantem fecisse legimus [1], ita Batavi non eos tantum qui per Belgicam in partibus adversis erant, sed et ipsos auctores belli Hispanos in Hispania sua commeatu juverunt, quod ut horum mercatoribus utile fuit, ita illos gravi interdum fame liberavit. Nihil enim vetat, quin veteribus etiam exemplis Corinthiorum et Megarensium ita armis res agi possit, ut quaedam humanitatis officia non omittantur: sicut Hispani [2] ipsi scripserunt posse negotiationum commeatus etiam cum hostibus intercedere, pactione scilicet aut foedere tacito.

Artic. III. Philippus II haud multo antequam Belgii imperio judicatus *Anno* 1581. est decidisse, rex factus est Lusitaniae, hoc est Portugalliae: quo jure quave injuria nihil refert. Nam postquam semel in regnum receptus est, agnovit eum ut Principem tota respublica Lusitanorum, sicut et nunc filium Philippum agnoscit, defertque solitos regibus honores, tributa, obedientiam. Ex eo tempore Batavis eodem loco Lusitani esse coeperunt, quo Castellani, Legionenses, Arragones et tota Hispania, in cujus corpus coaluerant. Quare cum bellum illis esset cum rege Hispaniae ejusque subditis et sociis omnibus Hispanorum, non potuit non esse cum Lusitanis, praecipue quia populi tam divitis vectigalia magnum alimentum bello accesserant. *Anno* 1588. Neque vero solae illorum pecuniae Batavos laeserunt. Nam horribilis illa classis, quae Methymnisidonio duce Oceanum ingressa internecionem Britannis, Batavorum sociis, ipsisque Batavis minabatur, maxima sui parte navibus nautisque Lusita-

---

[1] Arist. Oecon. l. 2. [p. 1350. 2. vs. 4.] [2] Ayala l. 1. c. 7. n. 2.

norum constabat. Quam injuriam Batavi, quos nihil decebat hosti concedere, ulcisci statuerunt, ita ut vicissim aut in Britannorum societate, aut per se Lusitaniam regionesque Lusitanis subditas hostili classe aggrederentur. Ut inter alia classis illa docuit, quae missa Petro Dousa praefecto Thomae insulam Brasiliamque publico bello adorta est. Pro hostibus igitur se gesserunt hinc Lusitani, inde Batavi: utri vero majore fide et humanitate, id nunc videndum restat. *Anno* 1599.

Quod modo dicebamus mercaturam inter hostes non necessario tolli, id sane causam nusquam habere potuit justiorem quam inter hos populos, quorum res summa utrimque in navigationibus consistit et quos jamdudum usus commerciorum conciliaverat. Quid uterque alteri praestiterint conferamus. Vetustissima esse fertur harum gentium conjunctio. Cum enim adhuc sub Mauris pars magna esset Hispaniae, Belgas vi maritima plurimum jam tum potuisse accepimus. Itaque advectos tempestate eas ad oras, dum Syriam belli sacri causa petunt, Lusitanorum precibus concessisse ut Ulyssiponem, Saracenorum regiam navibus aggrederentur, quam et captam tradidisse Lusitanis. Cujus meriti testimonium plurima privilegia Belgarum et immunitates in eo regno antiquitus exstitere. At Belgae vicissim Principes more passim recepto, quo melius commercia coalescerent, Lusitanos mercatores quicunque cum Belgis negotiarentur, in suam tutelam receperunt: quo ejus sanctimonia ab omnibus injuriis essent tutiores. Idem illis Ordines Belgii motis hic rebus diplomate confirmarunt, ne quid scilicet bellicae licentiae praetextu adversum paterentur. Ita Lusitani cum uxoribus, liberis, familiis, supellectile, merces, possessiones juraque omnia aut praesentum aut absentum propria, in fidem publicam recepta sunt: data facultate intrandi exeundique fines Belgarum, intra eos fines manendi, merces invehendi, evehendi, terra, mari. Jussi etiam praefecti omnes rei bellicae et milites Lusitanorum in his regionibus versantium incolumitatem et *Artic. IV.* *Circa annum* 1150. *Anno* 1577. *Oct. d.* 22. *Bruxellis.*

Anno 1581. Jun. d. 19. Amstelodami. commoda defendere. Postquam vero Philippi imperium Belgae rejecerant, Lusitani susceperant, ita ut essent alteri alteris hostium loco, eidem nihilominus Ordines rogatu Lusitanorum intra suos fines habitantium aut mercaturam exercentium, et quia Belgarum intererat commercia bello non impediri, sed foveri securitate, superius illud rescriptum confirmarunt gratiamque illis juris bellici hactenus fecerunt, ut Lusitani quicunque vellent inter Belgas tuto commeatu, habitatione, *Anno 1588. Febr. d. 11. Hagae.* mercatu uterentur, vita rebusque salvis. Sed cum rursus Lusitani, conscientia eorum quae Batavi a sua gente inique patiebantur, prioribus rescriptis non satis confiderent, confirmationem impetrarunt, nec hi tantum qui in Belgis sed et qui alibi habitarent, ut scilicet mercaturam cum Belgis, qui sub Ordinum essent imperio, vel ex ipsa Lusitania tuto commutarent, aditu et exitu patente: quo illi beneficio usque ad interdictionem, et quatuor post interdictionem men- *Anno 1592. Jul. d. 30. Hagae.* sibus fruerentur. Effectum deinde est liberaliore interpretatione, ut his rescriptis etiam illi Lusitanorum comprehenderentur, qui Antverpiae aut in aliis Belgii urbibus, quas adversarii tenent, sedes fixere: ita tamen ut inde in regiones Ordinum commercii gratia adventantes, atque itidem illi vicissim, qui hinc in adversas partes merces eveherent, singularem com- *Anno 1600. Oct. d. 2. Hagae.* meatus permissionem haberent impetrandam. Posteriore rescripto etiam illud expressum est, ut Brasilia in Batavos merces transvehi possent. Ita illis Batavos adire volentibus undique provisum.

Artic. V. Merito sane et jure quodammodo suo Batavi quales se in illos praestiterant, tales illos in se speraverunt: maxime ex quo navigantibus in Lusitaniam prima experimenta ejusdem *Anno 1582. et seqq.* aequitatis fidem fecerant. Nemo existimabat plus Batavis obstiturum Philippum dominum Lusitanorum, quam Lusitanis idem obstiterat hostis Batavorum. Ita cum credita securitas magnam faceret navium frequentiam, hominesque benigne aliquoties excepti nullo novo interdicto arcerentur, ubi ad

praedam copia visa est sufficere, contemta illa quae inter mediocris bonitatis homines ne hostilitate quidem tollitur beneficii memoria et taciti foederis religione, naves omnes nihil tale sperantium comprehensae sunt per omnes Hispaniae portus et Lusitaniam maxime, quas deinde Batavi summis pretiis redimere cogebantur. Gens numerosa nec alio sueta vivere quam mercium mutatione post tam ingens dispendium, quod multas optime constitutas domos funditus evertit, quid faceret nisi ut jacturam novis mercandi utilitatibus sarciret? Allecti rursus Batavi eadem patientia atque etiam praemiis, tum quia recentibus suis in Lusitanos benefactis confidebant post aliquod temporis spatium easdem in fraudes inciderunt. Iterumque, iterumque hoc contigit alterius gentis perfidia, alterius simplicitate. Egregius denique illis proventus hinc constitit, cum alternis annis insidias locarent et rapinas exercerent. Exhausta in hunc modum Batavia (vix enim quisquam fuit, qui non plus isti violentiae quam omnibus naufragiis imputaret,) nondum aviditati aut crudelitati satisfecit. Nam post longas spoliandi vices, cum jam Philippus III regnum sus- *Anno* 1598.
cepisset et incredibilis denuo multitudo ad mercatum alliceretur, accepta fide publica liberi commeatus ab Archiduce Alberto, quae aut non erat revocata, aut certe non antequam homines jam mari adventantes nullam mutatae voluntatis habere poterant notitiam, repente barbaro et plane Mithridatico edicto naves mercesque publicatae, excussa omnium institorum ratiocinia, homines ipsi (tantum est crimen Hispanis aut prodesse aut fidere) compacti in carcerem, rapti ad supplicia, multa millia addicta remis. Et nunc etiam homines Batavi in classibus Hispanicis eisdem compedibus quibus sicarii et latrones, Christiani inter Turcas et Mauros, mercatores ipsi inter piratas vincti tenerentur, nisi felicissima libertatis dies, qua ad Neoportum pugnatum est, Franciscum Mendozam Arragonum Admirantem, et tunc bello praepositum in manus dedisset: quo pignore redemti cives inedia, vinculis,

verberibus attritos artus ad ora popularium retulerunt. Pars capta nuper Clusa et Spinolanis navibus tristi servitio exemta est. Quis enim non vidit illam miserabilem turbam, sive cum optimis Ordinibus pro summa benignitate gratias agerent, quod fessum tot malis spiritum in patria potius quam inter crudeles tortorum manus emitterent, sive cum cognatos quisque suos et affines orarent, ne tale umquam facinus inultum relinqueretur? Quis autem est quem non aut miseriae aut damni portio tetigit? Quis non in illa immanitate aut fortunas suas aut amicos desiderat? Damnum recte ad multa millies millia aestimarem, nisi pluris essent tormenta, poenae, cruciatus ingenuorum corporum, quae aestimari non possunt.

Artic. VI. At saltem Lusitanos credet aliquis in coloniis et insulis, quas latissime sparsas obtinent, mitius agere. Nam in patria praesens jussus regis, libido magistratuum aliquid forte sunt: etsi quomodo innocens populus, qui ista videt aut patitur? quem vero juste ulciscemur, si ista recipitur excusatio? Peregre autem, tuto scilicet, ostendet se ingenium non totius expers humanitatis, mutua provocabit officia, in summa id faciet, quandoquidem licet, quod in se fieri velit. Testabuntur hoc quicunque Batavorum aut vi tempestatum, aut cum ipsis Lusitanis mercandi gratia et ignorantia tam feri moris, quia quod facere non possunt haud temere credunt homines, in ista littora advenerunt. Pauca duntaxat et recentia afferam.

Anno 1598. In Principis insula, cum ex classe Oliverii Roterodamensis, quae terrarum orbem quarta circumnavigavit, praecipui aliquot in terram missi praelatis hinc inde pacis insignibus exciperentur, Lusitani data opera ut plures allicerent, ubi id non successit eos statim obtruncant, caeteros ad mare fugientes persequuntur et in scapham jaculando duos perimunt. Eadem in navigatione, ad flumen Janerum in Brasilia, missi ad littus duo praestructis Lusitanorum insidiis avecti sunt. Etiam tormenta explosa in naves, quibus funes disjecti, homo etiam unus interfectus est. Nam ad Dolium amnem accessu etiam littoris et aquae usu Batavi arcebantur. Nec illorum melior conditio, *Anno 1599.* quos Laurentio Bicquero duce profectos plurimumque pelago jactatos Lusitanorum manus, ipsis ubique scopulis formidabiliores exceperunt: donec ad sinum, quem Sanctorum omnium vocant, appulsa navis cum mercibus praedae addicta est: homines conjecti in vincula, quod eo terribilius fuit, quia eodem in loco annis ante quatuor Galli aliquot patibulo affixi audiebantur. Nec mitiora a Lusitanis Lusitanorumque emissariis exspectanda his, qui casu quocunque in partem aliquam Africani littoris deciderint Spilbergianae ephemerides demon- *Anno 1601.* strant. Sed tales ego fortunas suis cujusque libris proditas huc transferre supersedeo, dum argumenti nostri propria me revocant.

Nemo nescit sicut Castellani maximam Americae partem *Artic. VII.* sibi vindicant, ita Lusitanos Aethiopici, Indici, Brasiliani Oceani commercia sua esse velle, caeteros omnes excludere. In quo cum illis praeter Britannos et Galli et Itali et conjunctissimae quaeque gentes nihil concederent, Batavi et hostes et mari plurimum valentes non repugnaverunt. Erat quidem ipsis non minus quam caeteris perspecta istius postulationis iniquitas: sed apud nostra ingenia, quae non quantum liceret, sed quantum necessarium esset in bello faciendum sibi semper existimarunt, aliquid etiam pro hostibus valuit veteris hinc principatus, inde societatis memoria. Ita dum Hispanica negotiatione sustentari plebs potuit, quamquam ea cum magnis injuriis conjuncta erat, has tamen tolerare prius potiusque visum est quam alios conatus aggredi, qui difficiliores aliquando facturi videbantur pacis ineundae rationes. Hac patientia decem per annos et diutius agitatum est. Nam exinde, cum appareret hostes eam viam ingressos ut, quos armis non potuerant, fame atque inopia subigere vellent, praecisa scilicet Hispaniensi mercatione, in qua hactenus populi vita erat constituta, paulatim Batavi longinquas navigationes proculque positas gentes, cognitas Lusitanis sed non subditas, respicere et ipsi coeperunt: tanto tamen modestiae et aequanimitatis temperamento, ut singulas actiones consideranti satis constaret solam in consilium adhibitam fuisse necessitatem. Quod ad Batavos attinebat, amici occursus terra marique, Lusitani intra naves etiam et ad epulas admissi, nihil eorum fieri placuit, quae inter hostes licent: non coloniae oppugnatae, non naves incensae, ne prohibiti quidem Lusitani ad eosdem mercatus venire. Neque illos tamen aut causa navigandi necessitas, aut tam pacata negotiandi ratio quidquam mitigavit. Magnum enim crimen erat Batavorum non egestate potius opprimi, quam in ea commoda, quae cunctis hominibus natura patefecit, cum Lusitanis concurrere. Hoc tamen solo colore dictu incredibile, quanta illorum rabies (nec enim alio nomine appellanda est) in Batavos exarserit, adeo innocentes, ut contenti salutem suam propugnare vix plurimis flagitiis ad ultionem impelli potuerint: quod subjecta rerum narratio demonstrabit, non illa quidem nihil omittens, sed praecipua tantum complexa, *Anno* 1594 e quibus caetera par est intelligi. Prima coepta est a Batavis adiri pars illa Aethiopiae Oceano imminens, quam Guineam dicimus, Bernardo Medemelacensi monstrante: quo tempore Lusitani ne sua tantum barbarie uterentur, Afris persuaserunt (ipsi mox Afri omnia confessi sunt) venisse latrones, qui mercandi specie ipsos in captivitatem abducerent: nec tantum verbis animos alienarunt, sed pretium, quo istae etiam gentes corrumpuntur, ad centum florenos posuerunt his, qui hominem Batavum necuissent. Artem etiam docuerunt, qua aurum (id enim istis ex locis petitur) adulterarent. Cumque Simone Tajo duce ad promontorium Coreum, quod eadem in regione est, navigaretur, vulgato rumore regulum ejus plagae venisse ut navem inspiceret, alios subornaverant, qui Batavos scapha provectos longius circumvenirent interficerentque: quod et factum est. Idemque hominibus Delphis in eam oram pervectis accidit, emto ad proditionem negotiatore Afro, cui Voticae nomen et nonnulla apud Batavos auctoritas frequenti commercio. Pars enim caesi, pars in arcem Lusitanorum Minensem captivi ducti sunt, quod aliquanto quam caedi pejus est: tanta imminent tormenta, tanti cruciatus: quippe cum constet Gallum hominem eodem delatum et ex fuga reprehensum aereae machinae impositum fuisse atque ita ejectum: ne non illi Phalarim ipso etiam crudelitatis instrumento imitarentur. Accidit et multo postea, ut navicula Batavorum non procul *Anno* 1599. arce Minensi a vento prodita, immissu Lusitanorum opprimeretur, cumque deprehensi in fluctus desilirent, perfossi spiculis et jam mortui funibus tracti sunt, utque praefecto arcis fides fieret egregii facinoris, partim suffixa palis capita, partim barbaris illorum beneficiariis ad efferandos animos concessa, qui et igni coxisse ut succum elicerent, et ex ossibus bibisse narrantur. Sed nec emta odia adversus Batavorum simplicitatem, nec paratae insidiae adversus providentiam diu valuerunt. Tot periculis indefessi etiamnum littus illud frequentant et Lusitanos re nulla magis, quam fide sua accusant. In quamcunque vero terrarum partem oculos convertimus, eadem feritas ubique. Nam hostilitas dici non meretur, quae hostibus solita longe transgreditur. Quo ex genere plurima Batavis in Brasilia accidisse, navigantium diariis compertum est. Nos non omnia referimus, praesertim cum uberrimam narrationum materiam, et huic argumento proprie convenientem res Orientales, hoc est Indicae offerant.

Postremo Indiam lustrare Batavi aggressi sunt, cujus con- *Artic. VIII* silii non utilitas magis evidens, quam aequitas aperta est. *Anno* 1595. Nam quae tandem ista non jam dicam lucri appetendi insania, sed plane invidia est, flagitare ut pars tanta naturae, quae ab Arabico usque sinu, imo si addas caetera, a freto Gaditano ad septentrionis confinia immenso littore diffunditur, inque tot insulas excurrit, ut earum nec numerum nec nomina quisquam norit, unius populi divitiis, imo luxui inserviat, et magna ex parte neglecta vacet, cum pluribus nationibus commercio occupandis alendisque sufficiat? Quid quod jam olim Veneti cum Indiae populis mercatus exercuerunt? Quid quod nunc etiam altera ex parte Arabes, ex altera Sinenses ad eamdem negotiationem concurrunt? Audebuntne adhuc Lusitani ejus partem aliis negare, quod ipsi totum nec habent, nec habere possunt? Jam vero et illud accedit, quod multae istis temporibus Indorum nationes Lusitanorum non commercia tantum, sed contactum etiam aspectumque aversabantur. Non enim illic ut mercatores aspiciuntur, sed ut raptores alieni, oppressores humanae libertatis, non avaritia minus quam dominandi cupidine flagrantes: ita ut illis nemo utatur, nisi quatenus carere non potest. Nam Lusitani cum primum in eam orbis partem venerunt, coloniis arcibusque positis, (nec enim videbant satis indigenae, quid istis exstructionibus peteretur) proxima quaeque in servitium traxerunt. Mox domesticis Indorum bellis permixti, quorum ipsi plerumque instigatores erant, in partem victoriae venerunt: quibus artibus auctam potentiam deinde in illos vertebant, quorum opera vicissent. Ita collocatis passim praesidiis maritimae potentiae fiducia, cuncta sui formidine impleruut. Nam incomparabilis exempla perfidiae, puerorum et feminarum principum laniatus, infesta Lusitanorum veneficiis regna, crudelitatem in subditas sociasque gentes detestabilem, Hispanorum e scriptis quam verbis meis discere lectorem malo. Testatum enim volo non ut nationem ullam maledictis insequerer, in hunc dicendi campum me processisse, sed ut facinora aperirem, quorum notitiam causa desiderat. Quare et merito eam veniam impetrabo, quam litigantes solent, cum adversarium aut testes in se productos refellendo injuria afficere non videntur. Ita sane plerique judicant, si res in America Castellanorum et Lusitanorum apud Indos conferantur, illorum violentiam, horum perfidiam multo insigniorem fore: neque enim Lusitanis minus esse malitiae, sed Castellanis plus animi et roboris. Haec igitur Indis odii causa, Batavis navigandi: quo ex tempore nihil tam impium tamque nefarium fuit, quod non avarissimi homines, ut Batavos illis locis averterent, aut facere tentaverint, aut etiam perfecerint. Nam ea in parte mundi eo graviora sunt Lusitanorum facinora, quam quae alibi contigerunt, quod gnari illic impares se viribus pacis et amicitiae imaginem induerunt, qua et ipsi tutiores essent, et homines minime malos de improviso acrius offenderent. Summa quaeque perstringemus, non tam temporibus (quamquam et horum ratio habebitur) quam certis capitibus distincta. Dicimus populum Lusitanum hominesque Lusitanos, cum fictis criminibus nomen Batavum diffamaverint hostesque concitaverint, unde atrocissimae clades consecutae sunt, tum praeterea multos homines Batavos crudeliter et perfidiose necuisse, vim etiam bellicam qua publice qua privatim priores intulisse, ita ut et Indorum populos, quod cum Batavis contraxissent, ferro atque igni vastare aggressi sint. Sancte autem profiteor horum me nihil vulgaturum, quod non disertissimis testimoniis comprobatum ipse viderim.

PARS II.

ART. I. CALUMNIAE LUSITANORUM IN BATAVOS.

ART. II. SUBMISSI IN BATAVOS HOSTES A LUSITANIS.

ART. III. FRAUDES ET PERFIDIA LUSITANORUM IN BATAVOS.

ART. IV. COEPTUM A LUSITANIS BELLUM IN BATAVOS.

ART. V. BELLUM LUSITANORUM IN AMICOS BATAVORUM.

Primum ergo dum et Batavici mores Indorum gentibus et *Artic. I.* Indorum sermo Batavis incognita erant, merito nihil visum est facilius, quam aditum Batavis in Orientem calumniis praecludere: quae etsi longissime, non dicam a vero, sed ab omni similitudine veri abhorrebant, fidem tamen invenire poterant apud ignaros et non injuria, post Lusitanorum in eas regiones adventum, timidos ac suspicaces. Nihil enim proclivius, quam Europaeos etiam omnes infamare apud istos, qui tanta scelera viderant, tanta perpessi erant. Indicabant Lusitani, quo tutius ante experimenta mentiebantur, atque ita per reges regnaque omnia differebant, venisse piratas, quibus in mari sedes, quaestus in rapto, nulla sedes pacata. Argumenta dabant cultum simplicem, ornatum omnem in armis et machinis. Nam Lusitani, quia inania apud barbaros multum valent et ipsis agnata superbia est, luxum in habitu et supellectile usurpant: arma, ut inter rudes, incuriosius habent. Haec ubi primo accessu revicta sunt, alia spargebantur. Anglos esse scilicet, homines perfidos ac furaces, quibus ingenium pejus terra nullum aleret. Et quo major invidia accederet apud Indos, (maritimi plerique sub regibus Arabibus Mahumetismo nomen dederunt,) mores eos, quibus Sinenses plurimum illis displicent, hominibus dissimillimis tribuebant. Gentem enim esse nullius numinis reverentem, quae nec religione aliqua nec legibus teneretur. Opes autem male partas haud melius prodigere effusos in ebrietatem, quae ibi non levis infamia est. Accessit crimen illis quoque gentibus invisum, Batavis inauditum, nefariae libidinis, cujus indicium esse quod nullum feminarum comitatum secum traherent, quod Lusitani solent: quare sequi, Batavis inter se nihil illicitum. Postquam haec visu coram refellebantur, aliud jactatum est: oram unde isti venirent classibus plurimum valere, neque nunc aliud sub velo negotiationis peti, quam ut exploratis aliquando terris indigenas depellerent, imperiumque sibi stabilirent. Id sensuros brevi reges populosque, ni suam societatem in tempore implorarent. Haec literis aut interceptis aut demonstratis, haec deceptarum gentium ac Principum testimoniis eruperunt.

Anno 1596. Hoc illud est quod primo Batavorum in eas partes adventu, (quatuor erant naves quibus totidem magistri praeerant) apud Rasadaumam, quem supremum Javae Principem Lusitani vo-

cant, et apud Dammae regem homines Lusitani Franciscus
Materius, Batalia et Pesoa agebant. Nec minus apud ipsos
Bantamenses, qui primi omnium cum Batavis contraxerunt:
ibi enim omnes suspicionum auras captabant. Si longi itineris taedium et caeli insuetudo partem nautarum absum-
serat, dum in mari piraticam exercent praeliis amissos nun-
tiabant: si pro temporum ratione emtio differebatur, ne sic
quidem dubium ad raptus venisse et invigilare occasionibus.
Eadem spe dimissi Lusitani in omnes Javae portus, Pesoa
Cidorum et Tubanum, Panarucam Batalia, Japaram alii et
Jacatram et Janhanjavam, qui Batavis infamiam conciliarent,
odia emerent. Nec semel fallere contenti, cum ista Javanis
de Batavis mercarentur, Batavos vicissim (patebat enim ac-
cessus, quin et conviviis excipiebantur) non desinebant a
commerciis absterrere, ostentando Javanarum gentium perfidiam. Postquam a Java reditum est (cessatum enim a mercatoribus, donec prima tentamenta renuntiarentur) Taprobane,
quae nunc Sumatra, vetustissimae celebritatis insula, adiri *Anno* 1599.
coepit, missis navibus a Zelandica societate, quibus Cornelius
Houtmannus imperabat. Hic Alphonsus Vincentius Lusitanus
paria Javanis confictionibus Achinensi regi insusurrabat. Si- *Anno eod.*
mul ad Moluccas itum priore Jacobi Neckii navigatu, eademque illic a Lusitanis disseminata praefectus et optimates Ambonae, qui eam rempublicam regunt, non dissimulabant.
Quo tempore et Ternatae regem similibus mendaciis sollici-
tabant, et qui Bandam insulam colunt ad expellendos Batavos,
qui navibus digressis permanserant, ejusdemmodi criminationibus incitabantur. Adeoque longe serpsit hoc malum, ut ne
Borneonensibus quidem iritandis abstentum sit, ut eorum qui
cum Oliverio fuerunt relatu cognitum est. Nec semel men-
tiri satis fuit, sed reditum semper in easdem artes. Nam et
his, qui postea Willekeni praefecti jussu Acheni in Taprobane *Anno* 1600.
manserant, officia summa regis amicitiamque verti in contemtum et odia ejusmodi sugillationibus compertum est, absci-

sis non tantum commerciis, sed adito etiam vitae discrimine. *Anno eod.* Mox cum Achenum venissent naves, quibus Petrus Bottius praeerat, missus a societate Hollandica posteriore, eadem in aula eaedem rursus artes, misso scilicet Malacca, quae Lusitanorum colonia est in continente contra Taprobanen, monacho Franciscano legati specie et centurione Roderico de *Anno 1601.* Costa Motamorio. Secunda autem Neckii peregrinatione scriptae literae ad regem Ternatae, sermone Malaccensi, et mandata nuntii per interpretem reddita, easdem accusationes continebant: cum ille subito pavore attonitus et velut regni sui insidiatores respiciens vix tandem precibus placaretur, ne inimicorum saevitiae Batavorum innocentiam condonaret. Sinensibus etiam, ut eorum animos a Batavis averterent, quid non et quoties conati sunt persuadere, nisi quod gens perspicacioris judicii etiamnum experiri illud mavult, quam Lusi- *Anno 1602.* tanis credere? Non minus frustra Jacobi Hemskerckii adventu laboraverunt apud reginam Patanae et apud Jorae regem, (sunt haec regna in continentis regione, quae Siamensis hodie, pars olim, ut nonnulli putant, aureae Chersonesi fuit,) ut Batavorum amicitiam, quam illi avidissime erant amplexi, suspectam insimulationibus facerent, invalidis jam Lusitanorum mendaciis et satis ipso tempore convictis, cujus filiam veritatem non immerito antiqui dixere. Jam vero ex his, quae fortuna quadam celari non potuerunt, quam multa esse colligimus, quae in notitiam nondum pervenerint?

Artic. II. Nemini igitur mirum videri debet, si cum his calumniis a pretio pondus accederet, hostes Batavis et sicarii e turba aut decepta aut etiam venali submitti potuerunt. Quo facto non suam modo quietem Lusitani et Batavorum poenas lucrabantur, sed cuncta simul caecis turbabant suspicionibus, ut Batavi ex paucorum improbitate aestimatas gentes fugerent: ita ut nihil propius factum sit, quam ut istis difficultatibus Indica mercatio in perpetuum desponderetur. Primo enim *Anno 1596.* appulsu Batavorum in Javam Lusitani, cum se palam amicos profiterentur, quod nocentium genus est pessimum, venirent saepe in naves, benigne acciperentur, vocarent vicissim, quas interea proditiones, quos dolos struxerint, operae pretium est referre. Rasadauma erat, is quem dixi, totius, ut quidem tunc Lusitani ferebant, Javae dominator. Caeterum regulis obsequium detrectantibus cum bello contenderet, non tantum regni summa, sed et fortunarum maxima parte excidisse dicebatur. Res est audaciae plena in homine nobili paupertas. Ille itaque pro omni jactura duo haec tantum comparaverat, armorum peritiam, quanta in ejus gentis homine esse poterat, singularem, et quod nunc ibi rebus desperatis ultimum perfugium est, Lusitanorum societatem: a quibus tum colebatur titulo Imperatoris. Hunc illi emtum in Hollandorum perniciem Bantamum perduxerant, ubi tum naves erant Batavicae, instruxerantque dolum, ut Rasadauma invitatis ad epulas navium ducibus mox, quasi eosdem reduceret, naves improviso impetu adoriretur. Hoc praefectus Bantami sive prodicus (nam pupilli cognati nomine regnum administrat), cujus auxilium eam ad rem Lusitani poposcerant, primum per nuntium, deinde legatis e navibus coram ipse indicavit. Nec secus quam praedixerat evenit. Invitantur ad condictum Batavi: excusant. Unus Lusitanorum Petrus Taido, gubernator, devinctus honesta Hollandorum familiaritate, tali facinori assensum non commodaverat: unde veriti caeteri ne per illum dolus enuntiaretur, quinque suorum e numero mittunt, qui securum in aedibus suis et lecto trucident: nec sceleri successus abfuit. Atque interim elusa fraude Rasadaumam ad parandam secum vim, exornandamque classem in oppido Jacatra hortantur: sed hujus etiam consilii ordo omnis per Taidonis mortui ministrum defertur, qui cum Hollandis operam suam addixisset, a Lusitanis in oppido Bantamo per vim ereptus et misere discruciatus est. Videbant fere Lusitani se nihil effecturos, favente Batavis prodico Bantamensi: ipsum itaque dolis et donis aggrediuntur: nec illi a qualicunque lucro animus abhorrebat, praesertim cum eodem facto et praeda ex Batavis et pretium a Lusitanis speraretur. Primum elicere merces, ad se trahere, permutationem in aliud tempus rejicere. Ubi Hollandi plura promere jussi cunctabantur, vocatos ad se navis praefectos Houtmannum, Guilielmum Ludovicium, Aegidium Valkenerium decemque alios subito vinciri jubet. Et ne tum quidem dissimulabat Lusitanorum rogatu ista fieri, qui metuere se fingebant, ne navem suam in portu quaerentem exitum Batavi interciperent: hac specie illos velut obsides oraverant detineri. Sed et illud captivis innuebat, dare operam apud se Lusitanos, ut numerata mercede quater millium nummorum regalium, ipsos in suam acciperent potestatem: simul atrocissimorum suppliciorum metus quotidie miseris injiciebatur. Eodem tempore accidit, ut Javani Lusitanorum impulsu scaphas cymbasque Batavorum provectas longius oppugnatum venirent: quos cum fortiter illi repulissent, praefectus Bantamensis facto admonitus, non esse contemnendam ejusmodi hominum bonitatem, concordiae rationes iniit: cujus conditiones etsi periniquae erant, et redimi eos jubebant duobus millibus regalium, qui ne obtentu quidem juris ullo capti erant, tamen accipiuntur. Sed quo res Batavae loco meliori esse coeperant, hoc magis Lusitani pretium proditionis intendere. Venit enim Malacca legatus: is dona multa ad praefectum et proceres adfert, atque inter caetera regalium sex millia, quibus Hollandorum necem mercaretur. Versi statim animi, suspensa permutatio: etiam Sinensibus mercatoribus, qui Bantami versantur, interdictum ne quid Hollandis venderent. Et haec non dubia erant inimicitiae signa, et simul ab hospite Bantamensi atque aliis amicis nuntiabantur vendita Lusitanis ducum omnium capita. Quare navium primores postulante praefecto Bantamensi, ut ad se venirent velut coram leges commerciis accepturi, nequaquam venerunt. Hinc orta dissensione inter Lusitanos et Bantamenses, cum Lusitani ob causam data causa non secuta reposcerent, alteri non dimitterent quovis nomine accepta, denuo aliter convenit, ut praefectus auxilio Lusitanorum vi caperet naves, eaeque cum mercibus ipsi, homines Lusitanis cederent, aut si naves corrumperentur, sex millibus regalium in antecessum solutis, altera duo mercedis loco praefectus acciperet. Forte accidit ut, dum ista habentur de ipsorum capitibus comitia, Hollandi inopia aquarum dulcium alio discederent, nec longe tamen Bantamo. Et ecce ab hospite nuntius, classem adversus naves Hollandicas expediri, cujus et ipsi ante discessum apparatum aliquem conspexerant. Neque tantum bona quadam fortuna vitatum erat discrimen, sed novum certamen Lusitanis cum praefecto, quod is se existimaret ex pacti formula ad persequendos etiam Batavos, postquam digressi erant, non obligatum. Prope Jacatram Hollandi cum venissent, Tomagonem Bantamensem necessarium suum Lusitani subornant, ut quasi alimenta venditurus nautas aliquos in vicinum satis Jacatrae locum, Janhanjava dicitur, proliceret. Sed praemonuerant mercatores Sinenses, Lusitanos in loco dispositos, qui nautas aut caperent, aut trucidarent. Ipse Tomago haec confessus est, cum Batavi altero itinere redeuntes infensos Javanos Lusitanis et sibi aequiores invenissent: sed turbas priorum temporum excusabat. Atrocissimae insidiae, Francisco Pesoa procurante, apud Cidaeum hoc modo institutae fuerunt. Provectis hucusque navibus Rasalata, Lusitanus origine natus Averi, sed Christianae pietatis desertor et archipirata illis locis haud ignobilis, re instructa cum Cidaeensi Sabandro (ita praetorem vocant), parata permutationi aromata, patere regis Cidaeensis amicitiam affert. Missi qui explorarent, cum signa convenirent, eadem renuntiant. Dicitur etiam summo rex desiderio teneri inspiciendarum navium, quae per tantum maris suas ad oras venissent: gratissimum et hoc: adornantur cuncta, quae et suo gaudio et regis majestati convenirent. Apparent pravae (id navium genus est) sexaginta, quibus sexaginta singulis haud minus viri inerant, regius ut tum

quidem Batavis videbatur apparatus: caeterum ut exitus comprobavit exercitus hostilis. Praemittitur Rasalata exploraturus, numquid inimicum Batavis suboluisset: videt omnia ex voto, rogatus manere renititur. Vix erat emissus, cum ad unam navium (Amstelodamum vocabatur) Sabander Cidaeensis accedit, ac subito magistro navis Reginero Verhellio gratulabundam praebenti dexteram, in speciem et ipse compositus salutantis (non sola Aegyptus Septimios alit) sicam infigit: pariterque caeteri conscii sceleris ignaros et incautos super navis tabulata trucidant. Inter obtruncatos Johannes Scellingius nauta et Aegidius Valkenerius et alii novem fuerunt, praeter eos qui fallente ictu sauciati tantum erant. Et capta fuerat navis, ni homines tredecim, pars magna jam ante aegri, descensum in carinam praeclusissent explosisque machinis tum qui suprema tenebant, tum eos qui latus ambierant per vulnera ac pavorem egissent in mare: quod tum saluti fuit, accusantibus frustra Lusitanis barbarorum imprudentiam, qui capta callide consilia nimia festinatione corrupissent. Fuerat tamen tanta clades, ut virorum penuria nautae eam navem nudatam
Anno 1599. *d. Sept.* 11. deserere cogerentur. Ab Hollandis ad Zelandos, e Java Taprobanen veniamus, quo naves duae praefecto quem diximus Houtmanno appulerunt. Erat in aula Achinensi Alphonsus ille Vincentius, homo etiam inter Lusitanos malignissimae calliditatis, qui cum aliis Lusitanis in familiaritatem Houtmanni ejusque comitum irrepsit. Ostentabat enim se illis, quasi gratia apud regem valeret possentque res illorum Achinensibus se conciliante commendari. Adeoque impense hanc operam simulabat, ut Zelandos nonnumquam in aulam produceret, etiam consilia quaedam regis velut arcana, sed quae corruptis primoribus potuerat didicisse, cum illis communicaret. Interim negotiatores ibidem morantes instigat, quippe corrumpi illis quaestum nova licitantium accessione. Instigat et Sabandrum, Abdulum nomine et Corconem scribam ipsumque regem monstrando opulentas naves et facilem praedam: etiam

colorem adinvenerat: constitutum esse Batavis, si mercium pretia nimium intenderentur, Joram ad mercatum ire. Jorae autem regi cum Achinensibus eo tempore bellum erat acre et infestum: occupari igitur naves suadebat, priusquam res hostium irent adjutum. Jam et aviditate et odio ferventibus animis componitur dolus. Traditur piperis aliquantulum cum spe in dies majoris copiae: quam dicentes longis navibus adventare Sabander et Corco et magna vis Achinensium, quasi permutationis instituendae gratia, naves Batavicas inscendunt, armati omnes, ut mos habet gentis. Attulerant cibos potusque pharmaco infectos mentem alienante, *dutroam* vocant: quo cum se nautae avidius ingurgitassent, coeperunt subito per foros et tabulata discursare, jactare capita ut vecordes atque limphati. Id visum est tempus dudum meditata exsequendi. Dementes ac segreges pecorum ritu trucidantur: nec pugna, sed laniena erat. Vertigine simul et vulneribus fusi, trepidantem inter verba spiritum efflabant. Et jam cuncta tenebantur, nam et Indorum pravae circum undique aderant, instructae armis opera Lusitanorum, nisi pauci admodum, nondum victi feralibus epulis, se et naves tueri sustinuissent, et jactu glandium hostem ferum cruentis vestigiis evolvere. Prior navis, Leo dicebatur, liberata alteram, Leaenam nomine, prope captam asseruit, victores jam Achinenses aggressa depellere. Ita naves retentae. Madebant interim insonti sanguine navium latera, et ipse Houtmannus coenaculum cruentabat confossus dextera hospitali. Sequentes per dies ea veneni vis fuit, ut pars nautarum veterno oppressi jacerent, pars furore in mutua vulnera agerentur. Nec melius actum cum his, qui eo tempore in urbe ac potestate Achinensium erant, ducente ad caedes regis ipsius filio, quem Lusitani donis et pollicitationibus suum effecerant: desiderati homines non pauciores septuaginta. Paulo post adversus Neckianos, qui in Banda *Anno 1600 Aprili.*
insula resederant, quos inter Adrianus Venius, emtus rex Tubani ut eos armis detraheret aut etiam necaret, minax

juncis quatuordecim (navigii genus est Orienti usitatum) et hominibus admodum mille quingentis se intulit: nec dubium erat quin illi periissent, ni Deus Sospitator ad idem temporis novas e Batavis naves, Lunam et Luciferum, in eamdem insu-*Anno eod.* lam adjecisset. Ab eodem rege et Lusitanis accepto mandato Rasalata ille, quem latrocinia clarum effecerant, cum milite Tubanensi et legatis Lusitanis viginti Moluccas fere omnes adierat, ut negotiatores Batavos ubique everteret: ut cum Willekeno profecti ex Sarcio Maluca et ex praefecto Bantamensi didicerunt. Verum inde idem ille pirata pravis ferme quadraginta continuo Javam advolabat, quo novos Batavos venisse intellexerat, adactus juramento aliquam earum aut rapere, aut corrumpere. Quam ad rem praefecti etiam Bantamensis operam nomine Tubani regis ambiebat: unde Jaca-*Anno eod.* tram se contulit insidiarum tempora occupaturus. Majus etiam periculum his, qui altero itinere Neckium comitati venerant, in regia Achinensi imminebat, nisi maturato discessu, qui illic manserant, fraudis Lusitanicae eventum praevenissent. Parum scilicet fuerat externas gentes immisisse, nisi *Anno 1601. Januario.* in ipsis etiam navibus percussor quaereretur. Navis e classe Bottii sub Cardio et Flemingo apud Achinum in anchoris stabat. Erat ibidem Lusitanorum navis sub Roderico quem dixi Motamorio, cujus machinarius Hamburgensis gente, Matthaeus Novus nomine, cum praefecto vigilum et Johanne Henrici machinario, cumque gubernatore ac proreta saepius egit, ut adscitis in conscientiam facinoris quos idoneos compérissent, praefectos obtruncarent ac navem ipsam Malaccam deveherent: praemium pollicitus non minus viritim bis mille *Anno 1602.* ducatis. Sed obstitit perfido conatui Batavorum fides. At cum naves duae, Lugdunum et Harlemum nomine, e praefectura Gronsbergii, qui missus a societate Hollandica posteriore pariter cum Neckio discesserat, in Sina Cochinensi ad Sinceonem sive ad amnem Polocambarem substitissent, incolae regionis et rex ipse loci monachi Lusitani instinctu falsisque criminationibus, ut rex ipse postea confessus est, cum navibus insidias posuissent, viginti aut paulo plures homines Batavos deprehensos confoderunt, duodecim alios venenato araci potu in furorem morbumque egerunt, captos abduxerunt sex, nec sane ex infima nautarum plebe, quos tormentis duobus et mercibus redimi oportuit. Neque multo *Anno eod.* post cum Jacobus Hemskerckius, is cujus virtuti ultio haec et captura debetur, in illas partes venisset, rex Dammae, amicus ut ab initio patuit et foederatus nationis Lusitanicae, officia sua et commercium ultro obtulit: nascitur enim in regno ejus magna vis oryzae: sed ea spe ut naves ex improviso invaderet, quae postquam fefellit, viginti homines ad mercatum missos detinuit captivos: quorum octo redemti sunt: caeteris ne hoc quidem contigit, sed ut viles animae in usum bellorum, quae tum regi cum finitimis intercedebant, seponuntur, in quibus viri, non genere magis quam eruditione nobilissimi, Dousae filius fuit.

At non etiam sufficit illis mandasse odia: neque enim tam *Artic. III.* lentus est nationum Hispanicarum furor, ut viso inimico, concepta spe nocendi, alienas semper manus exspectet: praecipue si quando perfidiam et sceleratas fraudes fiducia impuniti successus invitat. Sicut primo Hollandorum in Orientis insu- *Anno 1596.* las adventu Tomagonem Bantamensem, eumdem per quem postea ad Janhanjavam dispositae fuerunt insidiae, sollicitarunt, ut duces et navium magistros in villam suam (erat haec in littore) ad caenam invitaret: quo tempore consilium illis fuisse ipse Tomago postea nuntiavit navigio in eam littoris partem appellere, captisque convivis et convivatore, ipsum statim dimittere, Hollandos autem Malaccam deportare: nisi eam ad rem Tomago praefectum veritus ministerium suum denegasset. At postquam ipsum, sicut diximus, praefectum Lusitani corruperant, captique jam eorum rogatu inter caeteros erant magistri Houtmannus et Valkenerius, indignabundi quod praefectus suo potius lucro quam illorum odiis consuleret, venenum

utriusque illorum cibo miscuerunt. Quorum ubi capita intumescere, distendi ilia, adesse exitium Sabander Bantamensis vidit, lapide satis noto, cui *berbar* nomen, periculum praevenit, tanto illis sanctior qui Christianorum se vocabulo jactant. Cornelium vero Hemskerckium, quem magistri ad praefectum urbis allegaverant, Lusitani tanta ubique ira rimati persecutique sunt, ut in aedibus Lacmonis Sinensis supplex abdere se inter saccos oryza refertos cogeretur et ibi quoque inquisitus vix, habitu Sinensi tectus, praeterea arundinibus ab
Anno 1600. hospite piscatum simulante vectus evaserit. Sic etiam cum e classe Neckii secundo ejus itinere naves duae, ab Indis redeuntes, ad Sanctae Helenae venissent insulam, quo tum quatuor naves convenerant Lusitanorum, Batavi aquatum ultro vocati dispositos in insidiis Lusitanos, et multos satis et armatos,
Anno 1601. *in principio.* qui venientes scilicet interciperent, conspexere. Quod autem vehementius odii se non capientis indicium, quam quod adversus naves, ab eodem Neckio in Ambona insula relictas, factitatum est? Publicarant enim Lusitani singulis, qui privatum aliquem nautam interfecissent, mercedem decem regalium, atque ita deinceps pro ratione ordinis et dignitatis, ita ut qui praefecti (Cornelio Hemskerckio nomen erat) caput attulisset, mille nummos acciperet. Sed nos Hispanicum scimus capita licitari. Nondum satis est. Audi factum quovis
Anno eod. Poenorum scelere sceleratius. E classe, quam regebat Mahujus ad Magellanicum missus fretum, navis una Fidei habebat nomen, quam inventura non erat. Nam cum ex australi oceano sola Tidorim (una haec Moluccarum est et inter Lusitanorum colonias) adveniret, Lusitani accedentes solemnia illa: *Unde et quo et cujus rei gratia?* Respondit Balthasar Cordesius, qui morte Georgiani Bocholtii navis centuriatu fungebatur, *attulisse merces*, *quas velle se permutatas.* Illi rursus *esse sibi caryophylla et*, *si ita videretur*, *facile conventurum.* Juvant illi ultro nautas laborantes, ut navis oram propius accederet: feruntur a Batavis munera ad praefectos

Lusitanos: commerciorum pacta sanciuntur. Jusso exscendere Cordesio cum promtissimis nautarum, ut bubalum ipsis victui attributum tollerent, alii interim cibi a Lusitanis ad navem quasi dono feruntur, sed rapidissimis venenis illibuti, proviso scilicet subsidio si forte fefellisset, qui simul instruebatur conatus audacior. Petiti duabus mortibus in pejorem inciderunt, hoc est, in manus Lusitanorum. Namque hi in navem admissi foederum fiducia, cum tecta sub vestibus tulissent arma, digressi diversas in partes, ut quemque confabulantem apprehenderant, transfigunt. Orbam defensoribus navem, tum quidquid inerat, occupant quasi victores. Atque interim Cordesius in cymba, qua forte remeabat, confossus primum, deinde decollatur: truncus in mare dejicitur. Idemque aliorum fatum fuit, quos e navi velut ad capiendam merendam Lusitani exciverant: nisi quod saturi caedium uni et alteri pepercerunt respectu aetatis tenerioris, aut quia divinae providentiae ita visum, ne tantum facinus testibus fraudaretur: quamquam nec ipsos jactare puduit. Scio stupuisse lectorem: scio vix credi ausam haec esse nationem primum Christianam, deinde morum etiam vitaeque cultu non parum superbientem, et ausam contra datam acceptamque fidem. Quid igitur? Caetera quibus verbis exsequar? Unde mihi voces, quae non aut longe post facti indignitatem relinquantur, aut non omne quod credi possit, tametsi verissimae, exsuperent? Restat enim, restat atrocius aliud et magis Hispanicum. Quae modo diximus illa fuerunt, in quibus Lusitanorum ira prolusit. Sex homines, conspecta suorum clade et sanguine terra marique, in cymbam profugerant: non certa ulla spe (undique enim remis imminebant Lusitani), sed fluctus potius et scopulos et quidvis experturi, quam Ibericam crudelitatem. At illi clamant ut dederent sese: expletam jam ultionem: ipsis vitam ac corpus salvum fore. Praestatur jusjurandum, quod ut aliis hominibus securitatis vinculum, ita illis fallendi instrumentum est. Transgressos in caracollam (navigii notum illic genus) centurio Lusitanus una serie destitui jubet. Deinde ad ministrum, qui machaeram evaginatam manu tenebat: *Isti*, inquit, *qui primus in ordine est*, *brachium dextrum decide. Etiam sinistrum*, addit. Paretur: ita quidem ut dubitari posset, saevius ille juberet, an hic exsequeretur. Tum vero pedes distinctis ictibus demeti jubet. Stabant alii, quos eadem manebant tormenta, numquam tam pro vita quam tunc pro morte solliciti. Et procedentibus in ordinem exemplis non jam metus, sed mutua erat miseratio. Videres truncos et sibi superstites et, quod malorum ultimum est, hominibus dissimiles. Multo tamen dissimiliores, qui ista faciebant. Ad extremum dissecta capita. Duobus tamen id animi fuit, ut antequam ad se perventum esset, integri adhuc in mare prosilirent: quorum alter mersus, alter effugit, foedissimi spectaculi nuntius. Intellectaque speciatim omnia, cum anno sequente Wolphardus Harmannius, Lusitanorum aliquot potitus, de redemtione eorum ageret, qui captivi in Tidori remanserant: quod non obtinuit. Sed machinae ac caetera infortunatae navis praeda in navi Lusitanica a Batavis cognita ac recepta sunt. Restat alterum nefas, haud diversum tempore, sed hoc etiam detestabilius, quod sacra juris species impietati commodata est, cum id quod factum dicemus, nec justa ulla causa, nec aut loci aut illorum leges permitterent. Macaûs Sinarum regionis Indicum ad oceanum vergentis emporium est: data precario Lusitanis sedes, ubi mercatum exercerent et jus dicerent in suos duntaxat. Quamquam ne hoc quidem indistincte, cum ipsorum moribus capitalia ingenuis supplicia a solo praeside, qui Goam tenet, irrogari possint, aut etiam soleant rei in Lusitaniam remitti. Classem, cui Neckius alteri praeerat, sub illud ipsum littus egerant venti: mittendos ille censet, qui loci positum investigarent, redderent adventus rationem, et simul alimenta recentiora compararent. Hoc jussu Martinus Apius, qui fiscalis munus in ea classe obibat, assumtis de-

Anno eod. Septembri.

cem cum scapha ad terram accedens, ab incolis ostentari conspicit nota pacis insignia. Hac fiducia progresso Lusitanorum ejus loci praefectus occurrit (Domino Paulo nomen) armata cum manu, quam ad id tempus in monasterio seu fano quodam in littore sito occultaverat. Interrogati pauca in fanum rapiuntur. Adveniunt eo mandarini, hoc est senatores Sinenses, exploraturi *qui homines suas terras inviserent.* Respondet Apius *Hollandos esse mercatores, negotiandi gratia venisse, quod ex ipsis navibus mercium plenis, si introspicere liberet, tuto disceretur. Etiam literas a Principe ad regem Sinarum attulisse.* Quae cum diceret, circumfusa Lusitanorum multitudo undique obturbabat convitiis calumniisque, ita ut mandarini incertum re parum intellecta, an etiam Lusitanorum donis corrupti abscederent. Lusitani tormentis inquirunt: compertum nihil. Omnibus simul e fano in custodiam tractis gravissimi compedes affiguntur. Unde in antrum dejecti horrendum caligine et squalore. Cum Neckius interim, quid reditum suorum moraretur ambigens metuensque, scapham majorem alteram explorare profundum jubet: quo cognito naves propius urbem admoverentur. Sed scapha parum compos ventorum, quique inerant homines numero novem et inter eos gubernator, a Lusitanis intercipiuntur. Adest quaesitor, quem illi *auditorem* vocant. Itur ad eculeum. Rumor inter haec Cantonem, vicinam Sinensium urbem, affertur: *externos homines missos e navibus in terram a Lusitanis apprehensos.* Ejus rei gratia praefectus Cantonensis, cui Capado nomen erat, multo comitatu ire jubet et ad se captivos adducere. Hic cum Lusitani tenerentur neque postulatis resistere auderent, ad fraudes et suas artes se conferunt. Omni e turba sex homines separant linguae omnis, nisi patriae ignaros, utpote ex nautica plebe. Caeteros (nam plures fuisse dissimulari sparso jam rumore non poterat) proximis diebus alvi profluvio periisse mentiuntur. At sex illi ad legati Cantonensis prostrati pedes, cum per interpretem

Lusitanice loquentem multa interrogarentur, ignorantia sermonis, forte et pavore, ut elingues jacebant. Jubente legato ad Lusitanorum accusationes responderi, qui miseros nautas piraticae feritatis reos agebant, cum ad haec quoque nihil possent reddere, instabant Lusitani ut silentium pro confessione reciperetur. Credibile est accessisse et mercedem, ut captivis in illorum potestate relictis, velut re infecta rediretur. Praefectus sane Cantonensis indignari, elusum se legati ignavia, et jam ferme quod res erat conjicere, ut gens est solertissima, hoc agi ut caeterae nationes Sinensi commercio averterentur. Cum nova immineret legatio, quae dedi captivos sine exceptione postularet, procuratores Lusitanorum, qui Cantoni morabantur, ejus rei nuntium ad suos Macaunta praemittunt, ut mature rebus suis consulerent, fraudes alioquin erupturas. Numquam alias Lusitanorum tanta trepidatio fuit: videbant enim nec deditionem ullo modo recusari posse, et si fieret deditio patebat, quas in se suspiciones, quam infamiam excitassent. Re ancipiti praesidium a scelere et audacia mutuantur, memores scilicet, stultum esse in peccando modum servare. Consilium erat, ne exhiberi possent, omnes interficere quasi judicio: sed Paulus praefectus (dandum est enim qualicunque innocentiae testimonium) diu cunctabatur. Quod enim illud judicium fore in urbe non sua, in homines peregrinos et libera capita? non Ulyssiponem reos, non saltem ad praesidem mitti? Vix perpulit quaesitor, ut nomen suum sententiae adscribi pateretur. Ita sex homines Hollandi, (o patria, o jura et leges, et frustra domi defensa libertas) in regno Sinarum, quod Hollandi tantis laboribus, tantis periculis quaesitum iverant, ubi ipsi vicissim expetebantur, ab inquilinis Lusitanis crudelissimo teterrimoque supplicio latronum et piratarum afficiuntur. Spectabant haec miserabundi Sinenses et mox averso vultu orabant, ut quaecunque gens, quaecunque terrarum ora in suum oceanum hospites suumque littus misisset, si quod illis numen, si qua patria, ne manerent inulti. Quod vero nunc dicam nescio, an non etiam crudelius sit. Undecim reliquos, quorum scilicet mors occultanda erat, ne prioris ad legatum mendacii convincerentur, ut intuitu etiam et misericordia hominum fraudarent, nocte media in idem illud littus, in quod conspecto pacis signo advenerant, vinctos producunt et saxis oneratos in mare provolvunt. At illi, sicut credibile est, cum jam ultimam tellurem pedibus calcarent, aut inter undas semianimes volverentur, non ut vitam obtinerent, quae merito cunctis dulcissima est, non ut saltem optima in patria conjugum liberûmque manibus tumularentur, sed unum hoc deficiente jam spiritu, ne diu tantum scelus lateret, inclamabant. Audivit Deus, audivere et homines. Ac primum Sinenses nautae quatuor Bantamum advenientes omnia, ut facta erant, renuntiaverunt cum aliis multis, tum Lacmoni, quem ante nominavimus, homini imprimis potenti. Ille Batavos edocuit, et simul fama per Javam omnesque Indos latissime evagata: ubi illud vulgatissimum erat, quosdam Hollandorum a Lusitanis contra fidem suspendio jam destinatos, ea voce quae intelligi posset, Lusitanica nimirum, precatos memores sui supplicii populares. Ita ut Indi omnes atrocitate facinoris commoti, cum Wibrandus Warwicius eo venisset, indignos caeli lucisque aspectu Batavos dicerent, ni talem perfidiam digne ulciscerentur. Nec id satis. Testem Deus in Batavos transmisit, qui ista omnia partim ipse vidit, partim ex ipsis Lusitanis qui fecerant, ex aliis qui viderant, certo auditu percepit. Is est, quem modo dicebam, Martinus Apius, qui unus e miserabili turba praeter pueros duos annorum septendecim, jam damnatus, jam productus, sacerdotum Lusitanorum precibus: quod genus alias Batavis inimicissimum est, ut et hic caeleste beneficium liceat agnoscere: non servatus, sed tamen dilatus est. Malaccam inde et Malacca Goam mittitur, ubi cum renitentibus frustra magistratibus a praeside vitam impetrasset, profectus in Lusitaniam, Bajonae in Callaecia rursum detinetur.

Ibi etiam solita illi fortuna affuit: nam cum exspectatis diu a rege literis tandem dimissus esset, biduo postquam abierat literae advenerunt, quibus ad aulam regis et haud dubie ad exitium vocabatur. Post tam insigne exemplum vix quidquam

Anno 1602. *Octobri.* est quod referri mereatur. Est tamen alterum et recentius et perfidiae non minoris, quod Warwicii sociis ad insulam Anabonem, binis gradibus ab aequatore remotam accidit: quo in loco haud ita multo ante Galli homines, Missae sacrum accedentes, ad ipsas fere aras pars magna trucidati et reliqui capti fuerant. Hic igitur primum Batavos caduceatores, pacis insignia praeferentes, cum ad se venire conspicerent Lusitani, eos, quos jure gentium sanctos esse oportuerat, telis petivere: cecidit unus. Mox octo alii Batavorum ex insidiis intercepti necatique sunt: pars vulnerata. Quin etiam postulato concessoque colloquio, Lusitani inter loquendum solemne foederis vexillum, quod sua a parte extulerant, subvertunt et quasi fidei etiam vinculo soluto, improvidos et nihil tale suspicantes telis adoriuntur, nec sine noxa.

Artic. IV. Habemus igitur Lusitanos perfidos, sicarios, veneficos, proditores. Vidimus illa facinora, propter quae, etiamsi ad regem Hispaniae nihil pertinerent, bellum in illos suscipi et posse et debere nemo mediocriter sanus negabit. Sed ne hoc quidem urgebo. Imo nisi manifestissimis narrationibus apertum fecero *a Lusitanis gentem Batavam hominesque Batavos hostium loco habitos, belloque publico in Oriente infestatos, etiam antequam noxam ullam illis nocuissent, vimque armatam ab illis coeptam*, caetera mihi ad causam pro-

Anno 1596. desse non cupio. Quae primae naves Hollandorum ad Indos cursum instituerunt, his mensis unius iter provectis quatuor Lusitanorum naves (caraccae scilicet) obviae apparuerunt, nec pariter, sed segreges: quas ita singulas capi potuisse ea, quae postea acciderunt, argumento sunt. Et una tam prope accesserat, ut si libuisset, non dubie teneretur. Tale tamen nihil a Batavis tentatum: imo cuncta humanitatis officia cum praestitissent, innoxii praetervehebantur. Et cum in Javam ventum esset jamque gravissima Lusitanorum scelera patuissent, ultione tamen iidem abstinuerunt, cum esset in proclivi navigium comprehendere, quo legatus Malaccensis, mercator jam tum Hollandici sanguinis, vehebatur. At Lusitani jam ante Rasadaumae consiliis ita permixti erant, ut ad bellum Batavis inferendum et intercipiendas naves Javam inter et Panianas insulas, pacti essent maritimas copias suas cum illius classe conjungere. Et mox ubi Batavorum aliqui Bantamo ad naves regredi conabantur, portum illi obsederant: qua super re monebat Sabander, in urbe securi ut essent, ad fidem praefecti pertinere: extra ne quid accideret, opus ipsis providentia et virtute. Etiam Tomagonis insidiis, quas ante narravimus et Cidaeensi perfidiae Lusitani adfuerunt. Dilata Batavorum mansione Lusitani cum ipso Bantamensi praefecto *Anno* 1597. belli conatus sociarunt, quorum pactiones jam retulimus. Venit etiam, venit missa publico in Batavorum exitium conjurata manus, ducente Emmanuele, cujus frater Goam regebat. Bellicae naves excellenti magnitudine erant quatuor: longae, quas *galeras* dicimus, tres: fustae paulo minus triginta. Has adversus Hollandos vires Lusitani paraverant: Hollandos requirebant, digressos indignabantur. Quin etiam (en quo illorum procedant odia) arma adversus Batavos suscepta in Bantamenses transferunt: hoc nomine, quod illos non prohibuissent recedere, aut postquam recesserant non secum pariter insequerentur. Videte nunc, cives, an illis parcendum sit, qui ab initio ita fuerunt animati, ut si facere non possent, accipere se putarent injuriam: quique non modo Batavos ipsos, sed omnes illos pro hostibus habent, qui Batavis non satis hostes videntur. Hic illorum animus, haec mens, haec consilia: eventus tantum contra cecidit. Victi sunt a Javanis, quo justius Batavis cederent. Sed ne sic quidem repressus furor et insana pugnandi libido. Nam cum Zelan- *Anno* 1599 *d. Sept.* 13. dorum auspiciis Houtmannus, ut diximus, Achinum Taprobanae venisset, ibi contra veteres offensas, Lusitanorum temporaria simulatione, velut integrata amicitiae jura. Sed hostilis animus, postquam navalem turbam contra fas omne et fidem, Achinensium manibus discerpserat, ne tanta quidem strage satiatus est. Instabant feroces adhuc Lusitani, utque finem operi per alios praetentato imponerent, ipsi infestis navigiis, quorum longa erant ferme duodecim, expansis belli insignibus miserabiles navium nautarumque reliquias incurrunt. *Anno eod.* Vis tantum vi repulsa est. Sub idem tempus incidit prior Neckii profectio, quem episcopus ipse Malaccensis testatur in literis ad regem Hispaniarum missis, nihil Lusitanis, nihil homini cuiquam injuriae aut detrimenti intulisse. Hujus igitur jussu navis, Trajectum nomine, Ambonam, inde Moluccas adiit: ubi vectores, gravissimis exerciti gentis inimicae injuriis (Tidorim enim Lusitani Moluccarum unam tenent), mox et illud intelligunt, missos Malaccam et in Philippinas, qui auxilia concirent, ad Batavos undique proturbandos, prohibendosque in posterum aditus. Sed elusae discessu minae. *Anno 1601 principio.* Cum vero relictus a Neckio Cornelius Hemskerckius duabus cum navibus ad Ambonam moraretur, illi noctes diesque Batavorum scaphis et cymbis imminebant. Et post leves aliquamdiu conatus, caracollas armaverant viginti duas et fustas tres. Sed ne sic quidem ausi oppugnationem, tenebrarum beneficio aut superatis latenter promontoriis fraudes et incendia struebant, quae providi ac pervigiles facile vitaverunt. *Anno eod. Majo.* Paulo post accidit, ut ab Adriano Venio ad Cornelium Hemskerckium, Banda scilicet Ambonam, tres homines prava Indica trans mare mitterentur, quorum unus erat Jacobus, cognomine Watermannus, artificio chirurgus. Superveniunt Lusitani plures multo ac validiores, et adversus quos fuga tantum restaret. Duo alii dejectis in mare corporibus enisi in adjacentem insulam pervenerunt, ibique in solitudine degentes et inter feras, mansuetiora tamen omnia, quam Lusitanos invenerunt. Tertius ille Jacobus nandi insciens crudeles in manus incidit: occisum constat. Fama per omnem Indiam constans asserit, navibus quatuor longis, quae remis in diversum incitarentur, distractum displicatumque. Nec est cur minus hoc credatur, quam quod Gallis factum ante meminimus, qui aeneis machinis impositi, et teli vice ejecti sunt. Certe caput illius a corpore avulsum, et sublime super caracollam ferculi more ostentatum plurimi videre. Classis *Anno eod.* interim prius memorata, quae Batavos Moluccis et Banda excluderet, paratu majore adornabatur. Atque etiam literae et nuntii mittebantur ad omnes Javae et aliarum insularum Principes, qui significarent coepta haec a Lusitanis, quo illi ab Hollandorum rapinis vindicarentur: quo facto meruisse, ut ad ipsos, veros scilicet Orientis liberatores, omnium regum populorumque copiae convenirent. Hac de re a praefecto Bantamensi praemonitus Neckius, cum jam alterum terras illas inviseret, confisus tamen et causae et virtuti, duabus cum navibus Ternatam petit, ubi verissima comperit quae auditu perceperat. Nam et rex insulae ad ferendas contra Batavos suppetias sollicitabatur, et Lusitani cum caraccis duabus, totidem galeris, navi bellica una littori adhaerescebant, tempora captantes et occasionem, ut Batavis navibus flammas inferrent. Ibidem tormentis certatum est.

Sunt quidem haec omnia hostilitatis progressae ultra humani *Artic. V.* odii fines indicia tam clara atque manifesta, ut qui certiora desideret, ei meridie non luceat. Quid enim velis amplius, quam quod illi in nocendo nec nomini, nec rebus, nec vitae Batavorum, nec sumtibus suis, nec periculis, ne fidei quidem pepercerunt? Sed tamen una etiam res est, quae me validius concutit, et qua, ut ego arbitror, animi nobiles, quibus patria patriaeque gloria cordi est, etiam vehementius quam caeteris movebuntur. Planum faciam Lusitanos in populos omnes, qui Batavos ad se accedere negotiandi gratia passi sunt, non minus quam in ipsos saeviisse, aut etiam tanto magis, quanto illi magis arte belli possunt, pollentque:

ut scilicet omnis Oriens nomen Hollandicum, ut tetram pestem fontemque sibi et originem calamitatum omnium, perpetuo abominaretur. Ut igitur de illo in Bantamenses bello, cujus *Anno 1601 principio.* jam historia explicata est, nihil hic repetam, cum Ambonae esset Cornelius Hemskerckius aliquoties ante nominatus, Lusitani quemadmodum Batavos, ita ejus regionis proceres ad caedes proscripserant, apposito pretio in capita singula centum regalibus: in rectorem autem arcis, qui ibidem est, mercede eadem, qua in Hollandicarum navium praefectum percussorem invitaverant: ut scirent ejus insulae habitatores communem sibi cum Batavis fortunam subeundam esse. Eodemque tempore cum adversus naves nihil potuissent, Lusitellum (oppidum est Ambonensium cinctum moenibus) infesti contendunt: dejecti ab oppugnatione ad obsidium vertuntur. Ob victus inopiam res in periculo erant, cum insulae primores supplicum ritu fidem opemque Batavorum implorant. Adventu navium illi exemti obsidio, his parta gloria est. Sed omnes minae Lusitanorum in id quod proxime secutum est tempus inciderunt: cum passim jactarent se non hoc modo effecturos, ne umquam postea per eas terras Hollandorum nomen audiretur, sed vastaturos urbes insulasque omnes, quas *Anno 1601 in fine, et anno 1602 principio.* illorum pedes contigissent. Classis regia, quae Cunalam Indorum Malabarum archipiratam, quinquaginta annorum rapinis et insignium regiorum usurpatione nobilem, in gratiam regis Calicutensis expugnaverat, confecto bello, ut huc vires verteret, ab Goa longe ad fretum Sundanum, quod Javam et Taprobanen interest, mittebatur. Simul ab aliis Lusitanorum coloniis naves coibant. Et jam naves erant non multo infra triginta. Quinque galeones e Goa: unam tenebat Andreas Furtado Mendoza, classis summae praepositus: alteram Thomas Sousa de Roncha: tertiam Franciscus Silva Menezius: quartam Antonius Sousa: quintam Lopes Dalmeyda. E Malacca caraccae duae: praeerant Trajanus Rodericus Castelliblancius, Georgius Pinteus. E Cochini una, duce Sebastiano

Suario. Caeterae naves fustae aut galeotae erant, quas curabat Andreas Rodericus Palota. Urbs Bantamum, ut prima Batavos quondam venientes excepit, ita prima in poenam poscebatur. Ut postea ex Francisco Sousa, filio Johannis Tuesii, rationarii Ulyssiponensis, aliisque captivis cognitum est, consilium erat primum in forum impetum facere, quod extra urbem est, Basar nomine, quo datum ad signum proceres ejus factionis, et quos e vulgo Lusitani pretio suos effecerant, subito concurrerent: inde irrupta Sinensium statione urbem invadere. Atque adeo de successu nihil dubitabatur, ut monachos inter et Jesuitas de sedium partitione acriter certatum sit. Immunito autem Bantamo mandata habebant Bandam, Ambonam et Ternatam in ditionem Hispanicam cogere: quas ad res non belli tantum instrumenta attulerant, sed et pecuniam et aromata, mercedem barbaris proditionum. Fregit immanem superbiam Deus (ut fere solet, ubi vim suam extra ordinem testatur) improviso atque insperato. Sub idem tempus, quo Bantamum Lusitani excidio destinabant, Batavi istarum rerum ignari mercatum navibus adveniunt, quibus Wolphardus Harmannus praeerat, honoris causa summo jure nominandus, ut quo vix quisquam, non dicam de societate Indica, sed de nomine Batavo melius umquam meritus sit. Ad ipsas Sundae angustias Sinensis navicula occurrit: admonet nauta Lusitanorum classe obsideri pelagus: quos cum sciret Batavorum pernitiem quaerere, se praevenisse, ut salva ad fugam haberent tempora. Nam certamen nemo exspectabat: nihil enim erat quod posset comparari. Si numerum spectares, naves Wolphardi quatuor cum celoce una, quid ad illorum triginta? si magnitudinem, collata in summam omnium Batavicarum capacitas unam Andreae Furtadonis navem nondum aequabat: si multitudinem hominum, trecenti et quindecim omnes in classe Batavica, cum in Hispanica essent Lusitani octingenti, quibus accesserant milites Indi non pauciores mille quingentis, praeter omnem turbam navalem. Rebus omnibus inferiores Batavi, praeterquam animo et causa erant. At cum velut ante oculos obversaretur foeditas fugae, gentis ignominia, et amissa in posterum negotiatione Indica suae cuique domus exitium, fretum pervecti in conspectum hostium prodierunt. Illi fremere, indignari, expedire classicum et belli vexilla, circumstrepere tormentis, et ut quamque navem accesserant, continuo inclamare, ut demissis velis deditionem faterentur. At Batavi haud ita in patria edocti, quo verborum insolentiam factis compescerent, ultro ventos captabant, quibus in hostem vecti telorum jactu se vindicabant. Favit virtuti fortuna, quamquam inter primos conatus ingenti terrore machina una Batavorum dissilierat. Sed resumto animo et certamine capta Lusitanorum navis una, capta item altera: plures ita perfossae, ut cum usui amplius esse non possent nudatae vectoribus mergerentur. Domiti statim hac clade Lusitani, quod fere praeferocium rebus secundis animorum ingenium est, etsi ventos habebant ferentes, non ausi sunt sequentibus diebus praelio dimicare. Sed more ferarum, quae viribus exutis iras nondum deponunt, ut et pavori suo et odio satisfacerent, naves suarum aliquot ardentes in Batavos immiserunt. Frustra: namque ignis intra ipsas consumtus est. Cum instarent Batavi, ut quibus nisi depulso hoste aditus ad mercatum non pateret, Lusitani relicto turpiter Bantamo in Moluccas fugerunt. Nec insecuti victores, ut cujus gratia venerant, id primum perficerent, adeunt urbem a se liberatam. Mirum dictu, quae illos Javanorum gratulationes et quae signa laetitiae velut triumphantes exceperint, quantaque Hollandorum fama per omnes insulas manarit, ut dicere liceat illam vere diem felicissimam et Batavis et Orientis gentibus illuxisse. At Lusitanorum etiam fuga crudelis: nam procul et velut remoto ultore, impunitis latrociniis grassabantur, nec mentem effascinatam odiis deterior fortuna mutaverat, nisi tantum ut vellent tutius peccare. Primum igitur Ambonam advolant: ubi tum nullae erant Batavorum naves. Ityn et

Eodem anno 1602.

caetera ejus ditionis oppida munimentis invalida, tum pagos omnes irrumpunt vastantque. In homines eadem saevitia usurpata est, quam saepe civitates Belgicae ab Hispanis perpessae sunt. In caedibus non sexus ullum, non aetatis discrimen, occisi passim et infantes et feminae: nec occisi tantum: alii teneros artus parentum ante ora dissecabant, alii praegnantium alvos et certissimae innocentiae corpora gladiis scrutabantur. Haec post exempla pars indigenarum, quibus temporis indulgentia fugam largiebatur, relictis penatibus fortunisque avitis, in loca deserta et aut silvis horrentia, aut montibus abrupta se conferunt: pars in vicinam insulam Ceram transeunt. Eodem forte Batavam celocem Wolphardus miserat: ipse eo tempore apud Bandam morabatur. Legati Ambonensium laeti, ut inter tantas miserias, inventa cum celoce Bandam proficiscuntur. Admissi ad praefectum eo vultu, quem praesens fortuna fecerat, interrumpentibus etiam lacrimis, quae sibi accidissent commemorant. Addunt, quod satis constabat, evenisse haec sibi, quia Batavos commerciis coluissent. Orabant igitur per Deum, qui tam felices oceani cursus, qui tam egregios illis ex Hispano triumphos largiretur, per justitiam Hollandorum negotiationibus cognitam, per illam fidem, quam judicio secuti nunc ultimum haberent rebus perditis subsidium, ne se patria extorres egentesque rerum omnium, crudelissimo insuper hosti ludibrium debere paterentur. Quemvis hominem, nedum Hollandum, hoc est mitem natura ac misericordem movere haec potuit oratio: nec leviter sane indoluerat praefectus: sed videbat non posse illorum causa omitti mandatam imprimis negotiationem. Et anni tempus mercandi diligentiam poscebat. Excusat igitur se, et sperare ait ultionem Ambonensium Principi reique publicae Batavorum cordi fore. Quod unum ratio temporis permittebat, captivos, quos praelio in Sundae angustiis commisso nactus fuerat, ipsumque inter illos Franciscum Sousam, sine pretio liberos in Ambonam ad Lusitanos dimittit donatque armis et commeatu, ne beneficium ulla in parte claudicaret. Spes erat quamvis feros animos posse tali exemplo emendari mollirique et induci vicissim, ut in Ambonenses clementius consulerent, cum victores Batavi ipsis tam clementer temperarent. Sed aliter cecidit, et plus quam periit hoc beneficium apud homines iniquissimos, qui simplicitatem stultitiam et modestiam timiditatem vocant. Praeterquam igitur quod nihil impetratum est, hoc etiam audentius scelera continuaverunt, quod nihil se non impune laturos post tantum misericordiae specimen confiderent. Sed postquam *Anno eod.* in Ambona jam et rapinarum et crudelitatis materia illos deficere coeperat, septem cum navibus bellicis et galeotis quatuor et caracollis aliquot ad Maciana pergunt, unam Moluccarum. Saevitur in homines cruciatibus, in agros vastitate, in aedes incendiis. Urbs etiam, insulae caput, Tabosos nomine, incendentibus Lusitanis sedit in cineres. Est autem Macian cum adjacentibus insulis in ditione regis Ternatensis, cujus eo tempore plurima in gentem Batavorum beneficia erant: quae causa Lusitanis irae incolisque miseriae fuit. Atque adeo tunc etiam e classe Wolphardi navis una, minima omnium, Trajectum nomine, cum celoce negotiandi causa apud Ternatam morabatur. Macianenses, ut qui defendendis civibus comparatam meminissent regiam dignitatem, veniunt Ternatam, adeunt Principem suum, obsecrant ut ereptas sedes restituat, aut tutius aliquod miseris perfugium largiatur. Rex suis subsidio profectus Batavos etiam, quamquam parum in navibus vix duabus adversus totam classem auxilii erat, ut sibi adessent exorat. Vecti propius vident miserabilem insulam lucentem incendiis, et mox acerrimo cum impetu ruentes in se Lusitanos. Creverant enim illis animi, quia cum Indis commissos se videbant, quorum centenos vix singulis suorum solent componere. Partim tamen Batavorum consiliis, partim illorum indignatione, qui tantas injurias acceperant et quia vinci posse Lusitanos Batavorum fortuna jam fidem fecerat, inter impares arte et viribus totam per diem pari Marte certatum est. Mense post comitantibus iterum Batavis rex Ternatae prodit praetervectusque Tidorim insulam, cum quindecim Lusitanorum caracollae occurrerent, immotus compressis telis sedit, exspectans donec hostis prior auspicata caede in se Dei hominumque vindictam concitaret. Ibi plenus animorum et justae ultionis insurgit, captaque navium una victor in regnum redit. Maciana interim ita Lusitani desolaverant, ut nihil prope praeter nudum atque inane solum restaret. Utque flamma quo plura corripuit, hoc vehementius in caetera funditur, sic illi ex hac praeda majorem concupiscentes, Ternatam ipsam navibus quinque et galeotis quatuor adoriuntur. Ibi Batavi, qui propter littus hactenus sederant, cum se viderent multitudine circumveniri, sublatis primum anchoris cursum sibi liberiorem expediunt. Deinde memores mercatum se, non ad bellum missos, cum jam temporis dispendio et oneris penuria magnam satis jacturam incurrissent, pace regis discedunt, relictis suorum e numero, qui amicitiam ejus colerent et quorum ille opera consilioque adversus hostem esset instructior. Lusitani enim discessu iterum Batavorum insolentiores, ingressi insulam proxima quaeque, metu habitantium deserta, spoliabant urebantque. Et manet nunc etiam illis cum rege Ternatensi bellum, in quo tamen postea feliciter contusam illorum audaciam fama accepimus. Nec illud praetereundum est, Lusitanos ne ulla in parte a Castellanis, priscis hostibus Batavorum, distinguerentur satis cavisse; cum bello isto Ternatensi, quo Batavos vel maxime persequebantur, auxiliis Manilia missis (sunt enim et ibi Castellani) et navibus usi sint, ut alias etiam e Philippinis petita illis subsidia notavimus. Quo satis ostendunt populi, haud satis alioquin inter se concordes, una se tamen in Batavorum exitium conjurasse. Ad ultimam venio narrationem de rege Jorae, *Anno eod.* quem cum cogito, tum vero mihi videor summum illum atque verum Indicae peregrinationis fructum perspicere et merito

genio felicis patriae gratulari. Nam cum Jacobus Hemskerckius in eas venisset partes et Patani versaretur, unde accessum ad regem Jorae ambiebat, responsum a rege est non modo per literas, sed per fratrem Siackae Principem, venturum sibi illum gratissimum, patere regnum, patere commercia: quae si inviseret re ipsa percepturum et terram suam prae caeteris opulentam mercimoniis, quae Batavi expeterent, et ipsum se multo aliter, quam caeteros Indorum Principes animatum affectumque. Perspectam sibi Hollandorum fidem, nec quidquam praeferre illorum amicitiae, quos cognosset tam fidos sociis, quam hostibus invictos. Quibus intellectis Lusitani legatos] Malacca miserunt, qui non modo regem a commerciis Batavorum calumniis deterrerent, sed bellum etiam, ni absisteret, inexplicabile minarentur. At ne his quidem rex motus ut pollicitis abscederet, respondet Lusitanis animose, attamen ex aequo, in hunc ferme modum. *Numquam sibi compertum tales esse Hollandos, quales a Lusitanis fingerentur: caeterum illud audiisse, illatas injurias ab illis fortiter vindicari, quod quomodo culpandum sit, se quidem non videre: atque adeo illis etiam confidere, quia injuriam facere nolit. Si quae inimicitiae Hollandis cum Lusitanis intercederent, id ad se nihil pertinere: nec vero aequum esse, ut illi sibi, quid suo in regno facere deberet, praescriberent: imo rectius Lusitanos, ut qui Malaccam tenerent,* (nam et hanc avito jure rex ille sibi vindicat, etsi possessione detrusus) *suis legibus parituros.* Adeo haec offenderant aures veri impatientes, ut continuo naves bellicae tres et fustae quinque ad amnis ejus regni ostia mitterentur: tum ut aditum Batavis praecluderent, tum ut in ejus littoris accolas caedibus
Anno 1603. et praedis et in summam Lusitanice grassarentur. Ista Rex omnia ad Hemskerckium, qui tum ad insulam Tiamaor ulturus suas sociorumque injurias agebat, sedulo perscripsit adjectis precibus, ne beneficia, quae in Hollandos contulisset, sibi exitio esse pateretur. Quam res sancta sit et grata superno

numini injuste oppressos defendere, facto patuit. Nam et aditus reclusus est et commercia celebrata, et eodem in loco, ubi Batavorum odio rapinas suas adversus regem Jorae Lusitani exercuerant, praesente eodem rege et Batavica e navi spectante, navis Lusitanica victa Batavorum in potestatem venit.

Ex his quae diximus apparet, eos qui a diversis Batavorum societatibus, quae nunc in unum corpus coaluerunt, missi Indiam adiere, Lusitanos, cum revera hostes essent, non tamen hostium loco habuisse, sed remisisse, dum ullo modo licuit, jus illud belli concordiae tentandae gratia. Unde etiam codicillos sive mandata bellicae potestatis, quae nemini apud Batavos negari solent, priores navarchi nulla accepere: posteriores, etiam qui acceperant, haud facile usurparunt. Nam aut vitam suam fortunasque sibi commissas, quod natura et fides cogebant, contra vim illatam propugnarunt, aut periculum sibi intentantes, ne semper timerent vel timere viderentur, ultro aggressi sunt: sicut Neckius ad Tidorim, ad Bantamum Wolphardus. Post multa tandem facinora, quibus Batavorum simplicitatem illusam diximus, jura belli, quae velut sopita quieverant, resuscitata sunt et palam exercita. Ne tum quidem exemplo Lusitanorum prodige uti libuit humano sanguine, sed clementia prope nimia ita gestum est bellum, ut tantum immensi sumtus ad homines naves resque tutandas ab iis, adversus quorum arma suscipiendi fuerunt, armis reposcerentur. Primam omnium caraccam sero admodum et *Anno 1602 Martio 16.* post diutinam patientiam Zelandi ad Sanctae Helenae insulam ceperunt, et quidem irritati responso hostili petitique prioribus telis Lusitanorum. Et quamquam iisdem Lusitanis mandatum in se bellum compererant, consiliaque ejus rei habita, ipsi tamen qui post victoriam suae potius humanitatis quam aliorum injuriae meminissent, non modo mergendos jamjam servarunt, sed trans mare ad insulam orae Brasiliae propinquam vexerunt, ibi quoque omnis generis commeatu juverunt et quo facilius continentem attingerent, naviculam ipsis struxere, non sine labore et temporis dispendio. Hollandi aliquanto etiam ad hanc rem lentiores fuere, nec ullam ceperunt ante hanc Hemskerckianam, excitati amicorum maxime cladibus, postquam ipsi annorum septem injurias ac damna per vim aut perfidiam populi hostilis apud Indos toleraverant. Id an jure factum sit dubitare quempiam non immerito miramur.

CAPUT XII.

In quo ostenditur, etiam si bellum privatum fuisset, justum fore, justeque partam praedam Indicae Hollandorum societati. In quo ista inseruntur Problemata:

I. Ad gentes omnes omnibus patet aditus, jure gentium non permittente sed imperante.

II. Infideles ob hoc ipsum, quod infideles sunt, dominio publico privatove exui non possunt, nec titulo inventionis, nec Pontificiae donationis, nec belli.

III. Mare aut jus navigandi in eo proprium fieri non potest occupatione, aut donatione Pontificia, aut praescriptione sive consuetudine.

IV. Jus mercandi cum gente altera proprium fieri non potest occupatione, aut donatione Pontificia, aut praescriptione sive consuetudine.

Si enim factum istud ad doctrinam de belli ac praedae justitia supra traditam sedulo exigamus, omnino inveniri nihil poterit, quod non examussim respondeat. Ut igitur omnia complectamur, quae ibi tradita sunt, primum ita agamus, quasi actio ista non publici, uti est revera, sed privati sit belli. Quod autem dico tale est. Separa a causa societatis Indicae causam publicam Batavorum, et fac eam ipsam societatem non ex Batavis constare, qui bellum in Lusitanos jam dudum gerunt, sed alia quavis gente, puta Gallis, Germanis,

Anglis, Venetis: et diligenter vide num quid obstet quominus, si se res ita haberet, praeda justa puraque censeri posset. Post privatam causam publicam expende: in utraque autem inspice, quid belli auctoribus pro se, quid autem pro sociis licuerit: deinde ad subditos te converte et in singulis omnia causarum genera omnesque definitiones expende. Ac primum ad personas quod attinet [1], cum privati belli potestatem natura ejus juris domina atque imperatrix nemini mortalium neget, societatem Indicam excludi nemo dixerit: quod enim singulis seorsim, idem coniunctim pluribus juris est.

Causam ergo unde bellum oritur (hoc enim proxime consequitur) investigemus: et quia monuimus supra, quae causae, si justae essent, bellum petitoris justum facerent [2], easdem, si id jus non recte prae se ferunt, justitiam ad defensorem transferre, quaeramus ab ipsis Lusitanis, quid sit quod illi a societate Indica postulent. Non dubie respondebunt, hoc unum se postulare, ne quis praeter se ad Indos mercandi causa accedat: quod etiam si recte diceretur, non tamen continuo insidiae et perfida facinora, quae modo narravimus, excusarentur. Sed tamen quia color ille ad multa pertinet, in ipso aditu explorandus est. Primum ergo illud positum *Probl. I.* sit jure gentium primario jubente, cujus ratio perpetua est et immutabilis, licere Batavis quibusvis cum gentibus negotiari. Noluit enim Deus ea cuncta, quibus vita indiget, omnibus locis suppeditare naturam: artibus etiam aliis alias gentes dedit excellere. Quo ista, nisi quod voluit mutua egestate et copia humanas foveri amicitias, ne singuli se putantes sibi ipsis sufficere, hoc ipso redderentur insociabiles? Nunc factum est ut gens altera alterius suppleret inopiam, divinae justitiae instituto, ut eo modo (sicut Plinius [3] dicit), quod genitum

---

[1] ex conclusione quinta, articulo priore, in primis verbis et quae ad horum demonstrationem aut explicationem pertinent cap. sexto. [2] in c. 7. non longe a principio. [3] Paneg. (c. 29. §. 2.)

esset uspiam apud omnes videretur. Poetas itaque canentes audimus:

Nec vero terrae ferre omnes omnia possunt.

Item [1]:

Excudent alii,

et quae sequuntur. Hoc igitur qui tollunt, illam laudatissimam tollunt humani generis societatem, tollunt mutuas bene faciendi occasiones, naturam denique ipsam violant. Nam et ille, quem Deus terris circumfudit Oceanus undique et undiqueversus navigabilis, et ventorum stati aut extraordinarii flatus, non ab eadem semper et a nulla non aliquando regione spirantes, nonne significant satis concessum a natura cunctis gentibus ad cunctas aditum? Hoc Seneca [2] summum Naturae beneficium putat, quod et vento gentes locis dissipatas miscuit, et sua omnia in regiones ita descripsit, ut necessarium mortalibus esset inter ipsos commercium. Hoc igitur jus ad cunctas gentes aequaliter pertinet: quod clarissimi jurisconsulti [3] eousque producunt, ut negent ullam rempublicam aut Principem prohibere in universum posse, quominus alii ad subditos suos accedant et cum illis negotientur. Hinc jus descendit hospitale sanctissimum, hinc querelae:

Quod genus hoc hominum, quaeve hunc tam barbara morem
Permittit patria? hospitio prohibemur arenae [4].

Et alibi:

littusque rogamus
Innocuum, et cunctis undamque auramque patentem [5].

Et scimus bella quaedam ex hac causa coepisse, ut Megarensibus in Athenienses [6], Eononiensibus in Venetos [7]: Cas-

---

[1] [Virg. Aen. l. 6. vs. 848.] [2] Quaest. Natur. [l. 5. c. 18.] [3] Inst. de rer. div. §. 1. [I. 2. 1.] et l. nemo igitur. ff. eo. tit. [D. 1. 8. 4.] V. Gent. de jure belli. l. 1. c. 19. et l. mercatores. C. de comm. [C. 4. 63. 4.] [4] Virg. Aen. l. 1. [vs. 539. sq.] [5] Virg. Aen. l. 7. [vs. 229. sq.] [6] Diod. [l. 12. c. 39. [Plut. Pericle. [p. 168. b.] [7] Sig. ult. l. de reb. Ital.

tellanis etiam in Americanos has justas potuisse belli causas esse et caeteris probabiliores Victoria [1] putat, si peregrinari et degere apud illos prohiberentur, si arcerentur a participatione earum rerum, quae jure gentium aut moribus communia sunt, si denique ad commercia non admitterentur. Cui simile est, quod in Mosis [2] historia et inde apud Augustinum [3] legimus, justa bella Israelitas contra Amorraeos gessisse, quia innoxius transitus denegabatur, qui jure humanae societatis aequissimo patere debebat. Et hoc nomine Hercules Orchomeniorum [4], Graeci sub Agamemnone Mysorum regi arma intulerunt: quasi libera essent naturaliter itinera, ut Baldus [5] dixit; accusanturque a Germanis apud Tacitum [6] Romani, quod colloquia congressusque gentium arcerent, fluminaque et terras et caelum quodammodo ipsum clauderent. Nec ullus titulus Christianis quondam in Saracenos magis placuit [7], quam quod per illos terrae Judaeae aditu arcerentur. Sequitur ex hac sententia Lusitanos, etiamsi domini essent earum regionum, ad quas Batavi proficiscuntur, injuriam tamen facturos, si aditum Batavis et mercatum praecluderent. Quanto igitur iniquius est, volentes aliquos a volentium populorum commercio secludi illorum opera, quorum in potestate nec populi isti sunt, nec illud ipsum, qua iter est, quando latrones etiam et piratas non alio magis nomine detestamur, quam quod illi hominum inter se commeatus obsident atque infestant. Non esse autem Lusitanos earum partium dominos, ad quas Batavi accedunt, puta Javae, Taprobanae, partis maximae Moluccarum, certissimo argumento colligimus, quia dominus nemo est ejus rei, quam nec ipse umquam nec

---

[1] Vict. de Indis. p. 2. n. 1. 2. 3. 4. 5. 6. 7. Adde Covarr. in c. peccatum. § 9. n. 4. ibi, quinta. [2] Num. c. 20. [3] August. l. 4. q. 44. super Num. citatur in [Decr. Grat. p. 2. 23. 2. 3.] [4] Soph. Trachin. [5] Cons. l. 3. 293. [6] Histor. l. 4. [c. 64.] [7] Alciatus cons. l. 4. 130. Covarr. in c. peccatum. p. 2. §. 9. Bart. ad. l. 1. C. de paganis. [C. 1. 11.]

alter ipsius nomine possedit. Habent insulae istae, quas dicimus, et semper habuerunt suos reges, suam rempublicam, suas leges, sua jura: Lusitanis mercatus, ut aliis gentibus conceditur: itaque et tributa cum pendunt, et jus mercandi a Principibus exorant, dominos se non esse sed ut externos advenire satis testantur: ne habitant quidem nisi precario. Et quamquam ad dominium titulus non sufficiat, quia et possessio requiritur, cum aliud sit rem habere, aliud jus ad rem consequendam, tamen ne titulum quidem dominii in eas partes Lusitanis ullum esse affirmo, quem non ipsis eripuerit doctorum et quidem Hispanorum sententia. Primum si dicent inventionis praemio eas terras sibi cessisse, nec jus nec verum dicent. Invenire enim non illud est, oculis usurpare, sed apprehendere, ut Gordiani epistola [1] ostenditur: unde grammatici [2] invenire et occupare pro verbis ponunt idem significantibus: et tota Latinitas [3] quod adepti sumus, id demum invenisse nos dicit, cui oppositum est perdere. Quin et ipsa naturalis ratio, et legum diserta verba, et eruditiorum interpretatio [4] manifeste ostendit ad titulum dominii parandum eam demum sufficere inventionem, quae cum possessione conjuncta est [5], ubi scilicet res mobiles apprehenduntur, aut immobiles terminis atque custodia saepiuntur [6]: quod in hac specie dici nullo modo potest. Nam praesidia illic Lusitani nulla habent. Quid quod ne reperisse quidem Indiam ullo modo dici possunt Lusitani, quae tot a saeculis fuerat celeberrima? Jam ab Horatii [7] tempore

Impiger extremos currit mercator ad Indos
Per mare pauperiem fugiens.

---

[1] l. si Barsatoram. C. de fidejussoribus. [C. 8. 41. 13.] [2] Non. Marc. c. 4. in v. Occupare. [3] V. Connanum. Comm. juris civilis. l. 3. c. 3. in fine. [4] V. Donellum. de jure civili. l. 4. c. 10. [5] Inst. de rer. div. §. illud quaesitum est. [I. 2. 1. §. 13.] [6] l. 3. §. Neratius. in f. ff. de acq. poss. [D. 41. 2. 3. §. 3.] [7] Epist. l. 1. 1. [vs. 45. sq.]

Taprobanes pleraque quam exacte nobis Romani [1] descripsere? Jam vero et caeteras insulas ante Lusitanos non finitimi tantum Persae et Arabes, sed Europaei etiam, praecipue Veneti noverant. Praeterea inventio nihil juris tribuit [2] nisi in ea, quae ante inventionem nullius fuerant. Atqui Indi *Probl. II.* cum ad eos Lusitani venerunt, etsi partim idolatrae, partim Mahumetani erant gravibusque peccatis involuti [3], nihilominus publice ac privatim rerum possessionumque suarum dominium habuerunt, quod illis sine justa causa eripi non potuit. Ita certissimis rationibus post alios auctores maximi nominis concludit Hispanus Victoria [4]. *Non possunt*, inquit, *Christiani seculares aut ecclesiastici potestate civili et principatu privare infideles, eo duntaxat titulo, quia infideles sunt, nisi ab eis alia injuria profecta sit.* Fides enim, ut recte inquit Thomas [5], non tollit jus naturale aut humanum, ex quo dominia profecta sunt: imo credere infideles non esse rerum suarum dominos haereticum est [6], et res ab illis possessas illis ob hoc ipsum eripere furtum est et rapina, non minus quam si idem fiat Christianis. Recte igitur dicit Victoria non magis ista de causa Hispanis jus in Indos quaesitum, quam Indis fuisset in Hispanos, si qui illorum priores in Hispaniam venissent. Neque vero sunt Indi Orientis amentes aut insensati sed ingeniosi et sollertes, ita ut ne hinc quidem praetextus subjiciendi possit desumi, qui tamen per se satis est manifestae iniquitatis. Jam olim Plutarchus *πρόφασιν πλεονεξίας* fuisse dicit *ἡμερῶσαι τὰ βαρβαρικά*, improbam scilicet alieni cupiditatem hoc sibi velum obtendere, quod barbariem mansuefaciat. Et nunc etiam color ille redigendi invitas gentes ad mores humaniores, qui Graecis olim et Alexandro usurpatus est, a theologis omnibus, praesertim

---

[1] V. Plin. Nat. hist. l. 6. c. 22. [2] l. 3. ff. de acq. rer. dom. [D. 41. 1.]
[3] Covarr. in c. peccatum. §. 10. n. 2. et 4. et 5. [4] de pot. civ. p. 1. n. 9.
[5] Thom. 2. 2. q. 10. art. 12. [6] Vict. de Indis p. 1. n. 4. 5. 6. 7. et 19.

Hispanis [1], improbus atque impius censetur. Secundo si Pontificis Alexandri Sexti divisione utentur, ante omnia illud attendendum est, volueritne Pontifex contentiones tantum Lusitanorum et Castellanorum dirimere, quod potuit sane ut lectus inter illos arbiter [2], sicut et ipsi reges jam ante inter se ea de re foedera quaedam pepigerant: et hoc si ita est, cum res inter alios acta sit, ad caeteras gentes non pertinebit: an vero prope singulos mundi trientes duobus populis donare. Quod etsi voluisset et potuisset Pontifex, non tamen continuo sequeretur dominos Orientis esse Lusitanos, cum donatio dominium non faciat, sed secuta traditio [3]: quare et huic causae possessio deberet accedere. Tum vero si quis jus ipsum sive divinum sive humanum scrutari volet, non autem ex commodo suo metiri, facile deprehendet donationem ejusmodi ut rei alienae nullius esse momenti. Disputationem de potestate Pontificis, hoc est episcopi Romanae ecclesiae, hic non aggrediar, nec quidquam ponam nisi ex hypothesi, hoc est quod confitentur homines inter eos eruditissimi, quique plurimum Pontificiae tribuunt auctoritati, maxime Hispani [4]: qui cum pro sua perspicacia facile viderent Dominum Christum omne a se terrenum imperium abdicasse, mundi certe totius dominium, qua homo fuit, non habuisse, et si habuisset, nullis tamen argumentis astrui posse, jus illud in Petrum aut Romanam ecclesiam vicario jure translatum, cum alias etiam certum sit multa Christum habuisse, in quae Pontifex non successerit [5], intrepide affirmarunt, (utar ipsorum verbis), Pontificem non esse dominum civilem aut temporalem totius orbis [6]: imo etiam si quam talem potestatem in mundo ha-

[1] V. Vasq. in praefat. n. 5. [2] V. Osorium. [3] Inst. de rer. div. §. per traditionem. [I. 2. 1. §. 40.] [4] Luc. 12. 14. Joh. 18. 36. Vict. de Indis p. 1. n. 25. [5] Vict. ibi. n. 27. [6] V. Vasq. Contr. ill. c. 21. Turr. Crem. l. 2. c. 113. Hugo. 69. dist. cum ad verum. Bern. in l. 2. ad Eug. Vict. de Indis. p. 1. n. 27. Covarr. in c. peccatum. §. 9. n. 7.

beret, eam tamen non recte exerciturum, cum spirituali sua jurisdictione contentus esse debeat [1]: secularibus autem Principibus eam concedere nullo modo posse [2]. Tum vero si quam habeat potestatem temporalem, eam habere, ut loquuntur, in ordine ad spiritualia: quocirca nullam illi esse potestatem in populos infideles, ut qui ad ecclesiam non pertineant. Unde sequitur ex sententia Cajetani et Victoriae et potioris partis tam theologorum quam canonistarum [3], non esse idoneum titulum adversus Indos, vel quia Papa dederit provincias illas tamquam dominus absolute, vel quia non recognoscunt dominium Papae: atque adeo ne Saracenos quidem isto titulo unquam spoliatos.

His igitur sublatis, cum manifestum sit, quod et Victoria [4] scribit, Hispanos ad terras remotiores illas navigantes nullum jus secum attulisse occupandi eas provincias, unus duntaxat titulus belli restat, qui et ipse si justus esset, tamen ad dominium proficere non posset nisi jure praedae, hoc est post occupationem. Atqui tantum abest ut Lusitani eas terras occupaverint, ut cum plerisque gentibus, quas Batavi accesserunt, bellum eo tempore nullum haberent. Et sic igitur nullum jus illis quaeri potuit, cum etiam si quas ab Indis pertulissent injurias, eas longa pace et amicis commerciis remisisse merito censeantur. Quamquam ne fuit quidem quod bello obtenderent. Nam qui barbaros bello persequuntur, ut Americanos Hispani, duo solent praetexere, quod ab illis commercio arceantur, aut quod doctrinam verae religionis illi nolint agnoscere. Et commercia quidem Lusitani ab Indis impetrarunt, ut hac in parte nihil habeant, quod querantur. Alter vero obtentus

---

[1] Matth. 20. 26. Joh. 6. 15. Matth. 17. 27. [2] Vict. ibi. n. 28. Covarr. d. loco. [3] Cor. 1. 5. in fine. Thom. 2. 2. q. 12. art. 2. Ayala. l. 1. c. 2. n. 29. Vict. ibi. n. 30. Covarr. d. loco. V. locum Cajet. infra. Thom. 2. 2. q. 66. art. 8. Silvester de infidelibus §. 7. Innoc. in c. quod super his. de voto. [Decretal. 3. 34. 8.] Vict. ibi. n. 31. [4] d. n. 31.

nihilo est justior [1], quam ille Graecorum in barbaros, quo Boethius [2] respexit:

An distant quia dissidentque mores
Injustas acies et fera bella movent,
Alternisque volunt perire telis?
Non est justa satis saevitiae ratio.

Ista autem et Thomae et concilii Toletani et Gregorii et theologorum, canonistarum, jurisprudentiumque fere omnium [3] conclusio est: quantumcunque fides annuntiata sit barbaris (nam de his qui subditi ante fuerunt Christianis Principibus, item de apostatis alia est quaestio) probabiliter et sufficienter, et si noluerint eam recipere, non tamen licere hac ratione eos bello persequi et spoliare bonis suis. Operae pretium est in hanc rem ipsa Cajetani [4] verba describere. *Quidam*, ait, *infideles nec de jure nec de facto subsunt secundum temporalem jurisdictionem Principibus Christianis, ut si inveniuntur pagani, qui numquam imperio Romano subditi fuerunt, terras habitantes, in quibus Christianum numquam fuit nomen. Horum namque domini, quamvis infideles, legitimi domini sunt, sive regali sive politico regimine gubernantur: nec sunt propter infidelitatem a dominio suorum privati, quum dominium sit ex jure positivo et infidelitas ex divino jure, quod non tollit jus positivum, ut superius in quaestione habitum est. Et de his nullam scio legem quoad temporalia. Contra hos nullus rex, nullus imperator, nec ecclesia Romana potest movere bellum ad occupandas terras eorum aut subjiciendos eos temporaliter,*

---

[1] V. Vasq. controv. illustr. c. 24. Vict. de Indis. p. 2. n. 10. [2] de cons. phil. l. 4. in 4. met. [p. 286. vs. 7.] [3] Thom. 2. 2. q. 10. art. 8. Matth. 10. 23. c. de Judaeis. dist. 45. [Decr. Grat. p. 1. 45. 5.] c. qui sincera. ead. dist. [c. 3.] Innoc. d. loco. Bart. ad l. 1. C. de pag. [C. 1. 11.] Covarr. ad. c. peccatum. p. 2. §. 9. et 10. Ayala de jure belli. l. 1. c. 2, n. 28. [4] ad Summ. Thom. 2. 2. q. 66. art. 8.

quia nulla subest causa justa belli, cum Jesus Christus rex regum, cui data est potestas in caelo et in terra, miserit ad capiendam possessionem mundi, non milites armatae militiae, sed sanctos praedicatores, sicut oves inter lupos. Unde nec in Testamento veteri, ubi armata manu possessio erat capienda terrae infidelium, indictum lego bellum alicui propter hoc, quod non erant fideles, sed quia nolebant dare transitum, vel quia eos offenderant, ut Madianitae, vel ut recuperarent sua, divina largitate sibi concessa. Unde gravissime peccaremus, si fidem Christi Jesu per hanc viam ampliare contenderemus, nec essemus legitimi domini illorum, sed magna latrocinia committeremus et teneremur ad restitutionem, utpote injusti debellatores aut occupatores. Mittendi essent ad hos praedicatores boni viri, qui verbo et exemplo converterent eos ad Deum: et non qui eos opprimant, spolient, scandalizent, subjiciant et duplo Gehennae filios faciant more Pharisaeorum. Et in hanc formam audimus saepe a senatu in Hispania et theologis praecipue Dominicanis decretum fuisse [1], sola verbi praedicatione non bello Americanos ad fidem traducendos: libertatem etiam, quae illis eo nomine erepta esset, restitui debere, quod a Paulo Tertio, Pontifice et Carolo Quinto, Imperatore et Hispaniarum rege comprobatum dicitur. Omittimus jam Lusitanos in plerisque partibus religionem nihil promovere; ne operam quidem dare, cum soli lucro invigilent. Imo et illud ibi verum esse, quod de Hispanis in America Hispanus [2] scripsit, non miracula, non signa audiri, non exempla vitae religiosae, quae ad eamdem fidem alios possent impellere, sed multa scandala, multa facinora, multas impietates. Quare cum et possessio et titulus deficiat possessionis, neque res ditionesque Indorum pro talibus haberi

---

[1] V. Joh. Met. in praef. ad Osorium. [2] Vict. in relect. 1. de Indis. §. 38.

debeant, quasi nullius ante fuissent, neque cum illorum essent aliis recte acquiri potuerint, sequitur Indorum populos, de quibus nos loquimur, Lusitanorum proprios non esse, sed liberos et sui juris, de quo ipsi doctores Hispani [1] non dubitant. Si ergo in populos terrasque et ditiones Lusitani jus nullum quaesiverunt, videamus an mare et navigationem

Probl. III. aut mercaturam sui juris facere potuerint. De mari autem prima sit consideratio, quod cum passim in jure aut nullius, aut commune, aut publicum juris gentium dicatur, hae voces quid significent ita commodissime explicabitur, si poetas ab Hesiodo omnes et philosophos et jurisconsultos veteres imitati in tempora distinguamus ea, quae tempore forte haud longo, certa tamen ratione et sui natura discreta sunt. Neque nobis vitio verti debet, si in juris a natura procedentis explicatione auctoritate et verbis eorum utimur, quos constat natu-

Nova declaratio. rali judicio plurimum valuisse. Sciendum est igitur in pri-

Dominium. Communio. mordiis vitae humanae aliud quam nunc est dominium, aliud communionem fuisse. Nam dominium nunc proprium quid significat [2], quod scilicet ita est alicujus, ut alterius non sit eodem modo. Commune autem dicimus, cujus proprietas inter plures consortio quodam aut consensu collata est, exclusis aliis. Linguarum paupertas coegit voces easdem in re non eadem usurpare. Et sic ista nostri moris nomina ad jus illud pristinum similitudine quadam et imagine referuntur. Commune igitur tunc non aliud fuit, quam quod simpliciter proprio opponitur. Dominium autem facultas non injusta utendi re communi [3], quem usum scholasticis visum est facti, non juris vocare [4], quia qui nunc in jure usus

---

[1] Vict. in 1. relect. de Indis. in fine. [n. 16.] [2] V. Gl. et Castrens. in l. ex hoc jure. [D. 1. 1. 5.] et c. jus naturale. dist. 1. [Decr. Grat. p. 1. 1. 7.] [3] V. Vasq. controv. usu freq. c. 1. n. 10. [4] c. exiit qui seminat. de verb. sign. in 6°. [Decretal. in 6°. 5. 12. 3.] Clem. exivi de Paradiso. de verb. sign. [Clem. const. 5. 11 1.]

vocatur proprium est quiddam, aut ut illorum more loquar, privative ad alios dicitur. Jure primo gentium, quod et naturale interdum dicimus, et quod poetae alibi aetate aurea, alibi Saturni aut Justitiae regno depingunt, nihil proprium fuit: quod Cicero dixit: *Sunt autem privata nulla natura*, et Horatius [1]:

Nam propriae telluris herum natura nec illum,
Nec me, nec quemquam statuit.

Neque enim potuit natura dominos distinguere. Hoc igitur significatu res omnes eo tempore communes fuisse dicimus, idem innuentes quod poetae, cum primos homines in medium quaesivisse et Justitiam casto foedere res medias tenuisse dicunt: quod ut clarius explicent, negant eo tempore campos limite partitos, aut commercia fuisse ulla:

promiscua rura per agros
Praestiterant cunctis communia cuncta videri [2].

Recte additum est *videri*, propter translationem ut diximus vocabuli. Communio autem ista ad usum referebatur:

pervium cunctis iter,
Communis usus omnium rerum fuit [3].

Cujus ratione dominium quoddam erat, sed universale et indefinitum: Deus enim res omnes non huic aut illi dederat, sed humano generi atque eo modo plures in solidum ejusdem rei domini esse non prohibebantur: quod, si hodierna significatione sumamus dominium, contra omnem est rationem. Hoc enim proprietatem includit, quae tunc erat penes neminem. Aptissime autem illud dictum est:

omnia rerum
Usurpantis erant [4].

Ad eam vero quae nunc est dominiorum distinctionem non

---

[1] [Sat. l. 2. 2. vs. 129. sq.] [2] Avienus in Arataeis. [vs. 302. sq.] [3] Seneca Octavia [vs. 402. sq.] [4] Avienus ibid. [vs. 301.]

impetu quodam, sed paulatim ventum videtur, initium ejus monstrante natura. Cum enim res sint nonnullae, quarum usus in abusu consistit, aut quia conversae in substantiam utentis nullum postea usum admittunt [1], aut quia utendo fiunt ad usum deteriores, in rebus prioris generis, ut cibo et potu, proprietas statim quaedam ab usu non sejuncta emicuit. Hoc enim est proprium esse, ita esse cujusquam ut et alterius esse non possit: quod deinde ad res posterioris generis, vestes puta et res mobiles alias aut se moventes, ratione quadam productum est. Quod cum esset, ne res quidem immobiles omnes, agros puta, indivisae manere potuerunt: quamquam enim horum usus non simpliciter in abusu consistat, eorum tamen usus abusus cujusdam causa comparatus est, ut arva et arbusta cibi causa, pascua etiam vestium: omnium autem usibus promiscue sufficere non possunt. Repertae proprietati lex posita est, quae naturam imitaretur. Sicut enim initio per applicationem corporalem usus ille habebatur, unde proprietatem primum ortam diximus, ita simili applicatione res proprias cujusque fieri placuit. Haec est quae dicitur occupatio, voce accommodatissima ad eas res, quae ante in medio positae fuerant: quo Seneca [2] tragicus alludit

in medio est scelus
Positum occupanti.

Et philosophus [3]: *equestria omnium equitum Romanorum sunt: in illis tamen locus meus fit proprius quem occupavi.* Hinc Quintilianus [4] dicit, *quod omnibus nascitur industriae esse praemium*, et Tullius [5], *factas esse veteri occupatione res eorum, qui quondam in vacua venerant.*

---

[1] Dig. de usufr. ear. rer. quae usu cons. [D. 7. 5.] Extr. de verb. sign. ad conditorem. et, quia quorumdam. [Extrav. Const. 20. Joan. XXII. tit. 14. c. 3. et c. 5.] Thom. 2. 2. q. 78. art. 1. [2] Sen. Thyeste. [vs. 203. sq.] [3] de benef. l. 7. c. 12. [4] Decl. 13. [Ed. L. B. a. 1665. p. 188.] [5] de off. l. 1. [c. 7. §. 20.]

Occupatio autem haec in his rebus, quae possessioni renituntur, ut sunt ferae bestiae, perpetua esse debet, in aliis sufficit corpore coeptam possessionem animo retineri. Occupatio in mobilibus est apprehensio, in immobilibus instructio aut limitatio: unde Hermogenianus [1] cum dominia distincta dicit, addit agris terminos positos, aedificia collocata. Hic rerum status a poetis indicatur:

Tum laqueis captare feras et fallere visco
Inventum [2]:
tum primum subiere domos:
Communemque prius, ceu lumina solis et aurae,
Cautus humum longo signavit limite messor [3].

Celebratum post haec, ut Hermogenianus indicat, commercium, cujus gratia

Fluctibus ignotis insultavere carinae [4].

Eodem autem tempore et respublicae institui coeperunt, atque ita eorum, quae a prima communione divulsa erant, duo facta sunt genera. Alia enim sunt publica, hoc est populi propria (quae est genuina istius vocis significatio), alia mere privata, hoc est singulorum. Occupatio autem publica eodem modo fit, quo privata. Seneca [5]: *Fines Atheniensium aut Campanorum vocamus, quos deinde inter se vicini privata terminatione distinguunt.* Gens enim unaquaeque

Partita fines regna constituit, novas
Exstruxit urbes [6].

Hoc modo dicit Cicero [7] agrum Arpinatem Arpinatum dici, Tusculanum Tusculanorum: *similisque est*, inquit, *privatarum possessionum descriptio. Ex quo, quia suum cujusque fit eorum, quae natura fuerant communia, quod cuique ob-*

---

[1] l. ex hoc jure. ff. de just. et jure. [D. 1. 1. 5.] [2] Virg. Georg. l. 1. [vs. 139. sq.] [3] Ovid. Metam. l. 1. [vs. 121. et vs. 135. sq.] [4] Ovid. [ibid. vs. 134.] [5] de benef. l. 7. c. 4. [6] Seneca Octavia. [vs. 419. sq.] [7] Off. l. 1. [c. 7. §. 21.]

tigit id quisque teneat. Contra autem Thucydides [1] eam terram, quae in divisione populo nulli obvenit, ἀόριστον, hoc est indefinitam et limitibus nullis circumscriptam vocat.

Ex his quae hactenus dicta sunt, duo intelligi possunt. Prius est eas res, quae occupari non possunt aut occupata numquam sunt, nullius proprias esse posse [2], quia omnis proprietas ab occupatione coeperit. Alterum vero eas res omnes, quae ita a natura comparatae sunt, ut aliquo utente nihilominus aliis quibusvis ad usum promiscue sufficiant, ejus hodieque conditionis esse et perpetuo esse debere, cujus fuerint, cum primum a natura proditae sunt. Hoc Cicero [3] voluit: *Ac latissime quidem patens hominibus inter ipsos omnibus inter omnes societas haec est, in qua omnium rerum, quas ad communem usum natura genuit, est servanda communitas.* Sunt autem omnes res hujus generis, in quibus sine detrimento alterius alteri commodari potest. Hinc illud esse dicit Cicero: *Non prohibere aqua profluente.* Nam aqua profluens qua talis, non qua flumen est, inter communia omnium a jurisconsultis refertur et a poeta [4]:

Quid prohibetis aquas? usus communis aquarum est:
Nec solem proprium natura, nec aëra fecit,
Nec tenues undas: in publica munera veni.

Dicit haec non esse natura propria, sicut Ulpianus [5] natura omnibus patere, tum quia primum a natura prodita sunt et in nullius adhuc dominium pervenerunt, ut loquitur Neratius [6], tum quia, ut Cicero [7] dicit, a natura ad usum communem genita videntur. Publica autem vocat, tralatitia significatione [8], non quae ad populum aliquem, sed quae ad societatem humanam pertinent, quae publica juris gentium in

---

[1] l. 1. [c. 139.] [2] V. Duar. in tit. ff. de rer. div. et qual. [D. 1. 8.] [3] d. libro. [c. 16. §. 51.] [4] Ovid. Metam. l. 6. [vs. 349. sqq.] [5] l. venditor. ff. comm. praed. [D. 8. 4. 13.] [6] l. quod in littore. ff. de acq. rer. dom. [D. 41. 1. 14.] [7] loco citato. [8] V. Conn. Comm. civ. l. 3. c. 2. Donellus. l. 4. c. 2.

legibus vocantur [1], hoc est communia omnium, propria nullius. Hujus generis est aër, duplici ratione, tum quia occupari non potest, tum quia usum promiscuum hominibus debet. Et eisdem de causis commune est omnium maris elementum, infinitum scilicet ita, ut possideri non queat, et omnium usibus accommodatum, *sive navigationem respicimus, sive etiam piscaturam* [2]. Cujus autem juris est mare, ejusdem sunt, si qua mare aliis usibus eripiendo sua fecit, ut arenae maris, quorum pars terris continua littus dicitur. Recte igitur Cicero [3]: *Quid tam commune quam mare fluctuantibus, littus ejectis?* Etiam Virgilius auram, undam, littus cunctis patere dicit. Haec igitur sunt illa, quae Romani [4] vocant communia omnium jure naturali, aut quod idem esse diximus, publica juris gentium, sicut et usum eorum modo communem modo publicum vocant. Quamquam vero etiam ea nullius esse, quod ad proprietatem attinet, recte dicantur, multum tamen differunt ab his, quae nullius sunt et communi usui attributa non sunt, ut ferae, pisces, aves: nam ista si quis occupet, in jus proprium transire possunt, illa vero totius humanitatis consensu proprietati in perpetuum excepta sunt, propter usum, qui cum sit omnium, non magis omnibus ab uno eripi potest, quam a te mihi quod meum est. Hoc est quod Cicero [5] dicit inter prima esse justitiae munera, rebus communibus pro communibus uti. Scholastici dicerent esse communia alia affirmative, alia privative. Distinctio haec non modo jurisprudentibus usitata est, sed vulgi etiam confessionem exprimit: unde

---

[1] l. ult. ff. de usuc. [D. 41. 3.] [2] l. Aristo. ff. de rer. div. [D. 1. 8. 10.] [3] loco supra citato. [4] Inst. de rer. div. §. et quidem naturali. et §. littorum. [I. 2. 1. §. 1. et §. 5.] Dig. de rer. div. l. 1. et l. 2. et l. Aristo. eo tit. [D. 1. 8.] l. quod in littore. et l. quamvis. ff. de acq. rer. dom. [D. 41. 1. 14. et 50.] l. injuriarum. §. si quis me. ff. de injuriis. [D. 47. 10. 13. §. 7.] l. littora ff. ne quid in loc. publ. [D. 43. 8. 3.] cum l. seq. [5] Off. l. 1. [c. 7. §. 20.]

apud Athenaeum convivator mare commune esse dicit, at pisces capientium fieri. Et in Plautina Rudente [1] servulo dicenti, *Mare quidem commune certo est omnibus*, assentit piscator: addenti autem, *In mari inventum est, commune est*, recte occurrit:

Meum quod rete atque hami nacti sunt, meum
potissimum est.

Mare igitur proprium omnino alicujus fieri non potest, quia natura commune hoc esse non permittit, sed jubet [2]: imo ne littus quidem, nisi quod haec addenda est interpretatio: ut si quid earum rerum per naturam occupari possit, id eatenus occupantis fiat, quatenus ea occupatione usus ille promiscuus non laeditur. Quod merito receptum est: nam cum ita se res habet, cessat utraque exceptio, per quam evenisse diximus, ne omnia in jus proprium transcriberentur. Quoniam igitur inaedificatio species est occupationis, in littore licebit aedificare [3], si id fieri potest sine caeterorum incommodo, ut Pomponius loquitur: quod ex Scaevola explicabimus, nisi usus publicus, hoc est communis, impediretur. Et qui aedificaverit soli dominus fiet, quia id solum nec ullius proprium, nec ad usum communem necessarium fuit. Est igitur occupantis, sed non diutius, quam durat occupatio [4], quia reluctari mare possessioni videtur, exemplo ferae, quae si in naturalem se libertatem receperit, non ultra captoris est. Ita et littus postliminio mari redit. Quidquid autem privatum fieri occupando, idem et publicum, hoc est populi proprium, posse ostendimus. Sic littus imperii Romani finibus inclusum

---

[1] actu 4. sc. Heus mane. [vs. 975. sqq. et vs. 985.] [2] V. Donell. l. 4. c. 2.
[3] Inst. de rer. div. §. littorum. [I. 2. 1. §. 5.] l. riparum. §. 1. ff. de rer. div. [D. 1. 8. 5.] l. fluminum. ff. de damno inf. [D. 39. 2. 24.] l. quamvis. ff. de acq. dom. [D. 41. 1. 50.] l. in littore. ff. ne quid in loc. publ. [D. 43. 8. 4.]
[4] l. Aristo. ff. de rer. divis. [D. 1. 8. 10.] l. quod in littore. ff. de acq. dom. [D. 41. 1. 14.]

populi Romani esse Celsus existimat [1]: quod si ita est, minime mirandum est eumdem populum subditis suis occupandi littoris modum per Principem aut praetorem potuisse concedere [2]. Caeterum et haec occupatio non minus quam privata ita restringenda est, ne ulterius porrigatur, quam ut salvus sit usus juris gentium. Nemo igitur potest a populo Romano ad littus maris accedere prohiberi [3], et retia siccare et alia facere, quae semel omnes homines in perpetuum sibi licere voluerunt [4]. Maris autem natura hoc differt a littore, quod mare, nisi exigua sui parte, nec inaedificari facile nec includi potest: et ut posset, hoc ipsum tamen vix contingeret sine usus promiscui impedimento. Si quid tamen exiguum ita occupari potest, id occupanti conceditur. Hyperbole est igitur [5]:

Contracta pisces aequora sentiunt
Jactis in altum molibus.

Nam Celsus [6] jactas in mare pilas ejus esse dicit, qui jecerit, sed id non concedendum, si deterior maris usus eo modo futurus sit. Et Ulpianus [7] eum qui molem in mare jacit, ita tuendum dicit, si nemo damnum sentiat. Nam si cui haec res nocitura sit, interdictum utique, *Ne quid in loco publico fiat*, competiturum. Ut et Labeo [8] si quid tale in mari struatur, inderdictum vult competere, *Ne quid in mari, quo portus, statio iterve navigiis deterius sit, fiat.* Quae autem navigationis, eadem piscatus habenda est ratio, ut communis maneat omnibus. Neque tamen peccabit, si quis in maris diverticulo piscandi locum sibi palis circumse-

---

[1] d. l. littora ff. ne quid in loc. publ. [D. 43. 8. 3.] Donell. l. 4. c. 2. et c. 9. [2] d. l. quamvis. ff. de acq. dom. [D. 41. 1. 50.] l. 2. in pr. et §. merito. et §. si quis a Principe. ff. ne quid in loco publ. [D. 43. 8. 2. § 10. et §. 16.] [3] l. nemo igitur. ff. de rer. div. [D. 1. 8. 4.] [4] d. l. littora. ff. ne quid in loco publ. [5] Horat. [Od. l. 3. 1. vs. 33. sq.] [6] d. l. littora. [7] l. 2. ff. ne quid in loco publ. §. adversus. [D. 43. 8. 2. §. 8.] [8] l. 1. §. si in mare. ff. de fluminibus. [D. 43. 12. 1. §. 17.]

piat atque ita privatum faciat: sicut Lucullus exciso apud Neapolim monte ad villam suam maria admisit [1]. Et hujus generis puto fuisse piscinas maritimas, quarum Varro et Columella meminerunt. Nec Martialis [2] alio spectavit, cum de Formiano Apollinaris loquitur:

Si quando Nereus sentit Aeoli regnum,
Ridet procellas tuta de suo mensa.

Et Ambrosius [3]: *Inducis mare intra praedia tua, ne desint belluae.* Hinc apparere potest, quae mens Pauli [4] fuerit, cum dicit, si maris proprium jus ad aliquem pertineat, *uti possidetis* interdictum ei competere. Esse quidem hoc interdictum ad privatas causas comparatum, non autem ad publicas (in quibus etiam ea comprehenduntur, quae jure gentium communi facere possumus), sed hic jam agi de jure fruendo, quod ex causa privata contingat, non publica, sive communi. Nam teste Marciano [5], quidquid occupatum est et occupari potuit, id jam non est juris gentium, sicut est mare. Exempli causa, si quis Lucullum aut Apollinarem in privato suo, quatenus diverticulum maris incluserant, piscari prohibuisset, dandum illis interdictum Paulus putavit, non solum injuriarum actionem, ob causam scilicet privatae possessionis. Imo in diverticulo maris, sicut in diverticulo fluminis [6], si locum talem occuparim ibique piscatus sim, maxime si animum privatim possidendi plurium annorum continuatione testatus fuerim, alterum eodem jure uti prohibebo, ut ex Marciano colligimus, non aliter quam in lacu, qui mei dominii est [7]. Quod verum quamdiu durat occupatio, quemadmodum in littore antea diximus. Extra diverticulum idem non erit, ne scilicet communis usus im-

---

[1] Plin. l. 10. c. 54. [2] Epigr. l. 10. 30. [3] De Nabuthe. c. 3. [4] l. sane si maris. ff. de injuriis. [D. 47. 10. 14.] [5] l. nemo igitur. ff. de rer. div. [D. 1. 8. 4.] [6] l. si quisquam. ff. de divers. temp. praescr. [D. 44. 3. 7.] [7] l. injuriarum. §. ult. ff. de injuriis. [D. 47. 10. 13. §. 7.] l. praescriptio ff. de usuc. [D. 41. 3. 45.]

pediatur. Ante aedes igitur meas aut praetorium ut piscari aliquem prohibeam, usurpatum quidem est, sed nullo jure: adeo quidem ut Ulpianus [1] contemta ea usurpatione, si quis prohibeatur, injuriarum dicat agi posse. Hoc Imperator Leo [2] (cujus legibus non utimur) contra juris rationem mutavit voluitque πρόθυρα, hoc est vestibula maritima, eorum esse propria, qui oram habitarent ibique eos jus piscandi habere: quod tamen ita procedere voluit, ut septis quibusdam remoratoriis, quas ἐποχάς Graeci vocant, locus ille occuparetur [3]: existimans nimirum non fore, ut quis exiguam maris portionem alteri invideret, qui ipse toto mari ad piscandum admitteretur. Certe ut quis magnam maris partem, etiamsi possit, publicis utilitatibus eripiat, non tolerandae est improbitatis: in quam merito vir sanctus [4] invehitur. *Spatia maris sibi vindicant jure mancipii, pisciumque jura sicut vernaculorum, conditione sibi servitii subjecta commemorant. Iste, inquit, sinus maris meus est, ille alterius. Dividunt elementa sibi potentes.* Est igitur mare in numero earum rerum, quae in commercio non sunt, hoc est, quae proprii juris fieri non possunt [5]. Unde, censent eruditiores, sequitur, si recte et proprie loquamur, nullam maris partem in territorio populi alicujus posse censeri: quod ipsum Placentinus sensisse videtur, cum dixit mare ita esse commune, ut in nullius dominio sit nisi solius Dei, et Johannes Faber [6] cum mare asserit relictum in suo jure et esse primaevo, quo omnia erant communia. Alioqui nihil differrent, quae sunt omnium communia, ab his quae publica proprie dicuntur, ut mare a flumine. Flumen populus occupare potuit, ut inclusum finibus suis, mare non potuit. Territoria autem sunt

[1] d. l. injuriarum. §. si quis me. [D. 47. 10. 13. §. 7.] [2] Nov. 56. [3] Nov. Leonis 102. 103. 104. V. Cuiac. Observ. l. 14. 1. [4] Hexaem. l. 5. c. 10. [5] Donell. l. 4. c. 6. [6] ad d. §. littorum. Inst. de rer. div. [I. 2. 1. §. 5.] Adde Dd. in l. ἀξίωσις. ff. ad l. Rhod. [D. 14. 2. 9.]

ex occupationibus populorum, ut privata dominia ex occupationibus singulorum. Vidit hoc Celsus [1], qui clare satis distinguit inter littora, quae populus Romanus occupare potuit, ita tamen ut usui communi non noceretur, et mare, quod omnino pristinam naturam retinuit. Nec ulla lex diversum indicat. Quae vero leges a contrariae sententiae auctoribus citantur [2], aut de insulis loquuntur, quas clarum est occupari potuisse, aut de portu, qui non communis est, sed proprie publicus. Qui vero dicunt mare aliquod esse imperii Romani, dictum suum ita interpretantur, ut dicant jus illud in mare ultra protectionem et jurisdictionem non procedere: quod illi jus a proprietate distinguunt, nec forte satis animadvertunt id ipsum, quod populus Romanus classes praesidio navigantium disponere potuit, et deprehensos in mari piratas punire, non ex proprio, sed ex communi jure accidisse, quod et aliae liberae gentes in mare habent. Illud interim fatemur potuisse inter gentes aliquas convenire, ut capti in maris hac aut illa parte hujus aut illius reipublicae judicium subirent, atque ita ad commoditatem distinguendae jurisdictionis in mari fines describi: quod ipsos quidem eam sibi legem ferentes deligat, at alios populos non item, neque locum alicujus proprium facit, sed in personas contrahentium jus constituit [3]. Quae distinctio, ut naturali rationi consentanea est, ita Ulpiani [4] responso quodam comprobatur, qui rogatus an duorum praediorum maritimorum dominus alteri eorum, quod venderet, servitutem potuisset imponere, ne inde in

---

[1] l. littora. ff. ne quid in loco publ. [D. 43. 8. 3.] [2] l. insulae. ff. de judiciis. [D. 5. 1. 9.] l. Caesar. ff. de publ. [D. 39. 4. 15.] Gl. in l. quaedam. ff. de rer. div. [D. 1. 8. 2.] et ibi Bal. et Gl. in §. 1. Inst. de rer. divis. [I. 2. 1.] et in d. l. littora. [3] Bal. in c. 1. in pr. in 2. col. quib. mod. feud. amitt. Adde l. unicam C. de classicis. [C. 11. 13.] et Ang. in l. sanc. ff. de injuriis. [D. 47. 10. 14.] [4] l. venditor fundi. ff. comm. praed. [D. 8. 4. 13.] Adde l. caveri. [l. 4.] eo tit.

certo maris loco piscari liceret, respondet rem quidem ipsam, mare scilicet, servitute nulla affici potuisse, quia per naturam hoc omnibus pateret, sed cum bona fides contractus legem venditionis servari exposceret, personas possidentium et in jus eorum succedentium per istam legem obligari. Verum est loqui jurisconsultum de praediis privatis et lege privata, sed in territorio et lege populorum eadem hic est ratio, quia populi respectu totius generis humani privatorum locum obtinent. Similiter reditus [1], qui in piscationes maritimas constituti regalium numero censentur, non rem, hoc est mare aut piscationem, sed personas obligant. Quare subditi, in quos legem ferendi potestas reipublicae aut Principi ex consensu competit, ad onera ista compelli forte poterunt, sed exteris jus piscandi ubique immune esse debet, ne servitus imponatur mari, quod servire non potest. Non enim maris eadem quae fluminis ratio est, quod cum sit publicum, id est populi, jus etiam in eo piscandi a populo aut Principe concedi aut locari potest [2], ita ut ei qui conduxit etiam interdictum veteres dederint [3], *de loco publico fruendo*, addita conditione, si is cui locandi jus fuerit fruendum alicui locaverit; quae conditio in mari evenire non potest [4]. Caeterum qui ipsam piscationem numerant inter regalia ne illum quidem locum, quem interpretabantur, satis inspexerunt: quod Iserniam et Alvarotum [5] non latuit. Demonstratum est nec populo nec privato cuipiam jus aliquod proprium in ipsum mare (nam diverticulum excepimus) competere posse, cum occupationem nec natura nec usus publici ratio permittat. Hujus autem rei causa instituta fuerat haec disputatio, ut appareret Lusitanos mare, quo ad Indos navigatur, sui juris non fecisse. Nam

---

[1] c. quae sint regalia. in Feudis. [F. 2. 26.] [2] V. Balbum. de praescr. 4. parte et 5. part. princip. q. 6. n. 4. [3] d. l. injuriarum. §. si quis me. vs. conductori. [D. 47. 10. 13. 7.] [4] Dig. de loco publico fruendo. [D. 43. 9.] [5] ad d. locum, quae sint regalia.

utraque ratio, quae proprietatem impedit, in hac causa est quam in caeteris omnibus infinito efficacior: quod in aliis difficile videtur, in hac omnino fieri non potest: quod in aliis iniquum judicamus, in hac summe barbarum est atque inhumanum. Non de mari interiore hic agimus, quod terris undique infusum alicubi etiam fluminis latitudinem non excedit: de quo tamen satis constat locutos esse Romani juris consultos, cum nobiles illas adversus privatam avaritiam sententias [1] ediderunt. De oceano quaeritur, quem immensum, infinitum rerum parentem, coelo conterminum antiquitas vocat: cujus perpetuo humore non fontes tantum et flumina et maria, sed nubes, sed ipsa quodammodo sidera pasci veteres crediderunt: qui denique per reciprocas aestuum vices terram hanc, humani generis sedem, ambiens neque teneri neque includi potest, et possidet verius quam possidetur. In hoc autem oceano non de sinu aut freto, nec de omni quidem eo quod e littore conspici potest controversia est. Vindicant sibi Lusitani, quidquid duos orbes interjacet, tantis spatiis discretos, ut plurimis saeculis famam sui non potuerint transmittere. Quod si Castellanorum, qui in eadem sunt causa, portio accedat, parvo minus omnis oceanus duobus populis mancipatus est, aliis tot gentibus ad Septentrionum redactis angustias: multumque decepta est natura, quae cum elementum illud omnibus circumfudit, omnibus etiam suffecturum credidit. In tanto mari si quis usu promiscuo solum sibi imperium et ditionem exciperet, tamen immodicae dominationis affectator haberetur: si quis piscatu arceret alios, insanae cupiditatis notam non effugeret: at qui etiam navigatum impedit, quo nihil ipsi perit, de eo quid statuemus? Si quis ab igni, qui totus suus est, ignem capere, lumen suo de lumine alterum prohiberet, lege hunc humanae societatis reum peragerem: quia vis ea est istius naturae,

[1] supra allegatas.

Ut nihilominus ipsi luceat, cum illi accenderit [1].

Quidni enim, quando sine detrimento suo potest, alteri commodet [2] in iis, quae sunt accipienti utilia, danti non molesta? Haec sunt quae philosophi [3] non alienis tantum, sed et ingratis praestari volunt. Quae vero in rebus privatis invidia est, eadem in re communi non potest non esse immanitas. Improbissimum enim hoc est, quod naturae instituto, consensu gentium, meum non minus quam tuum est, id te ita intercipere, ut ne usum quidem mihi concedas, quo concessu nihilo minus id tuum sit quam antea fuit. Tum vero etiam, qui alienis incubant aut communia intercipiunt, certa quadam possessione se tuentur. Quia enim prima, ut diximus, occupatio res proprias fecit, idcirco imaginem quamdam dominii praefert quamvis injusta detentio. At Lusitani num sicuti terras solemus, ita mare illud impositis praesidiis ita undique cinxerunt, ut in ipsorum manu esset quos vellent excludere? An vero tantum hoc abest, ut ipsi etiam, cum adversus alios populos mundum dividunt, non ullis limitibus aut natura aut manu positis, sed imaginaria quadam linea se tueantur? Quod si recipitur, et dimensio talis ad possidendum valet, jamdudum nobis geometrae terras, astronomi etiam caelum eriperent. Ubi hic igitur est ista, sine qua nulla dominia coeperunt, corporis ad corpus adjunctio? Nimirum apparet in nulla re verius dici posse, quod doctores nostri [4] prodiderunt, mare cum sit incomprehensibile non minus quam aër, nullius populi bonis potuisse applicari. Si vero ante alios navigasse et viam quodammodo aperuisse, hoc vocant occupare, quid esse potest magis ridiculum? Nam cum nulla pars sit maris, in quam non aliquis primus ingressus sit, sequetur omnem navigationem ab aliquo esse occupatam. Ita

[1] Ennius. [ap. Cic. de off. l. 1. c. 16. §. 52.] [2] Cic. de Off. l. 1. [c. 16. §. 51. sq.] [3] Sen. de benef. l. 3. c. 28. [4] Joh. Faber ad §. littorum. [I. 2. 1. §. 5.]

undique excludimur. Quin et illi qui terrarum orbem circumvecti sunt, totum sibi oceanum acquisivisse dicendi erunt. Sed nemo nescit navem per mare transeuntem non plus juris quam vestigii relinquere. Verum etiam quod sibi sumunt, neminem ante ipsos eum oceanum navigasse, id minime verum est. Magna enim pars ejus de quo agitur maris ambitu Mauritaniae jam olim navigata est [1]: ulterior et in orientem vergens victoriis magni Alexandri lustrata est usque in Arabicum sinum. Olim autem hanc navigationem Gaditanis percognitam fuisse multa argumento sunt: Caio Caesare, Augusti filio, in Arabico sinu res gerente signa navium ex Hispaniensibus naufragiis agnita, et quod Caelius Antipater tradidit, vidisse se qui ex Hispania in Aethiopiam commercii gratia navigasset. Etiam Arabibus: si verum est quod Cornelius Nepos tradidit, Eudoxum quemdam sua aetate cum Lathyrum, regem Alexandriae, fugeret Arabico sinu egressum Gades usque pervectum. Poenos autem, qui re maritima plurimum valuerunt, eum oceanum non ignorasse longe certissimum est, cum Hanno Carthaginis potentia florente circumvectus a Gadibus ad finem Arabiae, praeternavigato scilicet promontorio quod nunc Bonae Spei dicitur (vetus videtur nomen Hesperion Ceras fuisse) omne id iter scripto complexus sit, testatusque ad ultimum non mare sibi, sed commeatum defuisse. Ab Arabico autem sinu ad Indiam Indicique oceani insulas et auream usque Chersonesum, quam esse Japanem credunt plerique, etiam re Romana florente navigari solitum, iter a Plinio [2] descriptum, legationes ab Indis ad Augustum, ad Claudium etiam ex Taprobane insula, deinde gesta Trajani et tabulae Ptolemaei satis ostendunt. Jam suo tempore Strabo [3] Alexandrinorum mercatorum classem ex Arabico sinu ut Aethiopiae ultima, ita et Indiae pe-

---

[1] ex Plinio l. 2. c. 69. et l. 6. c. 31. et Mela. l. 3. [c. 9.] [2] l. 6. c. 23.
[3] l. 2. [p. 179. a. Casaub.] et l. 17. [p. 1149. c.]

tiisse testatur, cum olim paucis navibus id auderetur. Inde magna populo Romano vectigalia. Addit Plinius [1] impositis sagittariorum cohortibus piratarum metu navigatum, solamque Indiam quingenties sestertium, si Arabiam addas et Seres millies, annis omnibus Romano imperio ademisse et merces centuplicato venditas. Et haec quidem vetera satis arguunt primos non fuisse Lusitanos. In singulis autem sui partibus oceanus ille et tunc, cum Lusitani ingressi sunt, et numquam non cognitus fuit. Mauri enim et Aethiopes, Arabes, Persae, Indi eam maris partem, cujus ipsi accolae sunt, nescire neutiquam potuerunt. Mentiuntur ergo qui se mare illud invenisse jactant. Quid igitur, dicet aliquis, parvumne videtur, quod Lusitani intermissam multis forte saeculis navigationem primi repararunt et, quod negari non potest, Europaeis gentibus ignotam ostenderunt magno suo labore, sumtu, periculo? Imo vero, si in hoc incubuerunt, ut quod soli reperissent omnibus monstrarent, quis adeo est amens, qui non plurimum se illis debere profiteatur? Eamdem enim gratiam laudemque et gloriam immortalem illi promeruerint, qua omnes contenti fuerunt rerum magnarum inventores, quotquot scilicet non sibi, sed humano generi prodesse studuerunt. Sin Lusitanis suus ante oculos quaestus fuit, lucrum quod semper maximum est in praevertendis negotiationibus illis sufficere debuit. Et scimus itinera prima proventus interdum quater decuplos aut etiam uberiores dedisse: quibus factum, ut inops diu populus ad repentinas divitias subito prorumperet tanto luxus apparatu, quantus vix beatissimis gentibus in supremo progressae diu fortunae fastigio fuit. Si vero eidem in hoc praeiverunt, ne quisquam sequeretur, gratiam non merentur cum lucrum suum respexerint; lucrum autem suum dicere non possunt, cum eripiant alienum. Neque enim illud certum est, nisi ivissent

[1] loco citato et l. 12. c. 19.

eo Lusitani, iturum fuisse neminem. Adventabant enim tempora, quibus ut artes paene omnes, ita et terrarum et marium situs clarius in dies noscebantur. Excitassent vetera quae modo retulimus exempla et, si non uno impetu omnia patuissent, at paulatim promota velis fuissent littora alio semper aliud monstrante. Factum denique fuisset quod fieri potuisse Lusitani docuerunt, cum multi essent populi non minus flagrantes mercaturae et rerum externarum studio: Venetis, qui multa jam Indiae didicerant, caetera inquirere promtum fuit: Gallorum Brittonum indefessa sedulitas, Anglorum audacia coepto non defuisset. Ipsi Batavi multo magis desperata aggressi sunt. Nulla igitur aequitatis ratio, ne probabilis quidem ulla sententia a Lusitanis stat. Omnes[1] enim qui mare volunt imperio alicujus subjici posse, id ei attribuunt, qui proximos portus et circumjacentia littora in ditione habet. At Lusitani in illo universo littorum tractu paucis exceptis praesidiis nihil habent, quod suum possint dicere. Deinde vero etiam qui mari imperaret, nihil tamen posset ex usu omnium deminuere, sicut populus Romanus arcere neminem potuit, quominus in littore imperii Romani cuncta faceret, quae jure gentium permittebantur[2]. Et si quidquam eorum prohibere posset, puta piscaturam, qua dici quodammodo potest pisces exhauriri, at navigationem non posset, per quam mari nihil perit. Cui rei argumentum est longe certissimum, quod ex doctorum sententia ante retulimus[3], etiam in terra, quae cum populis tum hominibus singulis in proprietatem attributa est, iter tamen certe inerme et innoxium nullius gentis hominibus juste negari, sicut et

---

[1] gl. in c. ubi periculum. §. porro. super verbo *territorio.* de elect. in 6°. [Decretal. in 6°. 1. 6. 3. §. 2.] et ibi canonistae. Gl. in l. licet. ff. de feriis. [D. 2. 12. nulla lex *licet* in hoc tit. invenitur]. [2] l. nemo igitur ff. de rer. div. [D. 1. 8. 4.] Adde Alber. Gent. de jure belli. l. 1. c. 19. sub finem.
[3] hoc capite.

potum ex flumine. Ratio apparet quia, cum unius rei naturaliter usus essent diversi, eum duntaxat gentes divisisse inter se videntur, qui sine proprietate commode haberi non posset, contra autem eum recepisse, per quem domini conditio deterior non esset futura. Omnes igitur vident eum, qui alterum navigare prohibeat, nullo jure defendi, cum eumdem etiam injuriarum teneri Ulpianus [1] dixerit, alii autem etiam interdictum utile prohibito competere existimaverint. Et sic Batavorum intentio communi jure nititur, cum fateantur omnes [2] permissum cuilibet in mari navigare etiam a nullo Principe impetrata licentia: quod et legibus Hispanicis [3] diserte expressum est.

Donatio Pontificis Alexandri, quae a Lusitanis mare aut jus navigandi solis sibi vindicantibus, cum inventionis deficiat titulus, secundo loco adduci potest, satis ex iis quae ante dicta sunt vanitatis convincitur. Donatio enim nullum habet momentum in rebus extra commercium positis. Quare cum mare aut jus in eo navigandi proprium nulli hominum esse possit, sequitur neque dari a Pontifice neque a Lusitanis accipi potuisse. Praeterea cum supra relatum sit ex prudentiorum sententia, Papam non esse dominum temporalem totius orbis, ne maris quidem esse satis intelligitur: quamquam etsi id concederetur, tamen jus annexum Pontificatui in regem aliquem aut populum pro parte nulla transferri debuisset, sicut nec imperator posset imperii sui provincias in suos usus convertere aut pro suo arbitrio alienare [4]. Illud saltem nemo negaturus est, cui aliquid sit frontis, cum jus disponendi in temporalibus Pontifici nemo concedat, nisi forte

---

[1] l. 2. §. si quis in mari. ff. ne quid in loco publ. [D. 43. 8. 2. §. 9.] Gl. ad l. 1. ff. ut in flumine publico. [D. 43. 14.] [2] Bald. in l. item lapilli. 3. col. ff. de rer. div. [D. 1. 8. 3.] Rodericus Zuarius Hispanus in cons. 1. de usu maris. [3] p. 3. tit. 28. l. 10. et 12. [4] Vict. ubi supr. n. 26. [de Indis 1. sect. 2. n. 1.]

quantum ejus rerum spiritualium necessitas requirit, ista autem de quibus nunc agimus, mare scilicet et jus navigandi, lucrum et quaestum merum, non pietatis negotium respiciant, sequi nullam hac in re fuisse illius potestatem. Quid quod ne Principes quidem, hoc est domini temporales, possunt ullo modo a navigatione aliquem prohibere, cum si quod habent jus in mari, id sit tantum jurisdictionis ac protectionis? Etiam illud notissimum est apud omnes, ad ea facienda quae cum lege naturae pugnant, nullam esse Papae auctoritatem [1]. Pugnat autem cum lege naturae, ut mare aut ejus usum quisquam habeat sibi proprium, ut jam satis demonstravimus. Cum denique jus suum auferre alicui Papa minime possit, quae erit facti istius defensio, si tot populos immerentes, indemnatos, innoxios ab eo jure, quod ad ipsos non minus quam ad Hispanos pertinebat, uno verbo voluit excludere? Aut igitur dicendum est, nullam esse vim ejusmodi pronuntiationis aut, quod non minus credibile est, eum Pontificis animum fuisse, ut Castellanorum et Lusitanorum inter se certamini intercessum voluerit, aliorum autem juri nihil deminutum.

Ultimum iniquitatis patrocinium in praescriptione solet esse aut consuetudine. Et huc igitur Lusitani se conferunt: sed utrumque illis praesidium certissima juris ratio praecludit. Nam praescriptio a jure est civili, unde locum habere non potest inter reges aut inter populos liberos [2]: multo autem minus ubi jus naturae aut gentium resistit, quod jure civili semper validius est. Quin et ipsa lex civilis praescriptionem hic impedit [3]. Usucapi enim aut praescriptione acquiri prohibentur, quae in bonis esse non possunt [4]: deinde quae

---

[1] Silv. in v. Papa. n. 16. [2] Vasq. c. 51. [3] Donell. l. 5. Comm. c. 22. et seq. [4] l. sed Celsus. ff. de cont. emt. [D. 18. 1. 6.] l. usucapionem. ff. de usucap. [D. 41. 3. 9.]

possideri vel quasi possideri nequeunt [1], et quorum alienatio prohibita est [2]. Haec autem omnia de mari et usu maris vere dicuntur. Et cum publicae res, hoc est populi alicujus, nulla temporis possessione quaeri posse dicantur [3], sive ob rei naturam, sive ob eorum privilegium adversus quos praescriptio ista procederet, quanto justius humano generi quam uni populo id beneficium dandum fuit in rebus communibus? Et hoc est quod Papinianus [4] scriptum reliquit, praescriptionem longae possessionis ad obtinenda loca juris gentium publica concedi non solere, ejusque rei exemplum dat in littore, cujus pars imposito aedificio occupata fuerat: nam eo diruto et alterius aedificio in eodem loco postea exstructo exceptionem opponi non posse; quod deinde similitudine reipublicae illustrat: nam et si quis in fluminis diverticulo pluribus annis piscatus sit, postea interrupta scilicet piscatione alterum eodem jure prohibere non posse. Apparet igitur Angelum [5] et qui cum Angelo dixerunt, Venetis et Januensibus per praescriptionem jus aliquod in sinum maris suo littori praejacentem acquiri potuisse, aut falli aut fallere, quod sane jurisconsultis nimium est frequens, cum sanctae professionis auctoritatem non ad rationes et leges, sed ad gratiam conferunt potentiorum. Nam Marciani quidem responsum, de quo et ante egimus, si recte cum Papiniani verbis comparetur, non aliam accipere potest interpretationem quam eam, quae et Johanni olim et Bartolo probata est et nunc a doctis omnibus [7] recipitur: ut scilicet jus prohibendi procedat quamdiu durat occupatio,

---

[1] l. sine. ff. eo tit. c. sine possess. de reg. jur. [Decretal. in 6°. 5. 12. 3.] [2] l. alienationis ff. de verb. sign. [D. 50. 16. 28.] l. si fundum. ff. de fundo dot. [D. 23. 5. 16.] [3] l. praescriptio. C. de oper. publ. [C. 8. 12. 6.] l. diligenter. C. de aquaeductu. [C. 11. 42. 9.] l. viam. ff. de via publ. [D. 43. 11. 2.] [4] l. ult. ff. de usuc. D. 41. 3.] [5] cons. 289. thema tale est: inter caetera capitula pacis. [6] l. si quisquam. ff. de div. temp. praescr. [D. 44. 3. 7.] [7] Duar. de usuc. c. 3. Cujac. ad d. l. ult. de usuc. [D. 41. 3.] Donell. Comm. l. 5. c. 22.

non autem si ea omissa sit. Omissa enim non prodest nec si per mille annos fuisset continuata, ut recte animadvertit Castrensis [1]. Et quamvis hoc voluisset Marcianus, quod minime credendus est cogitasse, in quo loco occupatio conceditur in eodem praescriptionem concedi, tamen absurdum erat, quod de flumine publico dictum erat ad mare commune et quod de diverticulo ad sinum proferre, cum haec praescriptio usum qui est jure gentium communis impeditura sit, illa autem publico usui non admodum noceat. Alterum autem Angeli argumentum [2] quod ex aquae ductu sumitur, eodem Castrensi monstrante, ut a quaestione alienissimum ab omnibus merito exploditur. Falsum igitur est talem praescriptionem etiam eo tempore gigni, cujus initium omnem memoriam excedat. Ubi enim lex omnem omnino tollit praescriptionem, ne istud quidem tempus admittitur, hoc est, ut Telmus [3] loquitur, materia impraescriptibilis tempore immemoriali non fit praescriptibilis. Fatetur haec vera esse Balbus [4]: sed Angeli sententiam receptam dicit hac ratione, quia tempus extra memoriam positum idem valere creditur privilegio, cum titulus aptissimus ex tali tempore praesumatur. Apparet hinc non aliud illos sensisse, quam si pars aliqua reipublicae, puta imperii Romani, supra omnem memoriam usa esset tali jure, ei dandam praescriptionem hoc colore, quasi Principis concessio praeiisset. Quare cum nemo sit dominus totius generis humani, qui jus illud adversus homines omnes homini aut populo alicui potuisset concedere, sublato illo colore necesse est etiam praescriptionem interimi. Et sic ex illorum etiam sententia inter reges aut populos liberos prodesse nihil potest lapsus infiniti temporis. Vanis-

---

[1] in d. l. ult. n. 4. per l. quod in littore. ff. de acq. dom. [D. 41. 1. 14.] [2] ex l. usum aquae. C. de aquaed. [C. 11. 42. 4.] confer cum l. diligenter. [l. 9.] eo tit. et cum l. hoc jure. §. ductus aquae. ff. de aqua quotid. et aest. [D. 43. 20. 3. §. 4.] [3] ad c. accedentes. de praescript. [Decretal. 2. 26. 11.] [4] de praescript. 4. parte. 5. partis princ. q. 6. n. 8.

simum autem et illud est, quod Angelus docuit, etiamsi ad dominium praescriptio proficere non posset, tamen dandam fore possidenti exceptionem. Nam Papinianus [1] disertis verbis exceptionem negat et aliter non potuit sentire, cum ipsius saeculo praescriptio nihil esset aliud quam exceptio. Verum igitur est quod et leges Hispanicae exprimunt [2], in his rebus, quae communi hominum usui sunt attributae, nullius omnino temporis praescriptionem procedere: cujus definitionis illa praeter caeteras ratio reddi potest, quod qui re communi utitur ut communi uti videtur, non autem jure proprio, et ita praescribere non magis quam fructuarius potest, vitio possessionis. Altera haec [3] etiam non contemnenda est, quod in praescriptione temporis cujus memoria non exstet, quamvis titulus et bona fides praesumantur, tamen si re ipsa appareat titulum omnino nullum dari posse et sic manifesta sit fides mala, quae in populo maxime quasi uno corpore perpetua esse censetur, ex duplici defectu praescriptio corruit [4]. Tertia vero, quia res haec est merae facultatis, quae non praescribitur, ut infra demonstrabimus. Sed nullus est finis argutiarum. Inventi sunt qui in hoc argumento a praescriptione consuetudinem distinguerent, ut illa scilicet exclusi ad hanc confugerent. Discrimen autem quod hic statuerunt sane ridiculum est: ex praescriptione ajunt jus unius, quod ab eo aufertur, alteri applicari [5]: sed cum aliquod jus ita alicui applicatur ut alteri non auferatur, tum dici consuetudinem: quasi vero cum jus navigandi, quod communiter ad omnes pertinuit, exclusis aliis ab uno usurpatur, non necesse sit omnibus perire quantum uni accedit [6]. Errori huic ansam dederunt Pauli verba, non recte accepta, qui cum de jure

---

[1] d. l. ult. [2] p. 3. tit. 29. l. 7. in c. placa. Rod. Suarius, d. cons. n. 4. [3] Fachin. l. 8. c. 26. et 33. Covarr. de praescr. p. 2. §. 2. n. 8. et §. 8. n. 5. et 6. [4] Fachin. l. 8. c. 28. [5] Aret. in rubr. ff. de rer. div. all. Balbus d. l. n. 2. [6] V. Vasq. contr. ill. c. 29. n. 38.

proprio maris ad aliquem pertinente loqueretur, fieri hoc posse dixit Accursius [1] per privilegium aut consuetudinem: quod additamentum ad jurisconsulti textum nullo modo accedens mali potius conjectoris esse videtur quam boni interpretis. Mens Pauli supra explicata est. Caeterum illi si vel sola Ulpiani [2] verba, quae paulo ante praecedunt, satis considerassent, longe aliud dicturi erant. Fatetur [3] enim, ut quis ante aedes meas piscari prohibeatur, esse quidem usurpatum, hoc est receptum consuetudine, sed nullo jure, ideoque injuriarum actionem prohibito non denegandam. Contemnit igitur hunc morem et usurpationem vocat, ut et inter Christianos doctores Ambrosius [4]. Et merito. Quid enim clarius quam non valere consuetudinem, quae juri naturae aut gentium ex adverso opponitur [5]? Consuetudo enim species est juris positivi, quod legi perpetuae obrogare non potest. Est autem lex illa perpetua, ut mare omnibus usu commune sit. Quod autem in praescriptione diximus, idem in consuetudine verum est, si quis eorum qui diversum tradiderunt sensus excutiat, non aliud reperturum, quam consuetudinem privilegio aequiparari. Atqui adversus genus humanum concedendi privilegium nemo habet potestatem: quare inter diversas respublicas consuetudo ista vim non habet. Verum omnem hanc quaestionem diligentissime tractavit Vasquius [6], decus illud Hispaniae, cujus nec in explorando jure subtilitatem, nec in docendo libertatem umquam desideres. Is igitur posita thesi: *loca publica et jure gentium communia praescribi non posse*, quam multis firmat auctoribus, exceptiones deinde subjungit ab Angelo et aliis confictas, quas supra retulimus. Has autem examinaturus recte indicat, istarum rerum verita-

---

[1] ad d. l. sane. [D. 47. 10. 14.] [2] in d. l. injuriarum. §. ult. [D. 47. 10. 13.] [3] Vide gl. eo loco. [4] de off. l. 1. c. 28. Gentilis. l. 1. c. 19. sub finem. [5] Auth. l. nulli jud. §. 1. [C. 9. 48. 1.] c. cum tanto. de consuet. [Decretal. 1. 4. 11.] [6] Contr. ill. c. 89. n. 12. et seq.

tem pendere a vera juris tam naturae quam gentium cognitione. Jus enim naturae, cum a divina veniat providentia esse immutabile. Hujus autem juris naturalis partem esse jus gentium primaevum, quod dicitur, diversum a jure gentium secundario sive positivo: quorum posterius mutari potest, prius non potest. Nam si qui mores cum jure gentium primaevo repugnent, hi non humani sunt, ipso judice, sed ferini, corruptelae et abusus, non leges et usus. Itaque nullo tempore praescribi potuerunt, nulla lata lege justificari, nullo multarum etiam gentium consensu, hospitio et exercitatione stabiliri, quod exemplis aliquot et Alphonsi Castrensis, theologi Hispani, testimonio [1] confirmat. *Ex quibus apparet*, inquit, *quam suspecta sit sententia eorum, quos supra retulimus, existimantium Genuenses aut etiam Venetos posse non injuria prohibere alios navigare per gulfum aut pelagus sui maris, quasi aequora ipsa praescripserint, id quod non solum est contra leges* [2], *sed etiam est contra ipsum jus naturae aut gentium primaevum, quod mutari non posse diximus. Quod sit contra illud jus constat, quia non solum maria aut aequora eo jure communia erant, sed etiam reliquae omnes res immobiles. Et licet ab eo jure postea recessum fuerit ex parte, puta quoad dominium et proprietatem terrarum, quarum dominium, jure naturae commune, distinctum et divisum sicque ab illa communione segregatum fuit* [3], *tamen diversum fuit et est in dominio maris, quod ab origine mundi ad hodiernum usque diem est fuitque semper in communi nulla ex parte immutatum, ut est notum. Et quamvis ex Lusitanis magnam turbam saepe audiverim in hac*

---

[1] de potestate legis poenalis. l. 2. c. 14. p. 572. [Vasq. p. 752. n. 30. et sqq.]
[2] l. quod in littore. ff. de acq. dom. [D. 41. 1. 14.] l. fin. in pr. ff. de usuc. [D. 41. 3. 45.] §. flumina. Inst. de rer. div. [I. 2. 1. §. 2.] l. si quisquam. ff. de divers. temp. praescr. [D. 44. 3. 7.] l. sane si maris ff. de injuriis. [D. 47. 10. 14.] [3] l. ex hoc jure. ff. de just. et jure. [D. 1. 1. 5.] §. jus gentium. et §. jus autem gentium. Inst. de jure nat. [I. 1. 2.]

esse opinione, ut eorum rex ita praescripserit navigationem Indici occidentalis (forte orientalis.) *ejusdemque vastissimi maris, ita ut reliquis gentibus aequora illa transfretare non liceat et ex nostrismet Hispanis vulgus in eadem opinione fere esse videatur, ut per vastissimum immensumque pontum ad Indorum regiones, quas potentissimi reges nostri Hispaniarum subegerunt, reliquis mortalium navigare, praeterquam Hispanis jus minime sit, quasi ab iis id jus praescriptum fuerit, tamen istorum omnium non minus insanae sunt opiniones, quam eorum, qui quoad Genuenses et Venetos in eodem fere somnio esse adsolent, quas sententias ineptire vel ex eo dilucidius apparet, quod istarum nationum singulae contra se ipsas nequeunt praescribere, hoc est non respublica Venetiarum contra semet ipsam, non respublica Genuensium contra semet ipsam, non regnum Hispanorum contra semet ipsum, non regnum Lusitanorum contra semet ipsum* [1]. *Esse enim debet differentia inter agentem et patientem* [2]. *Contra reliquas vero nationes longe minus praescribere possunt, quia jus praescriptionum est mere civile, ut fuse ostendimus supra* [3]. *Ergo tale jus cessat, cum res agitur inter Principes vel populos superiorem non recognoscentes in temporalibus. Jura enim mere civilia cujuscunque regionis quoad exteros populos, nationes vel etiam homines singulos non magis sunt in consideratione, quam si revera non esset tale jus aut umquam fuisset, et ad jus commune gentium primaevum vel secundarium recurrendum est eoque utendum, quo jure talem maris praescriptionem et usurpationem admissam non fuisse satis constat. Nam et hodie usus aquarum communis est, non secus quam erat ab origine mundi. Ergo in aequoribus et aquis nullum jus*

---

[1] l. sequitur. §. si viam. ff. de usuc. [D. 41. 3. 4. §. 27.] §. sic itaque. Inst. de actionibus. [I. 4. 6. §. 14.] [2] Ut dictis juribus et l. cum filio. ubi multa per Bart. et Jas. ff. de leg. 1. [3] parte 1. in princip. quaest. 3. et 4.

est aut esse potest humano generi, praeterquam quoad usum communem. Praeterea de jure naturali et divino est illud praeceptum, ut quod tibi non vis, alteri non facias: unde cum navigatio nemini possit esse nociva, nisi ipsi naviganti, par est ut a nemine possit aut debeat impediri, ne in re sui natura libera sibique minime noxia navigantium libertatem impediat et laedat contra dictum praeceptum et contra regulam [1], *praesertim cum omnia intelligantur esse permissa, quae non reperiuntur expressim prohibita* [2]. *Quinimo non solum contra jus naturale esset, velle impedire talem navigationem praetextu praescriptionis, cum impedienti id minime prosit et impedito noceat, sed etiam tenemur contrarium facere, hoc est prodesse iis, quibus possumus, cum id sine damno nostro fieri potest.* Quod cum multis auctoritatibus tam divinis quam humanis confirmasset, subjungit postea: *Ex superioribus etiam apparet suspectam esse sententiam Johannis Fabri, Angeli, Baldi et Francisci Balbi, quos supra retulimus, existimantium loca juris gentium communia, etsi acquiri non possunt praescriptione, posse tamen acquiri consuetudine, quod omnino falsum est eaque traditio caeca et nubila est omnique rationis lumine carens, legemque verbis non rebus imponens* [3]. *In exemplis enim de mari Hispanorum, Lusitanorum, Venetorum, Genuensium, reliquorum constat consuetudine jus tale navigandi et alios navigare prohibendi non magis acquiri, quam praescriptione. Utroque enim casu, ut patet, par est ratio* [4], *et quia per jura et rationes supra relatas id esset contra naturalem aequitatem, nec ullam*

---

[1] l. libertas ff. de statu hom. [D. 1. 5. 4.] §. libertas. Inst. de jure pers. [I. 1. 3. §. 1.] l. 1. et 2. ff. de hom. lib. exhibendo. [D. 43. 29.] l. 1. §. quae onerandae. ff. quar. rer. actio non detur. [D. 44. 5. 1. §. 5]. l. si quando. §. illud verb. astringendos. C. de inoffic. test. [C. 3. 28. 35. §. 1.] [2] l. nec non §. quod ejus. ff. ex quib. caus. major. [D. 4. 6. 28. §. 2.] l. statuas C. de religiosis. [C. 3. 44. 7.] [3] contra l. 2. cum vulgatis. C. comm. de leg. [C. 6. 44.] [4] contra l. illud. ff. ad l. Aquil. [D. 9. 2. 32.]

induceret utilitatem, sed solam laesionem, sicque ut lege expressa introduci non possent [1]*; ita etiam nec lege tacita, qualis est consuetudo; et tempore id non justificaretur sed potius deterius et injurius in dies fieret.* Ostendit deinde ex prima terrarum occupatione posse populo ut venandi jus, ita piscandi in suo flumine competere: et postquam ista semel ab antiqua communione separata sunt, ita ut particularem applicationem admittant praescriptione temporis ejus, cujus initii memoria non exstet, quasi tacita populi concessione acquiri posse. Hoc autem per praescriptionem contingere, non per consuetudinem, quia solius acquirentis conditio melior fiat, reliquorum vero deterior. Et cum tria enumerasset, quae requiruntur ut jus proprium in flumine piscandi praescribatur, *Quid autem*, subdit, *quoad mare? Et in eo magis est, quod etiam concursus istorum trium non sufficeret ad acquirendum jus. Ratio differentiae inter mare ex una parte et terram vel flumina ex altera, quia illo casu, ut olim, ita et hodie et semper tam quoad piscandum quam quoad navigandum mansit integrum jus gentium primaevum, neque umquam fuit a communione hominum separatum et alicui vel aliquibus applicatum. Posteriore autem casu, nempe in terra vel fluminibus, aliud fuit ut jam disseruimus. Sed quare jus gentium secundarium, ut eam separationem quoad terras et flumina fecit, quoad mare facere desiit, responde: quia illo casu expediebat ita fieri, hoc autem casu non expediebat. Constat enim quod, si multi venentur aut piscentur in terra vel flumine, facile nemus feris et flumen piscibus evacuatum redditur: id quod in mari non est. Item fluminum navigatio facile deterior fit et impeditur per aedificia, quod in mari non est* [2]. *Item per aquaeductus facile eva-*

---

[1] c. erit autem lex. dist. quarta. [Decr. Grat. p. 1. 4. 4.] l. 1. et 2. ff. de legibus. [D. 1. 3.] cap. fin. de praescr. [Decretal. 2. 26. 20.] [2] per totum tit. ff. ne quid in flum. publ. [D. 43. 13.]

cuatur flumen, non ita in mari: ergo in utroque non est par ratio. Nec ad rem pertinet, quod supra diximus, communem esse usum aquarum, fontium etiam et fluminum. Nam intelligitur quoad bibendum et similia, quae fluminis dominium aut jus habenti vel minime vel levissime nocent: minima enim in consideratione non sunt [1]. *Pro nostris sententiis facit, quia iniqua nullo tempore praescribuntur, et ideo lex iniqua nullo tempore praescribitur aut justificatur* [2]. Mox: *Et quae sunt impraescriptibilia, ex legis dispositione nec per mille annos praescribentur* [3]*:* quod innumeris doctorum testimoniis fulcit. Nemo jam non videt ad usum rei communis intercipiendum nullam quantivis temporis usurpationem prodesse: cui adjungendum est, etiam eorum qui dissentiunt auctoritatem huic quaestioni non posse accommodari. Illi enim de mediterraneo loquuntur, nos de oceano: illi de sinu, nos de immenso mari, quae in ratione occupationis plurimum differunt. Et quibus illi indulgent praescriptionem, hi littora mari continua possident ut Veneti et Januenses, [4] quod de Lusitanis dici non posse modo patuit. Imo et si prodesse posset tempus, ut posse quidam putant, in publicis quae sunt populi, tamen non ea adsunt, quae necessario requiruntur. Primum enim docent omnes desiderari, ut is qui praescribit hujusmodi actum, eum exercuerit non longo duntaxat tempore, sed memoriam egrediente: deinde ut tanto tempore eumdem actum nemo alius exercuerit, nisi concessione illius vel clandestine: praeterea ut alios uti volentes prohibuerit, scientibus quidem et patientibus iis ad quos ea res pertinebat: nam etsi exercuisset semper et quos-

---

[1] l. scio. ff. de minorib. [D. 4. 1. 4.] Vasq. l. 1. de suc. reso. c. 7. [2] Balb. de praescr. 5. q. princ. in q. 11. illius 5. quaest. princ. Gl. in c. inter caetera. [Decr. Grat. p. 2. 10. 3. 8.] Alph. de Castro, de potest. leg. poen. l. 2. c. 14. [3] Balb. in fin. et ibi Ang. in l. omnes. C. de praescr. trig. annorum. [C. 7. 39. 4.] [4] v. Ang. in d. §. littorum quoque. Inst. de rer. div. [I. 2. 1. §. 5.] et alios supra alleg.

dam exercere volentes prohibuisset semper, non tamen omnes, quia alii fuerunt prohibiti, alii vero libere exercuerunt, id quidem non sufficeret ex doctorum sententia. Apparet autem debere haec omnia concurrere, tum quia praescriptioni rerum publicarum lex inimica est, tum ut videatur praescribens jure suo, non autem communi usus, idque non interrupta possessione. Cum autem tempus postulatur, cujus initii non exstet memoria, non semper sufficit, ut optimi interpretes ostendunt [1], probare saeculi lapsum, sed constare oportet famam rei a majoribus ad nos transmissam, ita ut nemo supersit, qui contrarium viderit aut audiverit. Occasione rerum Africanarum in ulteriora primum oceani inquirere coeperunt, regnante Johanne, Lusitani anno salutis millesimo quadringentesimo septuagesimo septimo [2]: viginti post annis sub rege Immanuele promontorium Bonae Spei praeternavigatum est, seriusque multo ventum Malaccam et ad insulas remotiores, ad quas Batavi navigare coeperunt anno millesimo quingentesimo nonagesimo quinto, non dubie intra annum centesimum. Jam vero etiam eo quod intercessit tempore aliorum usurpatio adversus alios etiam omnes impedivit praescriptionem. Castellani ab anno millesimo quingentesimo decimo nono possessionem Lusitanis maris circa Moluccas ambiguam fecere. Galli etiam et Angli non clanculum, sed vi aperta eo perruperunt. Praeterea accolae totius tractus Africani aut Asiatici partem maris quisque sibi proximam piscando et navigando perpetuo usurparunt, numquam a Lusitanis prohibiti. Conclusum igitur sit jus nullum esse Lusitanis, quo aliam quamvis gentem a navigatione oceani ad Indos prohibeant.

Quod si dicant Lusitani cum Indis commercia exercendi jus quoddam proprium ad se pertinere, iisdem fere omnibus argumentis refellentur. Repetemus breviter et aptabimus.

---

[1] Covarr. in c. possessor. p. 2. §. 3. n. 6. [2] Osorius l. 1.

Jure gentium hoc introductum est ut cunctis hominibus inter se libera esset negotiandi facultas [1], quae a nemine possit adimi. Et hoc sicut post dominiorum distinctionem continuo necessarium fuit, ita originem videri potest antiquiorem habuisse. Subtiliter enim Aristoteles [2] μεταβλητικὴν dixit ἀναπλήρωσιν τῆς κατὰ φύσιν αὐταρκείας, hoc est, *negotiatione suppleri id quod naturae deest, quo commode omnibus sufficiat.* Oportet igitur communem esse jure gentium non tantum privative, sed et positive [3], ut dicunt magistri, sive affirmative. Quae autem illo modo sunt juris gentium mutari possunt, quae hoc modo non possunt. Id ita intelligi potest. Dederat natura omnia omnibus, sed cum a rerum multarum usu, quas vita desiderat humana, locorum intervallo homines arcerentur, quia ut supra diximus non omnia ubique proveniunt, opus fuit trajectione: nec adhuc vera permutatio erat, sed alii vicissim rebus apud alios repertis suo arbitrio utebantur: quo fere modo apud Seres dicitur rebus in solitudine relictis sola mutantium religione peragi commercium [4]. Sed cum statim res mobiles monstrante necessitate, quae modo explicata est, in jus proprium transiissent, inventa est permutatio [5], qua quod alteri deest ex eo quod alteri superest suppleretur. Ita commercia victus gratia inventa ex Homero Plinius [6] probat. Postquam vero res etiam immobiles in dominos distingui coeperunt, sublata undique communio non inter homines locorum spatiis discretos tantum, verum etiam inter vicinos necessarium fecit commercium: quod ut facilius procederet nummus postea adinventus est [7]: dictus autem ἀπὸ τοῦ νόμου, quod institutum sit civile: antiquior enim inter cives est. Ipsa igitur ratio omnium

---

[1] l. ex hoc jure. ff. de just. et jure. [D. 1. 1. 5.] et ibi Bartolus. [2] l. 1. de rep. c. 9. [p. 1257. 1. vs. 29.] [3] v. Covarr. in c. peccatum. §. 8. [4] Pomp. Mela. l. 3. [c. 9.] [5] l. 1. ff. de contrah. emt. [D. 18. 1.] [6] l. 33. c. 1. [7] d. l. 1. [D. 18. 1.]

contractuum universalis, ἡ μεταβλητική, a natura est: modi autem aliquot singulares ipsumque pretium, ἡ χρηματιστική, ab instituto [1]: quae vetustiores juris interpretes non satis distinxerunt. Fatentur tamen omnes [2] proprietatem rerum saltem mobilium a jure gentium primario prodire, itemque contractus omnes, quibus pretium non accedit. Philosophi [3] τῆς μεταβλητικῆς, quam *translationem* vertere licebit, genera statuunt duo, τὴν ἐμπορικὴν καὶ τὴν καπηλικήν: quarum ἐμπορική, quae est, ut vox ipsa indicat, inter gentes dissitas, ordine naturae prior est et sic a Platone ponitur [4]. Καπηλική eadem videtur esse, quae παράστασις Aristoteli [5], *tabernaria* seu *stataria negotiatio* inter cives. Idem Aristoteles τὴν ἐμπορικὴν dividit in ναυκληρίαν et φορτηγίαν, quarum haec terrestri itinere, illa maritimo merces devehit. Sordidior autem est καπηλική [6], contra honestior ἐμπορική, et maritima maxime, quia multa multis impertit. Inde navium exercitionem ad summam rempublicam pertinere dicit Ulpianus [7], institorum non eumdem esse usum. Quin illa omnino secundum naturam necessaria est. Aristoteles [8]: ἐστὶ γὰρ ἡ μεταβλητικὴ πάντων, ἀρξαμένη τὸ μὲν πρῶτον ἐκ τοῦ κατὰ φύσιν τῷ τὰ μὲν πλείω, τὰ δὲ ἐλάττω τῶν ἱκανῶν ἔχειν τοὺς ἀνθρώπους. *Est enim translatio rerum omnium, coepta ab initio ab eo quod est secundum naturam, cum homines partim haberent plura quam sufficerent, partim etiam pauciora.* Seneca [9]: *quae emeris, vendere gentium jus est.* Commercandi igitur libertas ex jure est primario gentium, quod naturalem et perpetuam causam habet, ideoque

---

[1] Arist. de mor. ad Nicom. l. 5. c. 8. [p. 1133. 1. vs. 20. sqq.] et de rep. l. 1. c. 9. [p. 1257. 1. vs. 31.] c. jus naturale. [Decr. Grat. p. 1. 1. 7.] Arist. d. l. c. 9. [p. 1257. 1. vs. 14.] [2] Castrensis ex Cyno et aliis in d. l. ex hoc jure. [D. 1. 1. 5.] n. 20. et 28. [3] Plato Sophista. [p. 223. d.] [4] Plato de rep. l. 2. [p. 371. ς. d.] qui locus citatur in l. 2. ff. de nund. [D. 50. 11.] [5] Arist. de rep. l. 1. c. 11. [p. 1258. 2. vs. 23.] [6] Cic. de off. l. 1. Arist. de rep. l. 1. c. 9. [p. 1257. 2. vs. 1. sqq.] [7] l. 1. §. licet. ff. de exerc. actione. [D. 14. 1. 1. §. 20.] [8] ibidem. [p. 1257. 1. vs. 14. sqq.] [9] de benef. l. 1. c. 9.

tolli non potest, et si posset, non tamen posset nisi omnium gentium consensu: tantum abest ut ullo modo gens aliqua gentes duas inter se contrahere volentes juste impediat. Et primum inventio aut occupatio hic locum non habet, quia jus mercandi non est aliquid corporale, quod possit apprehendi: neque prodesset Lusitanis etiamsi primi hominum cum Indis habuissent commercia, quod tamen non potest non esse falsissimum. Nam et cum initio populi in diversa iere, aliquos necesse est primos fuisse mercatores, quos tamen jus nullum acquisivisse certo est certius. Quare si Lusitanis jus aliquod competit, ut soli cum Indis negotientur, id exemplo caeterarum servitutum ex concessione oriri debuit aut expressa aut tacita, hoc est, praescriptione, neque aliter potest. Concessit nemo, nisi forte Pontifex, qui non potuit. Nemo enim, quod suum non est concedere potest. At Pontifex, nisi totius mundi temporalis sit dominus, quod negant sapientes, jus etiam commerciorum universale sui juris dicere non potest. Maxime vero cum res sit ad solum quaestum accommodata nihilque ad spiritualem procurationem pertinens, extra quam cessat, ut fatentur omnes, Pontificia potestas. Praeterea si Pontifex solis illud Lusitanis jus tribuere vellet, idemque adimere hominibus caeteris, duplicem faceret injuriam. Primum Indis, quos ut extra ecclesiam positos Pontifici nulla ex parte subditos esse diximus. His igitur cum nihil quod ipsorum est adimere possit Pontifex, etiam jus illud quod habent cum quibuslibet negotiandi adimere non potuit. Deinde aliis hominibus omnibus Christianis et non Christianis, quibus idem illud jus, adimere non potuit sine causa, aut causa indicta. Quid quod ne temporales quidem domini in suis imperiis prohibere possunt commerciorum libertatem, uti rationibus et auctoritatibus ante demonstratum est? Sicut et illud confitendum est, contra jus perpetuum naturae gentiumque, unde ista libertas originem sumsit in omne tempus duratura, nullam valere Pontificis auctoritatem. Restat praescriptio, seu consuetudinem mavis dicere. Sed nec hujus nec illius vim esse aliquam inter liberas nationes aut diversarum gentium Principes, nec adversus ea quae primigenio jure introducta sunt, cum Vasquio ostendimus. Quare et hic, ut jus mercandi proprium fiat, quod proprietatis naturam non recipit, nullo tempore efficitur. Itaque nec titulus hic adfuisse potest, nec bona fides: quae cum manifeste desunt, praescriptio secundum canones non jus dicetur sed injuria. Quin et ipsa mercandi quasi possessio non ex jure proprio contigisse videtur, sed ex jure communi, quod ad omnes aequaliter pertinet: sicut contra quod aliae nationes cum Indis contrahere forte neglexerunt, id non Lusitanorum gratia fecisse existimandi sunt, sed quia sibi ita expedire crediderunt: quod nihil obstat, quominus ubi suaserit utilitas id facere possint, quod antea non fecerint. Certissima enim illa regula a doctoribus [1] traditur in his, quae sunt liberi arbitrii seu merae facultatis, ita ut per se actum tantum facultatis ejus, non autem jus novum operentur, nec praescriptionis nec consuetudinis titulo annos etiam mille valituros: quod et affirmative et negative procedit, ut docet Vasquius [2]. Nec enim quod libere feci, facere cogor, nec quod non feci, omittere. Alioquin quid esset absurdius, quam ex eo quod singuli non possumus cum singulis semper contrahere, salvum nobis in posterum non esse jus cum illis, si usus tulerit, contrahendi? Idem Vasquius [3] et illud rectissime, ne infinito quidem tempore effici, ut quid necessitate potius quam sponte factum videatur. Probanda itaque Lusitanis foret coactio, quae tamen ipsa, cum hac in re juri

---

[1] Gl. et Bart. in l. viam publicam. ff. de via publ. [D. 43. 11. 2.] Balb. in 4. par. 5. par. princ. q. 1. Pan. in c. ex parte Astensis. de concess. praeb. [Decretal. 3. 8. 10.] Dd. in l. qui jure familiaritatis. ff. de acq. poss. [D. 41. 2. 41.] et allegat. per Covarr. in c. possessor. p. 2. §. 4. n. 6. [2] Controv. usu freq. c. 4. n. 10. et 12. [3] d. n. 12.

naturae sit contraria et omni hominum generi noxia, jus facere non potest. Deinde illa coactio durasse debuit per tempus, cujus initii non exstet memoria [1]: id vero tantum hinc abest, ut ne centum quidem anni exierint, ex quo tota fere negotiatio Indica penes Venetos fuit per Alexandrinas trajectiones [2]. Debuit etiam talis esse coactio, cui restitum non sit. At restiterunt Galli et Angli aliique [3]. Neque sufficit aliquos esse coactos, sed ut omnes coacti sint requiritur, cum per unum non coactum servetur in causa communi libertatis possessio. Arabes autem et Sinenses a saeculis aliquot ad hunc diem perpetuo cum Indis negotiantur. Nihil igitur prodest ista usurpatio. Ex his quae dicta sunt satis perspicitur eorum caeca aviditas, qui ne quemquam in partem lucri admittant, illis rationibus conscientiam suam placare student, quas ipsi magistri Hispanorum, qui in eadem sunt causa, manifestae vanitatis convincunt [4]. Omnes enim qui in rebus Indicis usurpantur colores injuste captari, quantum ipsis licet satis innuunt, adduntque numquam eam rem serio theologorum examine probatam. Illa vero querela quid est iniquius, quod dicunt Lusitani quaestus suos exhauriri copia contra licentium? Inter certissima enim juris enuntiata est, nec in dolo eum versari, nec fraudem facere, ne damnum quidem alteri dare videri, qui jure suo utitur [5]: quod maxime verum est, si non ut alteri noceatur, sed rem suam augendi animo, quidpiam fiat [6]. Inspici enim debet id quod principaliter agitur, non quod extrinsecus in consequentiam venit [7]. Imo si proprie

---

[1] Vasq. d. loco. n. 11. [2] Guicciard. l. 19. histor. [3] v. supra. [4] Vasq. controv. ill. c. 10. n. 10. Vict. parte 1. de Indis. rel. 1. n. 3. [5] l. sin autem. §. pen. ff. de rei vind. [D. 6. 1. 27.] l. nullius videtur. ff. de reg. jur. [D. 50. 17. 55.] l. illud constat. ff. quae in fr. cred. [D. 42. 8. 13.] l. fluminum. §. ult. ff. de damn. inf. [D. 39. 2. 24.] l. nemo damnum. ff. de reg. jur. [D. 50. 17. 151.] Bart. in l. 1. n. 5. ff. de fluminibus. [D. 43. 12.] Castr. in l. si tibi. C. de servit. [C. 3. 34. 10.] [6] l. 1. §. denique. ff. de aqua et aq. pluv. [D. 39. 3. 1. §. 23.] [7] V. Vasq. controv. usu freq. c. 4. n. 3. et seq.

loquimur cum Ulpiano [1], non ille damnum dat, sed lucro, quo adhuc alter utebatur, eum prohibet. Naturale autem est et summo juri atque etiam aequitati conveniens [2], ut lucrum in medio positum suum quisque malit esse quam alterius [3], etiam qui ante perceperat. Quis ferat querentem opificem, quod alter ejusdem artis exercitio ipsius commoda evertat? Batavorum autem causa eo est justior, quia ipsorum hac in parte utilitas cum totius humani generis utilitate conjuncta est, quam Lusitani eversum eunt. Neque hoc recte dicetur ad aemulationem fieri, ut in re simili ostendit Vasquius [4]: aut enim plane hoc negandum est, aut asseverandum non ad bonam modo, verum etiam ad optimam aemulationem fieri, juxta Hesiodum [5]: ἀγαθὴ δ᾽ ἔρις ἥδε βροτοῖσι. *Bona lis mortalibus haec est.* Nam etiam si quis pietate motus, inquit ille, frumentum in summa penuria vilius venderet, impediretur improba durities eorum hominum, qui saeviente penuria suum carius fuerunt vendituri. Verum est talibus modis minui aliorum reditus, nec id negamus, ait: *sed minuuntur cum universorum hominum commodo: et utinam omnium Principum et tyrannorum orbis reditus ita minuerentur.* Quid ergo tam iniquum videri potest, quam Hispanos vectigalem habere terrarum orbem, ut nisi ad illorum nutum nec emere liceat nec vendere? In cunctis civitatibus dardanarios odio atque etiam poenis prosequimur [6], nec ullum tam nefarium vitae genus videtur quam ista annonae flagellatio. Merito quidem, naturae enim faciunt injuriam, quae in commune faecunda est [7]: neque vero censeri debet in usus paucorum reperta negotiatio, sed ut quod alteri deest alterius copia pensaretur, justo tamen compendio omnibus proposito, qui laborem ac periculum transferendi in se suscipiunt [8]. Hoc ipsum igitur

[1] l. Proculus. ff. de damno inf. [D. 39. 2. 26.] [2] v. c. 2. ad l. 2. [3] Vasq. d. loco. [4] ibi n. 5. [5] [Op. et D. vs. 24.] [6] l. 1. C. de monop. [C. 4. 59.] [7] Cajet. ad Summ. Th. 2. 2. q. 77. art. 1. quod ad tertium. [8] Arist. de rep. l. 1. c. 9. [p. 1257. 1. vs. 14. et 28.]

quod in republica, id est, minore hominum conventu, grave et pernitiosum judicatur, in magna illa humani generis societate ferendumne est, ut scilicet totius mundi monopolium faciant populi Hispani? Clament igitur Lusitani quantum et quamdiu libebit: Lucra nostra deciditis. Respondebunt Batavi: Imo nostris invigilamus. Lucra nostra deciditis. Hocne indignamini in partem nos venire ventorum et maris? Lucra nostra deciditis. Et quis mansura promiserat? Lucra nostra deciditis. Salvum est vobis, quo nos contenti sumus; aequis mercamur pretiis. Lucra nostra deciditis. Docetis igitur id, unde lucrari possimus, alteri non remittere.

Cum igitur supra[1] Victoriae auctoritate et exemplis demonstratum sit justam esse belli causam, cum libertas commerciorum vindicatur adversus prohibentes, sequitur Batavis justam belli causam in Lusitanos fuisse. Quod et speciatim hoc modo probatur. Justae bellorum causae sunt rerum aut defensio aut recuperatio, debiti et poenae exactio. In rebus etiam jura comprehendere debemus: et sic Baldus[2] dicit eum qui jure meo me uti prohibet recte offendi. Jus autem est tum quod privatim, tum quod jure humanae societatis nobis competit, ut in causa belli adversus Amorraeos Augustinus[3] loquitur, hoc est, usus ejus quod commune est, puta maris et commerciorum. Si quis igitur jus tale quasi possideat recte defendet. Ita Pomponius[4] eum, qui rem omnibus communem cum incommodo caeterorum usurpet, *manu prohibendum* dicit. Nam quoties in judiciis interdicta competunt prohibitoria, toties extra judicia prohibitio competit armata. Praetor[5]: *Quominus illi in flumine publico navem agere, ratem agere, quove minus per ripam exonerare liceat, vim fieri veto.* De mari et littore in eamdem formam dandum

Ex concl. 6. art. 1. examen 1.

Ex l. 2. et 4. supra c. 2.

---

[1] Initio capitis. [2] in l. 1. C. unde vi. [C. 8. 4.] n. 38. [3] citatus supra. [4] l. quamvis quod in littore. ff. de acq. dom. [D. 41. 1. 50.] [5] l. 1. ut in flum. pub. nav. liceat. [D. 43. 14.]

interdictum docent interpretes [1] exemplo Labeonis [2], qui cum interdiceret Praetor: *Ne quid in flumine publico ripave ejus facias, quo statio iterve navigio deterior sit, fiat:* simile dixit interdictum competere in mari [3]: *Ne quid in mari inve littore facias, quo portus statio iterve navigio deterius sit, fiat.* Injusta igitur vis illa vi justa repellenda est. Et hoc ipsum alii etiam de bello scriptores [4] crediderunt, cum pro rerum defensione bellum suscipi possit, posse etiam sustineri pro usu earum rerum, quae naturali jure debent esse communes. Quare his qui itinera praecludunt, per quae fit inductio et eductio necessariorum, etiam sine Principis auctoritate *via facti* dicunt posse occurri. Et hoc in ipsa prohibitione. Post prohibitionem autem competit vice interdicti restitutorii injuriarum actio, si quis in mari navigare prohibeatur, aut rem suam vendere, aut re sua uti non permittatur, ut multis locis Ulpianus [5] respondet. Oportet igitur hanc esse injuriam. Injuria autem ab altero illata justam dat bello causam [6]. Et sicut res nobis ereptas recuperare liceret,
Ex lege 6. ita et jus illud recte recipiet, qui per vim depulsus est. Sequitur causa debiti. Nam qui aliquem impediret eo jure uti, ad damni reparationem etiam naturali jure obligatur. Silvester [7]: *Qui impedit piscatorem vel aucupem a verisimili futura captione piscium vel avium, quae sunt juris communis, tenetur arbitrio boni viri* [8]*: quia istis aufertur suus proprius usus, qui erat sui juris, et fructus in eorum usu quasi seminaliter contentus.* Deinde: *qui impediunt adventum frumenti aut aliarum mercium ad aliquam terram,*

---

[1] Gl. ibi. [2] l. 1. in pr. ff. de fluminibus. [D. 43. 12.] [3] eadem l. §. si quid in mari. [§. 17.] [4] Henr. Gorich. de bello justo. in prop. 9. [5] l. 2. ff. ne quid in loco publ. §. si quis in mari. [D. 43. 8. 2. §. 9.] l. injuriarum actio. et l. si quis proprium. ff. de injuriis. [l. 13 et l. 24. D. 47. 10.] [6] c. dominus. [Decr. Grat. p. 2. 23. 2. 2.] [7] in v. Restitutio. p. 3. sub finem. [8] alleg. Gerard. Old. et Arch.

ut ipsi carius vendant, tenentur de illo pluri his, qui carius emerunt, et de damno illis, qui erant allaturi, quia injuste impediverunt, utilitatem privatam et propriam publicae et communi praeponentes. Et idem de his qui concordant in emtione omnium mercium, ut vendant ad libitum, quia tenentur ad omne damnum[1]. Sed praeter damnum, ut alibi tractavimus, illa culpa per se obligat, quia naturalis ratio malitiam impunitam esse non patitur. Leges civiles[2] injuriam fere mulctis, violentiam illatam libertati amissione partis bonorum, monopolium vero omnium bonorum publicatione coercent: quae hic pariter concurrunt. Verum quidem est poenas facinorum ex utilitate publica intendi et remitti. Sed tamen in his quae ex natura, non ab instituto, mala sunt et illicita ad verae proportionis normam etiam extra leges poena exigi potest. Cum igitur natura dictet ex eo quod alienum est nostrum nos facere non debere, sequitur tanto illos gravius peccare, qui jus commune hominum sibi proprium facere conantur, quanto hac in re pluribus fit injuria. Praecipue autem grave est peccatum, quo tota laeditur humana societas, cui vinculo antiquissimo obstricti et obnoxii sumus. Haec ratio Ambrosium[3] cogit exclamare in eos qui maria claudunt, Augustinum[4] in eos qui itinera obstruunt, Nazianzenum[5] in coemtores suppressoresque mercium, qui ex inopia omnium soli lucrum sperant et ut ipse loquitur *καταπραγματεύονται τῆς ἐνδείας*. Quin et divina sententia *ὁ συνέχων σῖτον δημοκατάρατος*, publicis scilicet diris devovetur, sacerque habetur qui annonam vexat

Ex lege 5. v. c. 4. in pr. et c. 10.

---

[1] all. l. 2. ff. ad l. Jul. de annona. [D. 48. 12.] l. annonam. ff. de extr. crim. [D. 47. 11. 6.] et ibi Gl. [2] Dig. de injuriis. toto tit. [D. 47. 10.] et ibi. Dd. Dig. de vi publ. et de vi priv. [D. 48. 6. et 7.] adde l. vim facit. ff. de vi armata [D. 43. 16. 11.] C. de monop. [C. 4. 59.] [3] loco supra citato ex Hexam. [4] citatur in Decr. Grat. p. 2. 23. 2. 3. [5] in funus Basilii. [edit. Bened. vol. 1. p. 797. d.]

et supprimit. Sunt igitur haec omnino et simpliciter mala, quae vel ob exemplum poenam debent. Ea autem poena nulli rectius applicatur quam his, qui juris communis exsecutionem in se receperint, et Baldus [1] dixit jure canonico et jure conscientiae, quod a jure naturali non discrepat, bona omnia delinquentis tacite obligata pro satisfactione, quare praeter priora etiam hoc jus Batavis in bello Lusitanico fuit. Oriuntur haec omnia ex nuda prohibitione commerciorum: alia vero non minora e modo prohibendi, quo calumniae pertinent superius [2] narratae. Si nostrum nobis servandum est nec id nobis eripi a quoquam debet, quid tam ulli suum est quam bene merenti bona fama, quae certe nobilioribus animis quovis lucro, paene et vita pretiosior est [3]? Atque adeo vera haec injuria est, ut commune generis nomen sibi proprium fecerit [4]: nec enim significantiore vocabulo exprimere possumus id, quod contumeliae causa fit, quam Graeci ὕβριν vocant. Neque hic de levi contumelia agitur, quae facientes delectet, affectos parum laedat, sed de ea qua Hollandi infamati per orbem terrarum, criminibusque non minus falsis quam atrocibus in odium humani generis adducti sunt: qua factum, ut plurimi reges et populi contactus etiam gentis velut profanos atque nefarios exsecrarentur. Infames olim populi piratica Cilices, furtis Cercopes, infandis amoribus Persae, vita exlege et insociabili Nomades: sed supra omne quod dici potest illorum est nefas, qui Deum et religionem non agnoscunt, cum id eousque ab humana natura abhorreat, ut vere dictum sit nullum esse populum, cui non appareat aliquam inesse notitiam et cultum divinitatis [5]. Cuncta haec crimina Lusitani in Hollandos congesserunt tam caeca maledicendi libidine, ut nihil horum reperiatur quod non in quos-

Ex concl. 6. art. 1. examen 2.

[1] in l. furti. C. de furtis. [C. 6. 2. 15.] [2] c. 11. p. 2. art. 1. [3] Ecclesiast. 26. vs. 7. Anch. cons. 325. v. Gent. lib. 2. c. 18. [4] l. 1. ff. de injuriis. [D. 47. 10.] [5] Cic. de nat. Deor. l. 1. [c. 16. §. 43.]

vis potius populos congruat, quam in eos in quos dicebatur. Non enim piraticae sed mercaturae studiosissimam hanc esse gentem, deinde alienam ab omni rapacitate, in venere et omni vita prae caeteris moderatam, legum vero et magistratuum et sacrorum praecipue reverentissimam, ne omnes historias evolvamus, peregrini qui res Belgicas paulo diligentius introspexerunt testes sunt locupletissimi [1]. Merito igitur in hunc modum traducti famam suam purgarunt, utque Indos omni suspicione liberarent, re ipsa demonstrarunt quinam essent, in quos arma Hollandi haberent. Nam quod pro rebus caeteris permittitur, qui minus pro fama liceat? Armis eam scilicet integram servare, laesam redintegrare, quod fit cum is qui innocentium existimationem non juste laesit, eamdem jure victus dedecore suo expiat [2]. Neque dubium est quin ad exemplum furis detractor ad restitutionem obligetur, quae si aliter haberi commode non potest, in mulctas etiam pecuniarias convertitur. Neque tantum civiliter, sed etiam criminaliter ob injurias agi potest [3], quo nomine Turpiliani senatusconsulti poena in calumniatores prodita est [4]. Iisdem igitur de causis arma recte suscipiuntur: ut apud poëtam [5]:

Ex lege 2. supra c. 2.

Ex lege 6.

Ex lege 5.

Pro Jupiter ibit
Hic, ait, et nostris illuserit advena regnis?
Non arma expedient totaque ex urbe sequentur,
Deripientque rates alii navalibus? ite,
Ferte citi flammas, date vela, impellite remos.

Quin etiam eos qui in bello hostem amarioribus convitiis

---

[1] V. Chassaneum ad const. Burg. in praef. ad verbum Hollandiae, et Guicc. de rebus Belgicis, in c. de moribus et consuetudinibus et in c. de Hollandia et in c. de regimine. [2] Dd. ad l. furem. ff. ad l. Corn. de sic. et ad l. 1. ff. de poenis. [D. 48. 8. 9. et D. 48. 19.] Vict. de jure belli n. 4. Pan. in c. olim de rest. spol. n. 17. [Decretal. 2. 13. 12.] [3] Inst. de injur. §. in summa. [I. 4. 4. §. 10.] [4] Dig. ad S. C. Turp. toto tit. [D. 48. 16.] [5] [Virgil. Aen. l. 4. vs. 590.]

lacessissent, a victore punitos crebro invenimus [1], quasi
Ex concl. 6. art. 1. examen 3. nec bellum virulentiam istam excuset. Et hae quidem justae causae belli suscipiendi fuerunt. Caeterum diximus [2] non omne jus ante bellum esse; quoddam inter arma oriri, pro
Ex lege 1. quo scilicet bellum recte continuetur. Ordinem hic ducit vitae defensio. Nam cum nos rem nostram defendimus recuperatumve imus, aut jus nostrum persequimur et adversarius ne id faciamus armis occurrit, apparet hic nos innoxios in vitae periculum adduci: quae belli causa antiquissima et justissima est. Et profecto ante hanc causam bellum a parte
Ex histor. c. 11. parte 2. art. 2 et art. 4. Batavorum ne coepit quidem, ut narrationis praepositae series ostendit. Sequitur rerum defensio aut recuperatio sive ipsarum rerum bello amissarum, sive ejus quod pro rebus ha-
Ex lege 2. adde quae in c. 4. demonstr. antecedunt. beri potest. Nam bellator injustus justo bellatori ad omne damnum obligatur, quod ei occasione belli obvenit. Constat autem Batavis per violentiam Lusitanorum navigia quaedam
Ex histor. dict. articulis. cum mercibus erepta, damna autem illata esse plurima, ut cum ipsi interdum accepta clade coacti sunt naves suas deserere et exurere. Sequitur exactio ejus quod hostis hosti de-
Ex lege 6. adde quae in c. 4. l. d. bet, in qua ponenda est sumtuum ratio. Omnes enim belli impensas innoxio debet, qui belli injusti auctor fuit. Non potuisse autem Lusitanis resisti sine immensis sumtibus in
Ex histor. c. 11. parte 2. per totum. tam remoto orbe tota rerum narratio satis ostendit. Huc pertinet armatura navium non minus pretiosa quam necessaria: major nautarum numerus, stipendia ob periculum majora et quae curandis vulneribus operaeve in bello navatae remunerationi imputantur. Utrumque autem et de damno et de sumtu quod diximus, ad illa etiam produci debet, quae Batavi ab his quos Lusitani submiserant aut passi sunt, aut metuere potuerunt. Nam et mandator ad restitutionem obligatur [3]. Ex hoc capite repeti potest quod pro redemtione captivorum

---

[1] Plut. Timol. [p. 252. a. b.] V. Gent. lib. 2. c. 18. [2] c. 7. ad art. 1.
[3] Th. 2. 2. q. 62. art. 7. in concl.

barbaris datum est. Ultima est poenae persecutio. Nam quisquis bellum gerit sciens injustum, cum delinquat gravissime merito puniri etiam debet, ne peccati magnitudo peccatori patrocinium praestet. Sunt autem graves noxae Lusitanorum, quas partim interpositis aliis, partim et ipsi fecere. Sunt autem haec paria, ut docent jurisconsulti, per se vel per alterum facere [1]: et crimen non minus mandantem, imo et magis obstringit, quam eum qui mandanti ministerium praebuit. Et proprie traditum est, eum quo mandante aut suadente aliquis impetitur recte offendi [2]: neque enim canes hominibus imitandi sunt, qui ut in veteri versu est, lapidem quo icti sunt, non ipsum qui icit petunt. Conveniet hic quod ille de buccinatore docet apologus, in illos maxime animadvertendum, qui cum per se audeant nihil, alios ad bellum concitant. Quin apud Senecam: *aeque dignus est poena, qui vim adhibet et qui ab alio admota ad lucrum suum utitur.* Acute Tragicus [3]: *cui prodest scelus Is fecit.* Delictorum autem genera ex narratione peti possunt. Gravissimum est delictum hominem occidere, unde leges in sicarios [4]. Lusitani autem multos homines Hollandos foedissime et crudelissime trucidarunt: quare societas Indica ministrorum suorum vindictam omittere non debuit. Thetis apud Homerum [5]:

Ex lege 5. adde ex c. 4. ubi supra.

Ex histor. dict. artic.

ναὶ δὴ τοῦτό γε, τέκνον, ἐτήτυμον οὐ κακόν ἐστι
τειρομένοις ἑτάροισιν ἀμυνέμεν αἰπὺν ὄλεθρον.
Illa quidem, fateor, fili, sanctissima res est
Ulcisci comites infanda morte peremtos.

Cum autem servitus mortalitati comparetur, libertatem vitae prope exaequari necesse est [6]. Unde colligi potest quan-

---

[1] V. Angelum et alleg. in tract. de malef. §. et Sempronium. [2] Balb. in l. 1. C. unde vi. [C. 8. 4.] n. 56. all. Innoc. [3] Medea. [vs. 500.] [4] V. tot. tit. ff. et C. ad l. Corn. de sic. [Dig. 48. 8. C. 9. 16.] [5] [Il. l. 18. vs. 128.] [6] V. Dig. de lege Favia de plagiariis, tot. tit. et de hom. lib. exhib. [D. 48. 15. et 43. 29.]

tum sit facinus hominem ingenuum immerentem in captivitatem trahere, habere in vinculis et cruciatu: quod Lusitani in multos homines Hollandos fecerunt faciuntque, tanta quidem pertinacia, ut oblatis ex ipsorum numero multo pluribus aut sufficienti pretio numquam redemtionem concesserint, sed quos ceperant perpetuae addixerint servituti: quod jurisconsulti omnes clamant etiam in bello legitimo inter Christianos non licere, cum sit juri recepto contrarium [1]. Quid autem detestabilius est aut perjurio aut qualicunque perfidia [2]? Nam caetera maleficia personam fere respiciunt ejus in quem diriguntur, perfidi autem et Deum impugnant, quem testem aut conceptis verbis, aut aliis certe indiciis adhibent, et omnem hominum societatem, abrupto vinculo, quo solo inter homines ignotissimos securi sumus. Romani olim etiam in quos justas habebant armorum causas, his priusquam bellum indicerent amicitiam renuntiabant [3]. Lusitani contra cum crudelissima quaeque in Batavos excogitarent, quo haec facilius succederent, amicitiae velo abutebantur. Sed hoc parum: contra sacra pacis insignia, contra pactiones minime dubias, contra interpositam jurisjurandi religionem in violandis Batavis aperte ventum est, nec quidquam tam sanctum fuit, quod illos ab Hollandorum sanguine coerceret. His affinia sunt venena et immissi amicorum specie percussores. Quod de Perseo Rege olim dictum est huc referri potest: non justum bellum apparare Lusitanos, *sed per omnia clandestina latrociniorum et veneficiorum scelera grassari* [4]. Aut quod in Darium Alexander: *Impia bella suscipitis et, cum habeatis arma, licitamini hostium capita* [5]. Haec igitur

Ex histor. p. 2. maxime art. 3.

V. supra ad dict. concl. 7. art. 3. p. 2.

---

[1] Bart. et Dd. ad l. hostes. ff. de capt. [D. 49. 15. 24.] Covarr. in c. peccatum §. 11. n. 6. [2] V. Dd. in l. si duo patroni. §. ult. ff. de jurejur. [D. 12. 2. 13. §. 6.] Adde l. ult. ff. stellionatus. [D. 47. 20. 4.] l. si quis major. C. de trans. [C. 2. 4. 41.] V. Gellium l. 7. c. 18. Et quae diximus ad concl. 7. art. 3. p. 2. [3] Liv. lib. 36. [c. 3.] et alii passim. [4] Liv. lib. 42. [c. 18.] [5] Curt. lib. 4. [c. 2.]

qui facit, ut idem ille Alexander dicebat, *ad internecionem persequendus est, non ut justus hostis, sed ut percussor veneficus* [1]. Restant crimina alia, si conferas, minora, sed insignia tamen, si per se aestimentur: ut vis publica, privata, armata, bonorum raptorum [2], et alia quae a bello injusto abesse vix possunt: a Lusitanis non abfuisse narratio ostendit. Neque illud omittendum est, etiam conatum, certe in atrocioribus, puniri [3]: unde Lusitani, quibus quominus totas classes cum hominibus ipsis exurerent et similia plura patrarent, felicitas eventus defuit, non propositi malignitas, hanc ipsam impune ferre non debent. Quod Seneca egregie explicat: *Injuriam qui facturus est, jam facit* [4]. *Latro est etiam antequam manus inquinet, quia ad occidendum jam armatus est, et habet spoliandi atque interficiendi voluntatem* [5]. *Omnia scelera etiam ante effectum operis, quantum culpae satis est, perfecta sunt* [6]. Et alterum hoc constat, si homo etiam liber in alterius contumeliam offendatur, non ad eum duntaxat qui laeditur, sed ad eum etiam qui per hujus quodammodo latus petitus est, injuriae persecutionem pertinere [7]. Qua ratione contra Lusitanos ob ea, quae Indis inflicta sunt mala, Hollandis velut ex sua persona jus competit. *Ex histor. p. II. artic. V.* Cum denique reipublicae et magistratuum sit culpa, manifesta suorum flagitia non coercere [8], ultimo loco ponemus delictum totius populi Lusitanici, ad ista quae diximus facinora conniventis. *Ex histor. per totum.* Horum omnium criminum, si recte ponatur ratio, uti gravia sunt, ita poenas etiam graves esse oportet: quae legum civilium existimatione paucae admodum intra mulctas consistunt, pars magna bonorum publica- *Paret ex locis supra allegatis.*

---

[1] Curt. eodem libro. [c. 45.] [2] V. Dig. et Cod. per totos titulos. [D. 48. 6. et 7. et 43. 16. et C. 9. 12.] [3] l. item apud Labeonem. §. 1. ff. de injuriis. et ibi Dd. [D. 47. 10. 15.] l. is qui cum telo. C. de sicariis. [C. 9. 16. 7.] [4] de ira l. 1. c. 3. [5] de benef. l. 5. c. 14. [6] in sapientem non cadere injuriam. c. 7. [7] V. Bart. in l. ult. ff. de priv. delictis. [D. 47. 1.] Dd. in §. sed si. Inst. de injuriis. [I. 4. 4. §. 6.] [8] c. dominus. [Decr. Grat. p. 2. 23. 2. 2.]

17

tionem cum exsilio aut infamia, pleraeque vero mortem irrogant. Has igitur poenas cum, ut mox dicemus, judicio exigi non possent, armis exigere licuit [1]: siquidem et eos qui alias subjecti nobis non sunt, ad punitionem peccatorum quae in nos commiserunt, recte bello peti demonstratum est, et qui juste bellum gerit, eum per omnia judicis accipere potestatem. Hactenus de causis: jam de hostibus ipsis videamus. *Ex concl. VI. artic. II.* Justum igitur bellum esse probavimus in singulos et in rempublicam, qui quaeve cujusve magistratus injuriam fecerunt, et in rempublicam, quae civem injuriae auctorem tuetur: itemque in eorum omnium, qui faciunt injuriam, socios subditosque. Peti igitur bello potuerunt a societate Indica Hollandorum primo loco singuli Lusitanorum, quorum ista sunt facinora, quae ante narravimus. Secundo loco respublica, sive populus Lusitanicus: nihil enim vetat quominus bellum sit privatum ex una parte, publicum ex altera, et justum ex ea parte qua privatum est, ut bellum Abrahami adversus reges, forte et Davidis contra Saülem. Populus autem Lusitanicus bellum meruit duplici de causa. Prior est, quod ipse per se perve magistratus suos Indicis negotiatoribus injuriam fecit. Omnes [2] fatentur universitatis esse ea facta, quae publico consilio acciderunt; aut etiam quae a majore parte aut magistratibus decreta sunt, quod nos alibi demonstravimus. *Ex histor. p. II. artic. IV.* Publico consilio missus Emmanuel, frater ejus qui Goae praesidebat, cum navibus, ut Hollandos primo eorum adventu bello persequeretur, imo et in eos vindicaret, qui secum persequi nollent. *Eod. artic.* Publico consilio aliae et plures iterum naves, accitis et Castellanorum auxiliis, in Batavos armantur. *Ex artic. V.* Publico consilio coacta terribilis illa classis sub Andrea Furtadone, quae Hollandos omnes et qui Hollandos receperant ad internecionem deleret. Idemque Furtado cum

---

[1] V. c. 2. ad reg. 9. et Vict. de jure belli. n. 13. et 19. [2] Panorm. ad Cons. Bas. Alex. 6. cons. 13. Jas. in l. civitas. si cert. pet. [D. 12. 1. 27.]

multa classe circa Malaccam nunc etiam haerens, in mandatis habet externos omnes mercatores undique evertere. Publico denique consilio Batavi homines captivi detinentur, mittuntur in Lusitaniam. Altera causa belli est, quia respublica Lusitanorum in singulos Lusitanos ob ea, quae in Batavos admiserunt, non animadvertit, quin etiam sontes tuetur et poenam impedit. Damnant uno ore jurisconsulti [1] rempublicam non tantum quae justitiam denegat, sed et eam quae negligit, ubi scilicet injuriae et manifestae et continuae fuerunt, inque manu reipublicae eas injurias arcere aut punire. Ubi hoc locum habebit, si hic non habet? Quoties enim a Lusitanis Batavi summis affecti sunt injuriis? Semel? Nihil hoc est. Decies? Perparum. Centies? Non accedit. Imo quotiescunque ulla malefaciendi occasio fuit, idque non clam sed palam, sed in totius Indiae conspectu, terra, mari. Quid igitur fuit, quominus talium facinorum auctoribus irrogarentur supplicia, saltem nocendi facultas adimeretur, nisi quod omnium eadem mens, illud populi totius consilium, illa Lusitanorum quotquot sunt sententia est, neminem externum pati ad eas terras accedere? Tertio loco subjacent bello subditi ejus reipublicae, quae docetur injuriam fecisse, hoc est Lusitani singuli, excepto nemine, cum quia rempublicam tueri coguntur, tum quia factum reipublicae ad singulos pertinet. Augustini [2] verba non frustra huc aptabo: *Aliud est quod in populo quisque habet peccatum proprium, aliud quod commune, quod uno animo fit et una voluntate, cum aliquid multitudine comparata committitur. Ubi universi ibi et singuli, non autem ubi singuli ibi continuo universi. Singuli enim esse possunt sine universo, universi autem non possunt nisi ex singulis quibusque constare. Nam singuli quique*

[1] Ferr. cons. 2. Alc. lib. 5. cons. 23. Jas. in d. l. civitas. [D. 12. 1. 27.] Dd. ad. l. culpa caret. de reg. jur. [D. 50. 17. 50.] Decius cons. 486. V. Gent. l. 1. c. 21. de jure belli. [2] Levit. q. 26.

congregati vel in summam reputati faciunt universos. Talis est illa Lusitanorum pervicacissima obstinatio, qua et universi et singuli huc fortunis, huc corporibus collatis nituntur, ne quisquam Batavus in India tutus sit. Et causae igitur subfuerunt, et illi meriti ut hostium numero haberentur. In eo difficultas residet, quod non facile privatis concedenda videtur armorum movendorum copia. Sed demonstratum habemus, quatenus judicium haberi non potest, eatenus privatos bellum inferre non prohiberi: quare cum defectus judicii est continuus, omnia privato licent, quae jure naturali licuerunt. Itaque debitum armis exigi posse omnes fatentur. Nos ex prudentiorum arbitrio addidimus etiam punitionem, quae ad justitiae normam adaequata sit, tali specie necessitatis non denegandam. Continua autem judicis penuria hic quidem evidens est. Res fere omnes, ex quibus bellum hoc ortum est, in ipso oceano contigerunt. In oceano autem nullam esse propriam respectu loci jurisdictionem recte, ut arbitror, affirmavimus. Tum si qua esset, ea esset Indorum Principum, qui nec volunt causae immisceri, nec a Lusitanis ut judices agnoscuntur. Loci igitur ratione qua jure, qua facto judicium deficit. Respectu personarum, cum res inter Lusitanos versetur et Batavos, judex alius esse non potuit, quam respublica Princepsve Lusitanorum, aut respublica Batavorum. Respublica et Princeps Lusitanorum priores ipsi Batavis non tantum injuriam publice fecerunt, sed et bellum intulerunt, quo facto constat amissam judicandi potestatem: ut jam taceam post tanta perfidiae exempla, cum Lusitani legatis Batavorum ne ex condicto quidem parcerent, jure omnem ad eos accessum formidari potuisse. Adeunda igitur fuit respublica Batavorum, quod fieri non potuit ob immensam locorum distantiam. Non momentanea igitur sed continua et perpetua judicii penuria fuit, maxime si rerum apud Indos gestarum, ita ut loco et tempore cohaerent, seriem atque contextum consideremus. Quod si bellum justum fuit, quantum in eo

Ex concl. VII. artic. I.

Supra hoc cap.

Ex concl. VII. artic. III. p. I.

bello licuerit, considerandum. Apertum fecimus nec jus excedi posse, de quo agitur, nec personas juri obligatas. Quodnam sit jus Batavorum in Lusitanos, in causis explicatum est. Sed omittamus jus omne ultionis, quo Batavi punire Lusitanos potuerunt ob violatum gentium jus in prohibendis commerciis, ob calumnias atroces, ob homicidia, perfidiam, rapinas: cui juri nulla umquam Lusitanorum jactura satisfieri potest. Illud sumamus, quod ita ostensum est ut nemo possit diffiteri, ex eo quod Lusitani impedierunt Batavos cum quibuslibet Indorum nationibus libere negotiari, obligatos eos esse ad restitutionem omnis lucri, quod ea ratione Batavis ereptum est: quae quidem ingens summa est cum primae navigationes per insidias Lusitanorum inanes fere atque infructuosae fuerint: tum vero ex bello injuste illato damni dati eosdem teneri etiam sumtuum nomine, quorum summa genera supra attigimus. Horum omnium, lucri cessantis, jacturae et impensarum si calculus ponatur, et ex altera parte captae caraccae merciumque aestimatio, dubium non est quin expensi summa, quam accepti aliquanto major futura sit, et plus Lusitanis Batavi imputent, quam debeant victoriae. Atqui aequum fuit, cum maneat injuria, duret periculum, certamen ingravescat, tantum illis eripi, unde etiam in posterum ad bella subsidia haberentur. Actio igitur ista belli non modo jus belli egressa non est, sed longe intra constitit. Neque vero personas, quibus erepta sunt bona, non fuisse obligatas, quisquam dixerit. Namque omnium eorum, quae dixi, restitutionem debebat respublica seu populus Lusitanorum, qui prohibuit commercia, bellum intulit, in sontes animadverti non curavit. Quod autem debet respublica, id a singulis ejus partibus exigi posse, non quidem jure civili, sed jure gentium, alibi demonstravimus, addito ad certas rationes et auctoritates repressaliarum exemplo, in quibus quicunque a cive injuriam patitur republica justitiam non exhibente, multoque magis si ab ipsa republica

patiatur, a quovis alio ejus reipublicae cive suum juste re-
Ex coroll. I. cap. VIII. cuperet. Unde et illam collegimus firmatam Hispanorum testimoniis sententiam: corpora quidem subditorum non ultra laedi posse, quam quatenus suopte delicto merentur aut exsecutionem impediunt, praedam autem juste ab omnibus peti et semper, usque ad summam ejus quod debetur, nec mercatoribus exceptis, nec ullo ordine quantumlibet innocenti. Apparet hinc illis mercatoribus, quorum erat caracca et merces, bellum eatenus inferri potuisse, ut bona praedae cederent. Sed et specialiter hic notandum est, caraccam
Refer ad histor. p. II. artic. III. quae capta est venisse Macaunte, eos qui inerant mercium dominos eodem ex loco advectos, ubi scilicet Hollandi homines fere viginti Lusitanorum furiis acti in patibulum aut fluctibus mersi erant. Quis hos innocentes appellet? Majus aliud dicam. Reperta in ipsa nave vestimenta et tristes exuviae interfectorum: quae illi ut egregiae cujusdam victoriae spolia in patriam ferebant, veriti scilicet, ne quis nisi talibus indiciis parum crederet quemquam adeo fuisse crudelem. Horum igitur aliquis miserebitur? Aut non etiam illis putanda est ludibrio futura Batavorum bonitas, qui contenti damno terrere, ipsos qui talia facere possent vivos reliquerunt? Sed
Ex concl. VII. artic. III. p. II. praeter jus alterum terminum praescripsimus bello gerendo, fidem. Nihil hic hostibus promissum est, quo non amplius sit praestitum. Ei genti, quae Batavos in pace trucidaverat, bello victae vita promissa et praestita est. Nec vita tantum, sed libertas, et haec gratis, cum non parum pretii extorquere liceret. Et ne quid ex beneficio periret, Hollandi praesidio dati, qui dimissos Malaccam deducerent. Tanta denique victoris populi in victos fuere officia, ut Lusitani, qui virtutes istas quo minus norunt hoc validius mirantur, illustre Batavis praebuerint benignitatis et nominatim fidei testimonium: quod literae senatus et praefecti Malaccensis et ejus, qui victae navi praefuerat, libello nostro subjectae loquentur. Denique verum est quod Lusitani, a Warwicii navibus superati,

ad Macauntem aliquanto post dixerunt, se cum Batavis, si eorum potirentur, non tam clementer acturos. Ad finem quod attinet qui bello proponitur, hunc sibi quisque praestare debet: nec in judicium humanum ista res cadit, nisi quatenus commune cujusque gentis ingenium, tum vero singulares actiones conjecturam suppeditant. Verum belli finem esse diximus juris adeptionem: ad quem si praeda tendit, juste pieque parta censeri debet: secus si bellator suo duntaxat lucro inhiat. Id in Lusitanis an in Batavis credibilius sit videamus: veteres auctores [1] tradunt jam olim gentem Lusitanorum latrociniis et praedis vivere assuetam. Ex eo tempore quam impurae avaraeque gentes isti se populo permiscuerint, et quam plerique eorum apud Christianos parum serio Christiani habeantur, qui inter ipsos sunt boni [2] minime ignorant. De Batavis contra quae exstant elogia, perquam sane honorifica, transscribere supersedeo. Illud quod a re praesenti non alienum est, satis sit dixisse, omnium vicinarum gentium nullam a rapinae studio longius semper abfuisse. Tacitus [3] itaque in bello Civilis Germanos ad praedam pugnantes inducit, Batavos pro gloria. Proximi nostro saeculo et externi scriptores [4] in eamdem sententiam prodiderunt, Hollandos eminere inter gentes Germanicas alieni abstinentia. Hoc ipso tempore in illa ipsa India quid de Batavis sentire cogantur Lusitani, literae ad regem Malaccensis episcopi satis indicant. *Mali nihil*, inquit, *indigenis intulerunt*, *minus etiam Lusitanis: nulli denique nationi quidquam crearunt molestiae.* Et mox: *Accepti admodum et grati indigenis erant*, *quoniam justa commercia exercebant sine vi atque injuria.* Apparet Batavos nihil praeter commercia quaesivisse et his contentos fuisse futuros, nisi in

Augusto anni 1603.

Ex concl. VIII. artic. I.

[1] Strabo. [p. 154. b.] Diod. Sic. [p. 215. c.] Servius ad l. 3. Georg. [vs. 107.]
[2] V. Osor. lib. 1. [3] Histor. lib. 4. [4] Chassanaeus ad consuet. Burg. in praef. ad v. Hollandiae.

Histor. p. II. artic. IV.

bellum cogerentur. Hoc ab ipso navigandi initio tota rerum series et longissimae quietis patientia demonstrat: sicut primo exitu diximus naves Lusitanicas quatuor, cum sigillatim occurrerent parata cupientibus praeda, sine noxa dimissas. Fuit etiam cum capta a Lusitanis ultro ipsis redderentur, quod Wolphardus Harmannus fecit in navi, carbella dicitur, quae Fernambucum missa citra aequatorem occurrerat. Sed cum doceret experientia Lusitanos tanto audacius in Batavos saevire, quantum amovebatur talionis metus, quod minimum fuit hoc Batavi tentarunt, an homines non minus avari quam crudeles saltem bonorum jactura adduci possent, ut jus et pacem colerent. Exempla referre abstinentiae, hoc vero sit virtuti et famae illorum injuriam facere: unum tamen non reticebo, cujus historia cum praedae ipsius tempore conjuncta est. Cum rex Dammae, ut alibi diximus, missos ad se negotiatores viginti captivos detineret, et pro capitibus octo pretium extorsisset, caeteros nulla conditione dimitteret, Hemskerckius, qui prodendam non existimabat hominis cujusquam Batavi libertatem, praesertim quem talis perfidia in miseriam implicuisset, ulcisci eos pignorationibus statuit. Forte accidit ut inter alias naves Jorensis una ex his, quae juncae vocantur, Dammam peteret, quam Hemskerckius Dammanam ratus non aliud quam detinuit. Nuntios Dammam ad regem mittit, per quos si reliqui suorum duodecim remitterentur, restitutionem navis vicissim et in posterum amicitiam pollicetur. Sed ille hac re nihil motus, etiam detentam navem vi armata custodibus eripere conatus est. Quo viso placuit consilium ut merces separarentur, magister navis cum ipsa navi et hominibus septuaginta Dammam mitteretur, addita sponsione, ut si Batavorum liberationem perficeret, ipsi aut merces redderentur, aut pretium, quod quinque Catiis auri aestimaverat. Cum deinde temporis ratio et aquae dulcis penuria mutare stationem cogeret, Indos omnes, quos penes se habebat, Hemskerckius in suas quemque sedes dimittit. Duos

Histor. p. II. artic. II.

Joram legat: quorum opera regi excusaretur, mitti aliquem ad se cum mandato rogans, cui quinque auri Catias, quas dixi, persolveret. Rex autem respondet: *Nihil se in ejus facto invenire, quod excusari deberet. Satis enim compertum Hollandos ea esse innocentia, ut nemini pacato nocitum vellent: caeterum vindicare se ab his, qui priores fecissent injuriam, non modo extra culpam, sed ubique gentium laudabile. Quod ipsum si cum suo aut suorum alicujus dispendio fortuna belli voluisset contingere, non esse cur hoc iniquius ferret. Sibi pro omni restitutione solam Hollandorum amicitiam abunde suffecturam.* Cum deinde Joram ad negotiandum Hemskerckius venisset, vix a rege supplicando impetravit, ut magistro detentae navis, Rasaduta vocabatur, satisfacere se permitteret. Ita pro auri Catiis quinque volenti persolvit mille ducentos regales, etsi merces vix septingentos valebant. Quid hic prius mireris? Quod pretium pro hominibus persolutum est, qui nullo jure, nulla fide capti erant? Quod Indi dimissi, cum ab Indis Batavi tenerentur? Quod regi Jorae se ipse Hemskerckius indicavit? Quod oravit etiam? Quod plus quam debuerat solvit, cum posset omnino non solvere? Tam liberalis nemo praedator est. Quare cum etiam si talia deessent indicia, in facto dubio facienda sit benignior interpretatio, haec cogitanda est mens fuisse, hic animus vincentibus Lusitanos, ut qui beneficiis mitigari non potuerant, damnis saltem mutandos ad mores cogerentur: sicut Ambrosius dixit [1] eripiendam his latrocinandi facultatem, quibus voluntas eripi non potuit. Atque utinam nunc saltem deponere possent illam feritatem, admittere humani generis consortium et certare tantum licitando. Parati sunt Batavi omittere odia et omnem illam facinorum memoriam et egregias belli feliciter gerendi occasiones. Sufficit illis lucrum, quod ex

---

[1] Serm. 8. in Ps. 118. vs. 2. Et est in c. est injusta. [Decr. Grat. p. 2. 23. 4. 33.]

volentibus capitur. Sive igitur hunc finem volumus fuisse, ut damna et sumtus repararentur, sive etiam ut iniquorum malitia averteretur, alter sufficit et uterque sine dubio justus est. *Ex concl. IV.* Evolutis causis omnibus, justum hoc esse bellum Indicae Hollandorum societatis in Lusitanos, ad quos navis capta pertinuit, pronuntiamus; *Ex concl. III.* quare et praedam justam omnino fuisse, ut nostra principia declarant. Et cum evidentissimis rationibus demonstratum sit, *Ex concl. IX. artic. p. I.* praedam omnem ex bello privato usque ad debiti satisfactionem primo ejus fieri, qui belli justi auctor est, facile intelligitur caraccam hanc captasque merces, quas ad debiti solutionem nondum sufficere ostendimus, societati Indicae esse acquisitas, quae suis sumtibus bellum illud administravit. Planum enim fecimus, non minus ex bello privato, quam publico praedam contingere. Verum etiam illi qui verbis discrepant, ad hanc quaestionem quod attinet, re ipsa consentiunt. Fatentur enim omnes [1], si judex desit, etiam ex intervallo ad recuperationem rerum et debiti compensationem, in quam et sumtus veniunt, res adversariorum capi posse, nisi quod nonnulli certis casibus requirunt subsequentem judicis sententiam: quae cum hanc praedam secuta sit nulla relinquitur dubitatio. *In fine p. II. cap. seq.* Jam vero, quod amplius est, docent scholastici [2], *quamvis bellum sit injustum ex causa, animo, persona et auctoritate, tamen si res subsit, quia scilicet pro rebus repetendis factum est, intellige ex intervallo, eum qui bellum movit in conscientia restituere non teneri, nisi acceperit vel damnificaverit ultra quam adversarius habuerit injuste de suo.* Et haec ratione societatis Indicae Hollandorum, quatenus pro se arma movit, dicta sunto. Eodem modo quin arma movere potuerit pro injuriis, quae sociis et amicis ipsorum, puta societati Zelandorum,

---

[1] V. all. in princ. c. 10. et adde Bart. de repress. q. 9. n. 4. circa finem.
[2] Silv. in v. Bellum 1. §. 10.

illata fuerant, et quod acquisitum foret, id primum in sumtus a se factos imputare, dubium ex supra dictis esse non debet. Quemadmodum potuerunt et Hollandi non ipsi arma primitus movere, sed aut Zelandis aut Indis etiam moventibus accedere: quo facto eatenus praeda ipsorum esset futura, quatenus illis capiendam belli auctores assignassent. Sed quia privatorum accessione ad Principes aut populos Indos bellum magis publicum est, quam privatum, idcirco in sequens rectius examen haec inspectio differetur. De subditis autem belli privati, hoc est nautis majoribusque et minoribus societatis hujus administris pene supervacua inspectio est, tum quia non horum praecipue causa examen institutum est, tum quia ex his quae jam dicta sunt et dogmatum principio positorum collatione, ambiguum non est, in tam aperta causae justitia recte eos fecisse, quod societati obtemperaverint adversus Lusitanos bellanti, sua sequentes mandata: unde etiam, si quid ex praeda ipsis a societate attributum est, id pure pieque retinebunt.

V. quae praecedunt concl. VIII. artic. I. et quae ante concl. IX. artic. I. p. I. Ex concl. V. artic. I. med. et seqq. concl. ad concl. IX. artic. I. p. II. Ex concl. V. artic. I. in fine. concl. VI. artic. III. et IV. concl. VII. artic. IV. cum coroll. poster. et concl. VIII. artic. II. et concl. IX. artic. I. p. II.

CAPUT XIII.

In quo ostenditur, justum esse bellum justeque partam praedam societati ex causa publica patriae.

Parte I. Respectu Ordinum voluntaria agentium.

Parte II. Respectu societatis Indicae, subditae Ordinibus.

Parte III. Aut etiam ex causa publica sociorum.

In quo ista inferuntur problemata.

I. Respublica ejusve Ordines etiam cum habent Principem, belli tamen publice suscipiendi habent auctoritatem.

II. Justa belli causa in Principem est tuitio legum patriarum, quibus Principatus adstringitur.

III. Bellum in Principem indictionem non desiderat.

IV. Praesentis temporis magistratui parere boni civis est.

V. Bona fide civis pugnat contra Principem pro republica et legibus.

VI. Bellum reipublicae in Principem, qui suus Princeps fuit, externum est.

VII. Societas belli recte interdum a Christianis initur cum Infidelibus contra Christianos pugnantibus.

Pars I. capitis. Quamquam autem privatum hoc esse bellum potuit, et quidem justum eo quo diximus modo, nihilominus re ipsa fuisse publicum, et obvenisse praedam jure publico, verius *Ex concl. V. artic. II.* est: ut quidem belli auctores sint Hollandiae Ordines, qui hodie cum aliis Belgarum nationibus foedere conjuncti sunt. Primam supremamque belli movendi potestatem penes rempublicam esse diximus. Esse autem justam rempublicam, perfectam quamdam communitatem. Ita regnum Arragoniae disjunctam esse rempublicam a regno Castellae dicit Victoria [1], nec obstare, quod utraque sub eodem sit Principe. Sic et Hollandiae comitatus tota per se respublica est. Quemadmodum vero qui turmas et cohortes dicit, exercitum dicit, ita qui Ordines nominat, non aliud quam rempublicam vult intelligi, cum omnes partes simul sumtae a toto revera nihil *Problema I.* differant. Tritum est in philosophorum diatribis, quae res per se causa est alteri cujuscunque qualitatis, eam multo magis eadem qualitate praeditam, si modo ejus per naturam sit capax. Jure autem naturali et divino, ut ipsius Victoriae [2]

---

[1] de jure belli n. 7. [2] de pot. civ. n. 7. Idem tradit Covarr. Pract. quaest. c. 1. concl. 1. V. supr. c. 2. ad legem 10.

verissimam exprimamus sententiam, potestas tota civilis in republica residet, cui de se competit gubernare se ipsam et administrare et omnes potestates suas in commune bonum dirigere. Principum vero potestas nulla justa est, nisi quatenus a reipublicae potestate derivata est per electionem sive in personam, sive in familiam [1]: unde et jus belli suscipiendi ad Principem pertinet, duntaxat qua vices reipublicae gerit et ab ea mandatum accepit [2]. Prior igitur majorque potestas belli indicendi penes ipsam rempublicam est [3], quae Principem censetur in his sibi substituisse, quae ipsa per se commode efficere non possit. Manet ergo etiam constituto Principatu integra potestas reipublicae [4], adeo quidem ut idem ille theologus Hispanus [5] posse a Republica mutari Principes et Principatum de genere in genus transferri Gallorum exemplo probet. Hinc constat Hollandorum rempublicam etiam cum Principem haberet jure tamen belli suscipiendi non caruisse. Nam alioqui non fuisset sibi sufficiens: quo argumento probat Victoria [6] reges quamvis Imperatori subjectos bellum suscipere non vetari. Verum etiamsi quos Ordines dicimus non ipsa essent respublica, sed magistratus a republica constituti et Principe inferiores, bellum tamen publicum esse non desinit. Docuimus enim cum Victoria [7] aliisque auctoribus, Principe cessante, posse magistratus inferiores non tantum propulsare injurias, sed et bellum publicum inferre ad puniendos malefactores extraneos. Qua ratione etiam partem populi magistratus sibi legere posse vult Covarruvias [8], etiamsi illi magistratus alias nisi a rege constitui non possint. Retinuit enim, ut ille inquit, populus juris naturalis potestatem, qua uti potest

[1] Covarr. d. c. concl. 4. Vasq. c. 20. n. 24. et seq. idem c. 47. n. 5. Durandus de orig. jurisd. [2] Vict. de jure belli. n. 6. [3] Henr. Gorich. de bello justo, in praef. et in prop. 12. resp. ad ult. argum. [4] Ita docet Vasquius c. 47. n. 11. [5] Vict. de Indis, rel. 1. p. 1. n. 16. [6] De jure belli. n. 8. [7] Ibi. n. 9. [8] Pract. quaest. c. 4. n. 3.

dum rex ipse sua potestate non utitur: *Alioqui populus ipse ipsaque respublica maximum obiret discrimen et periculum, cui obviam ire non posset: quod est egregie absurdum.* Paria sunt in jure non esse et esse inutile. *Paria sunt*, inquit Castrensis [1], *non habere superiorem vel habere negligentem.* Si ob absentiam vel neglectum Principis inferioribus magistratibus bellum suscipere permissum est, quanto magis si ipse Princeps injuriam faciat reipublicae, quae nisi armis reprimi non possit? Theologi [2] non illi tantum, qui Papam Concilio subjiciunt, sed alterius factionis, qui supra Concilium Pontificiam ponunt auctoritatem, addunt tamen, si Pontifex Ecclesiam destruat, posse convocari Concilium contra ejus voluntatem, ejusque Concilii auctoritate etiam vi, si opus esset, resisti Pontifici, et mandatorum exsecutionem impediri. Quid autem aliud est Concilium, quam Ordines ecclesiastici? quid Ordines, quam Concilium civile? Atque vel idcirco plus debet licere Ordinibus in Principem, quam Concilio in Papam, quia Papam qui dicunt immediate potestatem a Christo, non ab Ecclesia accepisse, Principem tamen fatentur nullam habere auctoritatem nisi a republica [3]. Habuerunt igitur Hollandiae Ordines jus belli indicendi, quod ipsum multo etiam clarius docet ab initiis reipublicae Hollandicae sacrosancta semper Ordinum auctoritas longissimoque temporum usu firmata, et leges patriae Brabantis olim scriptae, mox cum caeteris Belgarum nationibus communicatae, quae diserte cavent ut integrum sit Ordinibus omnem fidem atque observantiam negare Principi jura patria violanti [4]. De causis autem belli hujus, quod ab Hollandis pariter cum aliis Belgarum nationibus

Ex histor. p. I.

Ex histor. supra. p. I. artic. I. ubi vide.

[1] Ad l. ex hoc jure ff. de just. et jure [D. 1. 1. 5.] n. 18. [2] Silv. in. v. Papa. n. 4. Card. de Turri cremata lib. 3. c. 10. Vict. de pot. Papae et conc. n. 23. et 24. [3] Vict. de pot. ecclesiae. q. 3. n. 2. Covarr. pract. quaest. c. 1. concl. 2. et in c. peccatum §. 9. n. 6. all. Cajet. in Summ. 2. 2. 1. 10. et c. 1. tract. 2. de pot. Papae et conc. [4] V. sub finem Laeti introitus, et Guicciard. in c. de privilegiis Brabantorum.

primum in Albanum et qui cum eo erant Hispani, deinde in Regem Philippum, qui Comes fuit Hollandiae gestum est, disserere majus sit coepto opere. Neque vero meum post tot in eam rem editos jamdudum libellos ab aliis bene dicta invertere. Sed quod in transcursu ad rem praesentem satis sit non tacebo. Manifestum est Albanum et Hispanos illud palam praedicasse imo lata sententia pronuntiasse [1], leges omnes et jura patria nationum Belgicarum velut commissa Principi. Nec tamen aliud obtendi potuit, quam turbae a paucis editae, consilio privato, et subito quodam impetu, qui simul atque reprimi potuit a magistratibus repressus est: quo crimine non obligari universitatem jurisperitorum omnium constantissima assertio est [2]. Quidquid igitur eo nomine factum est, quod alioqui fieri non licuisset, id profecto injustum fuit arcerique debuit [3]. Cum itaque pertineret ad Ordines ut summos magistratus et jus reipublicae et civium tueri [4], officium illorum fuit defendere rempublicam adversus eam vim, quam externa arma contra leges inducta rebus pacatis intulerant: deinde vitam civium et possessiones tueri adversus iudicia illegitima contra formam juris communis et mores patrios admistis hominibus peregrinis exercita: liberare etiam rempublicam et cives singulos ab exactionibus ejusmodi, quae non tantum legibus directe obstabant, sed et communi hominum libertati, cum inducant, ut Doctor Hispanus [5] loquitur, expilationem praesentem et servitutem futuram: imprimis vero operam dare ut diligenter servarentur pacta a majoribus tradita, Principum juramento sancita et formam imperii continentia, ne his violatis,

Ex concl. VI. artic. I. examen I.

Ex lege I. supra c. II.

Ex lege I. et II.

Ex lege II.

Ex lege VI. cum reg. III.

---

[1] data Madriti, 16 Febr. an. 1568. [2] Bart. in l. aut facta. §. ult. ff. de poenis. [D. 48. 19. 16.] Bal. quib. mod. feud. amitt. n. 13. Jason in l. civitas. ff. si cert. pet. [D. 12. 1. 27.] Andr. Gail. de pace publ. lib. 2. c. 9. [3] V. l. prohibitum. C. de jure fisci. [C. 10. 1. 5.] l. devotum C. de meta. [C. 12. 40. 5.] et utrobique Bart. et in tract. de Guelf. et Gib. n. 8. [4] Vasq. c. 41. n. 20. et seq. et c. 18. n. 7. [5] Vasq. c. 8. n. 8. et c. 7. per totum. et c. 43. n. 6.

quibus multa per saecula respublica steterat, eadem in pro- *Ex lege V.* vinciae modum Hispanorum libidini subjiceretur. Postremo etiam poenis coercendi erant, qui patriae aut civibus per *Problema II.* injuriam insultabant. Quae cum ita essent certe ad Philippum pertinuit, oratum toties, oppressos armis Hollandos et alios Belgas defendere et in sontes jus reddere. Nam haec duo sola sunt, quorum gratia omnes instituti sunt Principatus. Tradunt autem magistri juris posse populum a Principe ob omissam defensionem discedere, ita ut nec alterum eligendi potestas ei neganda sit. Tradit et Doctor Hispanus[1] et quod est amplius in Philippi illius summo praetorio senator, superiores ex justitiae erga subditos denegatione non solum suprema jurisdictione ipso jure privari, verum etiam ipsius rursus recuperandae incapaces perpetuo fieri. *Proinde*, inquit, *Principibus summopere cavendum est, ne dum injuria ad justitiae denegationem properant, ipsi quoque subditi ad inobedientiam et defectionem jure festinent.* Quid igitur dicendum est de eo Principe, qui non modo in auctores malorum justitiam non exercet, sed eosdem honoribus evehit, non modo oppressum populum non defendit, sed ipse ad ejus oppressionem confert consilia sua, pecunias, classes, exercitus, ut scilicet contra veterem imperii formam, quasi victis leges pro arbitrio imponat? Hic sane ab obsequio recedendi multo justior est *Nova declaratio.* ratio. Sententia contra jus partis lata iniqua dicitur; contra formam judiciorum sententia non est. Idem in lege. Divino jure matrimonium eo solo peccato dirimitur, quod formae ipsius matrimonii contrarium est et adulterium dicitur. Qualiscunque alterius criminis reus ante damnationem civis est: sed is qui rempublicam oppugnat civis esse desinit[3]. Simile est in magistratu et quidem summo. Qua ratione negaverunt

---

[1] Vasq. c. 5. n. 10. Castrensis ad l. ex hoc jure ff. de just. et jure. n. 17. et 18. [D. 1. 1. 5.] Dd. in l. si non defendantur ff. de poenis. [D. 48. 19. 19.] [2] Vasq. in praef. controv. ill. n. 16. et 17. [3] Cic. Catil. 1. [c. 11. §. 28.]

Romani consulem esse Antonium [1]. Et illa quae ex orationibus Tiberii Gracchi Plutarchus [2] excerpsit, longe sunt verissima, etsi forte ab ipso non recte usurpata. Latine sic sonant: *Sacrosanctus est tribunus, quia plebi sacratus ejusque defensor est: quod si mutatus plebem vexet injuriis, potestatem ejus dissolvat, jus tollat suffragii, ipse magistratu se privavit, dum alia omnia facit, quam ea ob quae magistratum acceperat. Nam alioqui si Capitolium iret dirutum, flammas inferret publicis navalibus, adhucne permittendus esset gerere tribunatum? Et tamen haec si faceret, malus esset tribunus: at cum plebem evertit, ne tribunus quidem.* Quae autem esse potest aut celsior aut sanctior potestas ea, quam hodie nonnulli [3] tribuunt Pontifici Romano, quem negant ulli humano judici subjacere, cum summum illud imperium non hominibus, sed uni Deo acceptum ferat? Et hi tamen fatentur Papam si a fide declinet, se ipsum facto suo deponere: posse autem a concilio depositum declarari: quia scilicet haeresis directe repugnat institutioni Pontificatus. Cum enim capitis habere debeat rationem, ut vitam corpori instillet, non potest eo loco, inquiunt, haberi, postquam est spiritualiter mortuus. Nam quomodocunque affectum caput, etsi langueat, caput manet: praecisum autem, caput non est. Ipso igitur facto, cum contra formam institutionis veniat, perdit jus omne et potestatem [4]. Quod si ille Pontifex potestatem hoc modo ereptam armis vindicet, quin armis repellendus sit minime dubitatur. Multo igitur haec facilius in principatu procedent, qui jus nullum habet, nisi quod a republica profectum est. Atque ideo ex Hispanorum [5]

V. supra in examine ex concl. V. artic. II.

---

[1] Cic. Philipp. 4. [c. 3. §. 6. seq.] et passim. [2] Vita Tib. Gracchi. [p. 831. d.] [3] V. Silv. in v. Papa n. 4. Cardinalis de Turri cremata, Summae lib. 4. p. 2. c. 19. et 20. [4] c. Acatius. 1. et 2. c. audivimus. c. didicimus. [Decr. Grat. p. 2. 24. 1. c. 1. 3. 4. 31.] [5] Vasq. c. 1. n. 8. casu tertio, allegat Iserniam, Thomam et Hostiensem.

maxime doctrina potestas Principi data revocari potest tum praecipue, cum ille principatus sui terminos excedit: jam enim ipso facto Princeps non videtur [1]. Nam qui imperio abutitur eo se indignum reddit, et Princeps esse desinit hoc ipso quod se tyrannum facit [2]. Quod locum habiturum etiam apud eos, qui rempublicam Principi subjiciunt, exemplum vasalli docet, quem domini saevientis obsequio jura eximunt [3].

Ex concl. VI. artic. I. examen II. Vid. ad eum artic. c. VII. Ex lege I. et II.

Non potest autem non injuria repeti, quidquid jure amissum est. Quare cum Philippus imperium, quo exciderat, bello reposceret atque etiam recte facti poenas expeteret, fuit ex Hollandorum parte justissima belli causa, vitae ac rerum et legitimae libertatis defensio [4]. Jus deinde aliud atque aliud

Ex lege II.

in ipso bello subnatum est. Primum ob immensa damna [5], quae Hispani immerito Hollandis intulerunt, agro quondam vastato, urbibus dirutis, direptis, acta praeda jam tot per annos.

Ex lege VI. In histor. supra p. I. artic. I.

Secundum ob impensas belli, quas tantas fuisse et esse quotidie, ut vix ullae ullius temporis conferri possint, vere diximus: idque tum ex belli diuturnitate, tum ex opulentia hostis, cui

Ex lege V.

resistendum fuit, intelligi potest. Tertium ob delicta: quae cum dico, non tantum caedes innocentium et rapinas et omnem illam violentiam intelligi volo, quae propterea peccata sunt in bello, quia bellum injustum est, verum alia etiam, quae nec bellum justum gerenti licuissent, cujusmodi innumera crudelitatis, perfidiae, libidinis exempla, tantum abest ut nos numerare possimus, annales nulli satis digne exprimant.

---

[1] Vasq. c. 8. n. 19. [2] Vasq. d. c. 1. n. 8. casu. 1. c. 8. n. 11. et c. 18. n. 10. Covarr. pract. quaest. c. 1. concl. 6. circa finem. arg. c. non omnes. causa 11. q. 7. [Decr. Grat. p. 1. 11. 7. 29.] [3] Bald. in 1. Rubr. ff. et de milite vasall. qui cont. est. in fine. [F. 2. 22.] Inst. de his qui sui vel alieni juris sunt, sub finem. [I. 1. 8.] V. c. 1. §. domino. si de feud. contr. sit inter dom. et agn. [F. 2. 26.] Item c. ex facto. qual. dom. prop. feud. priv. [F. 2. 47.] et ibi Bald. n. 8. [4] V. text. in l. 2. ff. de orig. juris. §. exactis regibus. [D. 1. 2. 2. §. 3.] Et Bart. de tyrann. n. 3. in fine. [5] V. c. 7. ad artic. 1. et c. 4. post princ.

Haec tria si in unum conferantur jus facient prope infinitum, certe nullis umquam temporibus, nullis victoriis recuperabile. Adversus ipsos Lusitanos propriae belli causae fuerunt, cum ipsi priores bello aggrederentur, ut in classe Hispanica, defensio damnorum et sumtuum recuperatio et justa vindicta. Itemque recuperatio et vindicta omnium eorum, quae detentis toties navibus et nautis Hollandis in Lusitania contigerunt: nec minus eorum quae Hollandis totum per orbem, quacunque se Lusitanorum potentia ad injurias, ut videtur, nata extendit, acciderunt hominibus spoliatis, trucidatis. In ipsa autem India peculiares reipublicae Hollandorum causae [1], aliae propter se, aliae propter cives. Ad prius genus referri possunt injuriae, per quas tota gens Hollandorum commerciis prohibita est et apud externas nationes infamata. Utrumque jam antea in causis belli privati exsecuti sumus [2]. Unum tamen hic notatu non indignum est, etiamsi ad Lusitanos pertinuisset jus ad Indos negotiandi, ita ut alias gentes arcere possent, tamen ex quo Batavis cum illorum Principe bellum justum erat, sicut res hosti subditorum eripere licuit, ita et jus illis alioqui proprium usurpare licuisse. Ad alterum genus quod attinet, satis planum est tutelam jusque civium et vindicationem reipublicae cordi esse debere, cum hac maxime de causa instituta sit civilis societas, ut quod non possent singuli possent universi [3]. Si Romani, quod Tullius annotat [4], saepe injuriosius tractatis naviculatoribus bella gesserunt, quid non Hollandos facere oportuit ejus societatis gratia, qua tot civium alimenta sustinentur? Potuerunt sane, imo, quantum ratio reipublicae permisit, etiam debuerunt cives suos ante exitium defendere, exitio datos ulcisci, res similiter eorum aut tutari, aut armis reposcere. Estne ulla sanctior belli causa, quam haec quae et divinis literis et antiquissimo gentium jure, legibus etiam

Ex concl. VI. artic. I. examen III.
Ex lege I. II. V. VI.
Ex histor. supra p. I. artic. III.
Ex lege II. VI.
Ex histor. supra, p. I. artic. V.
Ex lege II. VI. Ex histor. supra p. I. artic. VI. et VII.
Ex concl. VI. artic. I. exam. I. et II.
Ex lege I. V. II. VI.

---

[1] V. supra c. 12. [2] V. c. 6. paulo post artic. 1. et c. 9. ad concl. 8. artic. 1.
[3] V. c. 2. ad l. 7. et 8. [4] pro l. Manilia. [c. 5. §. 11.]

civilibus prodita est, ob legationem violatam [1]? Quid autem est concitare bellum? Mari et portubus non admittere? Lusitani quantum in ipsis est, etiam depulerunt. Homines capere? At illi captos ne redimi quidem passi sunt. Homines occidere? Quod illis parum fuit, nisi ante cruciatibus laniarent. Bello quemquam appetere? Quanto autem saevius allectos specie pacis atrocioribus malis, quam bella norunt, affligere? Sed non onerabo chartas repetendis quae aut ex narratione, aut ex privati belli examine hauriri possunt, cum omnino idem jus quod cives habuerint, habuerit pro civibus respublica. Jure igitur hostes Hollandi habent et Philippum et Castellanos et Lusitanos, suis quemque de causis, ob injurias quibus ab ipsis affecti sunt. Jam vero etiamsi in Lusitanos nullae essent propriae causae, tamen hostium loco esse demonstravimus hostium aut socios, aut subditos. Fuerunt autem Lusitani subditi Philippi Secundi regis et nunc sunt subditi Philippi Tertii, qui patri in regnum et bellum Batavicum successit: ad quod bellum etiam tributa illorum conferuntur. Sunt et socii Castellanorum opemque mutuam adversus Batavos aut praestant, aut implorant, ut in classe Hispanica patuit et in rebus Indicis narratum est. Quod autem dicimus Lusitanos hostes esse, id non minus de singulis, quam de republica intelligendum rationes declarant toties jam positae [2], ut iterari non debeant. Bellum autem ab Hollandis et in Albanum cum Castellanis, et mox in Philippum, et in Lusitanos denique justo modo, ex necessitatis scilicet lege, susceptum est. Ostendimus enim ei qui bello prior impetitur, nec clarigationem, nec decretum esse necessarium. Atqui apertissimum est Albanum cum exercitu licentiosissimo intervenisse rebus eo tempore pacatis, et Philippum arma intulisse Batavis, cum

Ex histor. p. II. per totum.
Ex concl. VI. artic. I. examen III.
Ex concl. VI. artic. II.

Ex histor. p. I. artic. III.

Ex histor. p. II. artic. V.

Ex concl. VII. artic. II.

Histor. p. I. artic. I.

---

[1] Sam. 2. c. 10. et apud omnes historicos. l. ult. ff. de legat. [D. 50. 7.]

[2] ad d. artic. 2. Et v. supra c. 12. examen ex eodem articulo, et infra ex concl. 7. artic. 3. cum coroll.

adhuc ab ipsis Principis nomine coleretur: Lusitanos autem in bello committendo priores fuisse ipsa rerum series patefecit. *Histor. p. II. artic. IV.* Praeterea nec ad Albanum tuto licuit accedere, nulla in hostes hostium jura servantem: et Philippum in Hispania convenire post marchionis Bergensis et Montignaei legatorum mortem cui non formidolosum fuit? Apud Lusitanos autem in India quae fuit securitas, ubi caduceatoribus ne pacta quidem profuerunt? Ubicunque autem jus legationis et gentium commercia violantur, nulla, uti diximus, denuntiatio necessaria est. Praeterea dignum est observatu defensionem Batavorum ad *Problema III.* ea usque tempora, quibus Philippus imperio cecidisse pronuntiatus est, fuisse bellum civile, quantum ad hostes principales attinet. Nam et praefectus qua praefectus est et Princeps qua Princeps pars videntur reipublicae, sicut theologi [1] tradunt, ubi de abjudicando Pontificatu agitur, in eo judicio Papam non caput sed membrum esse ecclesiae. Quare etiamsi vim nullam armatam hostes priores intulissent aut jus gentium violassent, tamen denuntiatio non requireretur, quae bello externo propria est: ut egregie diximus Ciceronem colligere non esse bellum per legatos indicendum Antonio, quamquam consuli, hoc est magistratui summo populi Romani. Nam et cum Tarquinii publico decreto damnati fuerunt, bellum regi indictum non est: quod tamen bellum eo nomine minus justum nemo existimavit. Sola igitur sententia sufficeret. *Histor. p. I. artic. I.* Sententia autem et contra Albanum data est ab Hollandiae Ordinibus, et contra Philippum tum ab his ipsis, tum ab aliarum nationum ac totius fere Belgii Ordinibus in concilium legitime convocatis. In Lusitanis autem eo res est expeditior, quia nullo Doctorum dissentiente tradidimus coepto bello adversus aliquem, sociis et subditis omnibus ipso facto satis indictum bellum censeri, cum non possent non hostes esse, qui se hosti aggregarent. Nec quidquam obstat hac in parte

[1] Silv. in v. Papa. n. 4.

illa pacata per Indiam vivendi ratio, quam Batavi dum licuit observarunt, Lusitani interrupere, cum satis constet, finitis aut violatis induciis, bellum non novum sed quod ante fuit censeri, neque opus ulla indictione [1]. Quamquam sane et horum ratione decreti locum obtinet edictum [2] ab Ordinibus foederatarum Belgii nationum publicatum, quo bona omnia subditorum regi Hispaniae praedae cedere jubentur. Actionem autem hanc bellicam non esse egressam juris sui limites ex his apparet, quae in bello privato examinavimus [3]. Ostensum enim est sola damna, quae Hollandis Lusitani intulerunt, ex ista praeda non posse resarciri. Quanto igitur plus juris putandi sunt Ordines habuisse, qui et illa ipsa damna exigere potuerunt, et alia omnia, quae cives sui totum per orbem ac praecipue navium in Lusitania apprehensionibus passi sunt, et praeterea mulctare condigne tot malorum artifices, tamquam bello judices constituti, ac totius in Hispanos belli immensa illa dispendia a Lusitanis non minus quam ab aliis reposcere? Neque de personis ulla restat dubitatio, cum Hispani theologi [4] verissima sit haec sententia et ab omnibus comprobata, si hostes nolint restituere id, quod debent et non possit qui laesus est aliunde commode recuperare, undecunque satisfactionem posse accipere, sive a nocentibus, sive ab innocentibus. *Ut si*, inquit, *latrones Galli fecerint praedas in agrum Hispanorum, et rex Francorum nolit cogere illos ad restitutionem cum possit, possunt Hispani auctoritate Principis spoliare mercatores Gallos aut agricolas quantumcunque innocentes: quia licet forte a principio respublica aut Princeps Gallorum non fuerit in culpa, jam est in culpa, quia negligit vindicare, ut ait Augustinus, quod improbe a suis factum est: et Princeps laesus potest ex omni membro*

Ex concl. VII. artic. III. p. I.

Ex coroll. I. cap. VIII.

---

[1] Mart. Laud. de bello. n. 29. V. Gent. lib. 2. c. 2. [2] De quo vide infra in parte cap. secunda. [3] V. c. 12. examen ex eodem articulo. [4] Vict. de jure belli. n. 41.

et parte reipublicae satisfactionem accipere. Neque vero fides Hollandica ulla ex parte accusari potest. Nihil enim est Lusitanis publice promissum: nisi quis huc trahere velit diplomata liberi commeatus, quae Lusitanis concessa fuisse, in testimonium innocentiae Batavorum alibi memoravimus. Sed illa nihil amplius quam ex locis hostilibus in Batavos transeundi, rursumque emigrandi licentiam indulgent: non etiam ex locis hostilibus alio quovis commeandi, multo minus in locos hostiles, evidentissima ratione, quia mercaturam civium suorum benignissimi proceres provehere voluerunt, quae res etiam aerario compendiosa est, non autem hostibus ditescendi occasionem praestare, quod ipsis non modo non lucrosum verum etiam periculosum foret. Notissimum autem est quamquam beneficiis publicis liberalissima concedatur interpretatio [1], id tamen locum non habere in privilegiis et dispensationibus, quas dicimus. Istae enim communi juri cum repugnent ad consequentias trahendae non sunt: ut jam taceam in aliis etiam beneficiis, praesertim quae ad partis desiderium concessa sunt, si quid novum atque inusitatum contineant, praecipue vero si quid publicis utilitatibus insidiosum, sequendum esse sensum parciorem [2]. Quod ipsum quanto certius erit in hostibus, quorum personae minime sunt favorabiles, et quidem ubi ratio non modo diversa, verum etiam contraria est? Ut jam taceam etiamsi beneficium hucusque porrigi posset, tamen quicunque facta Lusitanorum post concessionem legerit, minime dubitaturum quin se Lusitani eo indignos reddiderint. Finem autem tum bello universim, tum proprie in Lusitanos non alium sibi videri possunt Ordines proposuisse, quam consecutionem juris, quod aut reipublicae aut civibus debetur, ut fatigata aliquando hostium malitia pax ea pariatur, quae nihil habitura sit insidiarum,

Ex concl. VII. artic. III. p. II.

Histor. p. I. artic. IV.

Ex concl. VIII. artic. I.

---

[1] Jas. in l. beneficium ff. de const. Princ. (D. 1 4. 3.) n. 33. et 37. [2] Jas. ibi n. 32.

atque interim quanta fieri potest tranquillitate foveatur negotiatio, quae cum omnibus a natura patet, tum hujus populi studiis peculiariter accommodata est. Omni igitur ex parte, etiam quod ad conscientiam attinet, bellum hoc in Lusitanos justissimum est: et sic praeda justa, de qua agimus. Ea autem praeda, etiam cujusvis suorum ministerio, reipublicae primo acquireretur usque ad juris satisfactionem, quae praedam istam infinite excedit: potuit autem et concedente republica fieri Indicae societatis: quemadmodum concessam esse oportunius infra docebitur.

Ex concl. IV. *Ex concl. III.* *Ex concl. IX. artic. II. p. I.*

Pars II. Haec ergo cum ratione habita ipsorum, qui belli sunt auctores, Ordinum scilicet, a nobis probata sint, multo erunt certiora si subditos, puta societatem Indicam, respiciamus, quae Ordinum imperiis paret. Nam quae in auctoribus vera esse necessario debent, eadem in subditis satis est esse verisimilia. Sed tamen aptemus examini ea, quae de subditis in doctrina de jure praedae conclusa sunt tum ex primario, tum ex secundario gentium jure. Primum igitur constat subditos Ordinibus esse eos, qui Indicam constituunt societatem. Omnes enim qui in istis sunt regionibus aut jurejurando obsequium Ordinibus promiserunt, aut dum se partem faciunt ejus reipublicae, quam Ordines administrant, tacite satis profitentur ejus se reipublicae moribus victuros, et receptis ab ea magistratibus praestituros obedientiam: ex qua professione non minus, ut alibi [1] ostendimus, quam voce obligantur. Euripideum est:

Ex concl. V. artic. II. *Problema IV.*

σέβειν δὲ τοὺς κρατοῦντας ἀρχαῖος νόμος.
Antiqua lex est, colere rerum compotes.

Nec illud tragici alterius [2] dissimile:

καὶ γὰρ τὸ λοιπὸν εἰσόμεσθα μὲν θεοῖς
εἴκειν, μαθησόμεσθα δ' Ἀτρείδας σέβειν.
ἄρχοντές εἰσιν, ὥσθ' ὑπεικτέον. τί μή;

---

[1] c. 2. paulo post reg. 3. et ante l. 7. V. etiam c. 8. ante concl. 7. artic. 3. 2. [2] Sophocles Ajace. [vs. 666. sqq.]

Quod restat, et nos Dis minores, ut decet,
Geramus, et veneremur Atridas duos,
Queis, cum regentes sint, nefas non cedere est.

Justissimum enim est, ut Alcibiades dixit, *ὅπερ ἐδέξατό τις σχῆμα τῆς πολιτείας, τοῦτο ξυνδιασώζειν* [1], hoc est, *quem quis acceperit reipublicae statum, ad eum servandum conniti:* quod Augustus viri civisque boni officium esse definivit [2]: sapienter, nec minus vere. Nam et ipse qui via est et veritas Judaeos non illud inquirere, quo jure Romani Palaestinam occupassent, sed quandoquidem ipsi in Romano imperio viverent, parere jussit Caesaribus, qui tum ejus imperii potiebantur, quod nummus Caesarea imagine signatus indicabat [3]. Ordinibus autem non idcirco tantum parere subditi debent, quia nunc id regimen receptum est, verum etiam quia istud imperium jure communi nititur. Hollandi enim et qui cum illis foederati sunt hodie, nulli omnino Principi obsequium debent, cum omnis apud illos principatus a mutuo sacramento soleat initium sumere. Post mortem autem Philippi Secundi nullus est Princeps in cujus verba juraverint. Neque vero Philippus Tertius jus aliquod retinuit, qui se videri vult omni Belgarum imperio abdicasse, neque Albertus cum conjuge plus quidquam habere potest, quam volentibus Ordinibus accepit, cum minime obscurum sit, ne partem quidem ullam populi invitam posse in alterius ditionem transferri [4]. Quomodocunque autem Princeps deficit, nihil est certius quam totum imperium deferri ad rempublicam, quae in Ordines suos distributa est, sive ut Covarruvias [5] docet, ad optimates atque proceres, qui reipublicae corpus referunt et recte Ordines dicuntur. *Parum enim refert*, inquit Paulus jurisconsultus, *Ordo quippiam fecerit, an is cui*

---

[1] Thucyd. lib. 6. [c. 89.] in orat. ad Laced. [2] Macrob. lib. 2. Sat. c. 4. [3] Matth. c. 22. vs. 21. Marc. c. 12. vs. 17. Luc. c. 20. vs. 25. [4] Vasq. c. 5. controv. illustr. per totum. Ayala lib. 1. c. 6. n. 9. [5] Pract. quaest. c. 1. n. 4.

Ordo id negotium dedit [1]. Cum ergo sint Ordinum subditi, de quibus loquimur, sufficit illis, quod bellum ab Ordinibus gestum non existimant injustum esse, si modo in ea opinione non est error inexcusabilis. Omnes autem pios atque religiosos cives (horum enim causa instituta est oratio, caeteri digni non sunt, quorum ratio habeatur) non credere bellum hoc esse injustum certissimo argumento convincitur, quia salva conscientia nemo potest interesse bello, quod injustum credat et tale bellum pro suis viribus sustentare: quod illi cum faciunt, et quidem non gravatim, bene se de bello sentire testantur [2]. Ejus autem persuasionis quam non improbanda sit ratio, ex his quae de causa belli modo diximus facile quivis intelligit. Et quamvis res dubia esset, tamen in ambiguo sequenda foret magistratus auctoritas, et quidem ejus qui summus hoc loco et tempore agnoscitur. Atqui Hollandi, ut diximus, neminem hodie alium agnoscunt. Bonae igitur fidei bellatores censendi sunt non illi modo, qui nunc adversus Lusitanos, sed et qui olim adversus Albanum ipsumque adeo Philippum auctoritate publica Ordinum arma sumserunt. Res ipsa poscit hic reprimi foedam et ingenuis hominibus indignam adulationem eorum, qui nati in hoc videntur, ut optima etiam Principum ingenia corrumpant. Ita enim docent, nullam justam esse causam rebellandi. Qui si serio agunt et hoc volunt dicere, fieri non posse ut justa sit aliqua causa desciscendi ab eo, qui Princeps sit, fuerit, inve eum arma movendi, turbant omnium regnorum possessiones, cum nullum fere imperium hodie apud eosdem sit, apud quos olim fuit. In his autem quorum causa omnino nulla esse potuit, ne longissimi quidem temporis exceptione

Ex concl. VI. artic. III.

Problema V.

---

[1] l. item eorum ff. quod cujusque univ. nom. [D. 3. 4. 6.] Adde Joh. Fab. Inst. de poena tem. lit. ad §. omnium. [I. 4. 16. §. 3.] et l. necessarium §. deinde ff. de orig. juris. [l. 2. §. 6. D. 1. 2.] [2] V. quae diximus c. 7. ad d. art. 3. ubi all. c. Julianus. 11. q. 3. [Decr. Grat. p. 2. 11. 3. 94.]

tuta est conscientia. Omittam notissimum Davidis exemplum, qui contra Saülem se defendit et Lobnae civitatis, quae Jorami se regno subduxit [1]. De Abrahamo quid dicent? Apertissime testatur divina historia regnum Sodomae et vicinarum urbium, cum duodecim per annos sub ditione fuissent Chodorlomari Elamitarum regis, ab ejusdem imperio defecisse, quae causa Elamitae movendi in Sodomam fuit. Vir igitur sanctissimus rebellibus opem tulit, regem subditos suos jure punientem impediit, ei se denique bello immiscuit, quod nulla causa defendi poterat? An illud Thomae [2] verius est, cum tyrannis non sit justum regimen, quippe quod ad privatum non ad publicum bonum ordinetur, ejus perturbatores falso seditionis insimulari? magis enim tyrannum esse seditiosum, qui in populo sibi subjecto discordias et seditiones nutrit, ut tutius dominari possit? Tyranni autem nomen non illis tantum convenire, qui imperium sibi indebitum per vim usurpant, sed et qui legitimo imperio per vim abutuntur [3], hoc est ubi vitium est non ex parte tituli, sed ex parte exercitii, probatione non indiget. Panormitanus etiam de Papa et Imperatore tradit, non eo ipso quod bellum faciunt, etiam inferioribus id bellum justum videri, cum et ipsi peccare possint, sed requiri ut causa subsit [4]. Neque ergo dicemus temere rejiciendum Principis imperium aut tantam ad rem quasvis injurias sufficere: sed et omnes, qui id unquam fecerunt, rebellionis crimine obstringi constanter negandum est. Sunt enim exceptiones aliquot, quarum hic duas proponimus. Prior sit: rempublicam universam, etiamsi posset aliquo modo in Principem peccare, rebellem tamen dici non posse [5]. Princeps enim est per et propter rempublicam, non respublica per aut propter Principem [6]. Et ideo rebellionis damnantur, qui

Nova declaratio.

---

[1] Sam. lib. 1. per totum. Chron. 2. c. 21. Gen. 14. [2] Summa 2. 2. 42. art. 2. ad tertium. [3] Bart. in tract. de tyr. n. 27. [4] in c. olim. de rest. spol. [Decr. Grat. p. 2. 2. 13. 12.] Silv. in v. Bellum. 1. n. 4. [5] V. Vasq. c. 82. n. 6. et 9. [6] Vasq. c. 1. n. 10.

Principi non paruerunt [1], quia auctoritatem a republica profectam violant et in unius persona non unum, sed totam laedunt societatem. Ipsique diversae sententiae auctores [2] hoc uno probant nullam justam esse causam adversus Principem, quia nulla sit justa adversus patriam, respublica autem et Princeps inter se sint conjunctissima. Rebellis igitur esse tota respublica non magis recte dicitur, quam homo quispiam sibi ipsi facere injuriam [3]. Atque adeo, si tanti esset, multa referre possem ex omni historia exempla populorum, qui imperio alicujus excusso in libertatem se asseruerunt, quorum tamen nullum rebellem dictum invenias [4]. Quod autem ex jure Pontificio nonnulli huc afferunt, effici nullo modo posse ut a capite membra discedant, ineptissime ad illud imperium accommodatur, quod ab hominibus profectum est, cum ut recte Vasquius [5] annotat in eo nihil obstet, quominus tota respublica suum fiat caput. Respublica sine Principe esse potest: at Principem nihil aliud quam reipublicae consensus facit. Caetera vero, quae contra populare regimen declamari solent, nihil huc pertinent, cum nec omne regimen populare vitiosum sit, nec omne sine Principe regimen populare. Altera autem distinctio ab ipsis est, qui Principibus omnino et semper pareri volunt: dicunt enim hoc locum non habere, nisi cum merum atque summum est imperium Principis: secus, si alia potestate legum aut magistratuum temperetur [6]. Qua de causa Romani Volscos, Latinos, Hispanos, Poenos, etiam tum cum ipsorum essent stipendiarii et tributa penderent et majestatem populi Romani observare tenerentur, ab imperio desciscentes non ut rebelles, sed ut legitimos hostes, denuntiato indictoque bello persecuti sunt. Pone ex una parte ephoros Lacedaemonios, senatum Romanum et Venetum:

---

[1] V. l. ult. ff. ad l. Jul. maſest. [D. 48. 4.] [2] Ayala lib. 1. c. 2. n. 22. [3] V. Arist. de morib. lib. 5. c. 11. in fine. [p. 1136. b. vs. 5.] [4] V. Vasq. c. 8. n. 21. et seq. [5] d. c. 82. n. 9. [6] Ayala lib. 1. c. 2. n. 26. in fine.

ex altera Pausaniam, Neronem, Falerium Principes. Quis non hos potius quam illos rebelles dixerit? Multis in locis, inquit Cajetanus [1], statuta sunt talia, ut reges solo nomine sint reges; et juxta Proculum [2] non usquequaque liber esse desinit populus, qui superiorem habet. Idemque multi alii [3] testantur. Quod si dubia sit omnino causa, non negamus priorem bono civi esse debere Principis quam inferioris cujuscunque magistratus auctoritatem: sed eadem ratione totius reipublicae consensus plus apud illum, quam unius Principis voluntas valebit, cum hujus potestas a reipublicae potestate derivetur [4]. Similiter quanto legum, quam hominum sanctiora et incorruptiora sunt imperia, tanto aequum est priorem haberi legum patriarum, quam Principis rationem [5]. Quod si jam resoluto principatu constituta sit reipublicae forma, quid in ambiguo sequi debeat civis jura monstrabunt, quae vindicias decernunt pro libertate [6]: et merito cum haec a natura sit, imperium a facto hominis [7]. Pro his autem quae natura sunt favor stat et praesumtio. Et hoc est quod posteriores magistri [8] tradiderunt, subditis de suo statu litigantibus nullum interim praejudicium inferendum contra libertatem. Quod maxime verum est in libertate non enormi neque effraeni, quae licentia verius dicitur, sed in eo statu, qui praefectorum quasi principatu, procerum auctoritate, civium benevolentia firmatur. Et haec quidem in universum dicta ad argumentum nostrum facile quivis applicabit. Caeterum Ordinum causa propterea quoque piis civibus debet esse commendatior, quod a Principibus fere omnibus vicinis

V. supra c. VII ante concl. VI. artic. III.

---

[1] ad Summ. Thom. 2. 2. 40. 1. [2] l. non dubito. ff. de capt. [D. 49. 15. 7.] [3] Vasq. c. 3. n. 3. c. 23. n. 3. c. 47. n. 9. et seq. [4] Vasq. c. 1. n. 11. [5] Idem c. 41. n. 26 et 27. Vict. de pot. papae et conc. n. 23 in fine. [6] l. lite ordinata. C. de lib. causa. [C. 7. 16. 14.] Livius lib. 3. c. 44 sqq. in historia Virginiae. [7] Inst. de jure naturali §. 2. ibi, jure enim. [I. 1. 2.] [8] Bal. in l. cum aliquis. ad finem. C. de jure delib. [C. 6. 30. 21.]

scripto factoque defensa est [1], qui nisi in jure admodum manifesto non facile credendi sunt ejus exempli bellum promoturi fuisse, cum sit alioqui ante omnia

Regi tuenda maxime regis salus [2].

Nonnihil huc pertinet tacita hostis ipsius confessio, qui cum principio motuum in captivos judiciis majestatis et capitalibus suppliciis saeviret, ubi firmata est certis viribus respublica et ordinata belli moles obstitit, captivorum redemtionem, jura praedae et alia belli commercia induxit, quae nonnisi cum justo hoste usurpantur, hoc est, ut nos alibi interpretati sumus, cum eo qui probabilem saltem habet pro se magistratuum auctoritatem. Et recte: si nos non decipit ea, quae apud Tullium est hostis legitimi descriptio [3], ut is sit qui habet rempublicam, aerarium, consensum et concordiam civium et rationem aliquam, si res ita tulerit, pacis et foederis. Nihil igitur est, quod cives possit impellere ut de bello Ordinum in Philippum sinistre judicent, multoque minus de bello in Lusitanos, praesertim quia certissima naturae principia communi rationi dictant, neque libertatem commerciorum impediendam, neque fidem violandam, quorum utrumque a Lusitanis fieri quotidie omnes audiunt. Probata igitur bona fide civium caetera omnia expedita sunt. Justum enim subditis bona fide praeditis bellum est in eos, quos magistratus pro hostibus habent. Habent autem Ordines Lusitanos pro hostibus et omnes et singulos: quod apparet ex classe illa, quam sub Petro Dousa in Thomae insulam et Brasiliam miserunt, plurimisque navibus ac mercibus quas Ordinum bellicae naves hominibus Lusitanis abstulerunt. Et alioqui per se quoque manifestum est, hostes esse subditos quoties Princeps hostis est. Quin et ex parte Lusitanorum ut bona fides contingat, dum forte probabilem habent opinionem, justas esse Principi suo Philippo causas belli in Batavos,

V. in c. VII. circa finem.

Ex concl. VI. artic. IV.

Supra in histor. p. I. artic. III.

---

[1] V. Declarationem reginae Angliae, de causis susceptae defensionis Belgarum. [2] Seneca Oedipo. [vs. 242.] [3] Philipp. 4. [c. 6. §. 14.]

quamquam difficile est his praesertim qui apud Indos versantur ob manifestas injurias, fieri tamen posse non pertinaciter negem. Et eo modo bellum utrimque, tam Batavorum quam Lusitanorum civium respectu, justum esse poterit et pura conscientia geri. Licet autem in tali bello tantum, quantum a magistratu conceditur. Concedunt autem Ordines Lusitanos illos spoliare, quorum fuit caracca. Edicto id probatur ab Ordinibus foederatis promulgato, postquam Hispani extremum suae perfidiae specimen ediderunt, abreptis navibus quae fide publica advenerant et hominibus in nervum et servitutem datis acerbissimam. Quare Ordines demonstrant Hispanos quique *ipsis addicti et ab ipsorum partibus starent* insatiabili dominatus cupidine, a qua gens nulla tuta esset, adeo efferatos, ut quia Batavos eorumque socios nulla vi nullisque fraudibus jugo suo hactenus subdere potuissent, jam eadem vi eisdemque fraudibus, etiam contra datam fidem, eos omnium orbis regionum commercio certarent excludere. Idcirco cum sibi propositum sit ad compescendos conatus tam inhumanos *ultro Hispanos aggredi in regnis atque provinciis, quas illi occuparunt, dataque damna reparare ac resarcire*, non tantum navium publicarum opera, *sed et singulorum quorum id interest*, accepto ab Ordinibus mandato, omnino se necessarium arbitrari Hispanos et qui illis addicti aut eorum sectae adhaerent, prohibere omni commeatu nec pati naves mercesve ullas terra aut mari, quacunque ratione ad ipsos devehi, quod tum juri publico gentium et Imperatorio receptoque belligerantium usui, tum edictis jam ante a se et regina Angliae editis esse consentaneum. Declarant igitur *justam esse praedam homines resque omnes sitas sub ditione regis Hispaniarum, quocunque tandem loco reperiantur.* Ac denuo destricte prohibent atque interdicunt cunctis ac singulis, cujuscunque conditionis, imperii aut regionis fuerint, excepto nemine, ad ullos portus, oppida locosve hostium in regnis Hispaniae, *Lusitaniae* aliisve in Europa sitos, *sub*

Ex coroll. c. VII. artic. II.

Ex concl. VII. artic. IV.

Datum d. 2. m. Apr. a. 1599.

V. supra in histor. p. I. artic. V.

V. supra c. VIII. ante coroll. I.

ditione regis qui nunc est Hispaniarum aut archiducum, terra aut aqua, directe aut per circuitus, qualicunque praetextu aut colore vehere, ferre, transportare *naves aut res aut mercimonia ulla*, sub paena *amissionis eorumdem* aliisque in edicto expressis. Jubent insuper curatores rei maritimae (collegium Admiralatus dicitur), quorum ordinaria in causis ejusmodi notio est, de rebus ad hostes destinatis interceptisque ex praescriptis istius edicti judicari. Huic edicto convenit eorumdem Ordinum interpretatio ad diplomata liberi commeatus Lusitanicae nationi concessa. Quae cum nonnulli contra sententiam in non permissa producerent, ita intelligenda ipsi decreverunt, ut Lusitanis eorumque rebus in foederato Belgio repertis tuta essent omnia fide publica, nec minus iis rebus, quas eidem Lusitani, ex Belgio duntaxat, in alias terras transmitterent, impetrata singulari permissione, ut mos habet Belgarum, Caeterum sive Lusitani *ex locis hostilibus in locos hostiles*, ut ex insula Sancti Thomae aut Brasilia Ulyssiponem, aut Ulyssipone in Brasiliam Thomaeve insulam, sive *ex locis hostilibus in locos non hostiles*, *sive ex locis non hostilibus in locos hostiles* commercia mutarent, deprehensos in istis commerciis homines, naves resve Lusitanorum nulla ex fide publica securitate fructuros, sed aut a publicis navibus aut *ab aliis* victos *in praeda fore*. Apparet hinc caraccam mercesque in ea jure triplici capientibus cessisse. Primo, quia Lusitanorum erant, subditorum regis Hispaniae. Secundo, quia Macaünte veniebant, quae colonia est Lusitanorum et ea ratione hostilis haberi debet. Tertio, quia Ulyssiponem mittebantur, urbem Lusitaniae. Quae autem huic annexa est inspectio, utrum scilicet ii, qui ceperunt caraccam, mandatum id faciendi habuerint, supervacua videri potest. Omne enim subditi in bello officium aut hostem aut magistratum respicit. An mandatum fuerit, ad hostem plane nihil pertinet, cui satis esse debet causam adfuisse offendendi. Atque ita cum Lusitani Batavis hostium loco sint et spoliari

Data d. 12. m. Sept. a. 1603. Histor. p. I. artic. IV.

potuerint, jussu an injussu spoliati sint ipsorum nihil interest. Distinctio haec a senatu Carthaginiensi non incommode usurpata est adversus Romanos de Annibalis facto inquirentes, quibus unum e principibus Poenis ita respondisse accepimus[1]: Ego autem non privato publicone consilio Saguntum oppugnatum sit, quaerendum censeo, sed *utrum jure an injuria. Nostra enim haec quaestio atque animadversio in civem nostrum est, nostro an suo fecerit arbitrio: vobiscum una disceptatio est, licueritne per foedus fieri.* Quantum ad Lusitanos igitur, licuit sine dubio quod factum est facere. Ordines autem tam foederati, quam Hollandiae, ad quos altera quaestio pertinet, (tantum abest ut factum hoc societatis Indicae ejusque administrorum condemnaverint) non tantum partitione praedae, verum praemiis etiam et honoribus comprobarunt: ita ut etiamsi mandatum non adfuisset, is tamen defectus gesto utiliter negotio publico et quasi retro tracta ratihabitione suppleretnr[2] Neque tamen verum est non antecessisse mandatum. Constat enim et decreto Ordinum Hollandiae probatur, multo antequam proficisceretur Hemskerckius admonitos ab Ordinibus Indicae societatis praepositos, opus esse ipsis ad negotiationis suae tutelam ita se componere et armis instruere, ut non tantum possent hostiles Lusitanorum conatus arcere, verum ipsis ultro bellum inferre. En igitur mandatum supremi magistratus, quod procul dubio sufficere debet. Nihil autem facilius fuit quam, si opus videretur, praeter mandatum hoc, codicillos cum amplissima etiam potestate belli publice gerendi, qui nemini negari solent, ab illustrissimo Principe Mauritio impetrare. Sed alibi quoque ostendimus eam perpetuo fuisse Batavorum lenitatem, ut seposita, quoad ejus fieri poterat, belli publici causa tantum ab injuriis Lusitanorum tuti esse vellent, non nisi necessitate ultima ad

Dato 1. *Sept.* 1604.

in fine c. XI.

---

[1] Liv. lib. 21. [c. 18.] [2] c. ratihabitionem. de R. I. in 6°. [Decret. in 6°. 5. 12. 10.]

vim et arma processuri. Verumtamen qualescunque accepti sunt codicilli, eos etiamsi abessent caetera auctoritatem huic facto praestare, tentandum est. Dedit autem codicillos alios praefecto totius classis Hemskerckio, alios his qui navibus singulis praeerant Princeps ille cum genere, tum rebus a se gestis maximus, qui cum Ordinum jussu summum obtineat belli imperium terra marique, procul dubio juxta ea, quae nos alibi demonstravimus, belli mandandi jus habuit. Codicilli Hemskerckiani vetant cum quoquam manus praefectum conserere, nisi compulsum injuria, sibi suisve aut navibus suis inferri tentata. Quod si accidat, non permittitur tantum, verum etiam jubetur cunctis rebus uti, quas aut ad defensionem sui suorumque suarumque navium, aut ad injuriae reparationem necessarias esse intelligit. Ita ut si quos nactus in potestatem fuerit eorum, qui se inimicos ostenderint, aut Principi eos offerat, aut ita de illis statuat, uti expedire et tempori convenire existimabit. Vim enim vi opponere cum omnium gentium jure liceat, sibi quoque Princeps ait justum et honestum videri. In praefectos autem navium singularum codicillis principalibus confertur potestas capitanei sive centurionis, simulque mandatum datur, quos visum erit nautas allegere et officiales navi praeponere. Jubentur deinde armis abstinere, nisi forte si quis hostiliter ipsos navigatione aut commercio prohibere conetur. Id enim si fiat omnino jubentur operam dare, ut eos qui se hostiliter gesserint in suam redigant potestatem, ita tamen ut bona quae eo modo ceperint, in foederatas regiones conferre debeant, quo a judicibus maritimis ejus loci, in quem res inferentur, praedae addicantur, aut aliter, uti oportebit, ita fiat. Denique ut omne id faciant quod centurionis navalis officium est. Cum Princeps id omne concedit, quod ad injurias reparandas necessarium est, idque ipsum ad jus gentium refert, non hoc tantum permittere existimandus est, ut ex iis reparentur, qui ipsi injurias fecerunt sed ex omnibus, qui ad eas reparandas jure gentium obligati

Ante concl. VII. artic. IV.

Datis d. 20. m. Nov. a. 1600.

sunt. Nam alterum illud, ut easdem personas consequamur quae damnum nobis dederunt, cum ubique difficile est, tum in illa navigatione vix est ut contingat. Nec credi par est minus in belli gerendi mandatis contineri, quam in repressaliis. Hoc igitur codicillis efficitur, ut quidquid jure gentium privati facere potuissent, id nunc retro auctoritate publica et quasi decreto bello fecisse existimandi sint. Jure autem gentium ostendimus ex facto reipublicae aut magistratuum teneri singulos subditos, ex facto subditorum, quod non sine culpa impunitum sit, universam rempublicam et sic fieri, ut civis unius factum alterum obliget. Nomen autem injuriae reparandae non tantum persecutionem damni et sumtuum continet, sed et poenae, quod indubitatum est in mandato reipublicae, quae omnium interpretum consensu [1] jus habet ut in internos ita in externos suo ordine pro merito vindicandi. Hoc igitur videndum est, an quid tale Hemskerckio factum sit ejusque navibus, aut qui ei suorum loco haberi debent, quod Ordines aut Princeps injuriae nomine complecti voluisse censendi sunt. Omittam hic igitur Lusitanis invidiam facere commemorando deprehensas in ipsa caracca tristes exuvias hominum Hollandorum, quos illi ad Macaüntem contra fas omne et fidem strangularant et merserant: quamquam hi ipsi non tantum ob patriae conjunctionem, sed quia ab eadem societate missi erant, cujus administer erat Hemskerckius, alieni non poterant videri [2]: neque praefectum nautasque omnes minus vehementer eo facinore commoveri oportuit, quam certum erat Ordines et Principem, si in rem praesentem sisti potuissent, bellum eo nomine decreturos ipsisque mandaturos fuisse. Omittam etiam repetere quomodo, qui comites priore itinere Hemskerckii fuerant, Banda Anbonam missi a Lusitanis intercepti sint unusque eorum foedissime

V. ante concl. VII. artic. III. p. I. et c. XII. in exam. ejus artic. et in exam. concl. VI. artic. II. et in parte priore hujus cap. ad eosd. artic.

V. supra c. XII. in exam. ad coroll. I. c. VIII.

Supra in histor. p. II. artic. IV.

---

[1] V. Vict. de jure belli n. 19. et Cajet. ad Summ. 2. 2. 69. art. 3. [2] V. Cardin. ad Clem. causam. §. verum. De elect.

trucidatus, cum tamen non nesciam eum, qui amicorum injurias persequitur, in jure dici non suorum duntaxat, sed suas quodammodo injurias persequi [1], cum maxime in tam longinquis regionibus procul agnatis, procul domo populares omnes quasi intimos complectamur, eoque firmius astringat patria, quo longius dissidet. Ne illud quidem memorabo, quoties jam ante ab eadem societate missi duces collatis manibus coacti fuerint cum Lusitanis confligere. Ipse Hemskerckius ejusque nautae et navarchi quae ac qualia passi sunt? Fortunatas insulas praetervecti vix erant, cum illis tredecim armatarum navium classis Hispanica obviam facta est. Hispani quod res erat judicantes, et Batavos quos videbant esse et Indiam peti, non se continuerunt, quominus statim hostili more incurrerent: naves Hollandicae perfossae ictibus machinarum scloporumque atque etiam cominus oppugnatae, interfecti pars nautarum, vulnerati complures. Nec multum aberat quin hostes navis, cui Rubro Leoni nomen, potirentur, ni in tempore suppetias venisset Hemskerckius, qui et ipse eorum, quos penes se habebat, alios vidit concidentes, alios membris mutilos. Quo certamine coacti sunt Hemskerckiani et mercium et navium et vitae adire discrimen. Quibus malis accessit, quod navis Ruber Leo tanta clade deserere classem et in patriam redire coacta est: tum vero navis ea, quae a praetoria secunda erat, altero post praelium die immista iterum Hispanis vix summo periculo se expedivit, neque vero se postea cum classe Hollandica conjungere potuit, magno ad susceptum iter incommodo. Facta quidem haec a Castellanis. Sed hi nimirum illi sunt, qui non regem tantum eumdem, sed belli causas et odia in Batavos communia habent: quorum auxilia a Lusitanis adversus Batavos etiam per Indiam

In histor. dicto artic.

---

[1] Guil. in l. sed et hac. ff. de procur. [D. 3. 3. 35.] Bal. in l. 1. C. de acc. [C. 9. 2.] Gl. in l. coloni. C. quibus ex caus. col. [C. 11. 49. 2.] Alex. in l. ult. ff. de publ. jud. [D. 48. 1.] et in l. 2. ff. de acc. [D. 48. 2.]

implorari relatum est. Merito igitur ipsorum exemplo nihil distinguitur. Nobilis jurisconsulti, imo ipsius juris gentium vox ista est: ut socios licet defendere, ita offendere socios criminis et quicunque participant criminosis et criminibus aggressorum [1]. Quod eo magis hic locum habet, quia quod Castellani Batavis Indiam petentibus nocuerunt, hoc sine dubio et publico consilio et rogatu aut certe in gratiam Lusitanorum factum est. Jam vero de Hemskerckianis, qui a rege Dammae nulla belli praeëunte causa, specie commerciorum capti et in servitute detenti sunt, quamquam id eum Lusitanis imputasse minime dubitandum est, velut minus compertum illis remittam. Hoc solo contentus ero, quod liquido probatum vidi. Lusitani cum audirent regem Jorensem eo propendere ut Hemskerckium ad mercationem admitteret, missa, ut alibi diximus, legatione regi indicarunt, cum Hollandos omnes homines esse rapacissimos, tum vero Hemskerckium exploratorem missum inspiciendis regionibus, quas illi aliquando vi magna navium invecti suas facerent expulsis possessoribus. Quae autem est, si non haec, injuria aut quem prius spectat, quam ipsum Hemskerckium ejusque comitatum, etiamsi latius in totam gentem spargatur? Bellum praeterea minantur Lusitani, si quis Hollandos recipiat. Et haec nonne gravis injuria est? Nec minantur tantum, sed inferunt eisdemque navibus et Jorenses depopulantur, et Batavos tentant accessu prohibere. Esse hanc vere injuriam, cum alter alterius in contumeliam vexatur et cum eo quis prohibetur, quod jure gentium competit, alibi ostendimus. Quare sive codicillos Hemskerckianos respicimus, constat de injuriis quas reparari oportuit, sive centurionum mandata, habemus commerciorum turbatores manifestos. Injuriae autem istae cunctos et singulos obligabant Lusitanos, praesertim qui in ista orbis parte ver-

Supra in histor. p. II. artic. II.

In histor. p. II. artic. I. et artic. V.

In c. XII. exam. concl. VI. artic. I.

V. c. XII. exam. concl. VI. artic. II.

[1] Bald. l. 1. C. unde vi. [C. 8. 4.] n. 24. Joh. de Lign. in tract. de repr. 2. p. 3. qu. 2. pr.

sabantur, non tantum ob singulorum facinora impunita, verum quia et legatio et naves publica auctoritate et decreto eorum, qui Malaccae praesident, missae fuere. Quid igitur in caraccam Lusitanorum juxta mandata licuerit, dubium esse non potest inspicienti aut codicillos praefecti, qui jus tribuunt etiam de personis statuendi, quod plus est, aut centurionum, qui de praeda expressim loquuntur. Mandatum ergo habuerunt belli gerendi tam praefectus, quam centuriones et per illos nautae, quos scilicet ex vi mandati centurionibus, non minus quam in terrestri exercitu legere licuit. Qui et juramento formulae militaris adacti sunt, nec vitae se nec corpori parsuros, quatenus exercitorum usus et praefectorum imperia poscerent. Recte itaque cum Ulpiano [1] dicemus non navarchos tantum et trierarchos, sed et nautas et remiges omnes in classibus milites esse. Sed et illud notari potest, quamvis propria ad praedam mandata fuissent nulla, cum tamen et classis praefectus et navium duces concessione publica jurisdictionem obtinerent, potuisse eosdem pro tuendo jure subditorum et sua jurisdictione in turbatores ejus Lusitanos, deficientibus aliis judicibus, animadvertere et res eorum capere, praesertim, ut tradunt utriusque juris consulti [2], decreto praecedente. Praecessit autem decretum a praefecto et quod ei adsidebat summo nautico consilio rite peractum. Eo fere modo C. Pinarius [3] Ennae in Sicilia relictus non ut urbem sed ut praesidium regeret, cum imminere oppidanorum defectionem prospiceret, neque populi Romani, ne consulis quidem adeundi esset potestas, perfidiam istam non caedibus tantum ultus est, sed et urbem omnem militi diripiendam dedit. Sequitur hinc cum auctoritas publica et a parte Batavorum et

Supra in recitatione codicillorum centurionalium, et didasc. ad concl. VII. artic. IV.

Datum d. 4. m. Dec. a. 1600.

Ex coroll. II. cap. VIII.

---

[1] l. 1. ff. de bon. poss. ex test. mil. [D. 37. 13.] [2] Bart. in l. hostes [D. 49. 15. 24.] n. 11. et 12. Innoc. in c. olim. de rest. spol. [Decret. 2. 13. 12.] n. 9. et in c. sicut. de jurejur. [Decret. 2. 24. 29.] n. 5. et ibi Pan. n. 9.
[3] Est apud Frontinum et Polyaenum.

a parte Lusitanorum steterit, bona autem fides omnino a parte Batavorum, si eamdem ponas in Lusitanis, quae res utrimque captae sunt non modo retineri integra conscientia potuisse, sed ex jure etiam gentium secundario factas revera capientium. *Ex coroll. III. cap. VIII.* Neque enim bellum hoc civile sed externum est, cum diversae sint respublicae Batavorum et Lusitanorum. Imo ipsum *Problema VI.* etiam in Philippum bellum non fuit civile, ex quo pars nulla reipublicae Hollandicae stetit a Philippo et ipse principatu cecidisse judicatus est. Cassius [1] in oratione ad Rhodios apud Appianum negat civilem esse dissensionem, sed bellum apertum, quoties respublica pro libertate contra unius dominationem certat. Bellum Romanorum adversus Tarquinios [2] eorumque socios nihil minus fuit quam civile: ideoque et praedam utrimque partam legimus et spoliatos a Romanis etiam Etruscos, qui in partibus erant Tarquiniorum, sicut Lusitani in partibus Philippi. Noster etiam Bartolus [3], quem sequuntur alii, cum dixisset paulo ante civitates Tusciae subditas esse Imperatori, jure omnino, partim etiam facto, tamen subdit in bello, si quod oriretur inter Imperatorem et civitatem quae se pro libera gerit, Florentinam puta vel Pisanam, jure publico praedae locum fore [4]. Propositum autem in hac *Ex concl. VIII. artic. II.* re aut societati, aut his, qui vice societatis navibus praefuerunt, aliud fuisse nemo imaginabitur, quam ut operam obsequiumque commodarent Ordinibus, cum publicae ultioni tum societatis ipsius juri consulere volentibus. Ex his omnibus apparet bellum (quatenus hic considerari potest) subditorum *Ex concl. IV.* ratione justum esse et praedam juste partam. Quorum utrumque fatentur literae praefecti Malaccensis Albuquercii, viri *Ex concl. III.* prudentissimi, ad Hemskerckium scriptae: *Nactus es, inquit, navem opulentam. Fruere, quandoquidem justo bello nactus* *Datae d. 9. m. Martii a. 1603.*

---

[1] l. 4. Civil. [c. 69. vol. 2. p. 619. Schweigh.] [2] Livius, l. 2. passim. [3] ad l. hostes. de capt. n. 3. et 4. [D. 49. 15. 24.] Pan. in c. sicut. de jurejur. [Decret. 2. 24. 29.] [4] Bart. ibi n. 16.

Ex concl. IX. artic. II. p. II. es. Praeda autem belli publici, ut alibi diximus, simpliciter quidem et ipso jure acquiritur reipublicae: sed potest assignatione speciali aut generali lege effici, ut his ipsis acquiratur, per quos praedam respublica acquireret, aut tota aut pro parte. Consuetudine autem vetustissima Galliae et Belgii, *Art. XXII. Instructionis collegii admiralitatis.* tum vero et lege speciali Batavorum ejus praedae, quae publico quidem mandato capta est, sed ab iis navibus quas privati adornarunt, pars quinta reipublicae, decima praefecto maris debetur: quod restat id inter exercitores, capitaneos, officiales nautasque dividitur juxta mores aut pacta conventa. Quare cum naves propriae fuerint ipsius societatis, navarchi et nautae omnes societatis stipendio conducti, arma a societate addita, omne denique periculum sumtusque omnis societatem spectaverit, nec ullam mercedem respublica ipsi *Ex coroll. cap. X.* promiserit, non lege tantum illa, sed communi etiam receptoque jure, extra id quod specialiter exceptum est et quod nautis debetur, praeda omnis ad societatem pertinet. Con-*Data d. 9. m. Sept. a. 1604.* venit haec conclusio primum cum sententia judicum maritimorum, qui ad postulationem societatis Indicae, vocatis omnibus quorum id intererat et causa ex eremodicio cognita, pronuntiarunt *justam praedam ac jure partam videri:* deinde vero cum decreto Ordinum Hollandiae; qui cum adversus eamdem societatem jus fisci in controversiam vocaretur, approbata praeda verbis quam honorificentissimis, fiscali, quaestoribus et cunctis magistratibus edixerunt, uti eam praedam et quae in posterum apud Indos caperentur, *utpote belli publici consequentias*, arbitrio Ordinum foederatorum et collegii maritimi permitterent. Et haec quidem ad explicationem ejus, quae initio proposita fuit, quaestionis sufficere debent.

Pars III. Sed ne quis sit refragandi locus adjiciemus et illud: etiamsi et causam Ordinum et mandata ab hoc facto removeas, nihilominus bellum non justum tantum fuisse, verum etiam publicum et praedam societati Indicae acquisitam: idque ex eorum jure quibus eadem societas bellantibus per administros suos auxilium tulit. Est in India regnum Jorense, quod supremi principatus loco jamdudum censetur: unde apertum est regem belli publice gerendi habuisse auctoritatem. Is Hollandos qui cum navibus venerant, in bello sibi ut auxilio essent requisivit. Quam naturae et humani generis cognationi sit consentaneum alterum alteri opem ferre, cum alibi demonstratum sit, satis apparet potuisse Hollandos illius belli socios accedere. Imo cum possent commode, non facere illis vix integrum fuit, sive divinam paginam [1] respicimus, quae nobis injungit, ut innocentes ab interitu liberemus, sive etiam philosophos [2], qui dicunt injustitiae duo esse genera, unum eorum qui inferunt, alterum, qui ab iis quibus infertur, si possint, non propulsant injuriam. Eum enim, qui non defendit nec obsistit, si potest, injuriae, tam esse in vitio, quam si parentes aut amicos aut patriam deserat [3]: cum dicere civium habendam rationem, externorum negare, hoc vero sit, illis judicibus, dirimere communem humani generis societatem, quam qui tollunt etiam adversus Deum, ejus societatis auctorem, impii judicandi sunt. Nostri etiam jurisconsulti [4] eum qui id omittat culpae affinem putant et Christiani Patres [5] eum qui non depellat a socio injuriam non minus in vitio esse, quam eum qui faciat. Quod juxta Aristotelem [6] tunc maximam rationem habet, cum iidem qui nunc injuria afficiuntur, nos ante beneficio aliquo affecerunt. Quid igitur eum dicturum fuisse credimus, si quis ob hoc ipsum, quod nos beneficio affecit, ab aliis afficiatur injuria? Hoc enim Indis contigit, neque alio nomine Lusitani et regem Jorensem et eas quas alibi memoravimus nationes caedibus et rapinis vastant, nisi quod Hollandos admiserunt.

Ex concl. V. artic. II. et ibi vide in fine cap. VI.

Ad dictam concl. artic. I.

In histor. supra p. II. artic. V.

---

[1] Prov. 22. vs. 11. [2] Cicero Off. 1. [c. 7. §. 23.] Adde Ecclesiasticum c. 4. vs. 9. [3] Cic. Off. 3. [c. 6. §. 28.] [4] Bald. in l. 1. C. de ser. fug. [C. 6. 1.] [5] Ambr. Off. 1. c. 36. [6] Rhet. ad Alex. c. 3. [p. 1424. b. vs. 35. et p. 1425. a. vs. 12.]

Ecquis igitur est, qui negabit illorum injurias ad Hollandos pertinere? nisi forte arbitramur nihil esse cum illis commune, qui a Christiana religione alieni sunt. Quod ab Augustini [1] pietate longissime recedit, qui Domini praeceptum exponens quo proximum diligere jubemur, manifestum esse ait *omnem hominem proximum* dici: neque vero ob religionem distrahi humanitatis officia, docet illustre in evangelio Samaritani exemplum [2]. Unde cum infideles tueri adversus injurias etiam Christianorum numquam non justum omnes fateantur, tum illud praeterea asseverant, qui hoc argumentum tractarunt [3], multis casibus evenire posse, ut juris etiam sui defendendi gratia cum infidelibus societas et foedera juste ineantur, sicuti Abrahamo, Isaaco, Davidi, Solomoni et Maccabaeis factum accepimus [4]. At regis certe Jorensis causa justissima fuit. Quid enim iniquius quam populum mercatorem regi libero indicere, ne cum altero negotietur? aut quid est, si non hoc est, et jus gentium et distinctam Principum jurisdictionem turbare? Quare cum haec illi injuria publicitus fieret, ultro etiam bellum denuntiaretur, ni pareret, et continuo inferretur, merito ille Lusitanos omnes et singulos hostium habuit loco, cum hostes esse nemo illos neget, qui bellum nobis decreverunt [5]. Qua ratione rex Jorensis bellum opus non habuit indicere, praesertim cum priores Lusitani infestis navigiis portus ejus obsiderent et e littore praedas agerent. His ergo facinoribus obligati Lusitani, ut damna sumtusque restituerent et insuper poenas darent tam insignis injuriae, quin regis Jorae auspiciis spoliari potuerint minime ambigi convenit. Sicut autem regis ipsius optimum illud institutum pro jure suo consequendo tuendisque subditis

Problema VII.

Ex concl. VI. artic. I.

Ex histor. supra. p. II. artic. V.

Ex concl. VI. artic. II.

Ex concl. VII. artic. II.

Ex concl. VII. artic. III. et coroll. I. cap. VIII.

Ex concl. VIII. artic. I.

---

[1] De doctr. Christi. [2] Luc. 10. vs. 29. et seqq. [3] Franc. Arias, de bello. n. 192. Pan. in c. quod super. de voto. [Decr. 3. 84. 8.] n. 15. Vict. Rel. 1. p. 2. n. 15. et 17 [4] Genes. 21. in fine et 26 in fine. 1 Sam. 27. et seq. ubi vide Nicolaum Liranum. 1. Regum. 3. et 5. Silv. in verb. Bellum. n. 9. concl. 3. [5] l. hostes. ff. de V. S. [D. 50. 16. 118.]

laborare, ita et Hollandorum laudabilis pietas in eo adjuvando fuit. Nec sane quidquam magis interest verae religionis, quam istud fieri. Servandi sunt homines, ne cum ipsis (ut Patres quondam loquebantur) spes exstinguatur conversionis. Ostendi Indis debet, quid sit esse Christianum, ne putent Christianos omnes hoc esse quod Hispanos. Videant religionem sine simulacris, mercaturam sine fraudibus, arma sine injuriis. Admirentur fidem, quae negligi vetet etiam infideles. Hoc erit homines Deo praeparare. Justum igitur undequaque bellum et Jorensi et pro Jorensi Hollandis fuit: quare justa etiam praeda: cujus quidem jus naturali jure ad regem ipsum pertinebat, sed et rege concedente Hollandorum fieri potuit. Imo cum societatis Indicae navibus, ejusdem impensis, periculo etiam si quid sequius accidisset, eorumque opera qui in ministerio erant societatis, regi militatum sit, nulla stipendii pactione, communis belli consuetudo [1] naturali aequitati consentanea satis indicat, ipso jure praedam ad societatem devenisse. Quod vero in societate Indica hac specie, idem in Ordinibus dici potest, ut horum jussu, ex causa belli Jorensis, sumtu societatis, ipsi societati praeda quaesita sit. Est autem hujus tituli eousque approbata justitia, ut doctores [2] hoc uno maxime Romanum imperium commendent, quod sociorum tuitione ex hostibus creverit. Eodem titulo Castellani [3] Talcalthidanorum socii adversus Mexicanos utuntur, et ipsimet Lusitani in plerisque Indiae locis.

Ex concl. IV.
Ex concl. III.
Ex concl. IX. artic. II. parte I. et II.
Ex coroll. cap. X.

Peracto examine concludimus, sive privatum fuit, sive publicum, et publicum quidem aut ex patriae aut ex sociali causa, tum Ordinibus, tum multo magis Indicae societati bellum hoc omni ex parte justum fuisse, quo Lusitanorum caracca capta est cum mercibus, ipsamque societatem factam omni jure ejus praedae dominam.

---

[1] Joh. Lupus, de bello §. si bene advertas. et alii allegati ad d. coroll.
[2] Thom. de regim. Princ. l. 3. [3] Vict. ubi supra n. 17.

CAPUT XIV.

PARS I. HONESTAM ESSE PRAEDAE HUJUS CAPTURAM: IN QUA ISTA INSERUNTUR PROBLEMATA.
I. JUSTUM OMNE HONESTUM.
II. HONESTA PRAECIPUE ACTIO PRO SOCIIS, PRO PATRIA, ADVERSUS HOMINES INEMENDABILES.
III. HONESTA PRAECIPUE PRAEDATIO EX FINE.
PARS II. HONESTAM ESSE PRAEDAE HUJUS POSSESSIONEM.

In justi quaestione veri amantibus satisfactum arbitror. Abunde enim demonstratum est et pietati et naturae et moribus consentaneum fuisse, ut Lusitani ob illatas injurias spoliarentur, utque res captae mercatoribus cederent. Sed quemadmodum non unum aut simplex illorum genus est, qui falsa opinione praecepta judicii sui arbitram rationem non faciunt, ita quosdam esse audimus, qui etsi rem eam, *Pars I.* de qua nunc agitur, justam fuisse non audent negare, nec habent quomodo id tueantur, parum satis honestam tamen *Problema I.* sibi ajunt videri. In quo sane dicto manifesta repugnantia est. Semper enim ita accepimus [1], non posse non honestum esse quod justum est omni ex parte. Honestum enim qui definiunt omnes aut virtutem ipsam esse volunt, aut quiddam quod virtutibus inhaeret aut ex iis proficiscitur. Sane a virtute divelli numquam potest nec quidquam bonum est, nisi quod et honestum est. Nam et ab exactioribus magistris [2] ita describitur, ut honestum sit quod jucundum est idcirco, quia bonum sit. Necessario igitur alterum alteri consequens est, nec turpe esse potest aut apud sapientes et bonos probro duci, quod verae justitiae congruit, seu quia virtus nulla

---

[1] Cic. de invent. lib. 2. Id. de off. lib. 1. [c. 62.] et lib. 3. [c. 33.] de finibus. lib. 1. Aristot. libello de virt. et vit. in princ. [p. 1249 a. vs. 28.] [2] Arist. Rhet. lib. 1. c. 9. [p. 1366. a. vs. 33.]

virtuti repugnat, seu quia de justitia recte a veteribus [1] dictum est in ea virtutes caeteras comprehendi. Verum hoc quidem apud homines communi sensu utentes probationem nullam requirit, cum jam olim apud Platonem [2] puer Alcibiades a Socrate per naturales instinctus ad confessionem hujus conclusionis adductus sit, eos qui justa faciunt necessario etiam honesta facere, idemque omnium mortalium consensu testatum philosophi [3] perscripserint. Quod ut probe intelligatur, sciendum est justum nos non illud dicere, quod aliquo civili jure permittitur, aut potius, cui leges connivent [4]: quod enim sic impune fertur atque adeo licere dicitur, cum revera justum non sit, ne honestum quidem est, ut jurisconsulti [5] praedicant: sed de eo nos loqui, quod immutabili lege naturae decretum atque constitutum est. Id enim honestum est necessario, adeo quidem ut Stoici et plerique philosophorum honesti speciem notabilius se exprimere haud posse existimaverint, quam si in eo consistere dicerent, quod a natura praescribitur [6]. Unde et auctores plerique honesti nomine jus non aliud, quam illud omnium commune intelligunt: quo pertinet quod a sapientibus [7] traditum est, eam esse vim honesti, ut sponte ac per se et quasi naturaliter expetatur. Quare cum probatum sit jus ut belli, ita praedae ex naturali instinctu proficisci, qui Deum ipsum habeat auctorem, factique istius aequitas ex juris naturae gentiumque principiis elucescat, profecto cujus quemquam pudere debeat nihil hic invenitur. Ego *Problema II.* vero non modo non inhonestam, sed et summopere gloriosam esse istam rerum hostilium et capturam et possessionem cum quovis contendam. Nam qui de honesto proprie scripserunt [8],

---

[1] Arist. de morib. lib. 5. c. 3. ex veteri poeta. [p. 1129. b. vs. 29.] [2] in dial. Alcibiade. [3] Arist. Rhet. d. loco. [p. 1367. a. vs. 19.] [4] Cic. Tusc. lib. 5. [5] l. non omne quod licet. ff. de R. I. [D. 50. 17. 144.] Cic. pro L. Cornelio Balbo. [6] Cic. Acad. lib. 1. et de legg. lib. 1. [c. 46.] et de off. lib. 1. [c. 14.] [7] Arist. Rhet. d. loco. [p. 1366. a. vs. 34.] Cic. de finib. lib. 3. [c. 11. §. 36.] [8] Arist. d. loco. [p. 1366. b. vs. 3.]

docent ejus excellentiam in fortitudine maxime et justitia consistere, quod hae scilicet virtutes privatim publiceque sint utilissimae. Ac de fortitudine quidem plenae poëtarum paginae. Quam magnifica sunt illa Tyrtaei [1]:

τιμῆέν τε γάρ ἐστι καὶ ἀγλαὸν ἀνδρὶ μάχεσθαι
γῆς περὶ καὶ παίδων κουριδίης τ' ἀλόχου
δυσμένεσι.

Illustre est dignumque viris pro pignore caro
Corpora, pro tenera conjuge, pro patria
Hostibus objecisse.

Huc triumphi, huc coronae, huc inscriptiones pertinent, huc et acclamationes:

οὗτος ἐν ἀνθρώποις νικηφόρος, οὗτος ἄριστος.
Victor hic, hic homines inter clarissimus audit.

Haec est illa virtus, qua reges celebrari gaudent, qua homines Deorum asserebantur numero:

Hac arte Pollux et vagus Hercules
Innixus arces incolit igneas [2].

Et quia nunc in re navali versamur, Themistocles qui Persicam potentiam navalibus praeliis infregit, nonne clarior prope Athenis et Graecia sua effectus est? Cynegirus etiam privatus aeternum meruit nomen. Inter Romanos Duillius, qui Poenos mari vicerat, praelatis funalibus velut perpetuum egit triumphum. Ac sicut ignavi homines et ῥιψάσπιδες contemtu ubique, alicubi et paenis conteruntur, ita nulla gens est, nulla respublica, in qua non prima pars honoris illis exhibeatur, qui fortibus factis et suum et patriae nomen extulerunt. Cujus rei indicia cum in omnium populorum, tum in his, quae maxime laudantur, Laconum dico et Romanorum institutis adeo sunt illustria, ut huic loco immorari hoc vero sit operam perdere. Ad justitiam vero quod attinet, recte ab antiquissimis dictum non Luciferi aut Vesperi ful-

---

[1] [Eleg. 1. vs. 6. sq.] [2] Horatius. [Od. 3. 3. 9.]

gorem [1] aeque esse admirabilem: adeo quidem ut Tullius [2] dixerit, nihil honestum esse posse, quod justitia vacet. Esse enim hanc fundamentum quoddam perpetuae commendationis et formae, sine qua nihil possit esse laudabile [3]. Quod igitur factum esse tam illustre atque gloriosum potest, quam in quo utraque ista virtus pariter resplendet? Contingit autem hoc nusquam clarius, quam cum justo apertoque bello datur [4]

ἄνδρ᾽ ἀπαμύνεσθαι ὅςτις πρότερος χαλεπήνῃ.

Marte virum ulcisci, qui nos prior ipse lacessit.

Fortitudo, ut alibi ex Ambrosio [5] retulimus, quae patriam aut socios aut infirmos defendit, *plena justitia est.* Et acutissimus philosophorum [6], *inimicos*, inquit, *ulcisci honestum est, quia par pari referre justum est: justum autem honestum utique: et praeterea fortis viri officium est, non cedere: unde et victoria et qui victoriae deferuntur honores vel inter maxime honesta numerantur: adeo quidem ut expetenda sint, etiamsi fructum non afferant, quia scilicet virtutis excellentiam declarant.* Haec ille. Nec est quod occurrat quisquam magnificentius fore, simulque non alienum a Christi et philosophorum praeceptis, damnum illis nullum inferre, quibus ut inferamus in nostra est potestate, ut nos ipso facto hostibus nostris praestare demonstremus. Nam id sane hac specie ut justitiae ac publicae utilitati, ita et honesto repugnat. Ultionem qui improbant, eos diximus primum illud sentire, privatis non convenire, ut quam possunt per judicem expetere vindictam, eam per se expetant; deinde vero et causam adesse debere et justum in ulciscendo modum, quem excedi non oporteat, ac purum praeterea animum rectamque intentionem. Haec autem nihil obstant, quominus interdum et recte et necessario vindicemur. Seneca [7] breviter:

Cap. II. ad leg. V. et cap. VIII. ad artic. I. concl. VII.

---

[1] Arist. de morib. lib. 5. c. 3. [p. 1129. b. vs. 27.] [2] de legib. lib. 1. passim. [3] de offic. lib. 2. [c. 20. §. 71.] [4] Homerus. Il. [lib. 24. vs. 369.] [5] de off. lib. 1. c. 27. V. cap. 3. supra in fine. [6] Arist. Rhet. d. loco. [p. 1367. a. vs. 19.] [7] de clem. lib. 1. c. 2.

Tam omnibus ignoscere crudelitas est, quam nulli. Et Augustini [1] pereruditus in hanc rem est locus: *Reddere bona pro bonis, et pro malis mala, haec duo mediocrium sunt: prius propinquum bonis convenit etiam malis, quod Christus non arguit, sed plus oportere dicit, quia et ethnici hoc faciunt: posterius propinquum malis convenit tamen etiam bonis: unde et lex modum ultioni statuit.* Et mox ita explicat ut dicat, *in justa ultione, quae fit dilectione justitiae, non delectatione alienae miseriae, non reddi malum pro malo, sed justum pro injusto, hoc est*, inquit, *bonum pro malo:* quod etiam Deus judex facit. Ut ergo appareat quando honesta sit ultio, quando autem misericordia conveniat, distinguendae videntur personae tum quae faciunt, tum quae patiuntur injuriam. Ad patientes quod attinet, si communes sint cum sociis aut cum patria, certum est non aeque nos faciles esse posse in remittendis publicis aut alienis, atque in nostris injuriis. Inter jurisconsultos celebris est sententia, foveri ab eo injuriosum, qui injuria affectum non tuetur [2]. Ipse Augustinus [3]: *ostenditur non esse immunes a scelere, qui permiserunt. Qui desinit obviare, cum potest, consentit.* Nam ut idem alibi [4]: *Non est innocentiae parcendo sinere, ut in malum gravius incidatur. Pertinet ergo ad innocentiae officium non solum nemini metum inferre, verum etiam cohibere peccata, vel punire peccatum, ut aut ipse qui prius odio habetur, corrigatur experimento, aut alii terreantur exemplo.* Ambrosius [5] etiam multum exagitat perversam misericordiam, *quae innocentes tradit exitio, dum liberat multorum exitia cogitantem. Non in ferenda*, inquit [6], *sed in depellenda injuria lex virtutis est. Qui enim non repellit a socio in-*

---

[1] in expositione psalmi. 108. et est c. sex differentiae. [Decr. Grat. p. 2. 23. 3. 1.] [2] c. dilectus et c. consentire [Decr. Grat. p. 1. dist. 83. 5.] Arias de bello n. 37. et 38. [3] in psalm 81. [4] de civit. Dei. [5] Serm. 8. in psalm. 118. [6] de off. lib. 1. c. 36.

juriam tam est in vitio, quam ille qui facit. Et sicut hoc de socio, ita de patria luculenta sunt ista Tullii [1] in Catilinam: *Si nos in his hominibus, qui singulas uniuscujusque nostrum domos et hoc universum reipublicae domicilium delere conati sunt, vehementissimi fuerimus, misericordes habebimur: sin remissiores esse voluerimus, summae nobis crudelitatis in patriae civiumque perniciem fama subeunda est.* Et Augustino judice hoc qui facit, reus est imperii deserti atque contemti. *Itaque*, subjicit [2], *unde punitur si fecerit injussus, inde punietur si non fecerit jussus.* Altero loco inspiciendae sunt, ut dixi, personae, quae priores nocuerunt. Nam si liquet eas lenitate non corrigi, si ea sunt animi pervicacia, ut, quod in mimo est,

Veterem ferendo injuriam invites novam,

ultio sane sui honesta est, quia necessaria. In quam sententiam Thucydides [3] multa praeclare dixit, et inter caetera illud in Cleonis concione sapienter, misericordia et lenitate aequum esse in illos uti, qui et ipsi vicissim misericordia moventur, aut quos spes est ea re ad amicitiam pertrahi posse, non etiam in hos, quibus perpetua odii causa est, quique, si ipsis parcatur, non eo magis hostes esse desinent. Qui et alibi [4] inculcat, nihil hosti concedendum, ne se jactet insolentius et oblatam sibi gaudeat occasionem aliena bonitate abutendi. Accedit quod existimamur infirmitatis potius nostrae conscientia hostibus obstinatis pepercisse, quam quod veniam ultro faceremus, et ita affectata lenitatis fama in contemtum vertitur: unde apud Herodianum Severus: ὥσπερ δὲ ἄδικον τὸ ἄρχειν ἔργων πονηρῶν, οὕτως ἄνανδρον τὸ μὴ ἀμύνεσθαι προαδικούμενον. *Sicuti injustum est facta noxia priorem coepisse, ita imbelle non ulcisci illatas injurias.* Quid, si et ipsorum, qui de-

---

[1] in Catil. 4. [c. 6. §. 12.] [2] de civit. Dei. lib. 1. c. 26. [3] lib. 3. [c. 40.]
[4] Thucyd. lib. 5. in coll. Ath. et Mel. [c. 95. et c. 97.]

linquunt, hoc interest? Vere Platonici [1]: *Cum nocere alteri malorum omnium maximum sit, multo gravius est, si qui nocet habeat impune, graviusque et acerbius est omni supplicio, si noxio impunitas deferatur, nec hominum interim animadversione plectatur.* Quin et theologis nostris auctoribus et praestantissimo theologorum Augustino [2], etiam ipsis aliquid praestamus, quos terrore repellimus ne mala faciant. Cujus et alia [3] in eumdem sensum referri possunt: *Qui vitiis nutriendis parcit et favet ne contristet peccantium voluntatem, tam non est misericors, quam qui non vult cultrum rapere puero ne audiat plorantem, et non timet ne vulneratum videat vel extinctum.* Item [4]: *Illi autem qui vos pro tanto scelere tam leniter damnorum admonitionibus, vel locorum, vel bonorum, vel pecuniae privatione deterrendos coercendosque decernunt, ut cogitantes quare ista patiamini, sacrilegium vestrum cognitum fugiatis et ab aeterna damnatione liberemini, diligentissimi rectores et piissimi consultores deputantur.* Conveniunt haec cum Hieronymo, qui ad Zophoniam: *Si quis fortitudinem latronis vel piratae enervat et infirmos reddit, prodest illis sua infirmitas: debilitata enim membra, quibus prius non bene utebantur, a malo opere cessabunt.* Civilis autem prudentia, quae omnes belli articulos examinat, satis ostendit lenitatem aut initio convenire, aut fini: initio quidem, ut fama clementiae sollicitentur hostium animi: fini vero, ut parta jam securitate victi facilius contineantur: mediis autem temporibus et fervente periculo nihil consultius terrore. Jam vero de praedationibus proprie videamus, quaenam honestae, quae contra turpes atque infames habendae sint, quia discrimine hoc confuso pernitiosissime vulgo erratur, dum aut malum sub umbra *Problema III.* boni similis delitescit, aut id quod rectum est vicini probri

---

[1] Apul. de philos. Platonis. [vol. 2. p. 244.] [2] Epist. 154. ad Publicolam. [3] ad Lotharium. [4] contra literas Petiliani. lib. 2.

labe aspergitur. Atqui nihil est facilius, quam ista discernere, si ad justi regulas supra traditas, quae cum honesti regulis congruunt, respiciamus. Primum enim inhonestus est quaestus eorum, qui privata manu nulla causa urgente alios despoliant, quos in mari piratas dicimus. Deinde et illorum, qui nulla legitima de causa potestatem belli publice gerendi usurpant, sicut memoriae proditum est totas olim gentes, ut Cretenses et Cilicas, Graecos denique ipsos Homero teste, Germanos etiam et Normannos direptiones ne praetextu quidem idoneo et palam publiceque exercuisse: quos et ipsos non injuria praedones dicimus. Culpantur et illi qui ante res rapiunt, quam ea facta sunt, quae ad bellum legitime suscipiendum desiderantur: quas invasiones latrocinii nomine scriptores exagitant. Sed haec tria manifesta sunt adeo, ut per se facile appareant: quare praecipue quartum illud in considerationem venit, quod nisi conjecturis vix assequimur: nimirum ubi bello justo aut quod justum creditur ita aliquis lucrum captat, ut hoc unum, non autem verum belli finem, hoc est juris adeptionem, respexisse videatur. Indicia autem hujus rei haec ferme sunt: si quis, ipse praesertim nulla damna hosti imputans, inermes et infirmos exigua manu improvisus passim adsultet spolietque, cum non eas habeat vires, ut apertam loci possessionem sibi armis audeat vindicare. Nam hic cum nec hostiles admodum infringat, nec suas promoveat partes, vicinus est illi suspicioni, ut credatur bellum non alterius quam lucri gratia sequi. Hujus generis sunt isti, qui piscatores aut navicularios in pelago, quo ipsi conspici timent, casu deprehensos exspoliant. Ab hac enim inertia longe remotus est verus ille bellator [1] *haud furto melior, sed fortibus armis.* Unde in bello tam terrestri quam maritimo alia semper ratio [2] habita est eorum, qui

Nova declaratio.

---

[1] Virgil. [Aen. l. 10. vs. 735.] [2] V. de hac dist. Alph. Guererium in spec. Princ. c. 46.

velut clandestinis excursibus hostilem possessionem irrepunt, alia vero exercitus aut classis totius, quae palam sese ostentat figitque signa et pugnam aut incipit ultro, aut provocat. Nam his aut venia si errent, aut si justam causam foveant gloria debetur, qui bellum quomodocunque student conficere: illi vero omnium odia incurrunt, qui imbelli audacia publicas calamitates privatos in quaestus protrahunt, quod non tantum justitiae adversum videtur, sed et fortitudini, de qua virtute inter legitimos hostes contenditur. Haec si ad institutum nostrum conferamus, repetitis quae ante narrata sunt, perspicuum fiet Lusitanos mercatorum specie non procul a piratis discedere. Si enim hoc nomen illis convenit, qui maria obsident et gentium commercia infestant, an non venient in hunc numerum qui, cum omnes populos Europaeos, etiam in quos nullas belli causas habent, oceano et Indiae accessu per vim arceant, inter diversissimos atque inter se contrarios colores, quos huic feritati obtendunt, ne unum quidem reperiunt, quem aequioribus apud se hominibus potuerint approbare? Cum igitur id genus homines, ut in omne humanum genus injuriosos, cunctorum commune odium mereri antiquitas semper judicarit; ne nunc quidem sint, nisi forte paucissimi, qui Lusitanos istius criminis absolvant, quid est quod ex illorum paenis timeat aliquis sustinere invidiam? Sicut igitur viatori, quem latro in itinere adortus est, si eum pro merito fortiter excipiat, nemo est qui id vitio vertat, ita mercatoribus inhonestum esse non potest, quod in juris publici violatores condigne vindicant, quo posthac tutius eodem jure fruantur. Neque hoc magis pugnat cum ratione vitae mercatoriae, quam id quod agricolas saepe locis periculosis factitasse intelligimus, ut gladio succincti aratrum tractarent. *Neque enim est interdictum*, ut apud Tullium [1] discimus, *aut a rerum natura aut a lege aliqua atque mo-*

[1] de orat. lib. I. [c. 49. §. 215.]

re, ut singulis hominibus ne amplius quam singulas artes nosse liceat. Quanto igitur magis id probandum est, cum ars altera est ab electione, altera a necessitate assumitur atque ita comparata est, ut priori inserviat, quod sine hac illa obtineri non possit? Neque vero Atheniensibus tantum, ut historiae nos docent, aut Carthaginiensibus hodieque et antiquitus ipsis Lusitanis usitatissimum fuit mercaturam armis munire, sed et veteres Batavi, sanctissimi et innocentissimi viri et quos imitari posse pro summa virtute est, exempla posteris ejus rei insignia reliquerunt: quorum e multis unum referam. Olim maritimae Germanorum civitates, quo nomine *Anno* 1438. veniunt Lubecca, Hamburgum, Gedanum, Lunoburgum, Vismarum, Rostochium, Zunda et aliae, quibus Prutheni accesserant et Hispani Venetique (nam et hi tum septentrionem navigabant), aucupatae dissidiorum causas, quarum inter aemulantes mercaturae causa numquam penuria est, Batavos nullo belli paratu maria permeantes coeperunt spoliare, occidere aut in durissimam captivitatem abducere. At illi, qui gravissimis vexati injuriis cuncta tamen ante vim mallent experiri, decretis legationibus res repetunt ac jubent eas quas dixi civitates, nisi noxae aestimationem persolverent, privatis latrociniis absistere et aperto in posterum Marte secum certare. Cum vero Germanos ut sponte juri parerent adducere nullo modo potuissent, assensu Principis (erat is tum Philippus Burgundionum primus) cunctis in urbibus armant implentque naves, quibus mox in hostem invecti promulgatis ut plurimum praeliis feliciter non minus quam fortiter depugnarunt, ita ut brevi nullae in oceano naves praeter Batavicas conspicerentur, quae in decus multiplicis victoriae everriculum praeferebant, purgati maris insigne. Captae uno praelio viginti magnae Germanorum naves, Pruthenicae tres, caracca Veneta una referta opibus, quae inter illas versabatur: haec in Zelandiam avecta est. Altero deinde conflictu tres aliae naves magnae molis in potestatem venerunt. Captivi honestissime habebantur, cum interim Batavi, si qui in hostium manus ante venerant, foedissimis custodiis macerarentur. Praedam victores sortito divisere: et tantum erat, unde non priora modo damna resarciri sed et belli impensae mediocriter sustineri possent. His malis victae civitates Germanicae, cum verum esse metuerent, quod vir eximiae apud illos auctoritatis praedixerat, Leonem ab ipsis irritari, quem semel excitatum haud facile sopirent, ad pacem orandam venerunt. Nec difficulter impetrarunt ab illis, qui in justa ultione et egregio quamvis belli successu patentem semper habuerant animum concordiae. Ne sollicite nimis externa quaeramus: in hoc uno exemplo domestico multa sunt documenta. Videmus in suscipiendo bello justitiam, in gerendo fortitudinem, in deponendo aequitatem. Igitur eidem et vincendo misericordes et praedando abstinentes erant. At si quis res Indicas a nobis ante descriptas cum ista narratione conferat, ejusdem ingenii mores mansisse centum et sexaginta post annos haud dubie fatebitur. Haec igitur honesta est ultio, quae juris sui consequendi gratia comparata est. Hanc eamdem mercatores Batavi in Lusitanos merito usurpant. Quamquam non illorum duntaxat causa, sed publica et sociorum agitur. Publica, tum quia magna aliqua negotiatione opus est, quae et plebem et aerarii vires sustentet, tum quia gentem Hispanorum, quae in vestigiis dirutae patriae dominationi solium sibi quaerit collocare, ubique terrarum et opprimi et everti omnium interest, ne quando ad subigendos Batavos extremus etiam orbis tributum conferre cogatur. Etiam sociorum, hoc est regum populorumque Indiae, quos Lusitani ob hoc unum, quod Batavis inimici non sunt, ferro et flammis prosequuntur. Testantur hoc Bantami periculum, Machianis cineres, Bachianis solitudo. Has ergo injurias sine summa infamia remittere nemo potest. Quid enim turpius, quam aut patriam nobiscum, aut socios pro nobis periclitantes prodere? Romanis olim dictum scimus [1]:

[1] Livius lib. 21. [c. 19.]

ibi socios quaeratis, ubi Saguntina clades ignota est. Ita, mihi credite, vela Hollandorum, ita appulsus Indi quasi fatales ac funestos exhorruissent, ita contactus ipsos aut fugerent homines, aut etiam fugarent, ni visum esset Deo Batavam virtutem per Europam omnem clarissimam, Asiae etiam gentibus ostendere et ingens dare exemplum, minime illos decipi, qui Batavorum fortitudinem et fidem prae Lusitanorum perfidia et ferocia sequuntur. Ac me sane per omnem belli istius historiam, quod ultra tricesimum annum jam trahitur, nulla magis exempla ducunt, quam fidei socialis. Hanc Lugdunenses, exhausta malis civitas, inter hostium arma et deficientes cibos et quidquid cibum egestas fecerat, tamen non prodiderunt. Hac moti vicissim caeteri in sua arva suasque fruges oceanum vocaverunt. Haec est quae Angliam communi Marte defendit: haec eadem Galliae laboranti auxilia submisit. Haec domi utilis, apud finitimos honesta, at in ultimo illo terrarum recessu etiam necessaria est, ubi ignotos ante nisi per virtutes nosci non convenit. Non est quidem cum illis gentibus religionis, ne foederum quidem societas, sed est illa naturalis inter homines necessitudo, est etiam peculiare commercium, columen illud reipublicae reique familiaris. Et sane si sperandum est fieri posse, ut resipiscentes aliquando Christianam accipiant institutionem, non ea spes in excidiis urbium, suppliciis populorum, sed fidei et bonitatis et clementiae exemplis sita est. Jam vero si Lusitanorum ex altera parte ingenium respicimus, quis est, qui negare possit illos summis Batavorum beneficiis etiam post injurias invitatos adeo nihil remisisse ex veteri saevitia, ut illa ipsa bonitate non in contemtum modo, sed in perfidos etiam conatus toties abuterentur: ita ut non frustra praestantissimus historiae auctor [1] affirmaverit, illos praecipue, qui nulla de causa aliquem injuria provocarunt, nullis postea benefactis mitigari, quominus

[1] Thucyd. lib. 3. [c. 40. in fine.]

eumdem, quem semel odisse ultro coeperant, ad internecionem usque persequantur. Adversus tales igitur homines ut leniter agere nec periculo nec timiditatis probro vacat, ita se ulcisci quia necessarium etiam honestum est. Novimus enim mores Hispanorum, qui belli hujus quod in Belgio geritur initiis, cum illis aliquo modo parceretur, nullo ipsi abstinuerunt crudelitatis genere, nec prius deterriti sunt, quam paria in ipsos decernerentur. At in India ne hoc quidem contigit. Quis nescit injuriam quamlibet corporalem omnem bonorum jacturam infinito anteire [1]? Illic autem tum Batavi discerpantur viri, ad remos addicantur, ipsorum contra captivis et vita salva est et salva libertas. Atqui aequum fuerat eos graviora quam fecerant perpeti, ut qui priores nec irritati tam immania edidissent exempla. Haec vero ultio sane dici vix meretur. Castigatio tantum est, qua discant immites animi, quam gravis sit aliis rerum suarum jactura:

non solos tangit Atridas
Iste dolor.

Quoniam vero honestum in praedae captura praecipue ex fine spectari supra dictum est, referri huc debet quod alibi probavimus, omissis plurimis opimae satis praedae occasionibus, nautas Batavos eam suspicionem procul satis a se removisse, ut nuda praedae cupiditate aggredi tanta pericula credi non possent, cum palam sit quidquid fecerunt, hac de causa fecisse, quod Lusitanos quaestus avidissimos non alia ratione videbant posse coerceri. Praeterea ipsa praeda non lucrum affert, sed damnum reparat, quo nihil potest evenire honestius. Non autem fraudibus ullis, non perfidia, quae tamen poterant in Lusitanos non injusta videri, ne furtivis quidem circumventionibus, sed palam publico Marte pugnandi copiam fecerunt: et quidem saepe pauci cum copiis immenso majoribus, ea animorum virtute et corporum robore,

---

[1] l. in servorum. ff. de poenis. [D. 48. 19. 10.]

ut praeter justitiae laudem fortitudinis etiam decus merito sibi vindicent. Neque vero dubitare licet, quae facta vituperium, quae contra gloria sequatur, et quae in utramque partem sperari debeat generis humani existimatio. Meminerimus exprobratum Hollandis fuisse ab Indis nobilibus, quod primo itinere dum paci student, quatuor naves uni Lusitanorum caraccae vela submiserant. Meminerimus incitatos esse eosdem a Sinensibus, ne eousque famam contemnerent, ut socios Macaüntem ad urbem in patibulum sublatos marique submersos, se quidem invitissimis, inultos paterentur. Tum vero animo repraesentemus festas Bantamensium acclamationes, qui imminenti excidio subtracti Batavorum virtute, classem illam victricem ut unicam suae salutis auctorem salutarunt. Quanta hinc fama per insulas? quantus in hostes terror? Quod vero regis Jorensis gaudium, cum captae caraccae transtris jam securus, jam vindicatus insisteret? Haec illa sunt facta, quae gloriam Batavae gentis in ultimos mundi terminos extulerunt. Fatendum enim, fatendum est: et quis nescit? Hollandorum nomen ante haec bella exiguis notitiae finibus contentum fuit. Freta duo, in septentrionem Cimbricum, in occidentem Gaditanum res eorum famamque rerum incluserant. Hostis Hispani celebritas aliquantum profuit. Innotuit enim longius positis, in ultimo oceani angulo exiguam esse nationem, quae non dubitasset Hispanicam magnitudinem in se irritare atque etiam feliciter tot per annos retundere. Postquam ad Indos ventum, habita ibi Hollandorum ratio, qualis haberi mercatorum solet: laudata fides et industria, et quod tantum maris enavigassent commerciorum gratia. Sed praeradiabat fulgor eximius Hispanorum, qui domitores totius prope orbis et soli hominum invicti credebantur. Oderant quidem Lusitanos Indi, sed interim metuebant et venerabantur etiam, sicut audimus apud barbaras gentes Genios malos ob hoc unum, ne noceant, coli. Insulas et littora, quae imperio non poterant, auctoritate et metu tenebant. Multi nec mare ingredi, nisi emto ab ipsis permissu audebant. Itaque caeteri omnes ut longe impares et brevi illorum viribus cessuri adspiciebantur. At simul irritata Batavorum virtus emicuit et qui ante cum sua simplicitate, tum hostium dolis circumventi erant arma armis objecere, Lusitanorum passim fuga, clades, deditio spectata, quis non Indorum obstupuit, quis autem non admiratus est, gentem ullam esse quae, cum nihil non posset, vires tamen suas nisi coacta non experiretur? Hollandos ubique illi praedicare fortissimos homines, defensores sociorum, domitores hostium, votis insuper et spe certa destinare servatores Orientis. Igitur magnum illud atque terribile Lusitanorum nomen in Hollandos cessit, tanto celebrantium amore, quanto illi se odio oneraverant. Inquirere omnes, quae terra tam fortes, quae tam justos homines aleret, et qua republica regerentur: mittere certatim legatos et munera in hunc usque orbem: affectare societatem: reges ipsi nautis velut Principibus occurrere: vectigalium et decimarum, quas caeterae pendunt nationes, largiri immunitatem: nihil denique omittere quo favorem, imo reverentiam testarentur. Et ut Asiam omittamus, Europa omnis quid hac de re sentiat minime obscurum est, cum videamus Principes maximos missa sibi de istac praeda munera excipere gratulabundos: ex omnibus autem populis incredibilem turbam ad coemtionem concurrere. Domi autem ipsi Hollandiae Ordines decreti sui verbis significarunt, videri sibi gloriae ex hac re plurimum ad omnem rempublicam redundare. Cives Deo gratias agunt, gaudent obtigisse patriae tam insignem triumphum: etiam qui in ulla parte fuerunt istius victoriae ut optime meriti coluntur ab omnibus et suspiciuntur. Quid restat igitur? Laudabile est laudari, sed ut ille dicebat, a laudatis viris: nam caeteris fere quo magis quisque displicuit, hoc melior est. Ego vero, si qui scelera Lusitanorum etiamnunc foveri volunt impunitate, si qui immanissimos homines ne bonorum quidem ademtione reprimi fas putant, eos vix hominum, certe Batavorum nomine neutiquam dignabor.

Alii forte erunt qui Lusitanos quidem meritos fuisse dicent *Pars II.* ut ista paterentur, sed res hostibus ereptas aut quod inde redactum est, penes se conspici haud satis decorum arbitrabuntur. Hoc vero perquam abjecti est et degeneris animi, id vereri ne sibi probro sit, quod maximi reges et Principes et optimus quisque instrumentum gloriae habent. Nam quid aliud volunt erecta victoribus tropaea, arcus exstructi hostium spoliis et manubiae et rostra, sive olim Romanorum sive nunc etiam Venetorum? Ex sacris sane literis discere isti poterant, non modo praedam pura conscientia quaeri et haberi posse, sed hoc ipsum vel maxime gloriosum duci, quod idem cedat nobis commodo, hostibus terrori, caeteris exemplo. Quare Deus ipse [1] inter caetera, quibus Abrahami posteritatem se donaturum pollicetur, addit illud velut maxime honorificum, effecturum se ut possiderent portas inimicorum suorum. Jacobus [2] autem possessiones, quas Josepho assignat, eo nomine laudat quod sint δορύκτητοι, armisque partae. Et Josua [3] cum Manassitas a se dimittit, legitur illis *et praedam honoris ergo donare, et pretium dicere muneri.* Sicut et David [4] partem praedae, quam ad amicos suos, Judaeae proceres mittebat, his verbis commendat: *Ecce vobis donum de praeda hostium Domini.* Seneca [5] inter prima beneficia numerat, *pauperi raptas belli jure opes tradere, et quod est militaribus viris speciosissimum, divitem illum spoliis etiam hostilibus facere.* Quin et inter jurisconsultos Accursius [6] dicere non est veritus, magis nostrum esse, quod eo modo virtute nostra quaesitum, quam quod a majoribus relictum est. Quod vero ad illos attinet, qui publice haberi praedam facile ferunt, privatim non item,

---

[1] Gen. c. 22. vs. 17. et c. 24. vs. 60. [2] Gen. c. 48. in fine. [3] c. 22. [4] Sam. 1. 30. in fine. [5] de benef. lib. 3. c. 33. [6] ad l. si quid in bello ff. de captivis. [D. 49. 15. 28.]

horum subtilitati, praeterquam quod ratione nulla nititur, ita commodissime occurri potest, si dicamus, quod alibi demonstratum est, primo ac per se, ex bello quod mandato publico administratur, praedam ad rempublicam pertinere: sicut autem hanc ipsam a republica emere, ita dono accipere honestum est. Et apud Homerum hac de causa, quod de praeda publica singulis virtutis ergo attributum est, modo κῦδος, modo γέρας honestissimis vocabulis dicitur. Quare cum Ordines mercatoribus praedam concedendo testati sint se ita censere, ipsorum cura atque impensis egregiam operam reipublicae navatam esse, dum hosti communi vires adimuntur, eamque ob rem velle se gratitudinis causa ipsos eadem praeda remunerari, nonne quidquid inde pervenerit, hoc praemium bene meriti in patriam existimandum est, quo quid tandem potest esse praeclarius? Praeterea vero quae invidia est tantum ex hostibus consequi, quo damna et impensae ad instruendas armandasque naves factae et porro faciendae ab iisdem recuperentur, sine quibus esset ut eas impensas facere nemo cogeretur? Nam si quis rei naturam diligenter consideret, nihil hoc differre inveniet ab his, quae per rem judicatam nobis adjiciuntur, in quam veniunt et damna et impensae, quae non raro exsecutoris manu etiam armata consequenda sunt. Illud igitur constitutum sit, sicut acquisitio justa fuit, ita nihil esse cur possessio minus honesta judicetur.

Cap. X. in artic. II. concl. IX.

CAPUT XV.

PARS I. UTILEM ESSE PRAEDAE HUJUS CAPTURAM, IN QUA INSERUNTUR PROBLEMATA.

I. OMNE JUSTUM UTILE.

II. OMNE HONESTUM UTILE.

III. UTILE PRAECIPUE QUOD STATUI REIPUBLICAE CONVENIT.

IV. Utile praecipue prodesse sociis.

V. Utile praecipue nocere hostibus.

VI. Utile quod facile.

Pars II. Utilem esse praedae hujus possessionem.

Epilogus.

Jam de utili videamus loco postremo. Non dubito autem, quin futurum sit ut multis haec tractatio supervacua videatur, qui cum utilitatem lucris metiantur, neminem putabunt ignorare, quam sit utilis praedae comparatio, unde rei familiari tantum accedat. Verum ego, qui ita accepi, eam demum *Pars I.* veram esse utilitatem, quae ab honesto et justo numquam sejungitur, sicut ista si abessent, hominis existimarem profligatissimi utilitatem ostentare, ita nunc cum adsint, hanc etiam non aliunde, quam ex illis derivaverim [1]. Nam et alibi [2] ostendimus hominem justum vel praecipue sibi utilem esse, *Problema I.* unde et Plato in justitiae laudibus [3] non modo gloriam sive *εὐδοξίαν*, sed et voluptatem sive utilitatem spectandam putat. Similiter ad honestum quod attinet, sive hoc ipsum cum utili *Problema II.* necessario conjunctum perversa quaedam et vere humano generi funesta ratio divulsit, sive in cunctis quae utilia dicuntur, id quod honestum est excellit maxime et praeponderat, illud sane inter omnes, qui bonos se haberi volunt, facile constabit, nec quidquam quod turpe est, revera utile esse, nec quidquam quod honestum est, non hoc ipso expedire. Quam in partem plurima a Tullio Officiorum libris [4] dicta sunt, apud quem et haec invenitur argumentatio: *quidquid justum est id utile: quod autem honestum idem et justum est: ex quo efficitur ut quidquid honestum est, idem sit utile.*

---

[1] ex cap. 12. 13. et 14. [2] supra in cap. 1. et princ. cap. 2. [3] in dialogo de justo. [4] lib. 3. passim et lib. 3. de finib. [c. 21. §. 71.]

Nemo autem hoc negare potest, cum Epicurei [1] etiam, summi commodorum suorum defensores, dicant οὐκ εἶναι ἡδέως ζῆν ἄνευ τοῦ καλῶς καὶ δικαίως ζῆν, *non posse jucunde vivi, nisi et honeste et juste vivatur.* Praecipue autem cum honesto conjungi amat utilitas illa, quae communis et publica est [2], quam et jurisprudentes [3] plerumque respiciunt. Primum igitur sicut omnis justa acquisitio utilis est et ex eorum genere, quae severissimi philosophorum προηγμένα vocant, quasi dicas *praeposita*, quia divitiae multarum rerum sunt effectrices, ita et praeda, quae dum justa et honesta sit, neutiquam spernenda est,

οὔ γάρ ἀπόβλητ' ἐστὶ θεῶν ἐρικυδέα δῶρα [4].
Nam nec despicienda Deum sunt inclita dona.

Ostendimus [5] enim Deum inter caetera, quae piis confert beneficia et hoc numerare. Utilis est igitur vel hac maxime de causa, quod isti qui sic honeste locupletantur pluribus etiam prodesse possunt, et quia reipublicae interest cives habere opulentos. Tum quatenus pars praedae ad rempublicam pervenit nullo ejus sumtu, utilissimum hoc est istis maxime aerarii quod tam gravi bello atteritur difficultatibus. Romani plurimos per annos ad continuos bellorum usus coacti sunt tributa conferre, quod etsi diuturnitas ipsa grave effecerat, tamen necessitate tolerabatur. Sed victa Macedonia tantum ex praeda in aerarium relatum est, ut ex eo cives fuerint immunes, nec ad collationes ullas postea vocarentur. Ita quae secuta sunt bella devictarum gentium impensis administrata sunt. Ego quid Batavis in posterum sperandum sit non praejudico. Illud omnes fatebuntur, quatenus fieri potest utilius aerario ex hostium quam civium facultatibus succurri.

Problema III. Optime philosophi [6] in utilis pertractatione praecipue docent

---

[1] in epistola Cassii ad Cicer. Famil. lib. 15. epist. 19. [2] Arist. Rhet. lib. 1. c. 6. et 9. [p. 1362. b. vs. 28. et p. 1366. b. vs. 5.] [3] l. 2. de const. Princ. [D. 1. 4.] [4] Homerus. Il. lib. 3. vs. 65. [5] in fine cap. 14. [6] Arist. Rhet. lib. 1. c. 8. [p. 1365. b. vs. 22.]

assumenda esse uniuscujusque reipublicae instituta et mores et proprias utilitates. Universaliter verum est ad summam rempublicam navium exercitionem pertinere [1], ita ut qui advehendae annonae rerumque necessariarum causa absunt, fere reipublicae causa abesse intelligantur [2]. Quis autem rerum Batavicarum adeo ignarus est, qui unicum illarum columen, decus ac praesidium esse nesciat navigationem et mercaturam? Inter omnes autem negotiationes Indica et dignitate et magnitudine et utilitate facile primas obtinet. Postquam enim Hispanorum feritas commercia abrupit, labascenti jam mercaturae Deus, ipse Deus, inquam, singulari beneficio orbem istum Batavis aperuit. Potuit quidem aeterna bonitas etiam Indis consuluisse, quos horum exemplo animatos voluerit adversus terrorem Hispanici nominis, utque simul occasio patefieret addiscendae religionis verae et simplicis: sed quin et ipsis opportune prospectum sit, monstratis regionibus unde eadem illa peterentur, quae pretiis multo majoribus, inter graviora terrae quam maris pericula diu petita jam ne sic quidem hostilis immanitas concedebat, dubitari nequit. Nonne enim mirum ac pene incredibile est, decem per annos, quibus in Orientem navigatum est, inter incerta tempestatum, ignota maris, portuum incognita, dispositas ubique Lusitanorum insidias numquam factum, ut classis ulla omnino inanis rediret, ne scilicet, quod alioqui timendum erat, dejicerentur animi inque ipsis primordiis, quae rerum magnarum difficillima sunt, conatus iste tam salutaris oppressus interiret? Unde mihi non humano duntaxat consilio sed pene divina quadam felicitate foederati Ordines, patriae parentes, videntur prudentiam suam huc intendisse, ut Indicas societates, quas in imperio suo diversas et hoc ipso

---

[1] l. 1. §. licet. ff. de exercit. act. [D. 14. 1. 1. §. 20.] [2] l. semper §. negotiatores. ff. de jure immun. [D. 50. 6. 5. §. 3.] Adde l. 2. ff. de nundinis. [D. 50. 11.]

damnosas invicem et exitiabiles videbant, in unum corpus certasque leges juberent coalescere, multis insuper beneficiis abunde testati, quam hoc esse e republica judicarent. Quod cum perfectum est (habuit enim labor iste non parum molestiarum) nemo fuit, qui non jacta esse certissima fortunae publicae fundamenta existimaret. Ex eo Indi res Batavas concordia firmatas suspicere, trepidare Lusitani, aliae autem Europae gentes Batavorum et fidei et providentiae tantum tribuere, ut constitutae jam atque ordinatae societati pecunias credere mallent, quam per se maris fortunam periclitari. Ergo quae intra decennium florenorum millibus minus quam trecentis inchoata fuerat negotiatio, ejus tum sors ad septem millia millies adscendit. Tantum vero gaudium, tantus consensus laetitiae fuit, ut appareret certa spe atque omine praecepta esse commoda, quae in immensum quotannis augerentur. Et quantum etiam nunc experimentis patuit, haud vana fuit ista fiducia. Quamquam restant majora multo. Pauci sunt Indici portus, qui hactenus invisuntur. Circumsita undique littora invitant: Arabicus hinc et Gangeticus oceani recessus, inde novo proventu divites Sinae, ut aliis atque aliis subinde allatis mercibus et in remotissimas regiones distributis priorum pretia sustineantur. Videmus Castellani ac Lusitani qua ex paupertate quo opum processerint. At quondam apud illos ante transmarinas navigationes vix pecunia ad primas naves instruendas a regibus corradi potuit, manetque nunc etiam veteris inopiae signum numerandi ratio per minuta aera. Hodie vero sive domi ipsos respicimus, sive in superbissimis coloniis, quas totum per orbem dimiserunt, in habitatione et supellectile et cultu et servitio is non splendor tantum et elegantia, sed luxus est, ut vere dici de illis possit, quod de Tyriis olim, mercatores eorum Principes videri [1]. Atque adeo nuper cum praeda navis istius veniret,

---

[1] Jeremias. c. 23. vs. 8.

quis non admiratus est opulentiam, quis non obstupuit, neque privatae fortunae, sed quasi regiam haberi credidit auctionem? Batavi justas ditescendi rationes etiam ab hostibus, usum divitiarum a majoribus suis accipiant, viris honeste frugalibus. Optimus autem fructus opum positus est in communi utilitate, quae primum in tributis et vectigalibus locupletandis consistit. Nam si rex Hispaniae proventu externarum navigationum totum orbem ausus est perterrere, quod illi pro dominatione animi fuit, idem justius Batavis erit pro libertatis et vitae tutela. Altera pars publicae utilitatis est, quod magna turba numerosae admodum plebis, mercaturae aut navigationis ministra, non aliunde alitur. Fiet ita quod apud prophetam [1] est, ut negotiatio et quaestus omnis Deo consecretur, non adservatus nec reconditus, sed ita habitus ut his, qui Deo vivunt, suppeditet victum ad satietatem usque et cultum sufficientem. Hanc igitur negotiationem tam utilem tamque necessariam placetne omittere? Nemo, ut arbitror, ita censet. Atqui retineri aliter non potest, nisi remotis illis, qui ubicunque tuti sunt, ibi alios tutos esse non sinunt: qui dictis factisque profitentur non passuros se, ut alius quisquam Europaeus illas terras mercatus gratia accedat, idque nullo jure, sed quia introductum utcunque lucrum nolunt dimittere, nolunt participare; quod ut obtineant, clam dolis, palam bello nihil relinquunt intentatum. Quid autem non credas illos quaestus sui gratia facturos, qui Castellanis, finitimis suis eidem subjectis regi et tantumnon popularibus, in Sinas haud ita dudum pervectis veriti non sunt calumniis apud regionis praefectos, imo et pretio, mortem intendere? Et perfecissent nisi apud Sinenses, homines alioqui non religiosos et tunc Castellanis merito infensos (nam decem eorum millia in Philippinis Hispani occidisse dicebantur), plus valuissent supplicum et hospitum jura,

[1] Esaias. c. 23. in fine.

quam inter Lusitanos cognationis necessitudo. Etsi ne hoc quidem nimium mirandum est, cum passim Lusitani etiam Lusitanos, qui suae non sunt societatis, sui tantum lucri gratia invidiaque ad necem persequantur. Ab his igitur se tueri nemo nisi ulciscendo potest. Nam, ut recte dixit theologus Hispanus [1], bellum, etiam defensionis solius causa comparatum, geri non potest, nisi simul in hostes vindicetur. *Fierent enim hostes*, inquit, *audaciores ad iterum invadendum, nisi timore poenae deterrerentur ab injuria.* Quantum igitur publice interest mercaturam Indicam retineri, tantumdem Lusitanos, quandocunque datur occasio, malis omnibus, quorum levissimum est rerum jactura, coerceri. Et hae quidem commoditates intus, aliae vero non minores extra sitae sunt, in sociorum commodis aut incommodis hos-

Problema IV. tium. In omni hoc universo post Deum immortalem nihil homini est utilius homine, unde summa utilitas est in conciliandis hominum studiis, de quo Cicero multis agit Panaetium secutus, qui omnem de utili disputationem in isto argumento consumserat. Sicut et Aristoteles [2] inter ea quae plurimum prosunt amicos ponit et amicitias, quas et per se expetendas dicit, et esse multarum rerum effectrices, unde *φιλεταιρίαν τῆς φιλοχρηματίας*, *amicitiae cupiditatem pecuniae cupiditate*,

Problema V. praestantiorem judicat. Cum autem contra etiam accidat, ut homines hominibus plurimum obsint, quod versus ille significat:

Pernities homini quae maxima? solus homo alter,

ex contrariorum natura sequitur id nobis optimum esse, quod inimicis pessimum est: sicut e diverso quod hostibus placet, id nobis pernitiosum esse intelligimus, unde est,

Hoc Ithacus velit et magno mercentur Atridae.

Merito igitur qui de utilibus scribunt et hoc in praecipuo ordine collocant. Ac primum amicitiae quanta vis sit nemo

---

1 Vict. de jure belli, in princ. 2 Rhetor. I. c. 6. [p. 1362. b. vs. 13.]

ignorat, unde societates non vicinae modo, verum etiam longinquae, ut mercatoribus sunt necessariae, ita bellantibus utiles. Laudatur Mithridates [1], quod ab Albanis usque in Hispaniam legatos miserit ad Sertorium et Daces, quibuscum tum Romani bellum gerebant. Sciebat enim quicum hoste sibi res esset, magnae scilicet terrarum partis possessore, valido atque opulento. Unde sic instituerat, ut cum duobus in locis disjunctissimis maximeque diversis uno consilio, binis copiis bellum terra marique gereretur, Romani interea ancipiti contentione distracti de imperio dimicarent. Mihi Hispanorum vires hic attollere nec deprimere animus est. Hoc scio latius eos regnare, quam tum Romani regnaverint, forte etiam, quam ullus hodie aut umquam, atque ejus dominationis ipsa fundamenta non in Belgio, non in Hispania, sed trans oceanum sita esse, unde opes illis largitionumque et bellorum alimenta: sed eosdem illis in terris quantum potentiae, tantum odii quaesivisse et eo Batavos uti debere, si quem bello finem volunt impositum. Jungendus est cum ultimo oriente septentrio, ut in omne mundi latus profecta dominatio undique labefactetur Ambire jamdudum reges populosque Indiae Batavi debuerant: en, ultro ambiuntur. Cui enim non praefectorum ipsi supplicarunt, ut subsidiis adversus Lusitanos juvarentur? Quae regis Ternatensis, quae reipublicae Ambonensium preces, quae literae a rege Jorensi venerunt? Quin et proceres Achinenses visi in Hagensi palatio. Et quae in Augusto vel praecipua habita est pars felicitatis [2], ab Indorum legatis salutari, qui pretiosa munera trahentes nihil magis quam viae longinquitatem imputarent, cum eos ipse corporis color ab alio venire sole fateretur, quodque Claudii imperio nobilissimum fuit [3], ex Taprobane legationem vidisse, id jam Batavis adeo usitatum est, ut cum novitate perdiderit admirationem. Hi autem omnes quid aliud petunt, quid

[1] Cic. pro l. Man. [c. 4. §. 9.] [2] Florus. [3] Plinius lib. 6. c. 22.

aliud orant, quam ut Lusitani junctis viribus invadantur? Imo etiam rogant Batavos arces ut struant suo in solo: tanta fidei fiducia est. Suadent freta teneri Malaccense et Sundanum. Alii commeatus offerunt ad obsidendam Malaccam, sedem ipsam servitutis, ejusque rei vias ostentant. Quod amplius est Batavorum amicitia ipsos inter se conciliat. Jam inter Taprobanen et Celonem insulam foedera commeant, Candiae et Achini regibus in Lusitanos conjurantibus. Idem rex Achinensis vetera in Jorensem odia Hollandorum gratia remittit, unumque inter eos certamen est, uter plus Batavis praestet. Multi alii reges aperte jamdudum in causam descenderent, nisi viderentur Batavi ad bellum Lusitanicum remissiores. Quid igitur? Haecne animorum inclinatio projicienda est? Non dicam id contra utilitatem esse publicam: ne integrum quidem est, ex quo illorum urbes obsessae, agri vastati, pagi inflammati sunt a Lusitanis Batavorum ob amicitiam. Quodsi omnino societates istae non fovendae modo, sed excitandae etiam augendaeque sunt (et alioquin sane etiam ipsa mercatura amittitur), quod gentibus externis pignus, quod fidei vinculum erit? Id nimirum, quod unum appetunt, ut Lusitanos, quorum se hostes Batavi profitentur, intrepide aggrediantur agantque cum illis hostiliter. Nam sicut pro meritis in illos vindicare justum et honestum, ita eisdem parcere inter suspiciosa maxime Indorum ingenia periculosum est. Ejus rei recens argumentum dabo. Rex Candiae in Celone insula, cum eo venisset ex Zelandia Spilbergus, tantum in res Batavas studium demonstravit, ut totos dies nihil aliud, nisi de historia belli istius nobilissimi inquireret,

Multa super Priamo rogitans, super Hectore multa [1].

Neque invictissimi Principis Mauritii effigiem, neque Neoportani praelii picturam inspiciendo umquam satiabatur. Jam

[1] [Virg. Aen. I. vs. 750.]

et ipse et regina cum liberis Belgicas voces addiscere coeperant, ita ut dicerent ex Candiae regno factam esse Bataviam. Addebat rex velle se filium natu maximum, ubi adolevisset, ad Principem Mauritium mittere, ut rem militarem sub tanto duce addisceret. Rogabat eligerent Batavi in regno suo locum arci struendae, ubicunque situs arrisisset: ipsumque se potius et uxorem et filium filiamque saxa eo collaturos, quam ut res adeo sibi optata intermitteretur. Venit paulo post ad regem eumdem Siboldus Waertius, sub Wibrando Warwicio classi praefectus, quem rex obsecrat ut sibi auxilio esse velit ad expugnandum castellum Columbanum, quod in ejus regni finibus Lusitani tenebant, et sibi expugnationem deposcit, illum rogat, ut cum navibus adsit et Goa subventuros arceat, propositis ei rei praemiis atque inter caetera paratus erepta hosti loca Batavorum praesidio permittere. Evenit ut Siboldus, e Celone Achinum profectus ut socios acciret, quatuor in ipso itinere caperet naves Lusitanorum. Oraverat autem rex praesentem et jam profectum literis erat obtestatus per Deum perque Principis Mauritii virtutem perque amicitiam suam, ut si quos Lusitanos nancisceretur eos sibi traderet. At ille quasi dementiam facile excusaturus, quos ceperat statim liberos dimisit. Rex autem, qui sibi eos traditum iri non dubitabat, cum ad urbem Vintanum obviam se venturum promisisset, ultro officii causa Matecalum processit, quo tum naves Batavicae advenerant. Ibi res accidit miserabilis, ut rex cui mirum videbatur homines primum nocentes, deinde victos impunitate laetari, suam vero postulationem esse contemtui, Siboldum contumacius sibi obloquentem cum aliis fere quinquaginta obtruncari juberet. Ita quod inultus manserat, hoc ipsum ultus est: eademque lenitas, si tamen lenitas vocanda est, hostibus ludibrio, sociis suspicioni, Batavis exitio fuit. Cum igitur gentes istae, quae bella multo quam Europaei ferocius exercent, vix hanc accipiant moris nostri excusationem, quod hostes cum possimus perdere, servamus, si jam naves Lusitanorum, paratam scilicet praedam e Batavorum manibus emitti viderint, quid aliud quam latere proditionem et illos inter se colludere existimabunt? Praestanda est igitur illis haec fides, dandum hoc pro amicitia gaudium, pro calamitatibus solatium, ut eos nunc praedam esse videant, qui totius mundi praedatores fuere. Jam quae ex inimicorum malis proprie obvenit utilitas, spectanda est. Hostem illic habent Batavi (qualem Tacitus alicubi describit) adversis pavidum, secundis non divini, non humani juris memorem. Maxima igitur utilitas haec est, quod ille ad occursus Batavorum posthac trepidabit, quod damno suo commotus fortissimorum virorum etiam aspectum fugiet, neque naves suas etiam plures aliquanto et majores cum Hollandicis audebit contendere. Has enim sciet esse, quibus toties praedae fuerit. Cum igitur ubicunque classes Batavorum ancoras fixerint, eo Lusitani metuent accedere, non tutiores modo illi erunt, verum etiam securiores. Quod sane in partem jam consecuti sunt, praedicantibus Indorum regibus Lusitanos non ad conspectum modo, sed ad nomen etiam Hollandi hominis pavere et expallescere. Quid quod ipsi Lusitani, merces captarum navium in Batavicas exonerare suis manibus jussi, paruerunt? Quid quod jam aliqui tuto navigandi licentiam a Batavis mercati sunt? Quare et cum tam pronum videbunt esse Batavis vel maximam captivorum turbam nancisci, in eos quos forte contra ceperint minus audebunt saevire, quodque beneficiis invitati facere noluerunt, id facere cogentur metu talionis. Praeterea posthac aut similem praedam hostis debebit, unde plurimum utilitatis in publicum ac privatum redire palam est, aut ab oppugnandis aliis ad se tuendum conversus compelletur innumeras habere per Indiam praesidiarias naves, colonias suas firmare munitionibus et quod molestissimum est, eodem tempore habere suspecta omnia. Per tot tantosque sumtus et privatorum quaestus omnis exhaurietur, et ipsi perpetuo libertatis Batavae adversario totum illud vectigal Indicum peribit. Ex utroque non est obscurum quanti fructus ad rempublicam perveniant, cum pecuniam nervum esse belli notissimum sit, quam ut sibi comparare maximum habet momentum, ita huic proximum est eamdem hosti avertere. Quodsi obtineri potest ut Philippo, sicut in Europaeis quibusdam possessionibus, ita in Indicis proventus reditusque omnes aequalibus onerentur impensis, nae illud futurum est, ut multo posthac commodior sit belli administratio. Neque enim dubitari potest id, quod ex Hispania per Italicas trajectiones suppeditatur, praecipuum esse belli istius alimentum. Nam si cum solis Belgarum alterius partis vectigalibus componerentur, jamdudum rem factam haberent Batavi. Si igitur Hispaniarum reditus et per hos expediendi argenti fides defecerit, quid aliud exspectandum est, quam ut militari seditione magna aliqua rerum mutatio eveniat? Liquet enim rerum istarum historiam evolventibus, fere quidquid Batavis felix hactenus et prosperum fuit, id causam et originem ex hostili inopia habuisse. Pax Gandavensis et illa totius fere Belgii adversus Hispanicum nomen conjunctio res prope afflictas per hostium seditionem (nata autem haec erat ex aerarii paupertate) in pulcherrimam speciem restituit. Quod a Parmensi tamdiu victi totidem per annos optimi ducis virtute iterum vincunt, unde est, nisi quod ingens in Britanniam classis et gravissimi sumtus in bellum Gallicum ita opes hostiles oppresserunt, ut recreari vixdum potuerint? Hinc ad fines Gallicos toties tumultuatum et Italorum Sichemiana seditio versique hostes in mutuas caedes: hinc Sanctandreana defectio et per alias iterum turbas patefacta Flandria, et datus illustri praelio locus: hinc Hoochstratana rebellio, quae Batavorum sub imperiis suos agros vastaret. Ac quo nunc spes ille majores aggreditur atque etiam maris possessionem, quae propria est Batavis, tentat invadere, hoc magis annitendum est ut impensis aliis super illas impensas additis, medio in conatu deficiat. Quo summopere pertinebit quam plurimum Hispano negotii per Indiam exhiberi, ut novis subinde cladibus et damnis turbetur, praesertim cum quae ex contraria parte sustinentur impensae rempublicam non onerent, sed a privatis proficiscantur. Et quis scit an felix per Indiam successus mox in Americam aliquid audendi daturus sit fiduciam? Quod si eveniat, quid aliud quam praeda omnium gentium erit illa ex omnium gentium spoliis collecta dominatio?

Problema VI. Jam vero si verum est, ut magistri hujus rei praecipiunt [1], in utilis consideratione etiam rei propositae facilitatem spectari, struant illi quamvis pretiosissimas classes, ut omnia ingenti apparatu strepant, si quid illos, si quid se Batavi noverunt, nihil periculi est. Non magis profecto quam Romanis ab exercitu Antiochi fuit, in quo facete lusisse Annibalem scimus. Nam cum rex illi copias numerosas aureis argenteisque nitentes insignibus, falcatos currus, turritos elephantos, equitatum fraenis, ephippiis, monilibus, phaleris praefulgentem gloriabundus ostenderet et quaereret, num satis esse illa omnia Romanis judicaret, ille qui nihil magis quam imbellium hominum ignaviam spectaret, satis esse dixit Romanis, etiamsi avarissimi essent, interrogatusque de contentione virium, quasi de praesenti praeda respondit. Mutatis vocibus dictum imitabimur: quidquid Lusitani per Indiam parant, specie magnificum, pretio opulentum, id satis esse Batavis, etiamsi plurimis affecti damnis non immerito vicissim plurima concupiscant. Antisthenes [2] olim eleganter *ὅτι δεῖ τοῖς πολεμίοις εὔχεσθαι τ᾽ἀγαθὰ παρεῖναι χωρὶς ἀνδρείας. γίνεται γὰρ οὕτως οὐ τῶν ἐχόντων ἀλλὰ τῶν κρατούντων. Hostibus bona ut adsint optandum est sine virtute. Sic enim fiunt non habentium sed vincentium.* Et sane qui judicio comparabit, nemo aliter sentiet. Naves Batavae quanto minores tanto agiliores sunt, faciles moveri ad omnes belli aut maris casus et quas emissa ex adverso tela impune supervolent. Illorum magnae tardaeque moles,

---

[1] Arist. Rhet. d. loco. [p. 1363. a. vs. 21.] [2] Stob. Serm. [54. 41.]

oneri factae non bello et ad globorum ictus apertae undique, nec ventorum satis potentes et in universum dignae magis vinci, quam quae possint vincere. Gens Batava gelido ventosoque coelo, sub ipso septentrionis sidere, inter aquas suas educata et incredibilis multitudo ab ipsis pueritiae annis majorem vitae partem in oceano solita, quam in terris degere, haud aliter mari quam solo utitur: tolerantissima frigoris, patientissima inediae, assuetissima incommodis, quae tam longa itinera necessario secum ferunt: longum domi bellum ad audaciam et armorum artem profuit. Lusitanorum infirma corpora, fluentia calore, sueta deliciis nec marinas jactationes nec nauseam satis ferunt. Praeterea molles ipsi, marcidi luxu, armorum rudes, inter navigandum onerati aegrotantium turba, quae caeteris etiam valentibus impedimento est: uno verbo imbelles et quod dicitur, Mysorum praeda. Unde videmus nautis Batavis tantum accessisse fiduciae, ut numquam putent, si ad certamen veniendum sit, aut se nimium paucos esse posse, aut Lusitanos satis multos. Prudentissimi saepe duces ex vultu militum gestuque, conspecta ante praelium alacritate, non dubie jam se vicisse pronuntiabant: id omen optimum, id illis auspicium erat longe certissimum. Quare et Batavi nihil sibi exiguum promittere debent, ubi illos suorum spiritus conspicantur. Neque enim temere illi aut sine magna causa virtuti fortunaeque suae credunt. Habent ejus rei certissima argumenta ac velut pignora victoriae. Galli longissimo tempore Americanam negotiationem ita infestam habuerunt[1], ut pauci essent Hispani alicujus dignitatis, qui non aliquando in illorum fuissent potestate, praedae autem tantum nonnumquam victoribus obvenerit, ut singuli etiam nautarum pueri octingentos ducatos referrent. Iidem omnes ejus orbis insulas ipsamque continentem feliciter diripuere. Contra autem cum semel unam Gallorum navem Hispani non sua virtute sed ducis

[1] Joh. Mer. in praefat. ad Osorium.

Galli timiditate cepissent, adeo ea res infrequens ipsis visa est, ut non quasi Gallica nave, sed quasi Gallia devicta triumpharent. Non tamen hoc eo eveniebat, quod Galli usu rei maritimae multum praestarent, sed quia ea erat Hispanorum avaritia, ut naves suas non armis ullis, sed mercibus et vectoribus onerarent. Angli totum orbem circumvecti nihil fere, quod Hispanici juris esset, intactum reliquere. Nihil umquam alicui cessit impunius. De Batavis igitur quid non sperandum, illa vere Neptunia gente? Absit invidia verbo: numquam aequo in loco, numquam aperta in pugna navali acie laborarunt. Nec ad antiqua quemquam exempla revoco, etsi suppetunt egregia in Gallos, Germanos, Britannos certamina: Hispanum hostem videamus, etiam Belgicis nonnihil suffultum viribus, et a primo belli initio ad haec usque felicissima tempora brevi transitu memoria discurrat. Spectabimus captivi vincula Bossuii, raptas a Zelandis jam tum opes Lusitanorum, fugientem scapha Medinacaelium, Hontam Hispanorum cruentum sanguine. Jam vero num ulla major esse classis poterit, quam quae anno illo terribili in Britanniam ac Batavos missa est? aut non Indicum illud mare multo etiam quam Gallicum hoc fretis angustius est et undis incertius, quippe ubi praeter tot brevia et syrtes septuaginta esse insularum millia perhibentur, in quas graviora hostium navigia allidi necesse est? Num acta in littus et in flammas Batavorum et Anglorum viribus classis ad Gades animo excidit? Num illae funestae domino naves Spinulanae? Enimvero quis aut fortior aut famae ingentior Andrea Furtadone ductor hosti dabitur? Et hic tamen ad Bantamum fusus fugatusque est: nec ullum tam inaequale iniri potest certamen, quam fuit sex navium exiguarum, si compares, cum illis supra triginta tam magnis tamque validis. Quot interim navigia Lusitanorum capta, mersa, incensa sunt? Ut caetera taceam et maxima loquar, praeter eam quae inter Spilbergium et Anglos divisa est, tres jam caraccae, quas naves cum dico quasi arces, imo oppida et quidem hominum plus septingentorum, intelligi par est, in manus venerunt. Una ad Helenae insulam a Cornelio Sebastiani superata Zelandis obvenit. Altera est ipsa quam Hemskerckius adduxit. Jam tertia ad Macaüntem a navibus Warwicianis victa et spoliata est. Illud vero multo etiam illustrius, quod tota classis victa, Jora liberata, rex amicissimus obsidio exemtus est. Nam ex classe eadem Warwiciana naves duas cum celoce Jacobus Petri Patanam devehens, reginae illic propensissima in Batavos studia nutriturus, in ipso itinere Jorensis regni amnem a Lusitanis teneri videt, qui secum habentes galeones duas, fustas autem aliasque naves longas supra viginti quinque, omnia ingenti terrore impleverant. Ille qui ne integrum quidem sibi existimabat socium Principem in eo periculo deserere, conserit pugnam, quae ad serum usque diem producitur, donec fusi hostes altum petiere. Qua tum gratiarum actione rex ipse coram victrices in naves adveniens sociorum fidem jam iterum expertus extulerit, longum sit dicere. Ne sic quidem satis, sed iterum quaesitus hostis et longum post certamen galeonum utraque corrupta, ita quidem ut vix Lusitani remigio effugerint. Tot igitur tamque praeclarae victoriae de Lusitanis contigerunt: et sunt qui adhuc eos metuendos putent? Imo perge, perge, gens nautica et illud ex oraculo non Augusto olim ad Actium [1], sed tibi dictum puta:

Nec te quod classis centenis remigat alis
Terreat: invito labitur illa mari:
Quodque vehunt prorae centaurica saxa minantes,
Tigna cava et pictos experiere metus.
Frangit et attollit vires in milite causa,
Quae nisi justa subest, excutit arma pudor.

Quod ultimum profecto verum est et huc maxime pertinet. Scit nauta Batavus pugnare se pro gentium jure, hostes contra

---

[1] Prop. lib. 4. eleg. 6. [vs. 47. seqq.]

hominum commercia, illos pro dominatione, se pro sua atque aliorum libertate, illos insita malefaciendi libidine, se et diu et saepe calumniis, crudelitate, perfidia lacessitos. Summus apud Graecos orator: *ὑπὲρ μὲν ὧν ἂν ἐλαττῶνται, μέχρι δυνατοῦ πάντες πολεμοῦσιν· περὶ δὲ τοῦ πλεονεκτεῖν, οὐχ οὕτως. Pro his in quibus injuria afficiuntur omncs quantum omnino possunt depugnant, at propter alieni cupiditatem non item.* Et Alexandri Iınperatoris vox est imperatoria: *τὸ μὲν ἄρχειν ἀδίκων ἔργων οὐκ ἀγνώμονα ἔχει τὴν πρόκλησιν, τὸ δὲ τοὺς ὀχλοῦντας ἀποσείεσθαι, ἔκ τε τῆς ἀγαθῆς συνειδήσεως ἔχει τὸ θαρράλεον, καὶ ἐκ τοῦ μὴ ἀδικεῖν, ἀλλ' ἀμύνασθαι ὑπάρχει τὸ εὔελπι. Ejus a quo coepit injuria provocatio maxime invidiosa est: at cum depelluntur aggressores, sicut bona conscientia fiduciam secum fert, ita quia de vindicanda, non de inferenda injuria laboratur, spes etiam adsunt optimae.* Brevius autem, quae hactenus de utilitate dicimus [1], Ordines Hollandiae decreto suo in summam colligunt palamque faciunt, dum in Lusitanos pugnatur, divina gratia defensam auctamque navigationem et negotiationem, liberata regna atque urbes amicas, insignes victorias et commoda ex hostibus reportata, queis etiam majora exspectari, eaque omnia sine ullo reipublicae dispendio ad hostium pernitiem magnaque damna, ad honorem, commodum, existimationem foederati Belgii et ejus civium summopere pertinere.

Pars II. Quemadmodum vero Lusitanos affligi bello et spoliari, sic praedam mercatorum propriam esse non ipsorum magis quam patriae interest. Cum enim aerarium bello tam longo tamque difficili multiplicibus impensis exhauriatur, praecipue vero rei maritimae gravia sint onera, nihil commodius accidere potest, quam ut hostium vires infringantur sumtibus privatorum. Sumtus autem sapiens non facit, nisi periculum justo commodo pensetur. Rectissime igitur Ordines fecerunt, qui ut caeteris in rebus omnibus Indicam negotiationem fovent,

---

[1] V. Joh. Met. Praef. ad. Osorium.

ita quae capta sunt societatis impensa atque periculo non aliis, quam ipsis cedere aequum et ex usu publico existimant: ut ex formula videlicet versus Propertiani [1], imo ex naturali ratione

Praeda sit haec illis quorum meruere labores.

Quare qui tam bonam utilitatem negliget, nimium prodige utetur occasione ac fortuna. Quod enim belli, id est gentium jure, quod Ordinum, hoc est summi magistratus concessione, nostrum sit, id non statim sumere grata, ut dicitur, manu stolidae prope dixerim contumaciae est. Quare credibile est nullum fore qui in ea sententia persistat, ut possessionem hanc refutet atque rejiciat, aut si qui erunt, eos futuros a quibus exemplum nolit sumere homo recte erga Deum et patriam animatus. Sunt enim, sunt profecto Batavi hanc in partem leniores, quod a civibus hostiles interdum voces audiunt et patiuntur. Rem sane dolendam, eo impunitatis deventum esse, ut sint qui jactare audeant Lusitanis omnia licere, ipsis nihil. Quibus ego pejus nihil habeo quod imprecer, quam ut salvo imperio et republica incolumi in eorum manus deveniant, quibus tantopere favent. Sed illa vaniloquentia seu malevola potius causae publicae detrectatio legum paenis et diligentiae magistratuum relinquatur. Nobis errantes instruxisse satis est. Qui igitur lucrum recusare potuissent, quia se aliter justitiae et conscientiae non arbitrarentur satisfacturos, hos si qua ratio, si qua movisset auctoritas, argumenta et testimonia, quae in prima tractationis parte adducta sunt, efficere potuerunt doctiores. Esse etiam hunc quaestum honestissimum homini non pertinaci satis persuasum ex superioribus puto. Ac si qui sunt qui praecipuum habent utilitatis respectum, hi quid possint contra praedam obtendere videamus. Neque enim illud credo dicet hic quisquam, male parta male dilabi, nec transferri ad posteros quod

---

[1] lib. 3. el. 3. [vs. 21.]

turpiter quaesitum est. Nam et nos huic sententiae libenter assentimus, imo etiam si fieri posset, ut injustas possessiones tueretur fortuna et longi temporis firmaret auctoritas, utile tamen esse negamus quidquid ab honesto et justo discrepat. Cum vero in hac quaestione contra se rem habere certissimis rationibus jam ante comprobatum sit, necesse est illam qualemcunque conceptionem velut subtracto fundamento dilabi. Contra enim verissimum est nullas fere possessiones esse antiquiores, quam quae ex bello obvenerunt, et in his fere gentium omnium securitatem consistere, ut in Officiis [1] etiam Tullius demonstrat. Itaque saepe apud auctores occurrit, juste possideri quidquid armis sit captum ab hostibus: id justo titulo, id justa causa ad successores transmitti. Quod ipsum et Romani ad Auruncos de agro Ecetranorum responderunt; qui et Volscis dixere non minus haec nostra esse, quam quae dono accepimus: hoc forte intuiti, quod qui belli aleam utrimque subeunt ita quasi contrahere videntur, ut capta cedant capientibus, nec sit iniquum eum qui vincere voluerit, si contra ceciderit, victi ferre fortunam. Operae pretium est ipsa quae hanc in rem usurpat Dionysius Halicarnasseus [2] verba describere: in oratione Titi Largii, *ὅτι Ῥωμαῖοι καλλίστας ὑπολαμβάνομεν κτήσεις εἶναι καὶ δικαιοτάτας, ἃς ἂν κατάσχωμεν πολέμῳ λαβόντες καὶ νόμῳ, καὶ οὐκ ἂν ὑπομείναιμεν μωρίᾳ τὴν ἀρετὴν ἀφανίσαι, παραδόντες αὐτὰ τοῖς ἀπολωλεκόσι· κοινωνητέον τε πᾶσι καὶ τοῖς ἐκ τούτων γενομένοις καταλιπεῖν ἀγωνιούμεθα. νῦν δὲ ὑπαρχόντων ἤδη στερησόμεθα καὶ ἑαυτοὺς ὅσα πολεμίους βλάψομεν; Romani honestissimas justissimasque eas credimus possessiones, quas belli lege captas habemus, neque vero induci possumus, ut stulta facilitate deleamus virtutis monimenta, eadem illis reddentes, quibus semel perierunt. Qui ergo in hoc communi ope certandum credimus, ut ejusmodi plurima ad posteros transferamus, nunc quae parta*

---

[1] lib. I. [2] lib. 6. [p. 369. vs. 27.]

tenemus, his nos spoliari patiemur inque nos ipsos ea constituemus, quae in hostes constitui solent? In responso ad Volscos [1], ἡμεῖς δὲ κρατίστας ἡγούμεθα κτήσεις, ἃς ἂν πολέμῳ κρατήσαντες λάβωμεν, οὔτε πρῶτοι καταστησάμενοι νόμον τόνδε, οὔτε αὐτὸν ἀνθρώπων ἡγούμενοι εἶναι μᾶλλον ἢ οὐχὶ θεῶν, ἅπαντάς τε καὶ Ἕλληνας καὶ βαρβάρους εἰδότες αὐτῷ χρωμένους οὐκ ἂν ἐνδοίημεν ὑμῖν μαλακὸν οὐδέν, οὐδ᾽ἂν ἀποσταίημεν ἔτι τῶν δορυκτήτων. πολλὴ γὰρ ἂν εἴη κακότης εἴ τις ἃ μετὰ ἀρετῆς καὶ ἀνδρείας ἐκτήσατο, ταῦτα ὑπὸ δειλίας καὶ μωρίας ἀφαιρεθείη. *Nos autem optimum judicamus possessionis genus, quod ex hoste captum acquisitumque est, cumque non ipsi primi id jus statuamus, sed a Diis verius quam ab hominibus profectum, omniumque gentium tam Graecarum, quam barbararum usu comprobatum sequamur, nihil vobis per ignaviam remittemus nec bello partis absistemus. Maximum enim hoc probrum foret, quae virtute et fortitudine quaesita sunt, ea per inertiam aut formidinem amittere.* In responso Samnitum [2], πολέμῳ κρατησάντων ἡμῶν, ὅςπερ ἐστὶ νόμος κτήσεως δικαιότατος. *Cum armis obtinuerimus, quae lex acquirendi justissima est.* In oratione Fabricii [3], ἐκείνῃ μέν γε τῇ κτήσει καὶ τὸ μεθ᾽ ἡδονῆς ποιεῖσθαι τὰς ἀπολαύσεις πρὸς τῷ καλῶς καὶ δικαίως πόσον ἦν; *In illa enim acquisitione* (de bellica sermo est) *cum justum honestumque inerat, tum vero delectationis plurimum.* Quodsi per se possessio ista suspecta esse non potest, restat ut ex post facto aliquid metuatur, puta, si quando res ista in judicium veniat. Sed judicem fingere oportet aut Hispanum, aut alium quemlibet. Pessime sane de patria speraturus sit, qui illud fore crederet, ut Hispanis sedentibus etiam de praeteritis actionibus Batavi causam dicere debeant: quod si fieri posset (absit tam dirum omen), non ista duntaxat praeda, sed omnes quotquot sunt Batavi cum bonis suis perierint. Nimirum

Nulla manus belli mutato judice pura est [4].

[1] lib. 8. [p. 488. vs. 23.] [2] in fragm. [p. 741. vs. 2.] [3] ibid. [p. 748. vs. 4.] [4] Luc. lib. 7. [Phars. vs. 263.]

At forte manente bello, redintegratis cum hoste commerciis, metuat aliquis ne res suae hac de causa detineantur. Quasi vero non antequam haec fierent idem fecerit Hispanus, aut novo hoc praetextu egeat. Praeterea non satis video cur quisquam, cui Indica negotiatio tantum affert et plus in dies ostentat compendii, alteram illam malit tot periculis et hostium malitiae obnoxiam. Aut denique eundum non est, aut tum demum eundum est, cum Hispani Batavorum mercibus carere non poterunt. Quodsi tamen ad veterem redibit perfidiam, non haec mercatoribus scribetur dica, quod praedam possideant (quis enim partitus sit, quis contra recusaverit illic sciri non potest), sed quod contra edictum regis Hispaniae cum Indis negotiationem exercuerint. Quid enim? an nescimus ab Hispano proscripta esse nomina eorum, qui huic mercaturae praefecti sunt? neque tum caraccam ceperant; sed tantum illi capital visum est cum Indis celebrare commercia, ut quam poenam de hominibus sumere non potuit, eam qua maxime potuit ignominia adumbraverit. Atque etiam praedae ipsius nomine, si manifeste injusta sit, ut forte Hispanis videri poterit, non illos duntaxat teneri qui perceperunt, sed omnes auctores atque suasores, et quidem in solidum, et ex regula restitutionum et jurisconsultorum auctoritate monstratur [1]. Hispano igitur judicante cum nihil sit impunitum, non est cur quis hoc unum magis quam caetera formidet: quin in eo potius laborandum, ne ad illum umquam arbitrum veniatur. Sin autem judicem imaginamur non hostem, sed pacatum aliquem Principem populumve, primum vanus est ille metus, cum pignerationes sive repressaliae numquam concedantur earum rerum gratia, quae inter bellantes actae sunt. Et quamdiu bellum injustum non est declaratum (contra Batavicum autem nemo pronuntiavit),

V. supr. c. VIII. ad concl. VII. artic. III. p. I.

[1] Joh. Lupus de bello. §. si bene advertas. Wilh. Matth. in 1. req. sub finem. Summ. Ros in v. Bellum. n. 6.

capta ita juste retinentur, ut in controversiam trahi non possint. Praeterea suis quisque civibus, non extraneis, per repressalias consulit: haec autem res ad Lusitanos pertinet. Quod si aliquem nobis proponimus addictum Hispano et qui illi omnia studeat gratificari, nae apud illum judicem non tam praedae perceptio, quam sumta in Principem arma, Indica negotiatio multaque alia simul luenda aut simul defendenda sunt. Nam praedae perceptio in tantum potest obligare, quanti praeda est, non ultra: itaque haec restitutio lucrum eripit, damnum non infligit. Caeterorum autem, quae crimini ducentur, infinita erit aestimatio. Insuper ea est repressaliarum natura, ut factum civis cujuslibet alterum quemvis ejusdem reipublicae comprehendat. Nihil igitur hoc nomine plus illis qui partem ex praeda perceperint, quam qui non perceperint, metuendum est. Praedam igitur non agnoscendi nulla est ratio. At si quis agnoscat quidem aliquatenus, sed alia religioni aut timiditati suae remedia quaerere velit, is geminet errorem. Quod enim agnoscitur aut retinendum, aut transferendum est. Retineri autem duplici animo potest, aut ut hostibus, ex quibus captum est, restituatur, aut ut sua cuique causa sepositum sit. Veteribus dominis reddi quod captum est nec potest, nec debet. Nam ubi illi invenientur? An forte expectamus ut ex India, aut Ulyssipone veniant hostis subditi, qui ex jure manu consertum, ut dicitur, res repetant? At illi quidem omnem recuperandi spem ex animo projecerunt, ut qui se palam fateantur id passos, quod jus belli tulit: contra autem ridiculi sunt, qui de eo jure ambigunt, de quo ne hostis quidem controversiam facit. Satis enim patet eum, qui bona fide bellum gerit, ad restitutionem ne in conscientia quidem obligari. Neque vero debet illis praeda restitui, ut maxime possit. Faciunt enim contra jura et majestatem populi [1] violant, quo-

[1] l. cujusque. ff. ad l. Jul. maj. [D. 48. 4. 4.]

rum opera hostes pecunia aut qua alia re juvantur. Quod si ipsa id conantes patria alloqueretur, nonne hoc diceret? Omnes boni cives hoc agunt, hoc laborant, in hoc sanguinem fortunasque suas profundere non dubitant, ut hostibus ademta omni ad nocendum facultate, me constituant quam beatissimam. Itaque vitam eripere pertinacibus, opes etiam errantibus, quibus in meum scilicet exitium abutuntur, utile mihi atque adeo sibi gloriosum existimant. At vos etiam quae belli fortuna jam inimicis abstulit, ad eosdem redire vultis, ut scilicet quantum mihi decrescit, tantum illis accedat, qui non ignorantia aut errore aliquo, sed sua ambitione, sua impulsi avaritia in meam pernitiem vestrumque singulorum omnes ad unum conspirarunt? Haec si quis audiret, nihil ut opinor haberet aliud, quam ut culpam agnoscens seductum se potius falsis rationibus, quam sponte in patriam impium fateretur. Reddere igitur hosti cum non liceat, an secessim habere a caeteris suis rebus aliquam in partem prosit, inspiciamus. Et hoc quidem si fiat ideo, ne praedam admiscendo inquinentur caeterae facultates, ridenda magis quam confutanda est superstitio: nisi forte credimus sicut in scabris ovibus, ita in male partis rebus de nummo in nummum vicinitate quadam serpere contagium, ac non potius patrimonium quoddam universitatis esse nomen et hoc ipsum, quamvis loculis et fiscis distinctum, rationem eamdem obtinere [1]. Quare sicut juste partis, in quibus et praeda est ex bello justo, recte augetur atque ornatur, ita non recte quaesitis, etiamsi longissime haec seposita atque amandata sint, non potest non contaminari. Hoc enim unum quaeritur, velimne illa in rerum mearum numero esse, an secus. Non possum autem extra res meas habere videri, quod et percipio tamquam meum et servo. Enimvero si quis idcirco separet, ne quaerendum

---

[1] Bart. sol. matrim. [D. 24. 3. 2.] n. 17. Dd. in l. frater a fratre. ff. de cond. ind. [D. 12. 6. 38.]

aliquando habeat, ubi ad restitutionem judicio cogeretur, praeterquam quod rem metuit, quae numquam aut sane numquam praecipue metuenda est, ut ante diximus, insuper in juris cognitione graviter labitur et damno suo favet. Multo enim facilius cogetur quis restituere eam praedam, quae penes se exstet, quam quae jam consumta sit [1], cum hanc bonae fidei praemio cedere compertissimum sit. Nihilo plus agunt hi qui agnoscunt quidem praedam sed alio transferunt. Nam si vitium rei inesse imaginantur, id quidem nulla alienatione purgari potest, quod cum legibus etiam constitutum sit [2], tum vero in conscientia multo magis obtinet. Quare qui mala fide praedam percepit, cum scilicet eam injustam crederet, is ad restitutionem perpetuo tenetur, ita ut tradant magistri nec vendendo nec donando eum liberari, etiam si res in millesimum possessorem translata sit [3]. Si quis vero existimet ideo se minus praedae participem dici posse, quia priusquam ejus quidquam contigerit, jus omne alteri resignasset, expers est etiam vulgaris jurisprudentiae. Quod enim mea concessione ad alterum pervenit, quamquam brevi, ut dicitur, manu transfertur, tamen quin meum fuerit, negari non potest. Alioqui nihil ad nos omnia illa pertinebunt, quae per procuratores nostros accepta et expensa sunt. Eos autem qui alienant necesse est aut in pauperes erogare, aut dare societati, aut alteri cuivis. Qui pauperibus donat idem facit ac si Deo donet: est autem hoc inprimis laudabile. Quid enim justius, quam in obventione satis insperata agnoscere ejus beneficium, cui soli debetur bellorum victoria? Itaque non Judaeis tantum, sed et Graecis et Romanis et aliis gentibus in more positum fuit, decimam aut aliam praedae partem consecrare. Sed eo ipso satis intelligitur necesse non esse, ut omnia resignentur. Nam et Abrahamus [4], qui

V. supra c. VIII. ad coroll. II.

[1] Vict. de jure belli. n. 33. [2] Inst. de usuc. §. furtivae. [I. 2. 6. §. 2.] [3] Silv. in v. Bellum. §. 10. Joh. Lupus d. §. si bene advertas. Wilh. Matth. d. loco. [4] Gen. c. 14. in fine.

decimas ex spoliis Pontifici dedit, non tamen socios aut administros suis partibus fraudavit, et in Mosis historia [1] diserte scriptum est, etsi liberaliter factae erant oblationes, tantum tamen fuisse praedae, ut ex ea multum sibi quisque reservaret. Verum etiam atque etiam animadvertendum est is, qui praedae partem Deo attribuit, detne ut suam an ut alienam. Si quidem ut suam, recte, nec ulla nobis cum eo concertatio est, cum quod quisque acquisivit alienare etiam possit. Sin ut alienum, caveat ne Deum, quem placare studet, offendat ea ratione, dum ei obtrudit, quod ipse pura conscientia retinere se non posse arbitratur. Nam qui pretium meretricium dicari sibi noluit [2], satis ostendit nullam sibi placere, nisi ex recte quaesitis liberalitatem. Quo et Augustini [3] illud pertinet, furta facienda non esse, etiam voluntate pascendi pauperes sanctos. At qui jus suum aut societati, aut alteri cuivis transcribunt, sive aliud quidpiam recipiunt ejus rei loco, credendi sunt vendidisse, sive nihil volunt praeter gratiam, tamen negare non possunt pro suo habuisse, quod faciunt alienum. Nemo enim potest quod non habet dare [4]. Sive igitur conscientiam spectamus, sive eventum fori civilis, eodem sunt loco quo caeteri qui perceperunt. Nam ne hi quidem res ipsas, sed pretium accipiunt, et hoc etiam aliis mercibus quotidie permutant.

Epilogus. Multis igitur modis aut fallunt aut falluntur, qui esse aliquid fingunt, quominus tutum sit praedam ex hoste Lusitano et capere et detinere. Quocirca mercatores societatemque Indicam adhortor, ne se ullis rationibus, quae profecto falsae omnes atque inanes sunt, dimoveri ab instituto patiantur, quod non modo recepto more apud hominum existimationem, sed et divino jure apud conscientiam commendatum est, quod-

---

[1] Num. c. 31. vs. penult. [2] Deut. c. 23. vs. 18. [3] ad Claud. contra Jul. lib. 5. c. 8. [4] Seneca de benef. l. 5. c. 12. l. nemo plus. ff. de R. I. [D. 50. 17. 54.]

que non tantum turpitudinem habet nullam, sed praecipue honestum, imo vero gloriosum censeri debet, in quo denique nihil incommodi, utilitas contra qua privatim, qua publice maxima est. Frequentent sancta, hoc est, Batava fide, ultimas gentes, fas illud commerciorum ab omni defendant injuria, acquirant patriae et sibi. Ordines autem cum singularum nationum, tum totius foederis universos, rectores ac dominos publicae libertatis, oro quaesoque, uti negotiationem hanc opportunissimam tempori, hosti noxiam, populo utilem, honorificam sibi, quo coeperunt favore provehant et tueantur, neque vero sinant deesse laboribus praemia, virtuti honores, periculis commoda, sumtibus mercedem. Deum vero immortalem, auctorem solum educatoremque reipublicae istius, quem ob voluntatem Optimum, ob potestatem Maximum dicimus, supplex precor et veneror, quando illi visum est Batavos potissimum deligere, per quos ostenderet adversus vim suam infirmam esse quantamcunque humanam magnitudinem, atque insuper gentis gloriam apud remotissimos orbis a se conditi terminos illustrare, primum ut mores det eos, qui deceant nomen Christianum, ne eorum vitia apud profanas nationes verae religioni faciant invidiam; deinde ut crudelia inimicorum consilia disturbet, neque velit insontes eorum feritati succumbere, sed illos damnis ac cladibus, hos laude atque adorea mactet; reprimat pestiferos a patria dissentientium furores; errantibus indat bonam mentem; omnibus vero det eam sapientiam, ut victoria, quam caeleste donum fatemur, animis non minus gratis quam integris liceat uti fruique.

F I N I S.

DOCUMENTA.

Grotius ad operis calcem his verbis descripsit documenta, quae ipse additurus erat:

Sequitur exemplum

Edicti Ordinum foederatorum, Anni 1599. Sept. 2.

Decreti Ordinum Hollandiae, Anni 1604. Sept. 1.

Sententiae Collegii Admiralitatis.

Partis Epistolae Episcopi Malaccensis ad Regem. 1600. ult. Apr.

Epistolae Senatus Malaccensis. 1603. Martii 9.

Epistolae Praefecti Malaccensis ad Jac. Hemskerckium. Eodem.

Alterius Epistolae ejusdem. 1603. Martii 26.

Epistolae Capitanei captae Galeonis ad Hemskerckium. 1603. Martii 24.

Haec documenta cum hodie in Grotii apographis non comparerent, Fruinius ea aliunde conquisivit.

Decretum Ordinum foederatorum legitur in Borrii Historia bellorum Neerlandicorum. Vol. IV. p. 525. *sq.*

Decretum Ordinum Hollandiae est in volumine, quo continentur Decreta Hollandiae (De Resolutiën van de Staten van Holland en Westfriesland), anni 1604. *p.* 217.

Sententia Collegii Admiralitatis legitur in opere Hulsii, Achte Schiffart, zusammengebracht durch weyland Levinum Hulsium. Frankf. a/M. 1608. *cap.* XV. *p.* 42. *sq.*

Epistola Episcopi Malaccensis ad Regem e Grotii apographis a Fr. Mullero, bibliopola Amstelodamensi, emta est, qui exemplum ejus nobis praebuit.

Quatuor epistolae Lusitanorum ad Batavos exstant in opere fratrum de Bry, quod inscribitur: Appendix oder Ergäntzung desz achten Theils der Orientalischen Indien. Franckfurt am Mayn. 1606. *Sunt in altera hujus libri praefatione, quae agit Belangendt die Ursachen der Holländer diese weitgelegene Oerter zuersuchen, unnd sich wieder die Spanier undd Portugesen daselbst feindtlich zuerzeigen, gestellet durch B. P. B. M. D. p.* 11. *sq.*

Versio Latina documentorum a me confecta est.

I.

Edictum Ordinum foederatorum.
A. 1599. Apr. 2.

Quoniam omnibus hominibus in diem magis constat hanc esse mentem Hispanorum quique ipsis addicti sunt et ab ipsorum partibus stant, ut non modo Belgicas regiones cum incolis vi et fraude superbo suo et tyrannico imperio subjicere velint, sed his annis etiam copiis militaribus atque insidiis Galliam et Britanniam subigere conentur, atque adeo cum id se facere non posse viderent, vicinos Electores et alios Imperii Germanici Principes bello petierint nec veriti sint urbes eorum obsidere et tormentis expugnare, magnas ab iis pecunias exigere, agros etiam populari, matronas et virgines violare, omnia denique caedibus, incendiis et rapinis implere: quae cum perpetrarent, ne Principalibus quidem domibus vel Comitum aliorumque nobilium familiis pepercerunt, ut paret e crudelissimis facinoribus, quibus his diebus Electoratum Coloniae, Principatum Clivensem et Bergensem, Episcopatum Monasterii et vicinos locos foedarunt: haec cum ita sint et insuper constet ministros tyrannidis Hispanae importune gloriari non cessaturos nec quidquam remissuros de cupiditate, crudelitate et dominandi libidine, in eos praesertim Electores, Principes, Comites, aliosque dominos et subditos, qui fidei Catholicae addicti non sint, donec omnes sub jugum Hispanorum redegerint et veram fidem Christianam deleverint: cumque etiam in civitatibus et diversis regionibus Imperii Germanici fidem et reip. formam palam vi et minis mutarint ac gaudere se praedicent, quod Electores aliique Principes et nobiles adversus se arma ceperint, quoniam ita se melius propositum assecuturos sperent: cumque rex Hispaniae et regii generis Principes et senatus Hispaniensis tam in ipsa Hispania, quam in provinciis Belgicis non solum vi et dolo Belgas ceterasque nationes a navigatione et commerciis prohibeant, navigantes superbe ac crudeliter tractent, naves et merces publicent, sed etiam datam fidem terra marique violent, hoc colore, quod ad hunc diem opibus illorum et perfidiae resistamus, nec provincias foederatas tyrannico et superbo Hispanorum dominio addici patiamur, tamen tristem hunc et gravem rerum statum animum nobis adimere noluimus: imo, qui ope divina et auxiliis regis Britannici atque aliorum Principum, inprimis vero strenua ac constanti nostratium opera sustentati, per multos jam annos consiliis illorum superbis et nomini Christiano ubique nocituris restitimus, tandem ipsi Hispanos ultro in regnis et coloniis suis petere decrevimus, atque ita non solum damnosa illorum consilia impedire, sed operam dare, ut bello publico et privato, copiis maritimis et terrestribus et amissa recuperemus et vicissim damna inferamus. Speramus autem fore ut Deus nostrae causae faveat ac provincias foederatas Hispanorum tyrannide liberet, utque insuper Principibus et civitatibus Germanicis animos addat iisque persuadeat opus esse, ut rebus suis attendant et Hispanos e suis terris et e provinciis Belgicis expellant. Ipsi vero ut rei communi justae et necessariae consulamus, omnino necesse habemus prohibere, quominus in posterum naves ad Hispanos commeent aut merces terra marive ad eos devehantur: hoc enim in bello non tantum jure gentium licitum est, sed etiam legibus Imperii et omnium ubique Principum et civitatum fieri solet, et prioribus edictis nostris et reginae Britanniae ita constitutum est: praeterea nolumus in posterum quemquam de his terris foederatis, dum negotiationis vel piscationis gratia mari vel mediterraneis aquis utatur, falsis hostium diplomatis et literis decipi; quod nonnullis accidisse audivimus contra exspectationem nostram.

Itaque de sententia Principis Mauritii, praefecti classium nostri, jubemus omnes homines omnesque res, quae in regno Hispaniae inveniuntur, quocunque loco eas in potestatem nostram redegerimus, praedam nostram esse: vetamus quemquam, undecunque sit vel cujuscunque conditionis, ad portus vel oppida hostium terra vel mari ullo praetextu quidquam transmittere, sive naves sint, sive merces, sive alia bona: quodsi quis id neglexerit, mulctabitur mercibus ipsis et navibus, carris et equis, quibus merces impositae erant, et caeteras praeterea poenas incurret, quae deinceps indicabuntur. Et quo melius praevertamus omnes fraudes et fallacias, quas adversus hoc edictum forsitan aliquis struere velit, expresse jubemus omnes portitores et coactores caeterosque magistratus nostros in portibus, oppidis aliisve locis terrarum foederatarum (hi autem meminerint jurisjurandi et cogitent se alioquin munere suo privatum iri et poenas nostro arbitrio daturos), reliquos praeterea omnes, qui provinciarum foederataram cives sunt vel eas frequentant, ut magna cura et diligentia inquirant, an contra hoc edictum merces aliquae vel bona ad portus et oppida hostium transmittantur: quod si esse compertum sit, jubemus merces omnes et bona cum navibus, carris et equis, quibus imposita sint, detineri et publicari, ita ut pars una cedat delatori, sive magistratus sit reip., sive privatus, partes vero duae inserviant rei communi, indeque solvatur quaesitori, qui rem apud judices prosequetur. Insuper jubemus cum dominos mercium, tum navicularios vel vehicularios, quorum navibus vel vehiculis merces ad hostes transportentur, in carcere detineri, donec mulctas solverint, quae judicum sententia impositae sint: hae mulctae in dominis mercium florenis mille, in vectoribus florenis quingentis haud minores esse debebunt. Et quo diligentius edictum observetur, ab omnibus quos aliquid in fraudem ejus commisisse compertum sit intra annum praeter mulctas supra dictas apud magistratus et judices, ad quos ea res pertineat, etiam pretia exigi volumus navium, vehiculorum et equorum: nec ullam in exsecutione moram interponi, licet damnatus alios judices appellarit et provocarit. Denique si forte quis in provinciis foederatis merces aliquas vel bona velit transmittere ad gentem aliquam vicinam et amicam, id ei facere non licebit, nisi prius obtinuerit commeatum ab admiralatu generali nostro, vel ab iis quibus nos hujus rei curam mandaverimus, et insuper caverit vectoribus, in quorum naves merces impositurus sit, de pretio navium et merces non alio quam ad loca amica transportatum iri, idque intra certam diem, quae in instrumento indicari debeat: quodsi aliter fecerit, statim dictae mulctae damnabitur. Mandamus etiam omnibus ducibus praefectisque copiarum maritimarum et terrestrium, ut diligenter attendant omnes, qui merces aliquas vel bona navibus vel carris equisve suis ad hostium agros vel oppida transportare velint, eosque comprehendendos curent, causamque eorum ex lege hujus edicti apud collegia admiralatus et judices supra dictos peragi.

Et quoniam providere volumus, ut naves onerariae et piscatoriae ab hostium vi et rapinis tutae sint, nec in damnum ingentis pretii redemtionis incurrant, hoc edicto vetamus, ut quisquam in provinciis foederatis, sive mari negotietur, sive per aquas internas naviget, commeatum vel syngraphum liberi itineris ab hostibus sibi postulet, quique id fecisse reperietur, hunc ut hostium fautorem, bonorum publicatione aliisque poenis mulctari jubemus. Et si qui vehicularius vel nauta ab hostibus capiatur et redemtionis gratia major pecunia ab eo exigatur, quam apud nos fieri mos est, hanc summam rependi jubemus a magistratibus, praefectis et civibus Brabantiae et Flandriae, qui sub ditione hostium sunt, praeter pecunias, quas alio nomine reipublicae solverint, et senatui ejus provinciae, a cujus civibus contra hanc legem majus redemtionis pretium exactum sit, mandamus ut statim postquam de damno cognoverit, eam pecuniam eo modo exigat, ut in tali re fieri assolet.

II.

Decretum Ordinum Hollandiae.

A. 1604. Sept. 1.

Ordines Hollandiae et Westfrisiae, cum in consessu suo cognovissent de sententia ad se scripta a fisci advocato in curia provinciali, qua demonstratur, secundum leges et consuetudines Hollandorum caraccam et merces a Jacobo Hemskerckio in India Orientali Lusitanis ereptas non esse Societatis Indicae, sed ad rempublicam Hollandorum pertinere, re diu multumque considerata, ita decrevere:

Cum constet Jacobum Hemskerckium, aliquot navibus Societatis Indicae praefectum, Ordinum foederatorum auctoritate et cum codicillis Principis Mauritii ad Indiam Orientalem navigasse, item codicillos non multum diversos singularum navium rectoribus datos esse; Lusitanos vero et alios hostes Belgarum Hemskerckii classem copiis maritimis invasisse, ut ipsum caeterosque Belgas a navigatione Indica et commerciis prohiberent, ac praeterea certum sit Lusitanos suo more cives Belgas, qui in Asiam venissent, hostiliter et crudeliter tractasse et trucidasse; indigenas etiam, qui cum Hollandis commercia inire coepissent, urbium oppugnationibus et hominum caedibus ultos esse: Ordines foederati vero, multis annis ante quam Hemskerckius iter ad Indiam susciperet, Societatis Indicae moderatoribus praecepe-rint, ut naves suas copiis militaribus instruerent, quo melius negotiationem Indicam tueri et cum hostiles Lusitanorum conatus repellere, tum ipsi iis bellum inferre possent: unde factum, ut praeter Hemskerckium et ab aliis navium praefectis in India Orientali variis temporibus et locis bello certatum sit, etiam adversus magnam vim navium, utque Belgae et commercia cum Indis tueri et regna atque urbes amicas ab hostibus liberare et Lusitanos superare praedasque agere potuerint: haec omnia vero nullis reipublicae sumtibus plurimum damni hostibus intulerint, provinciis foederatis contra magnae gloriae et usui sint; quae Ordines foederatos moverunt, ut moderatores Societatis Indicae ad bellum adversus Lusitanos gerendum impellere velint et hac mente varia beneficia et privilegia iis concedere:

Qua de causa Ordines Hollandiae decrevere, ut collegium rationalium ceterique Hollandorum magistratus praedam in India Orientali nuper captam vel in posterum capiendam Ordinibus foederatis et Admiralitatis collegiis permittant. Actum Hagae Comitum Sept. d. 1. Anno 1604.

III.

Sententia collegii Admiralitatis.

A. 1604. Sept. 9.

Quoniam in collegio Admiralitatis, quod sedet Amstelodami, res pendet inter advocatum fiscalem, nomine officii, et societatem octo navium, quae ad Indiam Orientalem navigaverunt, ac praefectum earum Jacobum Hemskerckium, omnes petitores, et ab altera parte eos, qui bona et caraccam S. Catharinam adversus petitores defendunt, qui tamen citati non responderunt atque ideo contumaces censendi sunt; petitores nobis demonstrarunt, Societatem Indicam anno 1601 naves octo misisse, quibus Jacobus Hemskerckius praepositus fuit, ut in India Orientali aliisve locis, si locorum praesides paterentur, negotiationem exercerent, eosque a Principe Mauritio codicillos obtinuisse, per quos non solum licet praefecto, sed etiam jubetur defendere se adversus omnes, qui in itinere molestias creent vel noceant, et potestas datur, ut si quid damni passi sint restitutionem quaerant. Cum autem praefectus cum hisce navibus suis insulas Canarias praetervectus jam esset, occurrit ei quindecim navium classis Hispanica, bene armata et instructa, ipsumque statim aggressa est. Et una ex illis navibus, nomine Rubri Leonis, hostium tormentis tam graviter lacerata est, ut navarcho et compluribus hominibus occisis aliisque multis vulneratis ab itinere absistere et domum reverti coacta sit. Ita praefectus in hoc praelio, ut navem hanc defenderet, ipse cum sua nave suisque omnibus periclitari coactus est, quo et viri aliquot ejus interfecti sunt: altero die post etiam legatum suum amisit: is enim cum solus inter naves Hispanicas aberrasset et non nisi magno periculo evaderet, donec Bantamum venerat ad Hemskerckium redire et iter una facere non potuit. Hemskerckius vero ut Bantamum accessit, ab incolis audivit, quam acriter brevi ante depugnatum esset inter classem Lusitanorum duce Andrea Furtadone et quinque naves Hollandicas, quibus praepositus erat Wolphardus Harmannus; classem vero Lusitanorum hoc mandatum habuisse, ut et naves Hollandorum omnes, et Indos, qui cum Hollandis negotiarentur, penitus deleret: et satis constat eos urbem in potestatem suam redacturos fuisse, si a dictis quinque navibus non prohibiti essent. Nec latet nos, quid post commiserint in insulis Hito et Ambona, ubi miseros incolas graviter oppresserunt: etiam insulam Mathiam, quae in regis Ternatensis dominio est, incendio delerunt et cum incolis quoque pessime egerunt. Idem facere tentarunt in ipsa Ternate, ubi duae naves illis subsidio venerunt ab urbe Manilha, quod caput est Hispanorum in insulis Philippinis: nam illius insulae regem cum Hollandis et Zeelandis negotiari non patiebantur. Itaque naves duae Hollandorum, quibus nomen Ultrajectum et Custos, et quae prope Ternatam in anchoris erant, ut onus reciperent, oneris partem deserere et summo periculo ex media hostium classe evadere coacti sunt. Nec ignorabat Hemskerckius Lusitanos Macaünte in regno Sinensi cum Hollandis viginti, qui ad Neckii classem pertinebant et cum Sinensibus negotiaturi erant, tam crudeliter egisse, ut ex illorum numero septendecim homines suspenderint, reliquos vinctos Goam miserint: praeterea constat in Cochinchina homines viginti duo de classe Hollandica Groesbergii, qui exscenderant ut varia emerent, jussu regis, quem monachus Lusitanicus stimulaverat, trucidatos esse: capitaneis solis pepercerunt, quos dein ab Hollandis duobus tormentis aeneis redimi voluerunt. Insuper tres homines de illis, quos Hemskerckius in priore itinere Bandae reliquerat, cum centurio eos negotiandi causa ad insulam Ambonam misisset, acriter persecuti sunt et unum quidem quatuor equis distentum dilacerarunt, ceteri ut vitam salvam haberent in silvas inter feros homines refugere coacti sunt. Sed alia sunt et pejora, inprimis quod perpetrarunt in Tidore, quae una est Moluccarum, in navem praefecti Balthasari Cordesii. Haec navis enim ita se Lusitanis tradiderat, ut viros, qui inerant, salvos fore jurarent: at illi neglecta fide, viris in ordine constitutis, cunctis primum pedes, dein brachia, ultimo loco capita amputari jubent. Iidem et Jacobi Neckii classem incendio delere conati sunt et Achini regem monuerant ut naves Zeelandorum, quae illuc negotiandi causa accesserant, invaderet, atque ita multi viri trucidati sunt.

Praefectus igitur cum diu multumque deliberasset cum consilio, tandem omnium consensu decrevit hostibus, qui ipsos tam superbe tractassent et tot molestiis affecissent, non tantum resistere sed ultro eos aggredi et quod possent damni inferre: constat enim hoc remedium jure naturae et omnium gentium permitti, idque etiam praefecto in codicillis Principis Mauritii mandatum fuisse: nam mare liberum esse debet, ut Indica negotiatio, quae his provinciis foederatis res tanti momenti est, sine bellico tumultu continuetur. Itaque Hemskerckio, qui hoc consilio cum duabus navibus vela dedit Bantamo, haud longe a regno Jorae caracca obviam fit, de qua nunc disputatur, viris septingentis armatis instructa, omnibus Lusitanis, si paucos excipias, et hostibus patriae nostrae, maxime vero infestis negotiationi, quam hic exercemus. Quod cum intelligeret Hemskerckius, (et probe sciebat Ordines foederatos edicto constituisse, ut omnia bona subditorum regis Hispaniae, quocunque loco eas in potestatem nostram redegerimus, praeda nostra sint) caraccam, ut constituerat, aggressus est et expugnavit, homines illaesos dimisit, ipsam navem huc adduxit, mercesque exponi et ordine servari curavit: in his mercibus erant vestes et res quaedam nautarum, quos Lusitani Macaünte suspendio interfecerant. Indica Societas haec omnia secundum Hemskerckii narrationem Admiralitatis collegio exposuit, ut res ordine procedere posset, et cum nemo adesset, qui caraccam vel bona inde sumta repetere conaretur, petitores, si qui essent, qui id facere intenderent, his ut moris est in Admiralitatis collegio, spatio quatuordecem dierum interposito, ter diem prodixerunt: sed nemo adfuit: itaque rogatu petitorum, cum neminem adesse constaret nec prima nec tertia die, illos quorum erat caraccam et bona defendere, contumaces declarari nec ullam iis exceptionem reliquam facere placuit. Itaque nihil supererat, quam ut petitores actionem intenderent et documenta, quae ad rem pertinerent, omnia afferrent: nec id facere omiserunt: quo facto collegium decrevit, dictum praefectum jure ac merito caraccam et bona, de quibus nunc agitur, cepisse, quoniam Lusitanorum fuissent, qui subditi essent regis Hispaniae, hostis provinciarum foederatarum et infesti negotiationi, quam exercent, et quam rex omnibus modis in India Orientali et Occidentali impedire studet: praefectum vero id recte facere potuisse, non tantum legibus scriptis et jure gentium, sed etiam edicto Ordinum foederatorum et codicillis Principis, sicut Lusitani et ipse gubernator Malaccae palam agnoverunt, caraccam ab Hemskerckio jure belli captam esse. Petitores quomagis haec ita se habere et omnia vera esse appareret, varia documenta, acta et litteras exhibuerunt et postularunt, ut Admiralitatis collegium judicaret caraccam jure captam videri et publicam praedam esse. Collegium Admiralitatis, re diu multumque considerata, decrevit caraccam cum omnibus, quae inerant, bonis, publicam praedam esse et jure captam videri;

et insuper eam publica auctione vendi debere, ut pecunia, quae inde redeat, dividatur ex edicto Ordinum foederatorum.

Sententia dicta est in collegio Admiralitatis, D. 9. Sept. A. 1604.

IV.

Pars Epistolae Episcopi Malaccensis ad Regem. A. 1600. Apr. 30.

Litterae scriptae ab hominibus fidis, quae ad nos perlatae sunt e regno Sinensi, Malacca, Maluco aliisque locis meridianis (scriptae erant mense Martio anni 1600) confirmant anno superiore 1599 ad terras versus meridiem sitas venisse naves duodecim ex Hollandia et Zeelandia, quarum decem Sundam iter verterint, duae versus regnum Achini; has autem naves iter ex Hollandia suscepisse anno 1598 et hiemasse in insula Sti. Laurentii: ab initio fuisse naves sedecim, copiis militaribus bene instructas, sed mox naufragio amisisse navem praetoriam: tres alias naves iter vertisse ad Guineam ob tempestates. Non dicitur quorsum tres illae naves dein se contulerint: ad hunc diem nihil de illis in has oras pervenit.

De navibus decem, quae Sundam pervenerunt, statim quatuor pipere et aromatis onustae domum reverterunt, mense Januario anni 1599, nihil mali indigenis inferentes, minus etiam Lusitanis; nulli denique nationi quidquam crearunt molestiae. Piper ab iis emebatur triginta regalibus, macis vero et caryophylli et nuces myristicae octoginta vel nonaginta regalibus: ne dicam de aliis mercibus, de quarum pretio mihi non constat: hoc unum novimus eos omnia maximis pretiis emisse et fideliter solvisse. Itaque accepti admodum et grati indigenis erant, quoniam justa commercia exercebant sine vi atque injuria. Etiam varias merces e terris suis attulerant, quarum nonnullas, quae indigenis usui esse poterant, vendidere. Praeterea armorum magnam vim omnis generis secum habebant, quae magno vendidere: regalibus, quos pro armis acceperant, ad commercia utebantur. Etiam societatem et amicitiam fecerunt cum rege Sundano et Principibus, et spem illis crearunt fore, ut similiter omnibus annis negotiationem continuarent: quod utinam Deus ne iis permittere velit.

De navibus quas dixi decem, aliae duae oras Javae septentrionales legentes, venerunt ad castra Ambonae et insulam Hitum, indeque caryophyllis onustae profectae sunt, nec ad hunc diem scimus, quod iter domum susceperint. De iisdem navibus aliae duae Sunda profectae ad oras Javae septentrionales verterunt, indeque ad insulam Bandam, ubi macide et nucibus onustae sunt: hae naves cum sat oneris acceperant, Sundam reverterunt et anno 1599, mense Augusto, inde domum regressae sunt; hoc mare dicitur semper ventos ferentes habere. Hae naves Bandae reliquere viros decem vel duodecim, qui indigenis amicitiae et futurae negotiationis pignus essent. Idem fecere in insula Hito, ut et in regno Balensi atque Sundae.

De navibus duodecim, quae in insula Sti. Laurentii hiemarunt, duae venere ad oram Achinensem, mense Julio anni 1599. Hae naves initio, cum primum venerant, regi Achinensi satis acceptae erant, qui etiam piperis aliquantulum iis vendidit: sed mox Lusitanorum aliquot, qui hoc tempore Achini morabantur, regi dixere, si has gentes (i. e. Hollandos et Zeelandos) in regno suo commercia exercere pateretur, non fore eum amicum et socium Lusitanorum; atque ita convenit, ut rex Achinensis dictas naves incenderet: sed nautae a ministris regiis admoniti fuga Achino cum navibus abierunt, atque adeo suorum nonnullos in oppido reliquerunt: de quibus rex duos, qui linguam Hispaniensem probe callebant, ad praefectum Malaccae misit. Alter horum rector navis erat Lusitanicus, natus Zuricajae, quem Hollandi e nave Brasileënsi abreptum, invitum secum duxerant: praefectus Malaccae eos misit ad proregem, ut animum adverteret, quod in hac urbe capti erant. Naves duae, quas Achino fugisse dixi, Cilaüm versus abierunt: major earum naufragio periit in littore Cilaënsi: de altera non constat: sed ea quoque naufragio periisse dicitur.

V.

Epistola Senatus Malaccensis. A. 1603. Mart. 9.

Mos est regum et Principum ut inter se voluntatibus et consiliis dissentiant, unde subditorum corpora et bona plurimum damni capiunt. Fortuna et tempus praefecto vestro favit et laetum ei ad has oras iter parans, navem Macaünte venientem in manus tradidit: sed haec obscuro et incognito nobis Dei arbitrio contigerunt. Has vobis lautitias dono mittimus, ut animum gratum testemur ob ea, quae et praefectus vester et vos ipsi Lusitanis verbis polliciti, re fidem servastis: hujus enim beneficii memoria nobis semper praesens manebit et faciet, ut si quando tale quid contigerit, nos vobis idem praestare velimus. Haec nunc quidem sufficiant. Deus omnipotens vos salvos faxit. Scriptae in Curia, a me Paulo Mendesio Vascola, scriba, d. 9. m. Martii, anno 1603, Malaccae.

Ruglos Frammanis, Andreas Fernandes,
Dommingo de Monte, Isaac de Gusgago.

(Inscriptio hujus epistolae erat: quatuor Hollandis, qui comites fuerunt Lusitanis: quos Deus salvos faxit).

VI.

Epistola Praefecti Malaccensis ad Jacobum Hemskerckium. eod. d.

Bella varia et dubia sunt, nec quisquam praeter Deum iis exitum faustum vel infaustum dare potest: homines enim mera instrumenta sunt. Felici casu accidit ut navis inprimis opulenta tibi occurreret, repleta mercatoribus belli ignaris et mulierum ac puerorum turba, quae in periculis plus obesse, quam prodesse solet. Itaque tu fruere, quandoquidem justo bello nactus es. Sed tamen aegre fero, quod non in meam potius navem incidisti, quo magis vidisses, quantum distet unius navis defensio et alterius. Res quae Hollandis Macaünte accidit, me vehementer conturbat, praesertim cum parum causae esset, quare tam atrocibus poenis plecterentur. Sed pro certo habeas, auctorem facinoris jam vinctum in carcere teneri et poenas capite daturum. Erga Hollandos, qui huc venere e regno Sinensi vel a Moluccis bonus benignusque fui et merces eorum omnes emi. Hanc tibi navem mitto, simul cum Hollandis, quos hominibus de nave Lusitanica in itinere ad nos praesidio dedisti, et magnam gratiam tibi habebo, si mihi miseris presbyterum, fratrem Antonium, praefectum navis et reliquos Lusitanos, quos adhuc in vinculis habes, et cum rege agas, ut recuperem homines, quos Malaccenses in junca Sinensi ceperunt, iisque confirmes in itinere ab omni injuria tutos fore.

Haec vobis documento sint facta nostra cum dictis convenire. Dominus Deus vos salvos faxit. Malaccae, d. 9. Martii, anno 1603.

Fernao dal Buquerque.

(Inscriptio erat: Jacobo Hemskerckio, praefecto classis Hollandicae, haec epistola mittitur a praefecto Malaccae).

VII.

Epistola altera ejusdem ad eumdem.
A. 1603. Mart. 26.

Litteras tuas cum magno gaudio accepi, e quibus mihi palam fit, quam benignus fueris erga homines de nave capta. Hoc enim ab imperatore et praefecto merito exspectatur, nec ipse alio modo agam, si quando fiet, ut Hollandorum aliquis in hoc castellum inducatur. Quod vero scribis de hominibus vestris, qui apud Indos in insulis Japonicis degunt, D. Vicarius omnia facit, quae potest, ut illis bene sit; idem aegerrime fert sententiam de Hollandis Macaünte latam et procuratorem judicii vinctum in carcerem abduci jussit, ut graviter in eum animadverteret. Tu igitur noli irasci universis

Lusitanis: omnes enim facinus Macaünte perpetratum iniquum et immane putant. Quod conditionem Christianorum, qui miseri et egentes in captivitate vivunt, impensa opera allevare studes, spem mihi facit fore, ut in meam gratiam agere velis cum rege Jorae ejusque fratre Rasa Bonso de Lusitanis et Christianis, quos sub colore pacis captivos abduxit. De mercibus juncae, qua Lusitani, quos cepit, vehebantur, nihil addam, nec postulo, ut mihi restituantur, nam inter milites divisas esse probe scio. Sed rogo et obtestor, ut mihi Lusitanos et Christianos, qui illis nullius pretii sunt, recuperare liceat, et Philippum Lobum ac Petrum Mascarcheam ad te mitto, qui hac de re cum rege agant et te obsecro ut eos ab omni injuria tueri et salvos ad Lusitanos mittere velis. Faxit Deus ut ex animi sententia salvi et incolumes in Hollandiam revertamini. Scriptae Malaccae, d. 26 Martii anno 1603.

Fernao dal Buquerque.

VIII.

Epistola Capitanei captae galeonis ad Jacobum Hemskerckium. A. 1603. Mart. 24.

Deo placuit facere ut praesidio tuo redux Malaccam venirem: itaque dum vita mihi suppetet, te laudabo ob multa fidei et amicitiae documenta, quae per omne captivitatis tempus cum ipse accepi, tum ceteri, qui mecum erant. Ex animo vellem me habere aliquam refectionem, quam tibi dono mittere possem, ut aliquo certe modo beneficia tua rependerem: sed mea egestas et quod in terra aliena apud peregrinos moror, id me facere vetat; ne vestis quidem mihi superest, praeter eam, qua nunc etiam indutus sum: haec autem glandibus e navibus tuis emissis ita discissa et lacerata est, ut amplius uti nequeam. Itaque supplex peto, ut mihi segmen holoserici mittas, unde aliam vestem confici jubeam: quod si feceris, summum beneficium putabo et ut eleemosynam gratus a te accipiam: tu autem meminisse velis qua conditione fuerim, cum primum in manus tuas incidi, qua vero cum dimittebar. Quod si hac in re mihi gratificari et aliquid mittere volueris, per praesentium latorem id facere poteris, qui mihi probe tradet. Deus vos salvos et incolumes in Hollandiam reducat. Malaccae, d. 24. Martii, anno 1603.

Sebastiano Serraon.

AN UNPUBLISHED WORK OF HUGO GROTIUS'S

TRANSLATED FROM AN ESSAY
IN DUTCH (1868) WRITTEN BY THE LATE

ROBERT FRUIN
Professor of National History in the University of Leyden

AN UNPUBLISHED WORK OF HUGO GROTIUS'S

In November of the year 1864 Martinus Nijhoff of the Hague announced the public sale of a collection of MSS. by Grotius, coming from the family Cornets de Groot, of Bergen op Zoom, lineal descendants of the famous statesman and author. Among a great many items which appeared to be of lesser importance there figured some in the carefully composed catalogue which seemed calculated to attract the attention of experts.

N°. 72 was described thus,

> H. Grotii opus de jure praedae in XVI capita divisum, 280 pag. — Mscr. autographe inédit. Seulement une partie du chapitre XII a été publié en 1606, sous le titre Mare Liberum.

A reference was added to N°. 11, under which appeared

> H. Grotius, De bello Batavorum cum Lusitanis, imprimis de rebus per Indiam gestis dissertatio, 48 pag. — Mscr. autographe inédit. Il paraît que ce traité a été destiné primitivement pour faire partie de l'ouvrage décrit sous le N°. 72.

This announcement was remarkable in two respects especially. Thus far everybody had considered the Mare Liberum to be an independent and complete composition: here we were assured that is was but a chapter, part of a chapter, of a large work, of which no one had ever heard. Judging the unknown by the known that work of which one chapter had become so famous, must be worth a careful examination. Moreover that work was called, *De jure praedae*. In reading the title we could not forbear thinking of *De jure belli ac pacis*. For it was impossible to treat of the right of booty, without first discussing the right of war. Therefore we naturally surmised that a part of the masterpiece of the author's riper age might be found, as a draft, a first sketch, in this unpublished treatise of so much earlier date. In that case the comparison of the two: of the system as it had been fully developed in the end and the first draft, which seemed to have been kept back as being antiquated, could not fail to be instructive.

The poet said that we only know that of which we witnessed the growth. In the first and original composition one might watch the sprouting of the law of nations such as it was observed in Europe for more than a century. Because of all those reasons it was desirable that this MS., now that it was thus unexpectedly brought to light from its hiding-place, should be rescued from oblivion for good, and be placed in a public library, where it might be read and studied by all persons interested. This was especially the opinion of the faculty of law in Leiden University, and it applied to the board of governors with the request to purchase the MS. for the college library. With this request was complied with that alacrity and liberality with which the governors of Leiden University are wont, so far as their means allow, to grant everything that the professors ask in the interests of tuition and science. An ample sum was placed at their disposal, sufficient to buy the two items desired, together with a few others of less importance, for the library.

One of the members of the faculty at whose request the purchase was made, professor Vissering, set to work without delay to read and examine the manuscript, and he communicated his final conclusions to the Royal Academy of Sciences, in whose *Proceedings* of 1865 his report was inserted. He chiefly discussed the question of the relations between the published book *De jure belli ac pacis* and the unpublished *De jure praedae* and he expressed his opinion that the former should indeed be considered as the original draft of the latter; but he added that a broader and more careful examination than he had been able to institute, because of lack of time, was most necessary to point out the connection between the two with due correctness. He propounded the question as to whether the publication of the MS., which had remained unprinted so long, were advisable; but he left that question unanswered in expectation of the result of the more thoroughgoing investigation, in which he encouraged his fellow-members to engage. He dwelt expecially on the history of the *Mare Liberum,* about which he had found a remarkable notice by De Groot himself in one of those shorter MSS. which had been purchased for the library at the same time with the principal work and which bears the title of *Defensio capitis quinti Maris Liberi oppugnati a Guilielmo Welwodo.* There De Groot relates how some years before, when he found that the Indian trade, which had been recently started and which was of the highest consequence to his native country, could only be kept up by force of arms, he had composed a rather discursive article on the right of warfare and of booty, but had not published it as yet; that shortly afterwards, however, when negotiations were going on with the enemy about peace or an armistice and when altercations, fierce on either side, were taking place about the liberty of trade with the Indies, he had thought it advisable to publish a single chapter of this work under the title *Mare Liberum* as a printed book, in order to support the claims of the Dutch and to convince the Spaniards of the unlawfulness of their refusal; which object, he says, it indeed succeeded in attaining. Not without reason did Vissering attach great importance to this notice. It sheds a startling light on the origin of the *Mare Liberum*, but also on the purpose of the book *De jure praedae*.

Vissering's communication had raised my interest in a high degree. In my turn, as soon as my occupations allowed, I entered on my investigations. I read the MS. through entirely, which is clearly written and undamaged. Next I reread the *Jus belli ac pacis* and came to exactly the same conclusion as Vissering regarding the relations between the two works and moreover to a positive and affirmative answer to the question posed by him: whether the publication of the book found were still advisable at the present day. I resolved, if need be, to edit the MS. myself, but rather to encourage another with more time at his disposal to undertake the task. Fortune came to my aid, according to my wishes. First I persuaded the bookseller Nijhoff to venture the considerable cost of the publication. Next I succeeded in communicating the high opinion I had conceived of the book to Dr. Hamaker, who as an experienced man of letters was admirably fit to engage in such labour of a philological nature. He readily undertook to edit the manuscript. But he stipulated that I should charge myself with such historical investigations as might be necessary to show the origin and purpose of the book. Such a division of labour was just what I desired. I performed my task with great satisfaction. I liked De Groot of old, I cherish feelings of deep respect for his integrity and of unbounded admiration for his all-embracing learning. I would cheerfully lend myself to exalt his fame. I was moreover attracted by the times which were the subject of his book and of my researches. In the book of the young author and in the deeds of the young republic I sensed the same spirit of freshness and strength. I felt as though removed to those days of enterprise and happiness, when De Groot encountered the future blithely and courageously. I traced all particulars of that age and of the author's life with interest. The book itself pleased me more and more as I considered it more carefully in connection with its time and the later works of the author. In the archives and libraries I found nearly all I wanted to illustrate the genesis and the purpose of the work. Of what I found I will communicate the principal facts at least; may it serve to recommend the book.

In writing his *Jus belli ac pacis* De Groot purposely and carefully abstained from all allusions to the events of his time, from all criticism of the deeds of princes and nations, which he witnessed. "The reader would do me a great wrong (he says in the *prolegomena*) if he should think that I was hinting at any question of law, about which people are disputing at present or about which they will be disputing before long. Just as mathematicians consider figures as distinct from all existing objects, I have discussed conceptions of law apart from all actual facts". It was because of a twofold reason that he so scrupulously refrained from touching upon the questions of the day. [1] He lived in exile, under the protection of the king of France, and understood that, consequently, he must not judge of many matters, in which the interests of France or its monarch were concerned. But especially: he purposed to write his law of nations not for his contemporaries, but for all time; he wished to judge, not of passing events and their lawfulness, but of what is lawful eternally, under all circumstances. Feelings of personal dignity prevented him from discussing events about which all the world talked. Has he, by thus being silent about his opinion — which is far removed, indeed, from true impartiality, from judging without respect of parties — enhanced or diminished the value of his masterpiece? It appears to me, that in doing so he enhanced the value in the eyes of his contemporaries. His book had greater undisputed authority, because no party accounted itself condemned. It was above the factions, as the constitutional king is above them. The ministers who translate the will of the king into deeds, are responsible; the king can do no wrong. Thus the authority of De Groot's book also remained unchallenged, though people occasionally opposed the application of his doctrine, by others, to events of the day. But for posterity, for us, regarding with a

[1] Cf. Grotii Epistolae, N⁰. 212, p. 74.

critial eye this highly praised book without party-interest, it loses much of its value by its abstraction of reality. We acknowledge no human conception of law to be eternally and absolutely true. Only in connection with the conditions in which they are authoritative are ideas of value. Every system of law has its day and De Groot's has had its day. To us it is only of historical importance. We do not consider it in itself, but in connection with its age. We do not consult it in order to learn what is lawful, but in order to hear what was considered lawful at that date. So we try to discover in how far the spirit of the age has influenced the author and his system. We attempt to trace what were the influences which controlled him in conceiving his ideas, which facts determined his judgments. Now, regarding this he furnishes nearly no clues. Even in his confidential letters to his friends he gives no other reason for writing than the desire inspiring him, to temper and to bridle at will the ever increasing lust of warfare in princes and nations.[1] This declaration does not satisfy us: it does not go beyond the general. We wish to know in particular which motives led him to propound exactly those questions of law, and under which influence he answered them in exactly that way which, written down in his book, has so long been the rules of conduct of governments and nations in their mutual intercourse. In short we want to do precisely the reverse of what De Groot has done: he wished to place his doctrine outside his time, to insure eternal authority to it; we wish to consider it as the fruit of his time, in order to fairly determine its relative value.

Difficult as it is for us to do this with regard to the later master-piece, it is easily done for the original draft, the *Commentarius de jure praedae*. This document does not pretend to a pure scientific character or to lasting value. It is an occasional essay, a defence, if you like, in the great action brought by the East India Company against the Portuguese and decided by force of arms. De Groot writes in behalf of, if not for account of the Company, about the right of warfare and of booty, to prove that a certain booty acquired by the servants of the Company by fighting, is its just due. Here, therefore, we have a definite fact as the basis of the speculations; here we surprise the thinker at the starting point of his meditations on the subjects and of the weaving of his system. Not, as he assured us, to set bounds to

[1] Cf. Epistolae N⁰. 280, p. 104.

warfare in general, but on the contrary to vindicate the trade of his compatriots with the Indies and the capturing of Portuguese monopolists, did he occupy himself with the nature of the law of nations.

Let us consider the fact which occasioned the speculation, before occupying ourselves with the speculation itself and with the argument.

The trade of the Dutch with the East Indies really dates only from 1598, the year after that in which the first Dutch fleet which had discovered and, so to say, opened the way thither had returned to the roadstead of Amsterdam. The first voyage had brought the shipowners little or no profit but proved to all Dutch merchants the certainty of the fact that the power of the Portuguese, who posed as lords and masters of India, was by no means so formidable as had been thought, and that it was possible to rival them over there without running great risks. These joyous tidings were not ignored. In that single year of 1598 no fewer than twenty-two ships equipped by five Holland and Zealand companies sailed to profit by the wealth of India and the impotence of the Portuguese. That profit, however, was not very considerable on the whole. One shipping company was more fortunate than the other, indeed, but the collective profits, after deducting the expenses, did not yield high interest of the capital risked. This was chiefly caused by the necessity of safeguarding against the hostility of the Portuguese by means of increased crews and strengthened armament, and by the loss suffered, in spite of this, through the cunning and violence of those enemies, without offering a chance of recouping the damage on their ships or goods. For when despatching the first fleets the shipowners and the States of the country had wisely decided that it was undesirable to transfer the war which was being waged against the Spaniards on the seas of Europe to the Indian sea, to be continued against the Portuguese. For this reason the shipmasters had been explicitly ordered to use the guns and necessaries of war with which they were richly provided only in self-defence, and for the rest "to attack or damage no ship, to whatever nation it might belong on the voyage out or when homeward bound". Also, to take hostile action against the Portuguese in the Indies had its peculiar drawbacks. Portugal had indeed been conquered by Philip II and become subject to him and obliged to serve him in the war against the Low Countries; but still the States had not declared war to the Portuguese nation. On the contrary, the claims of Philip's unsuccessful rival for the crown of Portugal, don Antonio, whose son, don Emanuel, had become prince Maurice's brother-in-law by his marriage, were supported by us: Dutch ships and soldiers had helped the English fleet, which in 1589 had tried to take Lisbon for him and to provoke a revolt against the Spanish. With the nation, therefore, the Dutch were at peace; they only waged war with the king who usurped their throne. [1] And so Dutch and Portuguese merchants had constantly, with Philip's connivance, transacted business and our States had ever made a difference between Portuguese and Spaniards and favoured the former. This favour was, after it had almost disappeared commemorated in a resolution of the States General of January 26th 1605, thus "that the members of the States General have always striven, and do so still, to favour the Portuguese nation, to the greatest extent that was compatible with the service and profit of our country, especially, too, at the recommendation of Don Emanuel, Prince of Portugal". [2] It would certainly have been contrary to that benevolent attitude and to rightly understood self-interest, if arms had been taken up at once against the subjects of that Prince of Portugal in the Indies. Nothing was more desirable and nothing, too, was more desired by our countrymen than peacefully to trade in the Indies, if not with the consent of the Portuguese, at least with their connivance.

But in the eyes of the Portuguese the trade with the Indies, traffic with the natives, however peacefully conducted, in itself amounted to an injustice to them, an encroachment upon their vested rights, which they opposed at first by cunning and soon by main force. They considered our merchants and masters, as soon as they appeared in the Indies, as pirates and treated them as such. Our countrymen defended themselves as well as they could; but in warfare mere warding off of violence without aggressive action cannot be adhered to in the long run. Consequently our sailors now and then, as forced by necessity, trans-

[1] Cf. however the resolution of the States General against the Spaniards, of April 2nd 1599 (Appendix to *De jure praedae*) about which consult: Trial of Oldenbarnevelt, in Ber. Hist. Gen., II 2, pag. 131.

[2] Cf. in the Hollandsche Consultatiën, Rotterdam, 1648 III, pag. 341 an important advice of 1602 concerning the privileges granted to the Portuguese since 1577 (The Opdam there mentioned is Jacob van Duyvenvoorde, the father of the better known lieutenant-admiral of the Stadtholderless period).

gressed their instruction, and, as allies, as was said, of independent Indian princes, they themselves attacked the enemy which only awaited an occasion to attack them. In this way they wreaked their vengeance, but in so doing they did not recoup the losses which their property and their trade constantly suffered. For the treasures of the Portuguese merchants were conveyed in large, unwieldy vessels, which, far from committing acts of hostility, evaded all fighting, and were bent on nothing but safely reaching the port whither they were bound. To attack and to capture these would have been contrary to the explicit orders given our shipmasters and however they might long to seize that desirable prize, they let the carack sail by unmolested.

Thus things remained for some years. Every ship that came back home brought new tidings of ill-usage. The rancour against the Portuguese got more and more the upperhand in this country and silenced considerations of what self-interest demanded. But at the same time people began to see that self-interest also dictated to answer violence with violence and damage with damage. A few powerless shipowners, however, were unable to effect this; it required the union of all forces. This was understood by the States and especially by the barrister of Holland, and out of the several small companies they formed one united company to which they gave an exclusive patent for trading with the Indies, but also for founding a Dutch power in the Indies, for constructing fortresses, recruiting soldiers and concluding treaties with Indian princes. In the patent, it is true, no mention was made, as yet, of other prizes than might be captured in warding off the enemy's violence. But it was in the nature of things that matters could not remain thus. The States confessed later on that in founding the Company they purposed the weakening of the Spanish power especially. How could they, then, have prohibited the most effective means to this end: seizing the enemy's treasures?

Even before the founding of the United Company had become known in the Indies, in May of the year 1602, two ships sent out by Zealand shipowners, whose firm in the mean time had become incorporated with the great Company, set the first example of capturing a Portuguese cargo-boat. [1] In their homeward passage they met on the road of St. Helena a richly laden galleon

[1] Cf. Hulsius, Achte Schiffart, S. 8—10; De Jonge, Opkomst van het Nederlandsch gezag in Indië II, p. 488, 257; De jure praedae p. 203.

coming from Goa and bound for Lisbon. She was on the alert and did not choose to have anything to do with them: she even tried, when she saw one of them approaching all too near, to keep the enemy at a distance by firing. More was not required to make the Zealanders, of old pirates at heart, offer assault; the fight lasted for three days and ended with the surrender of the galleon. The crew stipulated for their lives and freedom and they were helped to a vessel in which they saved themselves to Brazil. The ship and cargo, on the other hand, were brought to Zealand as a fair prize. [1] It is incontestable that such behaviour was not in accordance with the spirit of the instructions given by the States to all Indiamen. The shipowners in their brief account [2] of the voyage, which they submitted to the States General, want to make out that it was the Portuguese who began the fight by firing the cannon. But even from their representation of the affair it is clear that the enemy only attempted to defend themselves, and if left unmolested, would have committed no violence. They, on the other hand, had begun the fight for the purpose of seizing the galleon. Moreover the illegality of their action is proved by a fact, about which the account is silent, of course, but which we learn from another source. [3] Together with them a Dutch vessel, the "White Eagle" trading for an Amsterdam company, lay in the roadstead of St. Helena. They invited her to co-operate: to share in the fight and in the booty; but the offer was declined. The Hollanders thought that their instructions did not permit such an undertaking. They sacrificed their own profit and that of their shipowners to their duty. This is a clear proof that they distinctly considered an injustice what the Zealanders permitted themselves. Whether the admiralty of Zealand scrupled to award the booty as being lawfully obtained, can now no longer be ascertained, for in the fire which some years ago reduced the building of the Ministry of the Navy to ashes, the oldest registers of the Board were lost. [4]

[1] July 6th Vide: De Jonge II p. 490. [2] Printed by De Jonge II p. 489.

[3] Hulsius says in his Achte Schiffart, S. g. — "Indem nun diese Schiff so nah kommen dass sie mercklich spüren können, dass es ein Portugesische Cracke war, fragt das Schiff Zelandia den Weissen Adler, ob er ihm zu Gewinn und Verlust helffen wolle, darauff er sich entschuldigt dass er solchen Befehl nicht hätte: darumb er auch hernacher kein Theil an der Beut gehabt". (The captain of the "Sun", Laurens Bicker, had been upper-merchant of the "Middelburg" on the voyage out. — Vide: De Jonge, II, p. 253.

[4] The remaining registers begin with October 1602; the prize had already been brought home in July of that year.

But we have reason to suppose that they waived all objections and established their compatriots in the possession of the conquered prize. Anyhow, the shipping company was not ashamed of what had been done in its behalf; on the contrary, it immortalized the fact, as though it were glorious, by means of a commemorative medal, of which there is a picture in Van Loon's well-known work.

A few months later in October of 1602, [1] Joris van Spilbergh, who had made a voyage to the Indies for another Zealand company but had gained more glory than profit, ventured also to act contrary to his instructions. He conspired with Middleton, the admiral of the fleet of an English company and helped him, in the Straits of Malacca in capturing a carack sailing from St. Thomas (on the coast of Bengal) to Malacca and shared the ample booty with him. By means of what pretext he meant to explain away the infraction of his mandate is unknown to us.

But Dutch sailors in the Indies need not cloak the capturing of prizes with pretexts long. Soon the States-General themselves exhorted the directors of the United Company that they should henceforth instruct their admirals and captains "to damage the enemy in the Indies, their persons, vessels and goods in all possible ways" and consequently the directors in concert with the deputies of the States gave Steven van der Hagen, who sailed for the Indies in December 1603 with twelve ships, secret orders "containing several schemes greatly to damage the common enemy, both by water and by land". [2] That instruction indicates

[1] Cf. De Jonge, II, p. 277.

[2] The directors themselves relate how things came to pass in the opening words of a petition addressed to the States General, presented in March 1606, which is among Grotius's papers, and, if I am not mistaken, was also drafted by him, "The Directors of the East India Company beg to state, with due reverence, that they have several times been very seriously exhorted by your Right Worshipful Assembly to see to it and give orders that the ships which had been equipped and were to be equipped to voyage to the East Indies might be instructed to damage the enemy out there, their persons, vessels and goods in all possible ways . . . stating moreover that this has been the chief reason why your Right Worshipful Assembly established the Company and gave it authority to damage the enemy . . . with which serious exhortations we, petitioners, have complied with such faithful goodwill, that we, to the great trouble and cost of the Company, have fitted our ships for war, different from the way of all merchants, and have ordered the officers of our fleet to do all possible damage to the king of Spain and his subjects; having also for this purpose given to Steven Verhaegen, who as admiral of twelve ships sailed from these countries in December 1603, secret orders, containing several schemes greatly to damage the common enemy both by water and by land, ... which orders were com-

the turning-point in the history of the trade with the Indies. From this moment the United Company ceases to be a mere trading company; it becomes a Power waging war and in the Indies it represents the Republic in the fulness of its authority.

This change was so urgently required by the stress of circumstances that the shipcaptains followed the new instructions before they had received them. We noticed two instances furnished by Zealanders. We have now to consider a third case, the first for which the county of Holland is answerable, and which, both for this and for other reasons is far more important than the preceeding ones. While the instructions were being drafted at the Hague, authorizing Van der Hagen to fight and capture prizes, a capture of exceedingly great value was already on its way from the Indies to Holland. It was Jacob van Heemskerck, the hero of Nova Zembla, who had seized the ship for an Amsterdam firm of shipowners which was afterwards incorporated with the United Company. We will dwell on this capture a little longer. It was the most direct cause of the writing of *Commentarius de jure praedae* and for this reason, if for no other, the attending circumstances deserve to be considered more in detail. But also in itself this quite forgotten occurrence is worth being recalled; it depicts the spirit of that so remarkable time much more strikingly than many exploits which are mentioned with much emphasis in all historical handbooks, and yet not one of our authors, treating of the glorious events of this time, has mentioned it except De Groot in his *Annales et Historiae.* [1]

Besides the company for which the first voyage to the Indies was undertaken, and which was called „The Company of far Regions" a new one was founded in 1599, of which the chief promotor was the famous Isaac le Maire, [2] to whom Bakhuizen van den Brink devoted a monograph which is not yet forgotten. This new shipping company, made powerful by the large capital at its disposal rivalled the other; they injured each other mutually by competition which only profited the natives of the Indies. It was clear that their consolidation must appear desirable

municated to some deputies of your Right Worshipful Assembly, and by which we hope to have given special satisfaction".

Vide the Instruction given to van der Hagen in De Jonge III, p. 146 and also Cf. De jure praedae, p. 289.

[1] Annales, lib. XI, p. 428 (8⁰. edit.) — Of course it is mentioned by Van Meteren and by Wagenaar, quoting him, IX, p. 146. Also De Lange in his Batav. Romein, p. 112, makes "A carack conquered" his N⁰. 73.

[2] De Jonge I, p. 103.

to both. Therefore the magistrates of Amsterdam, where both had their offices, brought about their union, [1] and in order to make it impossible for others to compete at the same time prohibited all citizens outside the Company to equip ships for or to trade with the Indies. Before the consolidation had taken place, however, each company had severally equipped a fleet and got it ready to sail; the older one of five ships under Wolphert Harmensz., the newer one of eight ships under Jacob Heemskerck, who shortly before, had returned home from a voyage in the service of the older company. It was arranged, as a transitionary measure, that these fleets were both to make one more voyage for the special benefit of their owners and that, in order to avoid competition, Harmensz.'s was to trade exclusively in Banda and the Moluccas and Heemskerck in all other places of the Indies. [2] They set sail together on the 23rd of April 1601, a larger fleet than had ever departed from here to the Indies. On the way they soon parted. Let us follow van Heemskerck's fleet specially. From the outset it was harassed by the enemy. Off the Canaries it was already met by a Spanish fleet of 12 galleons America bound and attacked by it and on this occasion it lost one of its ships which had to return home disabled. [3] Further on it had to struggle with adversity and adverse wind, so that it only reached the roads of Bantam on the 22nd of February of the next year. Here the admiral found a cargo for most of his ships with which he sent them back to Holland without delay. Himself remained behind with two ships, the White Lion and the Alkmaar to go out at haphazard in search of a cargo. First he shaped a course for Demak [4] (situated east of Samarang) where the king, at the instigation of the Portuguese, treacherously locked up nineteen of his sailors. After fruitless attempts to deliver them, he, visited by illness, proceeded eastwards to Jortan (on the strait of Madura) where he did not, indeed, find a cargo, but, with the ruler's consent, founded a factory, the first in eastern Java. Thence he crossed to the peninsula of Malacca, to Patani, whose queen out of hatred to the Portuguese, who from their neighbouring town of Malacca pestered and dominated her, was attached to the Hollanders and had already procured cargoes for four other vessels. Here he

[1] De Jonge I, p. 106.
[2] De Jonge II, p. 260, 500.
[3] Cf. Hulsius, Achte Schiffart, S. 43; de Jonge II, p. 505.
[4] Cf. De Jonge II, p. 510.

remained for three months (from August 19th till November 16th 1602), built a house there, as he did at Jortan, to serve for factory, and was received with more favour than he had found anywhere in the Indies during his voyages. As favourably disposed towards the Hollanders was the king of Johor or Joor, which is still nearer Malacca, who had still better reason to hate the Portuguese and at that time was, indeed, openly at war with them. By means of letters and through the medium of his brother, the prince of Siak, who was on a visit at Patani, the king incited Heemskerck against the common enemy and advised him particularly to intercept the richly freighted caracks which about that time were to come up to Malacca from Macao. The same advice was given by the Queen of Patani and the admiral himself needed no persuasion to follow it. Everywhere in his travels he had experienced the enmity of the Portuguese. Their allies, the Spaniards had attacked and damaged him off the Canaries; at Demak their agents had made him suspected and hated by the natives. Wherever he came he learned that they had warned and prejudiced the population against him. At the same time he heard how they had made Indians who had treated him with friendliness on his former voyages, suffer for this fault, how they had besieged Bantam for that reason, which had only been saved from conquest and chastisement by the admiral Harmensz., who had just anchored in the roads; and how cruelly they were now taking revenge, in the Moluccas for the kind reception accorded to the Dutch fleets. The exasperation therefore provoked by that dangerous as well as treacherous enemy steadily increased on board the Dutch ships. The crew longed for an opportunity to try conclusions with him and the vice-admiral, who had been sent to Jortan in advance had ventured, on his own authority, before Heemskerck appeared to seize a Portuguese ship of victuals, which he found there, on which occasion some sailors who were preparing to defend themselves, had been struck dead. That act of violence, contrary to the instructions received, seemed to be excused, if not justified by the contents of letters found on board the vessel, from which it appeared, among other matters, that in September of the preceding year an outrage had been committed at Macao, eclipsing all the previous ones, — seventeen Dutch seamen of Jacob van Neck's fleet had there been killed in cold blood by the Portuguese out of rivalry. This unquestionable news made even Heemskerck fly into a passion. "If it had not been for our prisoners at Dema (i. e. Demak) .... I should at once have hanged the Portuguese whom we still keep in our ships, on the bowsprit, before the eyes of those on shore", he wrote in a letter to the directors. From this time he felt no longer bound to literally adhere to his instructions about merely fending off deeds of violence; he looked for an opportunity to avenge on the Portuguese the injustice done the Dutch. And he could wish for none better than the one pointed out to him by the princes of Johor and Patani. The caracks which would be his for the taking came from Macao, where the outrage had been committed which had roused his anger; the seizing of the prizes would hurt their cupidity whence proceeded their persecution of the Dutch traders and would amply indemnify his owners, his crew and himself for all they had suffered. A victory over the common enemy must moreover cement the friendship with the princes of those parts and alienate them still more from their tyrants. The enterprise offered no dangers. The only consideration which might have kept him back was that his instructions forbade him to attack those who did not show fight, but it does not seem to have weighed heavily with him. Anyhow, it was with the evident plan to execute what seemed so advisable that about the middle of November he sailed to the island of Tiaman, [1] which the caracks were expected to pass, though it was not before the 4th of December that he and his sea-council definitely took the weighty resolution to attack the Portuguese. [2] It turned out, however, that the place near the island of Tiaman was not suitable for that purpose. The carack which arrived first, escaped from its waylayers and arrived safely at Malacca. Informed of the fact by the prince of Johor and at the same time invited to come to the mouth of the river which flows through that principality where a more favourable berth would be pointed out to him, Heemskerck left the island at once and crossed to the main land, where the king, faithful to his promise, gave such good information that the two Dutch ships sighted the other carack, called the Catharina on the 25th of February. It was a big leviathan of 700 last, of a very high wooden construction and of a draught of 32 feet, with upwards of 750 people on board among whom were 100 women and many traders, owners of the cargo. [3] Against a couple of ships well equipped for fighting,

1 Vide: "Discours ende advertentie" of the vessels the Virgin and the Concord (State Archives); Hulsius, Achte Schiffart, S. 45.

2 De jure praedae, p. 294.

3 Cf. Van Meteren, f. 507.

as were the Alkmaar and the White Lion the unwieldy cargo-ship was not proof. Yet is resisted all day long and answered the Dutch cannon with guns with which it was tolerably provided. But it was of such a high construction that its balls flew over the Hollanders without doing damage, whereas every one of their shots was a hit. Towards evening the Portuguese counted seventy dead and their ship was so damaged and leaky that, in order not to sink it gave up fighting and offered to capitulate. Heemskerck asked for nothing more; he, too, feared that if the fight continued the carack might catch fire or run aground and, in order to secure his prize, he did not object to granting life and liberty to the crew; he promised to take all who were on board, safely to Malacca, provided ship and cargo were handed over to him within an hour. Those conditions were accepted and faithfully observed by both parties. Our admiral was later on even praised and thanked by the traders and by the council of Malacca for the good treatment which the prisoners had experienced at his hands. With his prize which proved to be valuable beyond expectation he remained anchored before Johor for a month, where his victory procured him a doubly good reception, so that he left a factory behind, and with a cargo of pepper on board and accompanied by ambassadors of the king to the States of the United Provinces, on the 3rd of April steered for Bantam. [1] There he transshipped the greater part of the goods stowed: on board his own ship he took the most precious cargo of the carack; on the other hand he loaded her with pepper and rebuilt her as much as was necessary to fit her for the long voyage. All these arrangements took a long time and not before October did he set out with his two vessels and his prize on the home-voyage. [2] Soon it turned out that the Alkmaar had sprung a leak and required urgently to be repaired; he therefore sent her to Mauritius and himself with the two other ships continued his voyage to his native country. There the glad tidings were brought in the middle of March of the year 1604 by two ships which left Bantam in June of the preceding year, the Concord and the Virgin of Enckhuisen. [3] We can understand how much joy they

[1] He arrived at Bantam only on the 20th of June 1603 ("Discours ende advertentie" of the vessels the Virgin and the Concord; State Archives).

[2] De Jonge, II, p. 271.

[3] The "Discours ende advertentie" of what had happened to Heemskerck since August 1602, communicated by these two ships, is among De Groot's papers in the State Archives. From this and from Hulsius's remarkable, though not altogether

gave to the shareholders of the Company and to the public in general. After a month already there appeared a "Short and accurate description of the taking of a valuable and enormous carack, coming from the region of China, by the admiral Jacobus Heemskercke", the title page illustrated by a wood-cut representing the glorious event as well as possible. [1] The booklet which also dealt with the progress of the siege of Ostend, contained but few particulars regarding the seizing of the carack, but finished with the all-important item of news — "The booty is estimated at sixty times a hundred thousand ducats, among which 26 hundred thousand guilders' worth of Chinese silks, besides a great weight of unrefined and unpurified gold with many other goods, merchandise and furniture, among which a royal chair set with gems, as is wonderful to relate. It is expected daily with great longing". We readily believe that expectations were great, though we know that the value of the cargo was not by any means so high as was here stated. The longing was the greater as the ships had yet to pass through many formidable dangers before they could put into port. All pirates, especially those of Dunkirk would be on the look-out for them and if, to avoid them, they entered an English port, it might be feared that king James, who was about to conclude peace with Spain, would avail himself of some pretext or other to restore the carack and her cargo to the former owners.

In the mean time the Company which had fitted out the ships and had won the prize and therefore ought to have provided for its safe home coming had been incorporated with the great United Company. To take care of the prize legally fell to the share of its directors, the so-called Seventeen, as successors of the former ones. They did not at all fail to do so: they immediately applied to the State government and directly to the admiralty of Amsterdam with a request for help from the navy which was cruising before the mouths of our rivers, and succeeded in getting the authorities to order captain Dirk Pietersen Vos "to leave the Texel directly and sail for England's End (Cape Landsend) and to keep cruising about the Sorles for five or six weeks, there and back, in order to meet the East India-men

accurate story, Achte Schiffart, I composed my narrative. De Jonge, when he wrote his often quoted work had to confess, owing to the lack of these documents, that Heemskerck's exploits after leaving Patani were not known in detail.

[1] It is now very rare: it is not found in the collections of Muller and Meulman. There is a copy in the Bibliotheca Thysiana at Leiden.

and the carack which people in these lands are expecting home from thence, and on finding the Admiral of those ships to hand him the sealed letters, which will be given him by the Directors, with warnings not to enter any English harbour, to prevent being arrested and other troubles which might be their fate there, occasioned by the Majesty of England at the request and instance of the Spanish ambassador". Similar orders to warn the ships, assist them and conduct them safely to port were at the same time sent to other captains belonging to the division of Amsterdam. [1]

In June the carack, which meanwhile had got separated from the White Lion, appeared before the English coast and was fortunately met by captain Verhoeff. It was in deplorable condition. Heemskerck had manned her with sixty sailors, but in consequence of illness and death there were now only eight able to do duty; also the victuals were consumed. Verhoeff instantly ordered twenty of his men to go aboard the carack and with three other men-of-war convoyed her, not to the Texel, which was impossible because of the wind or some other reason, but to the Eems where she would be safe and whence the cargo could be transported to Amsterdam in lighters. Shortly afterwards also the White Lion with Heemskerck on board put into the Texel. As early as the 17th of July the admiral, accompanied by two directors came to report to the States General on his voyage, and particularly about the seizing of the Catharina and the reasons which had prompted him.

Thus the booty had arrived for the most part. Only the vessel the Alkmaar which had sailed to Mauritius to calk was still expected home and did not arrive for some months. She had passed through many adventures. First she had missed Mauritius and had strayed off the Madagascar where it landed in the bay of Antogil, then a much frequented place of refreshment for our ships. There it appeared that the ship had suffered so much from worms that it had to be completely repaired. The cargo was therefore landed and a battery was constructed to defend it against the natives. The more work was done on the ship the more to be done was found. It took eight months and the progress was not great. Meanwhile illness and death thinned the crew. Less than half was alive and those exhausted and discouraged. At last unexpected help came. To find another stray

[1] This and what follows was drawn from the minutes of the Admiralty of Amsterdam and the Resolutions of the States General.

yacht [1] two ships of the fleet [2] which sailed in 1603 under Steven van der Hagen, had been sent to Mauritius; they, too, missed their course and arrived, against their intention, in the bay of Antogil (July 28th 1604) where, instead of the ship they were looking for, they found the Alkmaar which they had not been looking for, but which was of far more importance than the other vessel. They came just in time to save the valuable cargo. After some consultation it was resolved to burn the Alkmaar as it could not be repaired to stow her cargo on board the "Court of Holland" which would sail back direct to their native country with it and to send what she had on board herself of the value of 143000 guilders in the other vessel, the "Medemblik" to Bantam. The risk to the latter which was now especially richly freighted was to be borne by the company to which the Alkmaar had belonged. That risk, fortunately, came to nothing: the Medemblik arrived safely at the place of its destination. The "Court of Holland" was equally lucky: in March 1605 it put into the Texel; [3] the goods had indeed been somewhat damaged, but were still of great value [4].

To award and divide the booty it was not thought necessary to wait for the arrival of the ship. As soon as the ship had safely arrived on the Eems all who could claim part of it had bestirred themselves. Their bickerings and disputes characterize the crumbled State authority under the Republic in all its peculiarities. First the boards of the Admiralty quarrelled among themselves. According to the edict of the States General of the 13th of August 1597 freebooting ships had to return with their prizes to the port from which they had sailed in order to have their prize assigned to them by the admiralty under which the port belonged, of which they then owed the fifth penny (i. e. twenty percent) to the board and the tenth penny (i. e. ten percent) to the admiral-general. Now the ships had sailed from Amsterdam, the Alkmaar perhaps from one of West-Frisian towns. I am inclined to think so, both because the name of the ship seems to point to this fact, and because we know that a

1 The yacht named the Watchman (De Jonge, II, p. 261, 265).

2 De Jonge, III, p. 179.

3 The resolutions of the States General, 23rd of Dec. 1605 mention the return of the crews, both of the White Lion and of the Alkmaar.

4 Hulsius could tell nothing about the fate of the Alkmaar. When he got his information from Holland the ship was still overdue. Only Van Meteren, p. 528, gives us information on this point. With him cf. De Jonge, II, p. 261, 265, III, p. 179.

West-Frisian shipping company was incorporated with the new Amsterdam company, [1] and especially because the board of the admiralty of Hoorn, which at first made much higher demands, finally got a rather considerable share of that part of the booty which was owing to the State. However this may be the admiralty of Dokkum had nothing to do with the matter. Yet it seized the lighters which with goods from the carack touched at their port on the way from Emden to Amsterdam. The States General had to step in to make it listen to reason and give up the lighters. At the same time, to put an end to all disputes, they resolved "at the earnest instance of the admiralty of Amsterdam and also of the directors of the East India Company to allow them to lighten the aforesaid carack in the most convenient place and collect them within the town of Amsterdam to be most profitably dealt with for the use of the country, His Excellency and those who are entitled to it, while the board of the admiralty of Hoorn (or that of Dokkum) or anyone else are not to interfere with the goods." All had to submit to this resolution; they did so with complaints and murmurs, but they did. The whole contents of the carack and of the White Lion was collected at Amsterdam and stored in the Boshuis.

But now a new quarrel arose between the directors and the admiralty about the custody of the keys of the Boshuis. The directors had certain weighty reasons why they wanted to have their hands free and the keys in their own keeping; but the admiralty had as excellent reasons to believe that supervision on their part was by no means superfluous. Whatever promises might be held out to them they would not be overruled, and adhered to their resolution, and ruled moreover "to prevent all calumny and scandal" that two of their board must always be present when stock was taken. Yet all scandal was not prevented by their presence. Le Maire among others, who as a director of the company which had sent out Heemskerck and also as a director of the large United Company played an important part in administering the booty, did not escape the suspicion of having acted dishonestly, but was sued on this score and, though the case was not made out, was forced to lay down his directorship next year. [2] Everybody thought himself entitled to claim part of what had been seized. The sailors of captain Verhoeff who

[1] De Jonge, I, p. 105, 107, 108.

[2] De Jonge, III, p. 119.

had taken the Catharina to the Eems had begun by stealing china and selling it at Emden. [1]

A large part of the cargo consisted of silk, which was liable to deterioration and should be sold the earlier the better. [2] The time of the year, too, was just right to make high prices, for the Frankfort fair was approaching. But the booty had not yet been awarded to the Company; the law-suit about it before the admiralty might last six weeks, perhaps. The States General on being applied to solved the difficulties and by a resolution of the 29th of July permitted the sale of the perishable goods out of the carack at once and publicly "nothwithstanding these goods have not as yet been declared forfeited by sentence". The admiralty charged with the execution of this resolution now announced the sale for the 15th of August and following days. Bills were stuck everywhere, but the opposition was not yet at an end; the bailiff of Amsterdam had the bills torn off again "as tending to diminish municipal justice". In so doing he conformed to the maxim of the powerful town which thought too highly of her authority to permit the admiralty residing within her walls to show its independence even by such an innocent deed as the announcement of a public sale. But in this case the bailiff had made a blunder. The burgomasters, more accommodating than they usually were, put him in the wrong and with their cognizance the bills were posted up once more and the sale really took place.

I wish I could give particulars about that sale to which according to De Groot [3] an incredible multitude flocked from all the

[1] Noulen Admiraliteitt van Amsterdam, 22nd of July 1604.

[2] Hulsius describes the contents of the carack as follows, — "1200 Ballen roher Chinesischer Seyden, so etwas 70 oder 80 Pfund Flämisch, das seynd über 200 Reichsthaler, jeder Ball verkauft ist worden; 2°. Gar viel Kästen mit Dammast, Atlass, Taffet und anderen Seyden-Gewandt, von unterschiedenen farben; 3°. Ein grosse anzahl fein Gold-Draat, oder gesponnen Goldt; 4°. Uberaus viel Zucker; 5°. Viel Güldene Stück oder Tuch, so von guten Goldt geweben; 6°. Ein grosse menge köstlicher Umhänge und Bettzelten von Gold und Seyden-Gewandt; 7°. Ein unzalbare menge Porcellanen Geschirr von allerley arth und gattung, bey 30 Last, das seynd uber tausend Centner; 8°. Ein gut theil Seyden geflickte Kulckten oder Bettdecken von unterschiedner farb; 9°. Viel ander Seyden und Leinwath aus Baumwollen; 10°. Viel köstliche Aromata und andere Droguen und Gummi, auch viel Centner Muscus oder Bisem; 11°. Gar viel köstlich Holtzwerck von Bettladen, Kalterlein (?), Schachteln nach ihrer art, etliche köstlich übergült, andere nicht; 12°. Uberauss viel seltzame schöne Rariteten, von ihren Wehren, von ihren Gemal, und tausenterley andere Sachen, so da in China gemacht werden".

[3] De jure praedae, p. 314.

lands of Europe. Our fancy conceives how the great merchants of foreign lands, especially of the Hansa-towns and of the Suabian imperial cities, then — before the beginning of the Thirty Years' War — so rich and enterprising, who came to outbid our own profit-loving and active traders, the Pauws, the Le Maires, the Moucherons, the Van der Veeckens. But it remains for our fancy to depict the meeting between those rivals who were worthy of one another; I have been looking in vain for reliable information. There were no newspapers as yet at that time and blue books on this matter have not appeared. The despatches of the French ambassador, De Buzanval, are also silent about it, for it so happened that the ambassador was in France all that summer. Researches in the archives of Amsterdam, kindly prosecuted at my request, proved equally fruitless. The only facts I can communicate, gleaned from the minutes of the Admiralty [1] is that the sale took place by means of brokers, and at any price the goods fetched, payment by inhabitants of Amsterdam after six months, by foreigners in ready cash, as much as possible, in the presence of six directors of the Company and two of the admiralty. The Company would have liked to exclude the admiralty from the sale at any rate; they even maintained that better prices would be fetched if they alone were charged with that care; but once again "to prevent all calumny" their request was refused. The admiralty showed itself very solicitous about the good reputation of the directors.

While the sale was in progress, the law-suit about the awarding of the booty in the admiralty-court was conducted with the customary forms. With mutual consent the advocate-fiscal of the Court of Holland, nomine officii, the company of the eight ships and the admiral Heemskerck appeared as plaintiffs. They collectively requested citation of all unknown people who pretended to claim the carack and the goods. This was permitted them and during six weeks all pretenders to the aforementioned goods were accordingly summoned every fortnight. Nobody appeared, of course; and so on Thursday, the 9th of September 1604 sentence was definitely pronounced and "the carack, together with all the goods which came out of it, were declared forfeited and confiscated". [2]

About the law-suit I cannot relate many particulars, either: the documents relating to it were burned with the building of

[1] Minutes of the Admiralty of Amsterdam 11th of August 1604.

[2] Minutes of the Admiralty of Amsterdam, 9th of September 1604.

the Ministry of the Navy some years ago. Fortunately the register of the minutes of the Admiralty was saved out of the fire; most of what I have tōld was gleaned from it. Another happy chance enables me to add some details, at least. Two German editors of voyagers' narratives have preserved for us far more circumstantial information about the capture of the carack and about the lawsuit of awarding the booty, than the Dutch authors: from which we can see how much the high value of the prize and the importance of the sentence which allowed the Company to take prizes in the future excited the interests of foreigners too. The elaborate details were undoubtedly gathered by the German editors from the legal documents themselves, copies of which were probably procured for them in Holland. One of them, De Bry, has preserved for us in the second preface to the 13th piece of his well-known collection, some letters of thanks from Portuguese traders and officers and from the council of Malacca to Heemskerck, which De Groot meant to have appended to his *Commentarius*, but which were not found among his papers. On the other hand the letter from the bishop of Malacca to the king of Spain, the only one lacking in De Bry, was among the manuscripts, the property, of Cornets de Groot, which were sold with the *Commentarius*. The courtesy of the antiquary Frederik Muller, into whose possession this document had passed enabled Dr. Hamaker to add a Latin translation of it, as of the other letters, to his edition, as projected by De Groot. The other German editor, Hulsius, makes good to us, to a certain extent, what the fire of the Ministry of the Navy had robbed us of; for in his *Achte Schiffart* he has preserved, among other papers, the sentence passed in this case by the admiralty, which has not come down to us in another way. From it we get to know the grounds on which the plaintiffs demanded to have the booty awarded them. Is is remarkable that they are the same which De Groot discusses in his book. In the first place the instructions and the commission given by prince Maurice as admiral-general to Heemskerck; which is treated on p. 290 of *De jure praedae*. Secondly, the hostilities off the Canaries, when the Spanish galleons attacked him, about which consult *De jure praedae*, p. 292. Thirdly the maltreatment by the Portuguese of the friends of the Dutchmen at Bantam, Amboina, Ternate and elsewhere. Fourthly the atrocities at Macao where the crew of Jacob van Neck were massacred, about which vide p. 291. Fifthly the resolution of the 4th of December 1602 taken by the admiral and the sea-council for these reasons, to adopt offensive operations against the Portuguese, about which vide p. 294. This similarity may be explained by the fact that De Groot must have known the sentence; but he was not the man to merely repeat what others had demonstrated before him. I am more inclined to surmise that he served the Company in its law-suit as a barrister and that himself was the redactor, or one of the redactors of the written demands about which the sentence was pronounced. It would not be surprising that in his book he developed and elucidated what had been sketched in that demand. We shall revert to this conjecture later on.

We may not pass unnoticed an important incident of the law-suit. The demand was made, as we saw, by the advocate-fiscal, the Company and the admiral collectively. For it had not been settled to which of the three the prize really belonged: to the ship-owners who had defrayed the expenses of the voyage, to the admiral who, with his crew, had captured the prize, or to the state whose subjects the ship-owners, the admiral and the crew were. According to war law, as conceived by De Groot too, the booty really appertained to the Power waging war; but that Power could, of course, make over both the booty and the title to booty yet to be seized, to private persons or to companies, applying themselves to privateering; such transfer, however, had not yet explicitly taken place in this case. Neither to the United Company, nor to the older companies, nor to that of the eight ships in particular had permission been given to take prizes: on the contrary, attacking enemies who did not show fight was strictly forbidden. For this reason the advocate-fiscal, who had to watch the interests of the treasury of Holland, thought himself bound to advise the States Provincial "that according to the rights and custom of the Lands of Holland and West-Frisia, the carack and goods captured by Jacob van Heemskerck from the Portuguese in the East Indies should fall to the principality of the aforesaid lands and not to the East India Company". Unfortunately his advice has not come down to us either and the grounds on which it was based therefore remain unknown to us; I had to guess them from the nature of the case. But in the registers of the States we find the important resolution (also destined by De Groot to be an appendix to his work and published by Hamaker) taken in connection with the advice of the advocate-fiscal on the 1st of September 1604 and in which they order, among other matters, considering that such a prize taken from the Portuguese" without any charge to the Country, doing a great disservice to and damaging the common enemy redounds to the honour, profit and reputation of the United Countries and their good inhabitants, that the officials of the audit office, the advocate-fiscal and all other ordinary officers or judges of the aforesaid Countries shall leave the goods of the aforesaid and other prizes in the East Indies seized and to be seized; as being an outcome of the common war, to the discretion of the worshipful members of the States-General and boards of the admiralty".

So Holland had given up its rights or supposed rights, leaving only the Company and the admiral with his crew as pretenders. That each of them could claim a share was certain; only it had not been decided how large the share of each was to be. The admiralty had granted their request collectively, but ordered nothing about distribution. Neither did it follow from the instructions of the admiralty of the 13th of August 1597.[1] Under this regulation it was, indeed, prescribed that free-booters had to pay a fifth of the booty to the country and a tenth to the admiral-general, but nothing else had been fixed. It was said that "the remainder will fall to the share of the ship-owners, captains, officers and crew to be divided among them, according to custom or contracts made". But with the Company, which had just been founded, there was no custom nor contract with the sailors on this head. So there was nothing for it, but to call in the decision of the States-General. This was accordingly done by the directors and they had by no means reason to complain of this decision, by resolution of the 10th of March 1605. Of the nett proceeds, after deducting what was due to the country and the admiral-general and the costs of sale, the crew which had cap-

[1] Gr. Placaatboeck (Collection of edicts), II, p. 1520: Art. 6. All privateering vessels having captured prizes must take them to the towns or harbours whence they sailed, unless prevented by storm or head-wind. Art. 22. From the proceeds of the goods seized will be deducted "the fifth penny for the justice of the Land or the commonwealth, again "the tenth penny for the Admiral, and the remainder will fall to the share of the ship-owners, captains, officers and crew to be divided according to custom, or according to contracts made. Of the booty seized by men-of-war equipped by the government, $\frac{5}{6}$ went to the exchequer, of the rest $\frac{1}{10}$ was for the admiral while $\frac{9}{10}$ were divided among the conquerors, according to custom. Under the edict of the 1st of April 1602, the Admiral-general enjoys $\frac{1}{10}$ of what was captured on this, and $\frac{1}{30}$ of what was captured on the other side of Tropicus Cancri. On this head vide an advice of De Groot's-Holl. Consultatiën, III, (ed. Rotterdam), p. 701, seq.

tured the prize were to have 4 per cent, and no more.[1] No wonder that his decision did not satisfy Heemskerck and his men and that they begged the States to be at least put on the same footing as the sailors in the service of the State, and to be given as much of the booty as they. That desire was just, for now that the Company was henceforth charged with waging war in the Indies, its soldiers and sailors should not be put behind their comrades, serving in Europe. And the share of these latter amounted to rather more than half of what had been adjudged to the conqueror of the carack. For, of the prizes captured by men-of-war one sixth, so $16\frac{2}{3}$ per cent was adjudged to the sailors, from which a tenth, or ten per cent was deducted for the admiral. So there still remained $6\frac{2}{3}$ pCt. for the crew, that is $2\frac{2}{3}$ pCt. more than would fall to the share of Heemskerck and his men. The request was, for form's sake, accepted for consideration by the States, but they were in no hurry to decide. In so far as I have been able to ascertain the equalization was silently refused and for the future the share of the Company's men remained fixed at 4 pCt; but in this case the conquerors of the Catharina were granted a little more by transaction; it is certain they received 123380 guilders for their share. The admiral's case had meanwhile been cleverly separated from that of his crew; to him in particular the States-General on the 18th of July 1606 granted a sum of 31000 guilders and moreover 500 guilders "for which (said the resolution) he shall have a gilt cup made with inscription and memory of the taking of the aforesaid carack".[2]

[1] The men of the Company got, first, 4 pCt. after deduction of the country's share (Resol. States-General, 10th of March 1605; Resol. of the XVII, 9th of March 1605); later on their own accord (Resol. 3rd of October 1607) the 16th penny, after deduction of $75 + \frac{1}{80}$ and the costs and expenses for repairs and damage. A part was also given to the poor of towns having courts according to the admiralty's regulations, art. 37.

[2] Cf. Gratianus, De scriptis invita Minerva, II, p. 38. "Novissime (Holandi) et piraticam facere instituerunt, illecti magnitudine praemii, quantumvis injusti. Interjecta nostro ac occidentali orbi maria classibus vagantur, navesque a Brasili, Peru, America atque etiam ex orientali India Olissiponem Hispalimque cum ditium regnorum opibus petentes, excipiunt. Omnia ita infesta latrociniis habent, ut Hispanis, a quorum rege superioribus annis contumaciter defecere, commercium tot gentium, tot insularum quarum latissime imperio potiuntur, interrupsisse videantur: certe qui antea paucis atque adeo etiam singulis navigiis, ut in pacato, navigationem inire consueverant, nunc nisi explorato ac magnis classibus magnoque sumptu comparatis iter non suscipiant. His aucti predis lucrisque Holandi et situ ac natura locorum quos incolunt freti, non sustinent solum tot per annos repelluntque ab se bellum

The latter decision proves how fortunate and praiseworthy the States accounted this capture which had taken place contrary to their explicit regulations, had cost so little trouble and blood, and was so little glorious. The fortunate side of the matter was in the wealth of the prize and the prospect that this first fruit would be followed by a rich harvest of others. People were already hoping that as the Romans, after the conquest of Macedon had paid their State-expenses out of the proceeds of their conquests, the Dutch, too, would henceforth defray, the cost of war by what they captured from the enemy. [1] For that reason De Groot, too, raises the exploits of his hero far beyond his real merit, and calls the captured prize "the finest and true fruit of the trade with the Indies". [2] An opinion unworthy of him and which must have been inspired rather by what he heard than by what he thought. That the multitude took the rich conquest to be a glorious one is not surprising; they cannot tell the brightness of gold from the brilliancy of glory. The capture of the carack was for this period what the capture of the Silver Fleet by Piet Hein was to be a quarter of a century later. If the fuss made about these two conquests is typical of our national character we must grant that our nation is not marked by very noble traits.

Wealthy the prize obtained certainly was. We have spoken of the valuable silks which formed part of it and which were sold before the assignment even. Now that sentence had been passed, the remainder: the china, the lacquer work and the curiosities were disposed of. It began on the 21st of September. The second sale created still more sensation than the first. On this occasion the numerous china-cabinets in which our grandmothers took such delight in the last century were begun, the relics of which show to this day what they must have been before. Perhaps some china-sets had been imparted from Lisbon into our country before this time and Dutch sailors may have brought home some porcelain from their earliest voyages; but this was nothing compared with the quantities that now came into the market. Also in point of quality the captured rarities surpassed all of the kind that had yet been seen. The States General judged some beautiful specimens worthy to be presented

sed plerumque in alienis finibus gerunt". It is not clear when this book was written; certainly before the Armistice and after the death of Philip II, probably shortly before the peace-negociations.

[1] De jure praedae, p. 318. [2] De jure praedae, p. 201.

to their crowned friends and shared the best part of their abundance with their allies. On the 29th of October they wrote to the directors directing them to send to the Hague at once the goods that the French ambassador (just returned from Paris) had selected for his king. On reading this I really flattered myself with the belief that is was pure generosity which prompted the States thus to remember their royal friend. But De Buzanval permitted me to look behind the scenes and disenchanted me. It was with the ambassador that the plan originated to make Henry IV share the booty. No other honour belongs to the States than that of not having refused. „J'avois fait parler le plus honnestement que j'avois peu (De Buzanval writes on the 4th of October 1604 to Villeroy) pour faire honorer Leurs Majestez de ce que s'y trouverait de plus singulier. Ce jour d'huy Monsieur Barnfelt m'est venu trouver et m'a fait paroistre, par une lettre qu'on luy écrivoit d'Amsterdam, le devoir qu'il avoit fait pour ce regard". It is indeed remarkable that it is again Oldenbarnevelt who has to conduct this futile business. He is always the oracle, the mediator, whether great state-affairs are at stake or china has to be distributed. He wrote to Amsterdam at once in connection with what dropped from the ambassador. Now he advises him to go thither personally, to inspect the exhibits and to select what he thinks will please his master. In the meantine he elicits a decision of the States-General to offer the chosen goods to His Majesty as it were spontaneously. De Buzanval did as he had been advised; he went to Amsterdam, inspected the china and the curiosities and saw, at the same time, what was of much more importance, the merchant-fleet, which lay at anchor before the town. „Jamais je n'admiray tant (thus he writes to his government) leur puissance maritime, que j'ai fait en ce petit voyage". As for the presents, he had not confidence enough in his own choice. He consulted the princess Louise de Coligny and with her assistance he selected some specimens — for example "a fine dinner-service of porcelain, one of the best there are; item: a table and two chairs", — I imagine one of them must have been the chair of which the pamphlet said "that it was a marvel to describe". All this was well baled up and by the agency of the well-known Rotterdam merchant Van der Veecken, [1] sent to Paris, there to be respectfully offered to His Majesty by our envoy Aerssens.

[1] About him vide: Verhooren van Oldenbarnevelt, in Berigten. Hist. Gen., II, p. 124.

Could they have forgotten Villeroy, Henry IV's influential minister, could they have omitted to send him a present? He took good care himself that they did not, and had ordered De Buzanval to buy him some pieces of damask. As goes without saying, the directors were too sensible to accept money from a man like him. To such a man they might present things, but not sell them. He and his colleagues Sillery and Rosny, with him, got damasks and china of the very best. Neither was the king of England (who did not deserve it, for he was just negociating peace with the enemy) forgotten; he got part of what was left; also the margrave of Ansbach, who happened to be in the country. They all gratefully accepted their part of the booty; in so doing they attached their seal (De Groot does not omit to notice it) [1] to the sentence passed by the Admiralty of Amsterdam. For all the presents together the Company deducted the sum of 7723 pounds (or guilders) 16 shillings and 4 pence from what they had to pay into the exchequer. It is noticeable that in the registers of the States in which so much was noted down about those presents, nothing is found about a fact mentioned in the minutes of the admiralty, namely that some of the goods which had been kept from being publicly sold, were sent to the Hague, in five boxes, to be offered to the eighteen gentlemen, forming the board of the Right Worshipful States-General. The States evidently did not think it necessary to note down the fact. It is superfluous to add that also His Princely Excellency, besides the 10 pCt., which was his due as admiral, and which amounted to a comfortable little sum, got some beautiful objects which had been selected for him.

When all these gifts had been distributed the Alkmaar had not yet arrived and the exact value of the whole booty could not be calculated, therefore. Though the cargo of that ship, as we saw, had arrived in the "Court of Holland" as early as March 1605, it was not before the 23rd of January 1608 that accounts could be completely cast. Then it appeared that the amount of the proceeds, however considerable, had been far too highly estimated, at first. There had been talk of sixty times a hundred thousand ducats. Others, more modest, had reduced the ducats to guilders and valued the whole at sixty tons of gold. The real proceeds of the goods from the carack itself amounted to more than half that sum, namely 3389772 guilders, two shillings and two pence, from which 1476923 guilders had to be deducted

[1] De jure praedae, p. 314.

for all sorts of damages and expenses. Of the remaining sum the exchequer got 450000 guilders according to contract; the crew, as we saw, 123380, the admiral Heemskerck 31500.[1] Consequently there remained thirteen tons of gold, propably more than double the sum they had originally invested in the Company. An interest of 200 pCt.! Indeed, as De Groot expresses it, the finest fruit of the East Indian trade — so far.

And this first profit had already been followed up by a second. Just when Heemskerck arrived with his prize from Johor in the roadstead of Bantam, in June 1603, two ships of the first fleet which had been fitted out by the United East India Company, under Wybrand van Warwijck, the Erasmus and the Nassau, had been sent to China.[2] They had no succes. They moreover lost eighteen of their crew through treason (August 1604). But before Macao they met a Portuguese carack and lost no time, following Heemskerck's alluring example, to indemnify themselves for all the losses and injustice suffered.[3] Without troubling themselves about further trading they at once veered round to their native country with their prize, and, making a more fortunate voyage than Heemskerck's had been, they entered the Meuse[4] a few months later than he, who had left the Indies so much earlier and were welcomed with news of the sentence which just in these days was passed with regard to the Catharina. I did not think it necessary to make as accurate researches about that second prize as about the history of the first.[5] That the value cannot have been much less consiberable appears from the fact

[1] This we are told by the accurate Van Dam in his unprinted Description of the East India Company (preserved in the State-Archives), III book, 23rd ch, fo. 480. "It is very notable that the carack St. Catarina having been captured by the Admiral Jacob Heemskerck in the East Indies, and the goods found in it sold, as per schedule drawn up under January 23rd 1608, the resulting capital amounted to

		3356172, 2, 2
the remaining, unsold goods were estimated at		33600
	together	3389722 2, 2

Among which was raw silk to the amount of 2212125 : 7 : 15 ; floss-silk 88249 : 19 : 10; yellow raw silk 41094 : 4 : 13; twisted silk 78641 : 6 : 11. The country received, by contract 450.000, after deducting of all expenses, freight, loss of ships etc., amounting to 1476923; the crew got 123380 and the Admiral Heemskerck 31500".

[2] De Jonge, III, p. 21.

[3] De Jonge, III, p. 24, 179. Cf. De jure praedae, p. 263.

[4] Before October 1604 (Resol. States General 16th of October 1604; 8th of January, 25th of March 1605).

[5] About this vide De Jonge, III, p. 21, 24, 179. It is referred to in De jure praedae, p. 263, and 331.

that the crew received 98000 guilders for their share of the booty, [1] while Heemskerck's men got 123000. There can be no doubt about the lawfulness of this prize taking. The Portuguese treated our traders and sailors from their earliest arrival in the Indies as enemies; it would have been unreasonable on the part of our ancestors if they had not fully availed themselves of the rights of war. The only thing displeasing to us is the jubilation at the stock-taking and division of the booty; the placing of honest commercial profits behind the greater gains of privateering. But this unedifying rapacity was far from common. There were shareholders of the East India Company who would not accept their part of the booty and gave it to the poor. [1] There were even those who sold their shares and retired from the Company, now that from a commercial company it was changing into a warring and prize-taking Power. It was especially the Mennonites and "libertines" (who, later, in the times of the religious dissensions, were incorporated with the Remonstrants), [2] who showed a dislike of fighting and robbery. The orthodox Calvinists knew the Old Testament too well to cherish conscientious scruples about enforcing the most rigorous war law: the Zealanders were the most orthodox Protestants and at the same time the smartest buccaneers. Of the Hollanders on the other hand, De Groot said some years before already in his *Comparison of Commonwealths* that they were so averse to robbery that they would not allow themselves even with regard to the enemy what they were fully entitled to according to the law of nations. [3] It is strange that of those noble, although unpractical conscientious scruples we do not find a trace in the literature of those times. So far as I know they have not found voice in one single pamphlet opposing the new direction which the East India Company was taking. That, nevertheless, they were far from rare, appears from the attempt made by the rapacious people themselves to misuse them

[1] This is explicitly told us by Van Dam in his work cited above and De Groot alludes to it, p. 339.

[2] In a letter of the States-General, printed by Van Deventer, Memorials of Oldenbarnevelt, III, p. 49 we read that shares of the Company were sold by "many libertines and Mennonites". An uncle of Const. Huygens' wife, P. Hoon of Hamburg was among them; vide the important passage in Schinkel Bijdrage tot de kennis van C. Huygens, p. 92. That afterwards certain Remonstrants condemned warfare of every kind, appears from a letter by De Groot. Epist., App. N⁰. 90.

[3] "A piratica, qua gaudent pleraeque gentes, abhorrent Nostrorum animi, omnesque rapinas adeo detestantur, ut religio sit multis eas etiam exercere, quas Gentium jura permittunt adversus hostem autoritate publica". (Parall. Rerumpublic. I, III, c. 6, t. I. p. 101),

against the Company and apply them to their own profit. That attempt is too closely connected with De Groot's *Commentarius* for us to pass it by in silence.

Monopoly naturally breeds jealousy. The Company had found this from the moment it received its patent. It did indeed pretend to have no monopoly, because every one by buying shares could participate in the profits resulting from its trade. But it was not such a great advantage to be a shareholder. To trade himself with his own capital and money borrowed from others, to be a ship-owner, or — what was still more desirable — to be a director of a company, that was what an enterprising merchant desired and what the patent of the United Company prevented him from being. Therefore the excluded ones were jealous of the fortunate directors. Hence the slander and calumny against which the admiralty had warned them. And the calumny too often was no slander, but, on the contrary, was too well founded. The lines are well-known

Twice five is ten. Nought, carry one:
One for the customers. And nought for the share-holders.

No wonder that the post of director, the "customer" who "carries one" for himself and writes down nought in the accounts of his company was a much coveted post [1] and that every merchant who wanted to make a fortune but did not see his way to become a director of the existing company made a plan to found a new one and to create new directors' posts. The many schemes for founding companies for all sorts of trade in all parts of the world, which were suggested in the seventeenth century, not excepting the scheme to establish a court of insurance, mainly proceed from the desire to be a director. Now, when the carack, the Catharina, was declared confiscated, the desire showed itself for the first time.

Among the grave Mennonites who did not want to enrich themselves with the booty-money was the chief of a great commercial house at Amsterdam, Pieter Lijntgens. [2] He had invested more than a ton of gold in the Company, but now that it took to privateering he sold his shares like others of his persuasion. Not content, however, with retiring from the Company as the others and to give up profit for the sake of his conscience, he made a plan to found a new company for exclusively peaceable trade with the Indies of which he was to be one of the direct-

[1] Cf. what is said by Le Maire — in De Jonge III, p. 377.

[2] One Salomon Lijntgens is mentioned in 1606 (vide: Navorscher 1867 p. 247).

ors, of course. Such a company promised to be eminently profitable.[1] It would be able to trade at a rate cheaper by three-fourths, because it would abstain from all expensive warlike preparations and yet would share, to a certain extent, the safety secured by the older Company by force of arms. It was even possible that the Portuguese, detesting its redoutable rival, would favour it and leave it in peace. In theory all this seemed fair enough. But there was a great obstacle in the way: how would the States ever be induced to grant a patent when they so shortly before had given the exclusive right to trade to the United Company? A Brabant man who as a propagandist was connected with the affair invented an excellent way out of the difficulty. The Company would have to be established in France, under the powerful protection of Henry IV.[2] There was room, more even than in Holland, for a peaceable trading company; for there was peace between France and Spain and it was of the greatest importance to Spain that that peace should last. But what made France especially preferable was that for establishing a French Company the consent of the States of the United Netherlands was not required, of course. Nevertheless, against their explicit wish, the plan, as was thought by the merchants concerned in the matter, could not be executed. For the voyage had to be undertaken by Dutch captains and sailors: Frenchmen, who had never been in the East Indies were supposed to be unfit to serve the company, at least at first. If, therefore, the scheme were to be carried out, the King would have to force the States into granting the new company their permission to recruit its captains and crews in Holland and Zealand. The Brabant propagandist really succeeded in winning over the French government and the king himself to favour the scheme and promise intercession, and towards the close of 1604 while the damasks and the China sets from the Catharina were on their way as presents to the king and his ministers, letters were sent from France to the States in which, in the king's name, their support was requested to the plans of Lijntgens and to the establishment of a company which threatened to become such a dangerous rival of the Dutch Company.[3] The Company when they heard what was in the wind behaved as if they were desperate and their lives in peril: they declared that they would

[1] Cf. however Jeannin (Mémoires Petitot, XIII, p. 307).

[2] Cf. Jeannin, l. c. XIII, p. 280.

[3] Cf. Dodt, Archief, IV, p. 119.

be unable to hold their own against the new company and they could not exist side by side with it. But the danger was not so imminent as they thought; the States did not even dream of sacrificing them. With all the means of which statecraft in those days used to avail itself, Oldenbarnevelt combated the scheme, which was as ardently desired and supported by the French government as it was feared and opposed by the States of the Republic; and the result was that month after month of respite was gained, till Henry IV was murdered and with him that scheme, besides so many other and grander ones, was buried.[1]

Such were the circumstances under which the book called *De jure praedae* was written and such was its purpose. The East India Company purposed, in concert with the States, henceforth to wage war in the Indies against their country's enemy and to enrich themselves with the booty to be captured from him. But their title to it was disputed and the conscientious scruples which opposed it were used by their enemies as a pretence to call a

[1] The matter has been related in detail by Bakhuizen van den Brink, in his monograph on Isaac le Maire, and by De Jonge in his often quoted work. The chief documents referring to it were printed by Van Deventer in the Memorials of Oldenbarnevelt, with the exception of De Buzanval's despatches, which have not been printed but of which there is a copy in the Royal Library at the Hague. The despatch of the 27th of September 1605, especially, contains important particulars; I shall therefore communicate it here. „Cette grande compagnie des Indes s'ébranle tous les jours. Elle a demandé tout de nouveau à ces Messieurs (les Etats) ayde de douze vaisseaux de guerre pour se maintenir èsdits Indes: autrement qu'elle n'en peut plus soutenir les frais sans secours du public. J'y ay quelque petite partie qui y trempe il y a quatre ans, de laquelle depuis ce tems je n'ay pas tiré un seul escu. C'est ce grand interest dont il est question. Chacun s'en retire. Car ils nous mettent en compte tous les équipages de guerre qu'ils sont contraints de faire pour maintenir ce traffic. Linkens le père y avoit cinquante mille escus, il en a retiré ou vendu bien les deux tiers, mais l'occasion principale qui l'a me à ce faire est qu'estant comme il est fort Anabaptiste, il improuve toute sorte de port d'armes, soit offensives soit défensives, et principalement les combats et prises qui se sont faites par les flottes de ce pays sur les Portugais. Plusieurs de la mesme secte se sont joincts à luy audit Amsterdam, qui seront bien aises de dresser et pratiquer une compagnie en France, qui ne seroit que pour le simple traffic sans user d'hostilité ni de revanche sur les Espagnols et Portugais à cause de nostre paix: cuidans par là laisser les combats et proyes à ceux de ce pays qui sont en guerre et couler cependant sous la force de leurs armes et la faveur du nom français au proffit des deux Indes; et je croys qu'un des plus assurez fonds, sur lesquels ce soliciteur fonde sa société, quelque mine qu'il fasse, est sur lesdits Anabaptistes, car il n'auroit que faire dudit Linkens sans ce sujet, à cause que c'est un viellard qui n'a jamais pratiqué les Indes, et je voys maintenant, puisque nonobstant la mort de son fils, qui y avoit fait un voyage, il ne laisse pour cela de s'ingérer en cette affaire, qu'il y a quelque particulière cabale qui l'oblige à l'entre prendre".

dangerous enemy into being, side by side with her. It seemed necessary to demonstrate not only before their compatriots, but before all Europe that the Company had a right to act as they intended to do and to refute the pretences behind which commercial rivalry concealed itself.

Hugh de Groot took upon himself to write such a demonstration. I cannot assure my readers that the directors requested him to do so; I have not been able to discover a proof. But that he had close connections with the Company is told by himself in a letter to his brother at a later date.[1] And that he made use of the archives of the United Company and of its predecessor in writing his treatise cannot be doubted. If, moreover, the conjecture I ventured above is correct and De Groot served the Company as a barrister in its law-suit about the awarding of the prize, it becomes extremely probable that he set himself, in concert with the directors, to write the book, which was to be a second defence of their interests. With that book whose origin we now sufficiently know, we propose to get better acquainted.

De Groot had reached his twenty-first year when the Catherina was brought to Holland. As yet he held no office, but practised as a lawyer in the Hague; it seems he had a fairly large practice.[2] That in this sphere of activity he did not feel happy, not at home, goes without saying. He had a scholar's disposition and his inclinatious would have kept him in his study. He was, however, ambitious and therefore prepared to sacrifice his desire and his joy to the avocations of an important public office; but his barrister's practice was troublesome and took up much time without gratifying his ambition in the least; it placed the scholar on the same level with, if not below, the cunning pettifogger, who knew nothing but what his business required. These remarks are more than conjectures based on the nature of things. In a letter of the 21st of June 1603,[3] that is a year before Heemskerck brought home his prize, De Groot complains to his friend Daniel Heinsius, who although but three years older than himself was a professor at Leyden, about the futile and inglorious drudgery in which he is engaged. "You do not know, my dear

1 Epist. App., N0. 450, 507.

2 Cf. his autobiography, entrusted to Meursius for the Illustris Academia of 1613 (Athenae Batavae, p. 205). Cf. Sepp, Geschiedk. nasporingen, p. 13, 14.

3 Burman, Sylloge epist., II, p. 391.

Heinsius (he writes) of how much time that thankless practice robs me. A professor's chair is a different matter, believe me, and rejoice in your privilege. Law-suits cost the most diligent man a great deal of trouble and of time, and are by no means suitable to lovers of quiet study like ourselves; they are, moreover, productive neither of gratitude nor of glory: I have hardly distinguished myself from the majority of my colleagues, and that only by some cases that ended fortunately. The fruit is in no respect proportionate to the labour it costs. How much that is beautiful and good I might have learned in the time I am now wasting on this senseless work! You can understand how sad I am when I think of this, you who know how I yearn to study and how I loathe a profession which is said, though not with perfect justice, to be a mere means of subsistence. Comfort me, if you can, in my sorrow, which is increasing daily. You cannot believe how seriously my laments are meant". The author's Latin poems of which a second edition was called for that, for the present, could not be so carefully prepared as might be desired because of that miserable practise, gave rise to this effusion. We own that *poemata sacra* and a barrister's practice are not too well matched. And the studies with which De Groot had hitherto occupied himself for choice were all of the same nature. Of his occupations and erudite schemes, about this time, he tells us himself in his *To the Reader* at the end of the first edition, of 1601, of those *Sacra Poemata* in which he announces, not without some pomposity, what writings he has completed or is composing and wants to publish, if the reception of his poems is favourable and encouraging. [1] They are nearly all of a poetical and philosophical or classical-juridical nature. As regards civil law he asserts that one should get acquainted with it rather

[1] Grotii Sacra Carmina (Hagae, 1601, 4°.). "Hoc opusculum si tibi placuisse intelligam, erit quod mihi gratuler, laborisque non poenitebit. Alia etiam varii argumenti partim perfecta, partim affecta, istis stimulis accensus publico non invidebo. Primum in Sacris Dialogus, cui Philarchaeo nomen, jam in manibus est, in quo (etc.) ..... In Jure (quamquam plus temporis forensi actioni, quam nudae scientiae exercitio tribuendum existimem) tamen haec, si Fata sinent, lucem non effugient.... (Three or four works never published). Ad civilem scientiam spectant Nostratis Reipublicae cum aliis olim nobilibus successuumque inter se comparatio; et alia, ut spero, ad historiam eorum, quae in mea patria meo aevo aut circiter illud accidere. Ad humaniores literas quod attinet.... Neque haec ambitiose sed vere a me dicta esse amici testes sunto, quos nihil meorum operum latet, quique sciunt ei rei unice me operam dare, ut publico natus publico ostendam octodecim hos annos non abiisse mihi otiosos". The dedication to H. de Condé is dated: "Hagae Comitatensi, XV Kal. Sept. novi saeculi anno primo".

through practice than through mere study. None of the remaining writings announced refer to state-rights but the comparison of the Dutch republic with the chief commonwealths of antiquity; the work of which Meerman in the beginning of this century published the third book, the only remaining one. [1] This book was rather of a historical than of a juridical nature. History, as conceived by De Groot, also belonged to the philological sphere: the form was of paramount importance and had to be copied from classical models; profound and extensive researches, rigorous criticism in adopting traditions were of less importance. Hence it was that De Groot in his youth already thought himself capable of writing history and was thought to be so by others too. We know from the resolutions of the States of Holland that in this same year of 1601 he was charged, at Oldenbarnevelt's recommendation, with writing the official history of the Rebellion.

Since De Groot gave this account of his literary activities two years had elapsed and in his industrious and fruitful youth a year counted as more than two. In those two years he had advanced much in knowledge and especially in judgment: his printed writings prove it; and what in 1601 he promised to publish, he kept back in 1603 as being unworthy of himself. Neither was his practice as a barrister lost to jurisprudence. A man like De Groot could not occupy himself with any branch of knowledge without shedding light on it. The chaos of judgments from which the lawyer had to collect the grounds for his pleadings arranged itself as soon as he cast his eye on it. Trained in the school of antiquity, used to logical method and himself of an excellently systematic turn he now already mentally classified the subject-matter which in the dungeon of Loevestein he was to expose in such a masterly manner in his *Introduction to Dutch Jurisprudence*. In later years he vaunted that he had been the first to make known to the Dutch Bar that jurisprudence "that knowledge of things divine and human, that art of the equitable and the good, whose leaders are reason and the revelation of God, whose companions are all the sciences", in its full extent

[1] Of the Comparison of Commonwealths mention is made by Lingelsheim in a letter of the 21st of March 1605 (Parallelon, Preface, p. XXXII) and in a poem addressed by Grotius to Janus Dousa (died 12th of October 1604), l. c. p. XXIV). — The battle of Newport (Parallelon, I, p. 58) is mentioned as a recent occurrence, but mention is also made of subsequent events (I, p. 96) and of the unshipping of the Admirant (II, p. 13, 14) which took place in May 1602. The fruitless attempt of the Spaniards on Bommel (13th of July 1599) is represented as having occurred more than two years before (I, p. 58). Therefore the book was written in 1602.

and excellence. Indeed it was not the study of law that displeased him; it was the futilities of his practice, which are of no consequence to anyone save to the parties concerned. Without overestimating himself De Groot might deem such work beneath him.

We may imagine how happy a man like him must have felt as often as a case cropped up in his practice that could not be decided according to the common routine but had to be settled in conformity with higher principles of law. With joy he then consulted his favourite authors, the Roman lawyers and their worthy rivals of later times, the philosophers and even the theologians, and he meditated on what he had read and used it but as the material which only in his hands became fit for the purpose proposed. Such a question of law now presented itself when the admiral of the East India Company captured the Portuguese ship. An ordinary practising lawyer was not able to answer it fundamentally and fully. The laws of war and the laws of nations had to be applied and what barrister had ever heard of those laws? Most of them did not even know from what sources they sprang. De Groot, who was now twenty-one years old was among all his colleagues probably the only one who knew how to tackle such a case, whence he had to borrow the principles of law which must guide him in deciding. If my conjecture is correct and the Company entrusted the conduct of the law-suit to him, they could not have been more fortunate in their choice. This much is certain that this question of law attracted his attention to an uncommon degree. With how much pleasure, with how much ingenuity he studied it, we learn from the excellent book in which he discussed it in its full bearing.

That book was written in the autumn of 1604 and the spring of 1605. This follows from the nature of the case: an occasional composition must be finished before the occasion is past and forgotten. It moreover appears from the contents. Of events of 1604 mention is made as of things of recent occurrence. The taking of Sluis by Maurice on the 20th of August 1604 is referred to as "capta nuper Clusa" (p. 170). On the other hand he is silent about matters which might have been happily inserted into the argument. For example, no mention is made of the edict of Lisbon of April 9th 1605 [1] in which all men not belonging to the Portuguese nation are strictly forbidden to trade

[1] Van Meteren, f. 505, 520, 529.

with the Indies. [1] Neither is a point of law discussed that cropped up in the course of 1605 and which our author commemorates afterwards in his *Historiae*, namely whether those goods which were indeed found on board the carack, but appeared to belong to Italian merchants, might be taken to be lawful booty. [2] I think myself justified in concluding from this that the book must have been finished no later than the summer of 1605.

The manuscript is evidently a neat copy, but in the author's own handwriting. Rather a good deal has been altered, or rather added: here and there a short argument has been struck out and replaced by an ampler demonstration of the same purport. When those alterations were made cannot be decided with certainty, but evidently not later than the end of 1608, when the XII chapter was printed as *Mare Liberum*. The ink and the handwriting make it clear that no alterations were younger than those which had been made in the printed fragment.

What may have been the reason that the book when completed still remained unpublished must be left undecided from lack of all information on this head. We can do no more than guess that reason. To me it seems probable that, when the first fright of the directors had subsided, when the Mennonites with their conscientious scruples had retired from the Company and there was, therefore, no longer any opposition to capturing prizes on the part of shareholders to be feared, when, furthermore, public opinion definitely sided with the winning hand and the States-General had discovered and entered the subterranean passage to reach the French government and dispose it favourably towards the interests of the Company — the directors thought it prudent to secure their trade and rights of war by acting and not by arguments, which might be answered. Such acting was to the purpose and truly Dutch at the same time; it was not alien to De Groot either. When in December 1635 Selden had published his famous book about the title of the English to the seas round their island and by so doing created a great commotion among the Dutch governors and burghers De Groot wrote to his brother William — "I am curious to know if the Dutch will defend themselves silently and by keeping what they have

[1] Unless it is referred to on p. 321 and 336. In that case we should have to assume that the author had got thus far when the edict came under his notice.

[2] Illud obscurius, an quae captis in navibus Italorum bona inveniebantur, in praedam cederent. Res inter aequitatem et jus belli media transigendo decisa est". (Historiae, lib. XI, p. 429). — Cf. also Epistolae, App. N⁰. 744, p. 977.

got or by means of a vindication". And that he had correctly formulated the dilemma appeared afterwards. At first the States had been inclined to publish an answer to Selden: first Cunaeus, then Graswinckel had been charged to compose it. But when the latter had finished his essay, they preferred to keep it back, especially at the advice of Aerssens van Sommelsdijk, who remarked that the freedom of the sea should be protected, not with the pen, but with the sword. What held good of the English after 1635, also held good of the Spaniards and Portuguese after 1604. It was very much simpler to do what was possible than to show what was allowed.

However this may be and whatever the cause may have been, De Groot's treatise remained in his desk. The first book he published after 1604 was another poem on a sacred subject, the *Christus patiens* of 1608. There is no evidence that he engaged in new studies in public right. [1] But in the mean time he had in December of the year 1607 given up his practice for good and taken the oath as advocate-fiscal to the Court of Holland and Zealand. He now held a public office which was, when the occasion presented itself, to direct his attention to constitutional law too. And soon the times brought up important questions. In the course of this year of 1607 peace-negociations had begun between the Archdukes and the king of Spain. At first they seemed to lead up to a just pact; the independence of the republic was practically acknowledged. But shortly after De Groot had obtained his public office the negociations were at a deadlock because of our trade with the Indies, which Spain would not allow and the States would not give up at any cost: the whole summer of 1608 passed without progress. Eventually it became clear that, because of this single point of difference, peace was out of the question and now negociations about a long armistice which might leave the vexed question aside were opened by the intermediation of the French ambassador. For all that it still occupied the public mind; the persons interested still feared that the States, out of love of peace, would at last suffer themselves to be persuaded into granting the Spaniards' demand. To prevent this the East India Company published a series of pamphlets in which the importance of the trade with the Indies was exaggerated and our title to it vindicated. In witnessing that struggle De Groot must have been frequently reminded of the

[1] About the plan to make De Groot historiographer of the States-General after Merula's death, cf. Baudius Epist. (ed. 1662), p. 245, 247, 248, 251, 271, 276.

book that was lying completely finished in his desk, especially of the chapter in which he refuted the claim of the Portuguese to exclusive trade, on principles of natural right and the laws of nations. For the rest matters of a quite different kind occupied his thoughts at this time. In the month of July he married Maria van Reigersbergh: festivities and wedding poetry detracted his mind from state affairs and the law of nations. But at the end of the year when the honey-moon was at an end and the advocate-fiscal, left by his young wife, who was on a visit to her relations in Zealand, was alone at the Hague, he at last took his manuscript, read it through and resolved to publish it, not indeed the whole of it, but one chapter, about the freedom of the sea, separately. [1] For this purpose it was not necessary to alter it much. New opening lines, not many, and a somewhat ampler conclusion instead of the second half of the original chapter was all that was required; he had soon finished it; he chose the title *Mare Liberum* and in November sent it to Leiden, to his friend Heinsius, with the request to publish it without the author's name. It seems that is was difficult to find a publisher for it. [2] It was January before Elzevier began to print it; once begun, however, he had soon finished with it, and while De Groot was still deliberating whether he should apply to the States for a patent, the copies were despatched. It was indeed necessary to lose no time, if the essay was not to come too late. If I am not mistaken, it did come too late to be effectual, though De Groot denies it and asserts that the booklet attained its purpose of making the Spaniards more accomodating and the States firmer. Chronology, methinks, refutes his assertion; for the publication cannot have taken place before the first days of March (on the 18th of February had he sent Heinsius the preface and the appendices) and as early as the 18th of March Jeannin reported to the States on the progress of the negociations, from which it appeared that everything, also the difference about the trade with the Indies, had been arranged during the Armistice. How, then, can De Groot's argument have influenced the course of affairs?

I even doubt wheter it attracted great attention on being published. In the despatches of Jeannin and of Winwood, the French and the English ambassadors at the Hague it is not mentioned; nor in the Dutch publications of the day I have seen.

1 Specially at the request of the East-India-Company: vide postcript (N. v. d. A.)
2 Burman, Sylloge epist., II, p. 419, 420.

De Groot had thought it desirable, at first, to publish a French translation of the booklet and had requested Heinsius to look about at Leiden, in time, for some French student able to perform the task. But this plan was abandoned. Even a Dutch translation does not seem to have been called for at once; none appeared before 1614. [1] All this does not speak for great success of the original. And, indeed, it is not surprising that the treatise was little noticed among so many others on the same subject. It appeared anonymously, immediately after the question had been settled, at least for so long as the Armistice lasted. Moreover, and it is to this I want to draw attention, it taught nothing new. It refuted a claim brought forward by the Portuguese alone; [2] in so doing it followed in the track of two Spanish authors of name and distinction, the theologian Franciscus Victoria and the lawyer Fernandus Vasquius. Far from passing off his doctrine as his own invention the author repeatedly invoked the authority of others, especially of the two aforenamed Spaniards. And what he preached was observed by the English and the French, especially by the former, as well as by our merchants. Nay, what is more: just when De Groot was writing the twelfth chapter of his *Commentarius de jure praedae*, so four years before he published it as *Mare Liberum* the English East India Company submitted a petition to King James, who was concluding peace with Spain, in which the right to trade with the Indies was vindicated on exactly the same grounds as those to which De Groot appealed. [3] This astonishing conformity abundantly proves that the doctrine preached in *Mare Liberum* was not by any means new or surprising and not calculated, therefore, to attract the special attention of the public when once that truce has been concluded.

It was only later, when a quite different presumptious claim to naval supremacy had to be refuted that De Groot's treatise became famous. Only some weeks after its publication on the 16th of May 1609 [4]) there appeared an edict of the king of England in

[1] In 1613 Baudius (De induciis, p. 71; Dutch transl. 1616, p. 78) already mentions it with applause. About the Dutch translation vide: Resol. Stn. Gen., August 1604 in Dodt, Archief, VI, p. 359.

[2] The claims of the Genoese and Venetians are only mentioned in passing: De jure praedae, p. 241.

[3] Vide the Dutch version of this document in De Jonge, "Rise", I, p. 287 etc. The English original text is unknown to me.

[4] Cf. Vreede, Freedom of herring-fishery and fishery in general, in Nijhoff's „Bijdragen", III, p. 5.

which it was forbidden to fish on the coasts and in the seas of Great-Britain, Ireland and other surrounding islands unless a licence to do so had been requested and obtained from His Majesty or the commissioners appointed by him. This edict raised a question quite different from the one with which De Groot had dealt. This time it was not the vast ocean, but a special part of the sea, of comparatively small compass about the possession of which the quarrel arose, and not with regard to navigation, but fishery. [1] Still it necessarily followed from the doctrine preached by *Mare Liberum* that even a more modest claim to the exclusive possession of the sea was unjust. The English authors, therefore, who happened to read the booklet, regarded the writer as an apponent of a presumed right of their compatriots and therefore they tried to silence him. [2] This was first attempted by William Welwood in 1613 in his *Abridgement of all the Sealaws* whose not very scientific refutation was opposed by De Groot in a treatise to which I referred above; he did not, however, publish it and the manuscript is now in the Library of the Leiden University. [3] Far more erudite and ampler than Welwood's essay was the apology composed by the famous John Selden in 1618 and offered to king James, but only published in 1635 under the title of *Mare Clausum* by order of Charles I. [4] We shall not here dwell on that dispute of a later date. It suffices to remark that it was only then, in combating the claims of England, that the *Mare Liberum*, which was originally directed against the claims of Portugal became so worldfamous. It had, however, been reprinted before, more than once, and the author had even placed his name on the edition of 1618: a sufficient proof that it had neither been forgotten by the public, nor despised by the writer. Of all these reprints none was revised from the manuscript; the mistakes which crept into the first edition

[1] Fishery is not dealt with in De jure praedae: cf. p. 226.

[2] Cf. Grotii Epist., N°. 59, p. 19.

[3] Cf. Vissering in the Memoirs and Notices of the Royal Academy of Sciences, dep. Literature, IX, p. 147. What makes this essay remarkable is the fact (published as an appendix to S. Muller, Fz. Mare Clausum) that here De Groot for the first time uses his doctrine of Mare Liberum against the English pretensions. The chief contents of Welwood's refutation of Mare Liberum was placed, in Latin, by Graswinckel behind his: Maris Liberi Vindiciae adversus Gulielmum Welwodum, De dominio maris. Hagae Comitum, 1653. Welwood's booklet is rare; there is, however, a copy in the Library of the Society of Dutch Literature at Leiden.

[4] These little known particulars of the history of Mare Clausum are communicated by Selden himself in his Vindiciae Maris Clausi, published as a pamphlet in 1653 and reprinted in his Opera omnia, t. II.

were corrected by conjecture only and not always correctly. We will mention an example: the slave in Plautus's comedy who says that the sea belongs to all, is called *Servatus* in the first edition p. 21, which in the following, was changed to *Servus* as the sentence required; the manuscript, however, reads *Servulus* which explains the printer's error. I only notice this to show that in Dr. Hamaker's edition from the manuscript the text, for the first time, appears in a perfectly correct form. It also appears for the first time completely and in its original connection with the author's whole demonstration.

But before proceeding, it will be necessary to give the contents of the Commentarius briefly. An ampler extract I judge superfluous, because the book itself is within everyone's reach. I shall limit myself to what my readers must know to understand my further remarks.

The treatise consists of three large parts. In the first the right to wage war and capture prizes in general is deduced from the principles of natural law and the laws of nations and developed at large and systematically with all its consequences, without any reference to the case that occasioned the composition. The author himself entitled this part *Dogmatica de jure praedae.* — The second part bears the superscription *Historica* and describes first Alva's tyranny which drove our nation to rebel against its prince and to wage war with Spain and its allies, and justified it in doing so; then, more at large, the maltreatment suffered by the Dutch sailors in the East Indies at the hands of the Portuguese since their arrival there, in June 1596 till the capture of the Catharina by Heemskerck in February 1603; the slander, the stirring up of the natives, the stratagems and ruses, and, lastly the open violence and the judicial murder; and on the other hand the long-suffering, the generosity with which our sailors and traders bore all this, until at last the measure overflowed and necessity forced us to combat and rob the enemy. — The third part, in which according to the dogmata of the first, the right of the East India Company to act as they had begun to do, was vindicated, begins with *Mare Liberum,* which in this connection is meant to prove the Portuguese had no exclusive right to trade with the Indies and barter with the natives, as they pretended to possess and consequently had no cause to consider the peaceable arrival of the Dutch traders in the Indies a deed of injustice and hostility, and to punish it. In the unprinted second part of this chapter it is further demonstrated that the

Dutch on their side, just because the Portuguese prevented their free trade are justified in fighting and robbing, according to the rights of war, in the first place those opponents in particular, next the Portuguese state in general, and, lastly all Portuguese subjects, whether they are directly guilty, or not, of disturbing the trade. In the remaining chapters the objection of too conscientious and timid fellow-countrymen: that it is not always wise to do what is allowed, is ruled not to be applicable to this case and it is argued that capturing prizes from the Portuguese under the given circumstances is not only just, but also dignified and agreeable to the interests of the Republic; the immense profit that may be made out of the wealthy Portuguese in the Indies is ardently depicted and therefore the Company is finally urged to go on doing what it had begun to do.

This is a synopsis of the book. That it could not be published as a whole after a chapter had been printed separately, goes without saying. Moreover all the third part had become antiquated and useless since the war, whose justice it meant to prove, after having been waged for years on end, was justified, as it were, by the concluded armistice. But the remaining portion of the work was not to be thought antiquated on that account; the first and the second part, the *Dogmatica* and the *Historica* were almost as important as before. They could not, indeed, appear in the form in which they had been written; they had to be detached and recast, but the material was still quite valuable. I do not doubt but that de Groot when he published *Mare Liberum* conceived the plan to print those two parts of his *Commentarius* also as independent works. About the same time, it seems, he acted likewise in connection with another product of his youth, which he had kept in his desk for years and probably had not even finished, the often quoted comparison of commonwealths: *Parallelon Rerum Publicarum libri tres.* At least after reading what Meerman has said on the subject I think it very likely that the famous *Antiquitas Reipublicae Batavae* which saw the light in 1610 is nothing but a separate and possibly a somewhat altered edition of the second book of these Parallela, in which (as appears from references to it in the remaining third book) those very subjects must have been treated which are really dealt with in the *Antiquitas.* This production which bears a quite juvenile stamp and ranks below the *Mare Liberum* was still received with much more favour when it appeared; in the same year the author in co-operation with his father, published a Dutch translation. In later years [1] he observed about it, and with reason, that it contained assertions which, on consideration, he did not dare to maintain and which proceeded rather from his love of freedom and his native country than from earnest research.

At the same there offered a prospective chance of making a good use of the *Historica* and his *Commentarius* too. The Board of Seventeen, the managing-committee of the Company deliberated on the 16th of September 1610 on the question "if they ought not to have the trade with the East Indies described historically by the advocate-fiscal Grotius or by some other learned person, to its honour and reputation and to those of the country; to have it printed when most convenient". [2] I am convinced that the idea to write such a history was suggested by De Groot himself. In any case it appears once more from the resolution cited how closely he was permanently connected with the Company. Consequently a considerable collection of documents had come into his possession which might have been of service in composing a history of the trade with the Indies and which, when they were offered for sale in November 1864 at the Hague, were found collected in the same binding with the *Historica* of the *Commentarius*, as though the author had purposely gathered together all that would be necessary for his projected labour. It remained a projet, as we know. The Company began with deferring the decision "till more accurate and more comprehensive information regarding the condition of the Indies shall have been obtained". The scheme was dropped for good. To describe the Indian trade was never entrusted to Grotius nor to any other learned person. For De Groot the opportunity to occupy himself with such labour was soon past. Church disputes broke out and poisoned the political struggle of factions in the republic. They chained the attention of our youthful author who above all was a theologian at heart. He zealously took part in the polemics. With his *Pietas Ordinum Hollandiae* he in 1613 opened a new series of writings of a theologico-political nature. To write the history of the Dutch in the East Indies was henceforth out of the question. He does deal with adventures of our sailors in the Indies in his *Annales et historiae de rebus Belgicis* which were only published after his death, but very briefly as

[1] 24th of January 1643 (Epist., App. N°. 636, p. 947).

[2] The resolution has not been printed. De Jonge in his often quoted work (III, p. 379) directed my attention to it.

his space required. So all that has come down to us of his studies in East-Indian books of travel and archives is limited to these *Historica* which were printed for the first time by Dr. Hamaker's care.

No one can expect that they furnish an impartial or even a complete account of what happened in the Indies between 1595 and 1603. They were written to show charly the injustice of the Portuguese [1] and the long-suffering innocence of the Dutch. They are, therefore, a protracted indictment of the Portuguese, a defence of the East India Company. Whatever does not serve this purpose is left unrecorded by the barrister. Whatever would bear witness against his clients is concealed by him. Hence it is that his narrative makes a curious impression on us who are strangers to the passion with which he composed it and which it is calculated to excite. I, at least, cannot read it without a smile. Those upright, noble sailors of Holland and Zealand who return good for evil, who would rather suffer violence than inflict violence upon others, and are more grieved by the injustice endured by their Indian friends and allies than by what they experience themselves, — those virtuous people I cannot take seriously. How differently our ancient tars depict themselves in their journals and letters. Their stories breathe courage and energy and usually also the frankness and good faith which generally attend on force; but gentleness or meekness — I have not found a trace of them. On the contrary contempt of the Indians and glowing hatred of the Spaniards and the Portuguese inspired our best seamen, and there are many among them who could not be reckoned among the good, let alone the best. We have to place them side by side with the cruel and treacherous Portuguese, who are doubly malignant because they are aware of their superior strength, to discover any goodness and gentleness in our countrymen in the Indies. And on the other hand we must purposely close our eyes not to see occasionally striking instances of nobleness in the Portuguese, esperially in the Portuguese priests. Here, too, good and bad are mixed, and the faults are not on one side alone. But when De Groote wrote, the public knew little and judged with passion. Patriotism and commercial interests co-operated to make the people believe that their enemies were wholly bad. De Groot knew better, however, and he cannot be acquitted of wilful partiality in writing his narrative. As as rule he speaks the truth and nothing but the truth, but not always the whole truth.

[1] Vide especially de jure praedae, p. 174.

Thus it is perfectly true what he says on p. 262, that Heemskerck treated the crew of the carack he had captured well, and gave them their liberty at Malacca without a ransom, for which he was even praised and thanked by the Portuguese. But it is equally true, what he does not say, that Heemskerck got possession of the carack by capitulation and on condition to take the crew to Malacca, and therefore did no more than he had previously engaged to do. [1] The praise of good faith, therefore, is due to the Dutch admiral, not that of the generosity which De Groot gives him. But this excessive praising of one's compatriots is a fault of which even historians are too often guilty for us to reproach a barrister with. It is worse to intentionally represent the enemy worse than he is; and unfortunately De Groot committed this transgression too. The most salient example of this which I have found in his work is furnished by his account of what took place at Macao, to which I referred above. He relates at length and picturesquely how Jacob van Neck arrived unintentionally and unwittingly before Macao, the seat of the Portuguese in China, sent the fiscal Maarten Ape with some men to reconnoitre, who were kidnapped by the Portuguese, imprisoned, tortured and, at last, cruelly executed to the number of seventeen, as was afterwards revealed by Ape, the only one who was spared by the intercession of Roman Catholic priests. This fact was quite unknown to me before: I read the narrative in De Groot for the first time and the researches I afterwards expressly undertook furnished only a far less circumstantial account in the itineraries, printed by De Jonge in his well-known work. But De Groot mentions his authority: Maarten Ape himself returned in Holland had narrated his adventures. Now there was among the manuscripts which were sold at the same time with the *Commentarius de jure praedae* the *Attestation of Mart. Apius about the events at Macao:* this was evidently De Groot's source. Fortunately the pamphlet had been bought for the State-archives; with his customary alacrity the archivist enabled me to use it. It did not disappoint my expectations; it is, in itself important as contributing to our knowledge of the times and moreover it

[1] In the "Advertisement" from which De Groot chiefly borrowed his information we read "They sent to our ships two persons to treat with us, who wanted to stipulate for much that was refused: then, because the admiral Heemskerck feared that the carack might be set on fire by his cannons or might get upon the rocks, promised their lives to all and that he would take them to Malacca .... Upon which they returned within the stipulated time and made over the carack on the aforesaid conditions by contract signed with the captain's signature".

greatly helps us to appreciate De Groot's labour. It became clear to me, on comparing the two narratives, that our author had not permitted himself the slightest deviation from Ape's attestation, but that he had suppressed one fact which throws a quite different light on the occurrence. Jacob van Neck, namely, had, before he got to Macao, made a vain attempt on the Portuguese fortress of Tidore; he had, therefore, not only disturbed the monopoly of the Portuguese, like the others, but moreover attacked them without a declaration of war. This might be counted to his crew for piracy; and for that reason Ape had, when he fell into their hands at Macao, explicitly warned his companions "in case there should be any difficulties of examination (on the rack) that they should be most careful to be silent by all means about the fight with the Portuguese before Tidore, as being the only means by which they might get into trouble." Nevertheless this fact was confessed under torture by one who was caught later and therefore had not been warned. There can be no doubt but that this confession was the ground on which the sentence of death was passed on all. This is certainly cruel and the manner in which it was executed, in spite of the Chinese authorities, was treacherous; the government of Goa itself acknowledged it and (a fact which De Groot suppresses) openly disapproved of the deed — but the matter looks quite different when we consider a circumstance which our author purposely hides. In defending a client the omission of part of the truth may be excusable, but certainly not in a compositon called *Historica*. And now that we have once found in what manner De Groot uses his documents, we shall henceforth be on our guard against allowing his representation of matters to testify against the enemy without further confirmation.

Yet, and in spite of their partiality his notices and narratives remain indispensable, and, if used with proper caution, valuable material for the history of the first voyages to the East-Indies. The student after reading every thing that has been printed on this subject will yet find a great deal in the *Commentarius* that is new to him. For with the astonishing zeal and the boundless curiosity which characterized him, De Groot read and assimilated all that he could get hold of about the adventures of the Hollanders in the Indies. And the facts were still fresh in men's minds; it was not ten years since Houtman first sailed to Java. A man who at that time, so shortly after the events, wanted to compose a history of the companies with the permission of the directors, could get to know a great deal that now, after two centuries and a half, can no longer be discovered. That De Groot availed himself of his privilege is abundantly proved by his *Historica*. It is clear that he has read not only all the itineraries then published about the Goldcoast of Guinea, about the first and about the second voyage to the Indies, about Olivier van Noort, and so forth; he must have possessed an abundance of unpublished documents, diaries of travels, reports and letters, of which some have never been used afterwards and are probably lost, while others were first printed incompletely in the well-known work „Beginnings and Progress of the East India Company", others again were preserved in the State-archives and edited, for the first time by De Jonge.

This is not a fitting place to enumerate everything with which we can, out of De Groot's narrative, enrich our knowledge of the adventures of the Dutch in the Indies. I shall limit myself to some remarks. About the first voyage to the Indies and the log-books kept on board the fleet has been written with erudition and judgment by Tiele in his *Mémoire bibliographique sur les journaux des navigateurs Neerlandais* and afterwards by Van Duyl in "De Gids".[1] It has been sufficiently proved by the two bibliographies that, besides the three journals which have been published completely, there must have been a fourth from which Pontanus in his *Rerum et urbis Amstelodamensium historia* borrowed everything which he relates in addition to what is known about the first voyage from other sources. Now this journal, which no longer exists or, at least, cannot be found, has also been used by De Groot; out of it he communicates some facts which Pontanus does not mention, but also some others which the latter, and the latter only, describes in the same manner. To mention one example I refer to the *Commentarius* (p. 182) where one finds about the attack on the ship, the Amsterdam, and the murder of the master Verhel, the same details as in Pontanus (p. 184). The reader who is interested in this matter will find more instances.

Now that I am writing on the literature about Houtman's first voyage, I wish to say a word or two on the writer of this journal used by De Groot and Pontanus, the rather because Tiele and Van Duyl confess not to know who he may have been. I think I have sufficient grounds to believe Jan Jansz. Kaerel, the son

[1] A. G. C. van Duyl, The journals of the first voyage of the Dutch to the East Indies, in „De Gids", 1868, II, p. 555.

of one of the shipowners, who made the voyage on board the Amsterdam as a commis to have been the writer. I base my conjecture on an observation of Pontanus which also struck Van Duyl. In a Dutch translation cited by him it says "I follow for the most part the story by an excellent man in his own handwriting and who during this voyage, as one of the chiefs, has seen and experienced everything himself. [1] I grant that this notice is too vague to allow of any deduction; it leaves us a free choice of all the "chiefs" of the fleet, and they were many. But the original text is more definite: "Autographum viri spectati et ex praefectis autoptae autorem ut plurimum sequor". The writer of the journal, therefore, was one of the praefecti; and praefectus with Pontanus does not vaguely mean a chief, but most definitely a commis: so our choice is directly limited to one sort of chiefs. When next we inquire on board which ship the diary was kept we find it describes the events on board the Amsterdam with most details and so we come to the conclusion that one of the two commises on board the Amsterdam will probably have been the writer. Now one of these two, Willem Lodewijcks is known as the author of another journal. So only Jan Jansz. Kaerel is left. [1] And on further investigation our guess is confirmed. Pontanus gives to Kaerel a chief part [2] which he plays in none of the other itineraries and can tell us not only what the praefectus Carolus did, but also what he thought. [3] Another circumstance proves further that Pontanus must have been intimately related with Kaerel. About the second voyage to the Indies under Van Neck he follows the ordinary printed account, the well-known *Tweede Boeck*. But it differs from it at one point. There it is said that Jan Jansz. Smit returned as vice-admiral on board the Hollandia; Pontanus copies this but instead of Smit he mentions Jan Jansz. Kaerel; and that he is right in so doing appears from the detailed journal of Jacob van Heemskerk, printed by De Jonge (II, p. 398). Such a correction reveals a special acquaintance with the person or at least with the relations of Kaerel. When Pontanus wrote, the sailor, if I am not mistaken, was already dead, but his father lived and remained a director of the East India Company till his death on the 28th of October

[1] Cf. De Jonge, II, p. 204, note 4, 398.

[2] Vide especially the events of the 20th of July and the 12th of August 1596 (Pontanus, Rerum Amstelodamensium historica, p. 158, 159).

[3] Non etiam ambigendum putabat idem Carolus has moras atque elusiones a Lusitanis fuisse procuratas" (p. 159).

1616. [1] It would not be surprising to hear that he lent his son's journal first to De Groot, who in 1604 wrote in behalf of the company and later to Pontanus, who published a description of Amsterdam in 1611. But I give my conjecture for what it is worth. The important question is — what has become of the journal? A comparison of what Pontanus and what De Groot preserved of it makes us very desirous to read the book itself.

Of Cornelis Houtman's second voyage, for account of Moucheron and other Zealand shipowners from 1598 till 1600, there is no other account than the one written for the earl of Essex by John Davis, the English master, who acted the part of a spy on board and which was printed in Purchas his Pilgrimes. [2] That also a more official narrative must have existed, follows from Houtman's instruction in which he is ordered to keep "a pertinent journal day by day" [3] which order he and his successor after his death, Guyon le Fort, no doubt, obeyed. I take it that De Groot borrowed what he tells us about that voyage from this diary, which, for the rest, is unknown to us. [4]

About Jacob Wilken's voyage he likewise drew his information from documents which are lost. "Nothing is known of what happened to Wilkens before Atsjin, except that he failed to trade here" says De Jonge. [5] De Groot, however, speaks of a factory or at least of some traders who were left behind by Wilkens (p. 177). Of the factory in Banda under Adriaan van Veen, we learn particulars from him which we donot find elsewhere (p. 183, 184). [6] Of the case of Casper van Groesbergen at Poelo Cambir, in the summer of 1602 he likewise gives (p. 184, 185) a much ampler account than De Jonge collects from the (not printed) letters in the State archives. [7] Also (p. 192) of what happened to Wybrand van Warwijck at Anabon in October 1602. [8] Again we here also find a far more accurate description than anywhere else of the voyage of the Portuguese under Andreas Hurtado Mendoza to the Sunda islands and the Moluccas to chastise the natives who had entered into business-relations with the Dutch. But this bald enumeration can only serve to draw the attention of those who occupy themselves with the history

[1] Valentijn, Oud en Nieuw Oost-Indiën, I, p. 301.

[2] Cf. De Jonge, II, p. 211.

[3] De Jonge, I, p. 224.

[4] De jure praeda, p. 182, 193.

[5] De Jonge, II, p. 236.

[6] Cf. De Jonge, II, p. 643.

[7] Cf. De Jonge, II, p. 245, 246.

[8] Cf. De Jonge, III, p. 5.

of our Indian possessions to the Commentarius; and for this purpose the above more than suffices.

Whether De Groot drew all his information from written evidence I dare not decide. It is not improbable that he personally met some people whose adventures he relates and that he heard from them what he hands down to us. Thus, for instance, when he wrote his *Commentarius* Heemskerck himself was in Holland; is it likely he should have neglected to see him and to speak with him? Wolfert Hermansz. had come home even earlier. [1] Is it probable that he should have omitted to visit and consult him whom he praises excessively as the man who, more than any other, had done yeoman's service to the Company and the Republic. [2] Possibly he is indebted to him for the copious imformation about Mendoza's voyage, to which I referred just now.

In so far as we can ascertain he is accurate in copying from others. Once or twice he makes insignificant mistakes. Thus he says twice that Houtman during his first voyage met four Portuguese vessels, which he might have taken, but left unmolested. In all the journals and also in Pontanus, however, only two ships are mentioned. Also his geographical descriptions are correct as a rule. That by Taprobane he means not Ceylon but Sumatra is a mistake that was common when he wrote. Several names which are printed wrong in the edition had been correctly written by the author and only spoiled by the publisher or the printer, as the *Errata* indicate. But De Groot himself was mistaken about one name. The river of Jacatra which is called Tanjonjava in the writings of that time and Tonjanjava in Pontanus is as often as three times named Janhanjava by him and he makes it a village instead of a river — vicinus Jacatrae locus, Janhanjava dicitur" (p. 181). As an exception proves the rule, these few mistakes prove the care with which De Groot, who was so much at home in antiquity, had yet made himself familiar with the history of his countrymen and contemporaries. Therefore we doubly regret that the scheme of the Seventeen to make him write the history of the trade with the Indies was dropped.

We shall now proceed to consider the first part the *Dogmatica de jure praedae*, surely the most important section of the whole work because the subject is identical with one half of the

[1] 17th of February 1604 (De Jonge, II, p. 536).

[2] "Wolphardus Harmannus, honoris causa summo jure nominandus, ut quo vix quisquam non dicam de societate Indica sed de nomine Batavo melius umquam meritus sit" (p. 197).

book *De jure belli ac pacis* on which the author's fame chiefly rests. De Groot is, as the author of that book, considered the creator of the law-of-nations. So whatever may elucidate the origin of the book is of especial importance both to the science which originated there and to the writer's fame, which depends on it. We shall begin with answering the question in how far this first conception corresponds with the later recast.

We know from De Groot's printed letters that the *Jus belli ac pacis* was written at Paris between 1622 and 1625. After completing his edition of Stobaeus he began in November 1622 to collect the books which he required "ad aliquid de jure commentandum". This "aliquid" was nothing but the plan of his masterpiece. It was however April of the next year before he set to work; from that date he worked on it regularly, but as himself assures, slowly; in June 1624 it was all but completed and Graswinckel, who was then staying with him, helped him to copy it. Within somewhat more than a year, therefore, the work that during so many years was to be the textbook of princes and nations, was begun and completed. It would be almost incredible if we might not assume that the author had for a long time already been engaged in meditating on the subject and in reading the authorities on it. De Groot, however, has never hinted at such preparatory studies; in none of his published writings, in none of his confidential letters did he refer to them, [1] still less has he mentioned the essay of his youth *De jure praedae*; only in his defence of *Mare Liberum* against Welwood does he speak of it. And yet we cannot believe that he should have forgotten that former labour. On the contrary I am convinced that from the time when the separate publication of one chapter made the complete publication of the *Commentarius* impossible, he cherished the project to recast the *Dogmatica* which formed the principal section of it, to elaborate it and print it as a textbook of the law of nations. He was therefore silent about a work which he did not deem completed and hoped to resume later on. His official duties, however, first as advocate-fiscal and since 1613 as pensionary of Rotterdam which, as he complains to Pontanus, left him no leisure to read brooklets, let alone big books, prevented him for the time being from executing his plan. In the dungeon other studies occupied all his time, though he did not lose sight of the law of nations; we happen to know that among the books

[1] Nor in his autobiography in the: Illustris Academia Lugd. Bat., id est Virorum clarissimorum icones, elogia ac vitae (L. B. 1613).

he borrowed from his friends were the *Jus belli* and *Advocationes Hispanicae,* both by Albericus Gentilis. At Paris he wrote first his *Apology* and then finished the work in which he was engaged at the time of his escape, Stobaeus last of all. Directly afterwards he set to work on *Jus belli ac pacis.* That in writing the book he had his *Commentarius de jure praedae* before him and constantly consulted it, cannot be doubted; I shall prove it below. Without preliminary studies and for the first time he composed only that part of his work which is comprised under the *jus pacis.* The title of his work he took from a dictum of Cicero's, in the *Oratio pro Balbo* (cap. 6) in which the enumeration of all sorts of subjects from the law of nations is finally summed up in these words "universum denique belli jus ac pacis". It is therefore the whole compass of the law of nations that is understood by De Groot under that twofold title; whether the title really expresses this and is happily chosen I will not discuss. In my opinion the work does not form a well composed and complete whole. I must grant Rufendorf[1] to be right when he says that the author has not discussed everything that his subject comprises and on the other hand has treated of details of the law of war which had better been omitted in a work of such a general nature. This is especially evident when we compare it with the composition *De jure praedae.* We then discover that the law of war is the real nucleus of the whole work and that what was added to it — nearly all the second book — destroys the original connection without substituting another firm union.

In this respect, in point of finished form, close connection and logical sequence of the parts the later work ranks far behind the earlier. This is natural, for the later one proposes to unfold a whole science which however had not been traced, not been hedged about in its full extent; the first composition, on the other hand, limits itself to a clearly circumscribed whole; it progresses regularly towards an object proposed beforehand. It means to prove that the East India Company has a right to take booty from the Portuguese merchants in the Indies. The whole argument serves this purpose. The war in the Indies may be considered, either as a private war of the Company, or as part of the war waged by the Republic with king Philip and his subjects, in which the Company serves as a subject and a helper of the Republic. In the former case it has to be proved that a private individual may wage war and take booty and that this

[1] Specimen controv., cap. IV, § 1.

is specially allowed to the Company in the given circumstances;[1] in the latter case that the Republic is right in waging war with the Portuguese in the Indies and for this purpose rightly uses the Company to which it may make over its claim to booty, if it thinks fit.[2] But all this cannot be proved without discussing the whole law of war in its full extent. First the objection has to be cleared away that waging war and capturing prizes is not allowed, at least no war of Christians with Christians. Next it has to be demonstrated what war is lawful, which naturally leads up to an investigation of the reasons why, the manner in which and the purpose for which, war may be waged. Further the rights and obligations of subjects of powers which are waging war have to be fixed, especially the right of taking booty. In short, there is hardly any question regarding the rights of war that has not to be answered before we can be sure of what De Groot took upon himself to prove. Occasionally he seems to derivate from his path and dwell on matters which are not evidently connected with his real subject, but further on in his demonstration it becomes clear that this subordinate point had to be dealt with, before the chief point could be proved. It is surprising to notice, on coming to the end of the argument, and to the conclusion, how the object has been steadily approached, how every seeming detour was really inevitable to arrive at the goal. De Groot attached much importance to artistic form, the *forma artis*, which, in his opinion, none of his predecessors had been able to give to the matter dealt with. Himself was indeed a master in the art of demonstration; all his works prove it, but none more clearly than this *Commentarius*. Everything fits in; all the parts are dove-tailed and support each other mutually. The objections of other writers are discussed and refuted, but without impeding the progress of the argument; they are inserted in the very places where their refutation helps on the demonstration. On noticing this rare merit we are naturally reminded of the advice given by De Groot to his son Pieter, when the latter was called to the bar and complained of the difficulty of answering his opponent systematically. "Consider beforehand (the prescription ran) what can be said in favour of, and against your case and regulate the conduct of your speech in connection with it. What your opponent says should be answered by you in the order you have chosen, not in the order in which he has spoken

[1] De jure praedae, p. 258.
[2] L. c. 268.

it. I always found this rule helpful". There is no clearer application of this rule than the one found in the *Commentarius de jure praedae* and no better proof of its excellence. The result are pleadings that leave no room for doubt and, so to say, command acquittal.

The reader should not take the world "pleadings" amiss. It does not mean to say that the *Commentarius* is essentially partial and one-sided. Though the *Dogmatica* are presented for the purpose of proving a proposition posed beforehand, they need not be deficient in truth. Pleadings which mean to do no more than to throw a just light on a righteous cause may be a string of mere truths. And, in my opinion, such is the case here. The right of war really taught what De Groot wanted to prove. Of his convictions he need not suppress any, much less did he need to say things he did not mean. The fact that he was aiming at a definite object, favourably influenced the form in which he cast his ideas, without injuring the contents in the least. Hence he found nothing essential to alter in it when, twenty years later, he set about to make his pleadings into a textbook. All the material of the earlier essay could be used for the later one. I have compared the two carefully and noted the corresponding passages in the margin of my copy. It would be too tedious and take too long to enumerate them all. It may suffice to assure the reader that nearly all that occurs in the *Dogmatica* has been incorporated with the *Jus belli ac pacis*. Al the juridical quotations, all the passages cited from classical authors of antiquity and with which the *Jus praedae* is ornamented have been transferred to the *Jus belli*. The author usually dresses up his own ideas in other words than he used in his earlier composition. Sometimes, however, he simply copies them. [1] The legal system of both, which is the essential part, is identical. The fundamental notion that waging war is a legal way of claiming under circumstances in which there is no court of law to pronounce sentence, and that therefore there are as many and just the same causes

[1] Cf. the following passages

De jure praedae, p. 148, 149 "quod dixi aliis interdum quam militi praedam aut pecuniam ex ea redactam concedi solere, id ferme ita contigit ut his qui tributum ad bellum contulerant, tantumdem redderetur. Quin et ludos e manubiis instructos sub Regibus annotes".

De jure belli, I, III, c. VII, § 19 "quod dixi aliis interdum extra milites praedam aut pecuniam e praeda redactam concedi solere, id ferme ita contigit ut his qui tributum ad bellum contulerant, tantundem redderetur. Ludos quoque ex manubiis interdum instructos notes".

Such accurate correspondence, however, is only very rarely found.

of war (*fontes belli*) as of legal claims — this notion is common to both books and also all that is inferred from it, especially this important consequence: that war may also be waged to punish injustice. There is no difference between the older and the later work than may be explained by the author's character which had altered as time went on. As a man grows older he becomes more thoughtful and his opinions become less absolute. This is also proved by the *Jus belli*. The tone is not so decided as that of the *Jus praedae*; more exceptions to the rule are admitted. Compare, for instance, what is taught about the freedom of trade in the two writings; it is the same; but what was passed over in the older is noticed in the later: that there is a difference between the ocean and the sea; between larger and smaller seas and it is conceded that, as regards the latter, the freedom of trade and fishery may be limited by treaties and custom. The attentive reader will discover similar differences in many places. The fire of youth has been tempered by experience; enthusiasm has been replaced by caution. *Jus praedae* was written to justify the war in the Indies; *Jus belli ac pacis*, as I pointed out before, had to serve the purpose of bridling the desire of princes to wage war. As our athor grew older he desired peace more. In later years he regretted that he had ever sung of war and expressed a wish that he might yet be able to destroy all his war poetry, "ista belli incitamenta". [1] In yet another respect that is connected with this, the author in 1624 judged differently from 1604, namely as regards the relation of subjects to their prince, the right to rebel. In his youth he had been zealous for freedom, at a riper age he was zealous for the existing order. No wonder: when he wrote the *Jus praedae* he had felt himself a citizen of a republic which had freed itself by a rebellion; when he composed the *Jus belli* he felt himself a regent banished in consequence of a rising against the legitimate government. Could this altered position fail to influence his opinions? But such modifications, the outcome of experience, altered the nature of his system little, or not at all. It may be said to be the same in 1624 as in 1604. Consequently, if De Groot may be called the creator of the law of nations because he wrote *Jus belli ac pacis*, he can claim that honourable title, too, because twenty years before he wrote *De jure praedae*. The honour given him when a man he had deserved when a youth.

But before I should concede to De Groot's panegyrists that he

[1] Rivetiani Apologetici discussio (Grotii Opera, III, p. 740).

is the creator of the law of nations I should like to know what is meant by that honourable appellation. Does it mean that De Groot discovered and revealed what before him had been taught by no one, then I should object to give him the title. For by far the greater part of what had been demonstrated by De Groot had already been said by older writers, in other words and dressed up in other arguments, but still essentially the same. He acknowledges this himself,[1] he only claims the merit of having been the first to point out the right to take booty;[2] regarding the right of war he appeals to the authority of his predecessors. If he had been asked wherein the peculiar merit of his system consisted, he would have answered, as in the prolegomena of his *Jus belli ac pacis* "Artis formam jurisprudentiae imponere multi antehac destinarunt: perfecit nemo". What others had viewed correctly or had represented in itself correctly, but without connection with other ideas, was collected by him, arranged and combined to form a system. This, then, is the merit to which he lays claim and which he fully deserves. He constructed the building, but of material furnished by others. Without their previous labour his work would have been impossible. He acknowledges this gratefully and openly; but his contemporaries and descendants have overlooked the fact and given him all the honour.

Only for one of his nearest predecessors an exception is sometimes made, for Albericus Gentilis, an Italian protestant, who had migrated to England for the sake of his faith and who died as a professor at Oxford in 1611, the author of a book *De jure belli*, among others. He is praised by some as the guide and pioneer of De Groot. Among our compatriots it was especially W. A. Reiger[3] who pointed out his merit as such. I do not understand to what he owes this distinction. In my opinion his relations to De Groot are not different from those of so many authors who had written about similar subjects before our countrymen. He contributed material as they, but to building the system he co-operated no more than they. He was not the man for it. Of logical deduction and systematizing he has no notion and lacks moreover the acumen and ingenuity of many older writers. De Groot's opinion about him is not favourable, but

[1] Cf. Epist., N⁰. 54, p. 18.

[2] Vide De jure praedae, p. 43.

[3] In his Commentatio de Alberico Gentili, very meritorious for the rest, appended to the Prospectus of the Latin School at Groningen for the year 1867—1868.

perfectly just.[1] His zeal in collecting is his greatest merit; his selection and arrangement of his material, his discrimination of juridical concepts and sources, on the other hand leaves much to be desired. He does not deserve to be mentioned with De Groot on the same day.

The honour of having provided the most useful material for our great systematician, is not even due to him. In this respect he is inferior to the great Spanish lawyers and theologians of Charles V's and Philip II's times. Of the theologians I will only mention Franciscus Victoria, though beside him Dominicus Sotus also occupies a place of honour. Between 1530 and 1540 Victoria wrote amongst others two relationes "De Indis noviter inventis" and "De jure belli" and these two treatises more than any other book provided our author with the subject matter which he worked up into his system. To a protestant jurist the theological arguments of a Dominican monk were not sufficient, of course. But the divine had a noble and liberty-loving heart, a sense of truth and justice, which kept him from error, and his inferences were usually correct, whatever his premises might be; he condemned injustice wherever he discerned it. De Groot could often refer to his authority, especially to oppose the claims of Spaniards and Portuguese to the exclusive right of exploiting the two Indies; the readers of *Mare liberum* will remember this. In the prolegomena of the *Jus belli ac pacis* De Groot mentions him and praises him as he deserves, but with less gratefulness than I should have expected. Of the Spanish jurists he there praises Covarruvia[2] and Vasquius especially, to whom he is indeed greatly indebted. The former, who in 1577 died a councillor in the Court of Granada had in relectio (on *c. peccatum in VI de reg. uir*) devoted three paragraphs to the law of government, specifically its right to wage war, from which De Groot borrowed some excellent remarks.[3] The other one, Fernandus Vasquius, also a councillor in Spanish law-courts, and who died 1566, shows himself an eminent jurist and philosopher and a most excellent man in his *Illustris controversiae*. In his *Jus belli ac pacis* De Groot mentions him with esteem and satisfaction. "Vasquius (he says

[1] "Cujus diligentia, sicut alios adjuvari posse scio et me adjutum profiteor, ita quid in docendi genere, quid in ordine, quid in distinguendis questionibus jurisque diversi generibus desiderari in eo possit, lectoribus judicium relinquo".

[2] "Summi judicii jurisconsultus" (De jure belli ac pacis, p. 129).

[3] The States of Brabant, when after Requesens's death, they stood out for their right to a share of the government, appealed to Didacus Coverruvias (Corresp. de Phil. II, t. III, p. 457).

there) is the ornament of Spain whom we never find wanting in acumen to acknowledge what is just, nor in frankness to teach what is true. [1]

That praise is fully deserved. About the jurist's acumen we shall make a remark below. About the man's love of freedom and frankness I may not be silent here. In this respect he, the Spaniard, is not second to our compatriot; on the contrary he surpasses him in those qualities. When reading his *Controversiae* one cannot understand how such a book was dedicated to Philip II; it looks like irony to inscribe to a king by the grace of God, who detests the idea of his subjects having any share of the government, a book in which is openly taught that the divine right of magistrates does not exist; that the prince is for the sake of the people, not the people for the sake of the prince, and that, therefore, the prince must have the weal of his people at heart exclusively, and not his private interests; that the power entrusted to princes exclusively in the interest of the subjects, may, for that reason, if their interest demands it, be limited and even completely revoked. [2] It was the same ideas which the Jesuits taught and wished to put into practice in France at the time of the Ligue, but for a very different purpose. Who would have thought they were fostered by a royal counsellor in the service of king Philip of Spain? The Spanish jurists and theologians of

[1] De jure praedae, p. 236 (The passage was known already from Mare Liberum).

[2] The following passages seem so remarkable to me that I shall copy them here from the rare book. "Quia omnis principatus est ad populi meram utilitatem, ut habet nostra conclusio principalis ornata per totum librum, populo autem hanc potestatem a se ex toto abdicasse nocentissimum esset et contra praesumptionem, ergo praesumendum id non est, sed potius contrarium. Et quia omnis concessio facta ad meram concedentis utilitatem intelligitur esse revocabilis, praesertim in huiusmodi mandatis, itaque cum omnis legitimus principatus sit ad meram populi non etiam ad regentis utilitatem, quumque tale mandatum aut commissionem, ad suam utilitatem datam, revocare cuilibet liberum esse debeat: videtur quod populus eam iurisdictionem, quam dedit, et libere revocare et longe magis aut liberius moderare possit, et consequenter ut possit quoties velit leges novas sibi facere novasque introducere consuetudines. Quae omnia disputationis tantum, non etiam definiendi gratia dicta esse intelligantur, quia modo neutram partem adfirmo ob causam nunc reticendam" (p. 391, I, XLVII, 9—13). "Sunt non pauci nostrorum qui contendunt principatum, regna, imperia, iurisdictiones et magistratus esse iuris divini, juxta illud Proverb. c. 8. "Per me reges regnant" etc. Sed haec ratio levissima est, nam et similiter per Deum fiunt omnia humana .... Per Deum reges regnare, ut verissimum ita quoque indubitatum est, sed intelligendum, quod Deus tanquam causa universalis in omni regno, imperio, principatu, magistratu et iurisdictione concurrit, non secus quam concurrit in omnibus reliquis rebus humanis, quae omnia per eum fiunt, eius sponte et nutu, iussu vel permissu" (p. 356, I, XLI, 39).

the times of Charles and Philip furnish a proof the more of the truth that great men are not children of their times, but of the times which immediately precede theirs. The sons of Philip's age, the foster-children of the spirit with which he inspired Spain are the nullities of the age of Philip III and Philip IV who witnessed the languishing and the decline of the once so flourishing empire. Men like Victoria and Vasquez are the representatives of the times of liberty and strength that preceded. Philip's reign cannot be proud of them; it may only boast of having reared a quite diflerent generation for the next reign.

Still more than for his law of nations De Groot is indebted to the Spanish authors for his natural right. I need not remind the reader that, according to the usual representation, he is the founder of natural right as much as of the law of nations. But to that merit he can also lay claim in a certain sense only. What he teaches about the law of nature is no more original than his law of nations. And Vasquius and Covarruvia especially have been his masters in this matter. It is only because those authors are no longer read, because De Groot eclipsed them by his glory and doomed to oblivion, that their merit in this respect has not been appreciated.

Of late years Kaltenborn and Hinrichs especially have brought forward quite different rivals for the honour of having founded the law of nature, beside De Groot. They have produced again the writings of Oldendorp, Hemming and Winkler; which in former times attained to little celebrity and are now quite forgotten; they praised them excessively, especially Winkler, to whom Kaltenborn is even prepared, because his book appeared ten years before *Jus belli ac pacis* to adjudge the palm of honour. But still he is forced to acknowledge that De Groot knew neither Winkler nor any other of those German authors, and that he did not borrow the least material from them; at present the *Jus praedae* proves moreover that De Groot ten years before Winkler wrote already cherished the same opinions as he preached afterwards; in point of time, therefore, precedence incontestably belongs to him. [1] Neither can it be denied that posterity has only built on his *Jus belli ac pacis* and not on Winkler's *Principia juris*.

[1] In the same manner the Jus praedae decides the often discussed question if De Groot has known and used Bacon's De augmentis scientiarum. For this book was published in 1605. Perhaps we may take for granted that the diminished respect with which De Groot speaks of Aristotle in the Jus belli ac pacis should be ascribed to his getting acquainted with Bacon's writings later on.

The German protestant school therefore stands by itself; it has not influenced the development of science. The science as such dates from De Groot and he founded it by fitting together what had been handed down to him of medieval philosophy recast and adapted by Spanish writers, especially by Vasquez.

De Groot's law of nature as represented in *Jus praedae* is essentially the same as the so well-known system of *Jus belli ac pacis*. The difference between the two is rather a matter of wording than of meaning. During the twenty years, separating the two writings, the author's views of the law of nature remained practically unaltered. In the mean time he explained it once more in quite the same way, five years before the publication of the *Jus belli ac pacis* in his *Introduction to Dutch jurisprudence*, which he composed in Loevestein. The source of the law of nature to him is ever man's natural disposition created in him by God: the love of self and the desire of sociableness, comprising the love of his fellow-creatures. From this source a number of prescriptions may be derived which, by virtue of their origin, are all unchanging and inviolable. Many actions, however, are not dominated by such natural laws. These may be determined by arbitrary commands, commands given by God in his Word, and where these are wanting, commands of human authorities, or customs which have gradually acquired binding force.

This system is certainly very simple and was by no means new in De Groot's age. It was the system, in its main features, which had already been preached by classical and medieval philosophers and theologians. Later jurists have thought they discerned in De Groot traces of the teachings of this or that writer of former times, of some philosopher of antiquity or some medieval scholastic. They are all right in a way: De Groot profited by all his predecessors and appealed to them all. But not one of them can be called his master. The greatest title to that honour appertains to the Spaniards before-mentioned Covarruvia and Vasquez; through them the wisdom of the scholastics reached him, for the most part; they had already systematically arranged it. According to them natural law is innate in all creatures, in animals too; what is exclusively innate in reasonable creatures is, for the sake of distinction, called the law of nations (jus gentium primaevum). It prevailed universally before life in communities began, in the golden age, when there was no private property, no states or governments, no wars. It remained of force, however, also in all later centuries. It is immutable, for it is divine origin. Whatever is contrary to it is injustice. But it left a great deal undecided and unsettled. About this, legislation in the several states has to decide; it establishes civil law. And what has been decreed in the same way on this head in all, or in the majority of states, makes up the deduced law of nations (jus gentium secundarium).

Methinks the correspondence of this representation with De Groot's doctrine cannot be denied; it appears the more clearly when we compare not the *prolegomena* of the *Jus belli ac pacis* but the first chapter of the *Jus praedae* with the views of the Spanish jurists. In it we find, to mention an example, a universal law of nature of men and animals, a *jus naturae* as distinguished from a *jus gentium primaevum*, whereas in the later book it is denied there is a law for animals, and it is asserted, on the contrary, that law is proper to man alone. *Jus belli ac pacis* also distinguishes between innate divine law (jus naturae) and a given divine law (voluntarium); *jus praedae* makes this distinction no more than the Spanish jurists. There are more such deviations; [1] they do not touch the essence of the system. It was preserved unaltered by De Groot, and, as I think I proved, borrowed for the most part from his predecessors.

New and peculiar to De Groot, however, is the use he made of the law of nature. He is commonly represented as having expressly dealt with the law of nature too, but nothing is less true. He treated exclusively of the law of nations and only referred to the law of nature to show that it was the only basis on which the law of nations could be rested. For there is no human legislative power set over the several nations, independent of each other, whose mutual relations had to be the law of nations; and the divine law-giver had not expressed himself on the subject in his Word. From which source, then, ought the laws to be derived according to which the nations should deal with each other? Or can such law not exist and does violence govern all in this domain? These are questions which De Groot took upon himself to answer. He argued that what had not been fixed by mutual agreement, or regulated by custom could only be deduced from the law of nature, the law that is common to

[1] In the Jus belli ac pacis there appears for the first time the bold assertion that God himself cannot alter the law of nature, and also that, if there were no God, that law would yet exist. Of this no trace can be found in the Jus praedae. It appears from in important letter (Grotii Epist., p. 752) that he meditated on the subject in 1615. — About the jus divinum voluntarium vide a letter of 1638 (p. 877).

all men and that God himself imprinted on their minds. And really he made an attempt, the first that had ever been essayed, to explain the chief regulations of the law of nations from and to justify them by the nature of man. This is his merit. He created neither the law of nature nor the law of nations, but he pointed out the former as the foundation of the latter.

It may be called strange that what is so evident has found so little recognition. Even Heffter in his introduction to his excellent *Europäisches Völkerrecht*[1] denies that De Groot has first exalted the law of nations into a science, but adds — "He distinguishes between a double law of nations, the one unalterable and natural and the other arbitrary, which are common to all, at least to most nations; but he does not penetrate more deeply and therefore he does not show which connection there is between the natural and the positive law". That exposition certainly can give us no idea of De Groot's peculiar merit. If it were correct De Groot would have done no more than the Spanish jurists before him. What positive law of nations may have been meant by Heffter whose connection with the law of nature De Groot is supposed to have failed to point out? In those times there was no other than those which had either been fixed between two or more powers by means of treaties, or had been introduced by customs of shorter or longer standing. Before the peace of Westphalia this was really of very little consequence. Should De Groot have demonstrated the connection between this and the law of nature? Well, then, did he not teach that whatever is at variance with the law of nature should be called injustice and that we may only call just what conforms to it or is left open by it? But the author's purpose went much further. There were scholars in his time who mixed up law of nations and civil law or biblical law, and others who doubted whether international law was even imaginable. His whole argument is aimed at them. He indicates nature as the perennial source whence all proceeds that is necessarily just, whence all human law-regulations have to be deduced. That he leaves some scope for arbitrariness both of the divine and the human law-giver, results from his Arminian creed regarding free-will. But he limits the arbitrariness acceded to the human law-giver narrowly by the demand that no law regulation may ever be contrary to the nature of man or the rights proceeding from it, and that legislation shall aim at the well-being of mankind (*humani generis bonum*).

[1] Heffter, Europ. Völkerrecht, p. 23.

Heffter's assertion though unfounded and unjust with regard to *Jus belli ac pacis* is almost absurd when applied to *Jus praedae.* For here the author expresses himself, as I observed above, still much more clearly than in the later recast. Because here the subject is more definitely outlined and the unity more carefully preserved, the progress of the argument may be more easily followed. It cannot escape even a careless reader that all that is taught about the law of war is directly or indirectly deduced from the axiomata derived from the nature of man and its rights, in the first chapter. Here arbitrariness is out of the question. The writer does not appeal to any right of which the foundation in the nature of man was not pointed out first. De Groot has elucidated all this so clearly in the first chapter of his *Commentarius* that it is sufficient for me to refer to it. Here he says still more emphatically than in the prolegomena of his later work that the Scripture-texts and the dicta of wise men and the examples of famous nations, cited by him, never serve for proof, only for confirmation of what reason deduced from nature.

If, then, it be true that De Groot's merit with regard to the law of nations consists, not in revealing a new law, different from what hitherto had been considered justice, but in pointing out the source whence the acknowledged law proceeded and all rights have to be deduced, I make bold to assert that this merit is still more clearly revealed by the work of his youth, now published for the first time, than by the world-famous book of his manhood. If the value had to be determined by the number of the subjects treated or elucidated, or by the thoroughness with which they have been treated, the later work would rank far above the former. But when we think of the method especially pointed out for the first time by the author to his contemporaries and posterity, and which has always been followed since he indicated it, the first composition in which the method is more evident, is to be preferred. For it is no boast with which De Groot concludes the first chapter of the *Commentarius* (p. 7) when he says that also those questions of the law of war which have not been discussed in the treatise may be solved and decided from the principles indicated and the method followed. To discover general rules and methods of research is the difficulty; to apply them to all sorts of topics is only a matter of patience and industry.

And this *Commentarius* was written by a young man of one-

and-twenty years! How often in studying it have I remembered this with surprise. What was not required to compose it! Let us first consider the erudition it discloses. Of all classical authors without exception, philosophers and historians, orators and poets the most striking and finest passages, not only the best known, are quoted wherever they may be profitably inserted. Also the biblical books, the famous Fathers of the Church, Thomas Aquinas and some other medieval theologians. Then again Roman laws and jurists, books of canon law, the scholiasts and the most famous of the later jurists. Hardly any examples are adduced, indeed, from medieval and later history, but the more from sacred and profane antiquity. How it is possible that even the most industrious student in his twenty-second year has read such a multitude of books and that he can make such use of them is more than we can understand. We cannot conceive it, even when taking into consideration — and this cannot be denied — that some quotations were taken at second hand from commentators and collections. The *Corpus iuris glossatum* for jurisprudence, the *Florilegium* of Stobaeus and similar gleanings for the wisdom of the ancients, the *Summa Silvestrina* for the erudition of the Middle Ages are resources on which the youthful author drew liberally. Other quotations he simply copied from his predecessors. [1] But nevertheless the *Commentarius* exhibits a quantity of learning which may be called surprising in a young man of that age and who moreover had been engaged in practical business for more than four years.

But to a much higher degree than by his erudition are we astounded by the ability and the judgment of the young man. That abounding material collected with such unflagging industry

[1] I consider myself bound to prove this accusatíon with at least one assertion. On p. 114 the author writes that queen Amalasuntha had said to Justinian that he who procures munitions of war for the enemy, may be considered an enemy himself; and he cites Procopius, lib. I. Dr. Hamaker, who is in the excellent habit of verifying quotations, read the first book of Procopius through and found that queen Amalasuntha had really said something else than De Groot makes her, namely, that we must consider him an ally and a friend who assists us in war with his means. The sentence practically comes to the same thing. But how should wo explain De Groot's inaccuracy? I chanced to find an answer to question. De Groot took his quotation from Alb. Gentilis in whose De jure belli, lib. II, c. 22, p. 438 we find the same sentiment, but not literally as a saying of the queen's "In exercitu hostium est qui exercitui hostium necessaria ad bellum administrat: quod Justiniano respondit Amalasuntha regina (Procop., I Goth.) "In his De jure belli ac pacis, lib. III, c. I, § 5 De Groot copied that quotation unaltered from his Commentarius. — Other examples of such copying of quotations in Jus belli ac pacis are adduced by Reiger in his commentary mentioned above.

he manipulates with such ease and arranges with such correctness as to be unparalleled in one who had so little practice, being so young. What shall I add about his Latin and his style? He knew that clearness is the chief requirement of a demonstration, that an elevated style is out of place there, and in his *Dogmatica* he therefore abstains from all ornament; he only tries to adorn his manner of writing by pithiness and pointedness of expression; and, in my opinion, he is sometimes eminently successful. That, however, he is also acquainted with the Latin historians and orators and knows how to imitate them, is shown by his *Historica* and in the later chapters in which he paints in bright colours the advantages which the Company and the Republic may expect to reap from the new way of waging war in the Indies. Some of these pages are as eloquent and fine as the best of his famous *Annales et Historiae* and they please me even more because they appear to me to be less artificial. More expert connoisseurs of Latin than I presume to be may judge his style with authority; but in my opinion it may be seen from many a page that to De Groot Latin was no dead language, that he thought in it as well as wrote it. To prove this I appeal especially to pp. 313, 323, 328 and 329. Here and there I have been able to compare his elegant and terse description with the tedious and stammering account of his authorities. And it is then, especially, that his literary skill is brilliantly displayed. [1] But in such a youthful writer I think still more highly of his taste than of his eloquence; his taste which always makes his style of writing suit the nature of what he writes. He is never on the look-out

[1] Let me give one example. The murder of the crew of the "Faith" at Tidore is thus described by an eye-witness who was lucky enough to escape — "And having arrived there they were all placed in a row one beside the other, the captain ordered one of his men who had a broad cutlass in his hand to cut off the arms and legs of the foremost of the aforesaid men of the aforesaid ship; in this way: saying first thus: cut off that arm of this man, which was done; which being done, he said: now cut off the other arm, which was done in the same way; after that the aforesaid captain ordered that the legs of the same man should be cut off; which was also done; and after that at the order of the same captain the head of the aforesaid man was cleft open. In the same manner the arms and legs of three of the aforesaid six men were cut off and the head of each was cleft open". It is certainly impossible to tell a story in a worse manner. Still De Groot required nothing more to imagine the incident vividly and depict it for us in a graphic manner. "Transgressos in caracollam (navigii notum illic genus) centurio Lusitanus una serie destitui jubet. Deinde ad ministrum, qui machaeram evaginatam manu tenebat: Isti, inquit, qui primus in ordine est, brachium dextrum decide. Etiam sinistrum, addit. Paretur: ita quidem ut dubitari posset, saevius ille juberet an hic exsequeretur. Tum vero pedes distinctis ictibus demeti jubet", etc. (p. 188).

for an opportunity to show off his talent; he avails himself of the opportunity when it presents itself naturally.

When to this we add what we have already acknowledged to be the real merit of the work: the philosophical deduction of the law of nations from human nature, a merit to which the author owes his greatest and lasting fame, then everyone, I think, will have to grant that, among Dutchmen at least, a scholar was never born who, so early in life, achieved so much and promised so much more. Did his maturity really produce what his youth entitled us to expect? I doubt it. All the works by which De Groot made himself famous date, as regards their project and preliminaries, from his youth; the execution from a later period. On the other hand, what he conceived and wrote when an ambassador at Paris and even somewhat earlier, for the most part of a theological nature, shows far less intellectual power and was soon forgotten. To appreciate him, therefore, as he deserves, we should consider the works of his youth. Unfortunately, though naturally, he thought little of them at a riper age and left them unpublished if they had not been printed already, or recast them. We have already heard his opinion of *Antiquitas Batava*. He judged in the same manner of his *Mare Liberum* [1]; he wrote it with the best intention (he said), full of love for his country, but he was still young when he wrote it, and those who praised it, only did so out of kindness to him. What he professed regarding this one chapter of the *Commentarius*, he, no doubt, thought of the whole, and he assuredly placed his later recast far above his first draft. It does not require much imagination to conceive how the Swedish ambassador in his fiftieth year must have regarded the work of the youthful barrister. With a pitying smile he, the afflicted man, who had got to know the Dutch to his cost and who had even ceased to be a Dutchman, — saw the inexperienced, trusting youth lavish his talents and labour on the glorification of the deeds and the defence of the interest of a nation which deserved so little at his hands. He saw him exaggerate both the virtues of the Dutch and the crimes of their enemies; the saw him expound and apply the law, not as an impartial scholar but as a zealous patriot. He detested his ungrateful compatriots of yore the more, because they had requited so much love and such great benefits so basely. But at the same time he laughed at his own folly who had drudged so in the service of such a master. He rejoiced to think that not this work

[1] Letter of May 20th 1637 (Epist., N°. 765, p. 327).

of his youthful zeal had been published, but the fruit of his tried and sober wisdom; that *Jus belli ac pacis* was in the hands of all, and not *Jus praedae*.

In the same manner he judged of and acted with regard to his large history of the war with Spain; he re-wrote it altogether before thinking it fit for publication. I am pleased with the book; but I should much prefer to possess the original composition, as it was nearly completed in 1612. The desire to be moderate and impartial which leads a writer to suppress what would give pain needlessly is shown in the later recast, published after the author's death. In the work, as originally written, there was certainly less circumspection, more frankness and more passion. The spirit of the times in which the deeds described were done, undoubtedly showed itself much more forcibly. How glad we should be to possess it, who knows but that some happy chance has preserved it and will bring it to light one day? It would be a precious asset the more for the appreciation of De Groot as a writer and as a man.

Meanwhile I account it a great gain to possess of the foremost of all his writings, of that on which his fame is chiefly based the original form in which he drafted it, besides the permanent one in which he recast it. Either bears the stamp of the age to which they belong and reveals the author's excellence in each of the two great epochs of his life. As he manifests himself in his famous masterpiece Europe had known him for centuries: as learned, scientific, thoughtful, impartial. As ardent, passionate and partial out of patriotism the pleadings of his youth now reveal him for the first time. Therefore, whatever one may think of the relative value of the *Commentarius* now published, whether one places it above the later masterpiece or the reverse, yet no one will pretend that a comparison of the two is not worth the trouble. Therefore I dare prophecy that the care lavished by Dr. Hamaker on his edition will not prove in vain, either for the author's glory, or for the science of which he laid the foundations.

(De Gids, 1868, IV. p. 1 sq., p. 215. sq.)

POSTSCRIPT.[1]

(1875)

I read Major Leupe's notice [2] regarding the publication of *Mare Liberum* with interest. It proves conclusively that the famous essay was published only at the explicit request of the East-India Company. When I wrote my article about *Jus praedae* some years back I could only show that De Groot was in close touch with the Company, and argue that probably he would not have written his treatise on the right of booty but for its incentive. But that at its request he published also the only chapter of it that has been printed I could not then surmise; the documents at my disposal did not prove so much. It is only the letter unearthed by Leupe which makes the matter clear. This is what it teaches us in connection with the details already known to us.

About 1608 Dr. Jan Boreel was among Hugh de Groot's most intimate friends. They had been contemporaries in the University of Leiden, [3] both read literature and theology besides law, both chose a political career, both married in the same year (1608) the one some weeks after the other, a girl of Zealand. [4] At Boreel's wedding De Groot appeared with an epithalamium, [5] and himself asserts that his heart was drawn to the wedding by love as by well as by friendship: "est enim ibi quaedam nobis non invisa", [6] he says; probably his own marriage project with Maria van Reigersbergh was settled on this occasion.

That such an intimate friend, who moreover studied the same branches of science was not unacquainted with the manuscript of *De jure praedae* which De Groot had kept in his desk since 1604, goes without saying. Nor can it surprise us that during the negociations about peace or truce with Spain, as often as the right of free trade was discussed, he always thought of that chapter of his friend's masterpiece, in which the right of free trade was so succinctly demonstrated. His father was a director of the

[1] Published originally under the title "The reason why the 12th chapter of Grotius's Jus praedae was published separately under the title of Mare Liberum".

[2] Nederl. Spectator, 1875, p. 204.

[3] Joannes Borelius Middelburgensis. 19. T." was registered on the 11th of July 1596 (Album studios. Acad. L. B., p. 46).

[4] Burman, Sylloge, II, p. 415.

[5] Poemata (1645), p. 109; Sylvarum, lib. III.

[6] Sylloge, l. c. (in the letter of May 29th).

Company in the board of Zealand.[1] What could be more natural than that he should point out to the board the desirability of an open refutation of the Spanish claim to monopoly and at the same time apprise it of the masterly treatise which lay in his friend's desk, ready to be printed? That he really did what in itself appears so probably is shown by the letter found by Leupe. The Zealand Board writes in this letter that it has been informed by Mr. Jan Boreel of the fact that De Groot "had prepared the material which might be of service in this case", for which reason it earnestly requests him "to assist it in this labour and that so promptly that it may reap some of its fruit while the matter is in progress".

Now, that this letter and nothing else induced De Groot to publish the *Mare Liberum* follows from the correspondence between Grotius and Heinsius, used by me before, in the 2nd part of Burman's *Sylloge.*[2] In none of the letters preceding the receipt of the letter of the 4th of November from the Zealand board (the one of the same date, the 4th of November inclusive), does Grotius refer to his essay nor to his plan to write on the matter. But it appears from his letter of the 23rd of November that he had sent his manuscript accompanied by a letter, which has not come down to us, so many days before already that he has cause to be surprised at not receiving a reply. "Vereor (he says) ut satis vendibilis sit inventa opera nostra Indicana, eoque magis quia nihil a te accepi tam religioso rerum alienarum curatore". So immediately after receiving the letter from Zealand the author

[1] Jacob Boreel had been a member of the East India Company since its foundation in 1602; before that in the "Company of far-off Lands" (Vide Kort-gevat. Jaarboek, Middelb. 1759).

[2] Sylloge, II, 419 sq. There is nothing in the letter of the 4th of November (The invitation of the board of Zealand is dated November 4th). On the 22nd he fears that the selling of the M. S. in return for some copies is objected to. Early publication is the great thing; a French translation is perhaps desirable. On the 27th of November a new exhortation. On the 5th of December the still expects a reply. On the 18th of December he seems to have got a reply; he urges his friend again to make haste; he has to go to Zealand. On the 26th of December he is back from Zealand; another exhortation. On the 5th of January 1609 he again insists on dispatch. On the 12th of January he appears satisfied with the print and the size. On the 18th of February he sends the preface and the two Spanish letters (found among his papers: vide the catalogue of the auction of November 1864, N°. 2, 8); the book is not to be published before a licence has been got; therefore a copy should be sent as soon as completed. Without date: the booklet has been published by the Elzeviers without his knowledge (and without a licence) while he was in North-Holland on fiscal business.

must have made the slight modifications in the 12th chapter of his *De jure praedae* which a separate publication of it demanded, and have despatched it to Leiden there to be anonymously published by the care of his friend. It appeared too late to influence the negociations with the enemy; I demonstrated this elsewhere; but not too late to contribute efficaciously to the development of the law of nations. Yet it would have probably remained hidden, like the rest of the work to which it belonged, and would have been forgotten if Jan Boreel had not directed the attention of the Zealand board of the Company to it. Habent sua fata libelli.

(Nederlandsche Spectator, 1875, p. 210).

www.ingramcontent.com/pod-product-compliance
Lightning Source LLC
Chambersburg PA
CBHW020330270326
41926CB00007B/127
9781616191108